Diese unstillbare Sehnsucht nach Liebe

Band 2 - Die Jahre 1906 bis 1945

Silke Ellenbeck

Silke Ellenbeck

Diese unstillbare Sehnsucht nach Liebe

Band 2 - Die Jahre 1906 bis 1945

Das Leben der Prinzessin Feodora zu Reuss-Köstritz,
Prinzessin von Sachsen-Meiningen 1879-1945

Historische Romanbiografie

DeBehr

Herausgeber: Verlag DeBehr, Radeberg
Erstauflage: 2023
ISBN: 9783987270772

Inhalt

Dieser tiefe Kinderwunsch

Im Frühjahr des Jahres 1906 fühlte ich wieder neue Kräfte in mir erwachen und so begab ich mich nach München, um Döderlein zu konsultieren.
Ich möchte nicht abstreiten, dass ich eine durchaus resolute Person sein konnte, wenn es um etwas ging, dass ich wollte. Dann versuchte ich, mich auch gegenüber meinem Ehemann durchzusetzen, der sich Sorgen machte, ob ich mich mit den ganzen Behandlungen nicht in etwas verrannte, und chirurgische Eingriffe waren damals auch noch mit einem gewissen Risiko verbunden, da man Narkosemittel wie Chloroform oftmals nicht richtig dosierte. Es kam durchaus vor, dass Menschen nicht mehr aus einer Narkose erwachten.
So war Berties Krönung zum König von England im Juni 1902 auf den August verschoben worden, weil er an einer Blinddarmentzündung erkrankt war. Es war ein sehr schwieriger Eingriff und die Rekonvaleszenz war lang.
Haz befürchtete, ich könne eine Operation nicht überleben. Zwar verstand er, dass der letzte Eingriff lebensnotwendig gewesen war, aber andere, die meine Empfängnis verbessern sollten, erzeugten bei ihm nur ein Kopfschütteln. Und noch immer hielt er nichts von einer künstlichen Befruchtung. Ich denke, es verletzte seinen männlichen Stolz, wenn er sein Spermium abgeben sollte, und dagegen war nichts zu machen. Er wollte dies aber auch nicht mit mir diskutieren. Ich musste es hinnehmen. Daher zeigte ich mich aber natürlich empfänglich für andere Vorschläge Döderleins.

Wir reisten wieder einmal nach England, um die Verwandten dort zu besuchen. Haz fand vielleicht, dass es mir etwas Abwechselung böte. Die Reise war sein Vorschlag gewesen. Und ich freute mich sehr darauf.
Mein Ehemann und ich pflegten ein sehr gutes Verhältnis zu Bertie und Alix sowie zu ihren Kindern. Der älteste Sohn Albert Victor war bereits 1892 im Alter von nur achtundzwanzig Jahren verstorben. Offiziell starb er einer unbekannten Infektionskrankheit, aber innerhalb der Familie munkelte man, es sei Syphilis gewesen, da er zahlreiche

Affären zu Frauen und Männern gepflegt hatte.
Albert Victor sollte Mary von Teck heiraten. Das Paar war bereits verlobt. Die junge Frau entstammte einer morganatischen Ehe, deren Apanage aus dem Königshaus daher eher gering war und zudem lebten ihre Eltern sehr verschwenderisch. Die Verlobung mit Albert Victor bot also der Tochter ein weitaus gesicherteres finanzielles Leben, aber Berties Sohn starb noch vor der Hochzeit. So ehelichte Mary im Jahre 1893 seinen Bruder George, der nun in der Thronfolge an erster Stelle stand. Das Paar hatte sechs Kinder, der jüngste Sohn John war zu jenem Zeitpunkt noch kein Jahr alt, aber sein Leben sollte unter keinem guten Stern stehen. Als er vier Jahre alt war, zeigte sich bei ihm eine Form des Autismus und er bekam epileptische Anfälle. Seine Mutter sollte sich bald für ihren Sohn schämen, denn seine Verhaltensauffälligkeiten waren ihr zuwider.
Berties Tochter Louise hatte 1889 den 1. Duke of Fife, Alexander Duff, geheiratet. Sie hatte drei Kinder.
Maud war verheiratet mit König Haakon VII. von Norwegen und hatte einen Sohn.
Ein Sohn von Bertie und Alix war im Jahre 1871 tot geboren worden und die Tochter Victoria, genannt Toria, war unverheiratet.
Toria hatte ein schweres Los, denn ihre Mutter wollte sie um sich behalten und hätte es am liebsten gesehen, wenn alle Mädchen bei ihr geblieben wären, denn sie hatte sie sehr isoliert erzogen. Die Schwestern sollten sich stets Gesellschaft genug sein. Als nun alle anderen verheiratet waren, sich dem Willen der Mutter widersetzt hatten, blieb Toria die Gesellschafterin ihrer Eltern, aber vor allem der Mutter. Alix war in dieser Hinsicht sehr egoistisch, so war es für ihre Tochter nicht leicht. Sie würde niemals Kinder haben und widmete sich der Gartenarbeit und Buchbinderei. Solange ihre Mutter lebte, würde sie niemals ein selbstbestimmtes Leben führen können.
Toria war sehr amüsant, wir tauschten uns über Gartenarbeit aus, ich bewunderte die Buchbindearbeiten, die sie machte, aber oftmals wirkte sie doch etwas unglücklich darüber, zwar ihre Schwestern und deren Familien zu besuchen, aber ein eigenes familiäres Glück nicht in Aussicht zu haben.
Wir verbrachten viel Zeit mit Toria und ihren Eltern in Sandringham House, einem Landsitz in der Nähe des Dorfes Sandringham bei

Dersingham in der englischen Grafschaft Norfolk. Bertie hatte das Haus schon früh sehr modern umgestalten lassen, so gab es eine Gasbeleuchtung, Toiletten mit fließendem Wasser und die frühe Form einer Dusche.
Die umliegende Landschaft lud zum Ausreiten und Spazierengehen ein.
Wir genossen unseren Aufenthalt wirklich sehr.
Mamas Freundin Marie aus Coburg befand sich zu jenem Zeitpunkt auch gerade in England. Sie hielt sich nach dem Tod ihres Gemahls Alfred oft dort auf. Sie hatte auf Clarence House als Besitz ihres Gatten verzichtet und es ihrem Schwager Arthur, dem Duke of Connaught and Strathearn, überlassen. Dennoch verband sie mit der englischen Verwandtschaft durchaus noch etwas und so residierte sie dann bei Bertie und Alix, auch wenn man sich nicht wirklich gut verstand. Es war mehr eine stille Akzeptanz, da man miteinander verwandt war.
Marie mochte meinen Ehemann nicht sehr, er war ihr zu still, aber ich kam einigermaßen gut mit ihr aus, sprach von selbst meine Probleme mit Mama nicht an. Erstens waren diese Marie gut bekannt, wenngleich auch aus Mamas Sicht, zweitens würde jedes böse Wort oder jedwede Kritik an Mamas Verhalten ihr Marie so ungeschönt wiedergeben. Und diese hatte auch kein gutes Haar an ihren eigenen Kindern gelassen, aber wann immer sie in einer persönlichen Krise steckten, war sie für sie da. Darin unterschied sie sich sehr von Mama.
Marie lebte in Coburg weiterhin im Edinburgh-Palais am Coburger Schlossplatz, denn sie betrachtete es als ihren Witwensitz. Ebenso bewohnte sie Schloss Friedenstein in Gotha. In den Sommermonaten zog sie sich entweder auf Schloss Rosenau bei Coburg zurück oder in ihre Villa am Tegernsee bei München. In den Wintermonaten residierte sie in ihrem Château de Fabron bei Nizza. Die Unterhaltung dieser vielen Wohnstätten belastete sie zusehends finanziell.
Ihr Verhältnis zur russischen Verwandtschaft, besonders zum Zaren Nikolaus II., war zerrüttet, nachdem er der Ehe von Ducky und Kyrill sehr missbilligend gegenübergestanden hatte. Zudem hatte Baby Bee, ihre jüngste Tochter, Interesse an einer Vermählung mit dem jüngeren Bruder des Zaren Michail gezeigt. Beide waren aber Cousin und Cousine ersten Grades und damit war eine Heirat eigentlich ausgeschlossen, aber Marie ärgerte sich mehr darüber, dass der Zar die

Vermählung aus mehreren Gründen abgelehnt hatte wie auch die Heirat von Ducky und Kyrill.
Im Juli des Jahres 1905 hatte Carl Eduard als Herzog von Sachsen-Coburg und Gotha die Regierung in Gotha angetreten, da Maries einziger Sohn tot war. Carl Eduard, der Sohn des verstorbenen Prinzen Leopold, zog feierlich in die Residenzstadt ein. Noch im selben Jahr ehelichte er die Prinzessin Viktoria Adelheid von Schleswig-Holstein-Sonderburg-Glücksburg. Für Marie bedeutete diese Regentschaft, dass man sie ins Abseits drängte, wobei sie darüber lamentierte, was sie und ihr Gemahl alles für das Herzogtum getan hätten. So waren sie als Herzogspaar durchaus erfolgreich gewesen, man übergab das Herzogtum schuldenfrei. Vielleicht erwartete sie dafür eine Dankbarkeit, die man ihr nicht erwies.
In England war daher ihr vorrangiges Gesprächsthema, dass sie Carl Eduard und seine Gemahlin nicht leiden könne, die beiden sie nicht zu schätzen wüssten, man sie die Ablehnung offen spüren lasse, und Marie entschloss sich daraufhin, vermehrt zu reisen, um nicht andauernd mit dem neuen Herzogpaar konfrontiert zu werden, wenn sie und ihre noch unverheiratete Tochter Baby Bee sich in Coburg aufhielten.

Für meinen Vater war der Regierungsantritt Carl Eduards in Coburg belastend. Als Carl Eduard öffentlich aussprach, dass er sich auf die Zukunft freue, wurde meinem Vater wieder einmal schmerzlich bewusst, wie er sich immer noch in der Warteposition befand. Der Großpapa in Meiningen wurde am zweiten April 1906 achtzig Jahre alt und war sehr rüstig. Im Jahre 1902 hatte er auf Empfehlung des Mediziners Georg Leubscher die Herzog-Georg-Stiftung ins Leben gerufen. Ihr Ziel war eine professionelle Ausbildung von Krankenschwestern.
Der berühmte deutsche Komponist, Pianist und Dirigent Johannes Brahms war mittlerweile ein gern gesehener Gast in Meiningen. Ihn verband über Cosima Wagner eine enge Freundschaft mit Großpapa und Ellen und so sollte er das Herzogtum insgesamt fünfzehn Mal besuchen, wobei er auch gute Kontakte zu dem dortigen Dirigenten des Hoftheaters Fritz Steinbach und dem bekannten Klarinettisten Richard Mühlfeld unterhielt.

Marie (links), mit ihrer Tochter Baby Bee/Beatrice und Verwandten des bayerischen Königshauses in Maries Villa am Tegernsee in der Nähe von München, um 1906

Weit über Meiningen hinaus schätzte man Großpapa und Ellen als kunstsinniges Paar und für ihre Verdienste um die Theaterkultur.
Doch der Großpapa dachte nicht daran, abzudanken und das Zepter an meinen Vater weiterzureichen. Die Gründe hierfür sind mir nicht bekannt, aber ich würde sagen, es war einfach der Tradition geschuldet. Solange der eine Herzog lebte, musste der Nachfolger warten. Mein Papa hatte sicher auch vieles vor, hätte gerne so manches erreicht, aber er war zur Untätigkeit verdammt.
Und dann sah er Carl Eduard, diesen noch jungen Mann, der sehr an technischen Neuerungen interessiert war, vor allem die Luftfahrt in Bezug auf den Zeppelin in Gotha fördern wollte, sich auch sogleich als begeisterter Wintersportler dem Ort Oberhof im Thüringer Wald mit Zuwendungen widmete, um dort einen bald bekannten Wintersportort zu schaffen. Neben dem Skifahren war der Herzog auch ein begeisterter Bobsleigh-Fahrer und liebte das Golfspielen.
Ferner begann er sogleich die Veste Coburg zu einem dynastisch-protestantischen Erinnerungsort auszubauen, sodass man sie im Volksmund bald Luther-Veste nannte. Carl Eduard war jung, frisch und ambitioniert, engagiert für das Herzogtum.

Georg
Herzog von Sachsen-Meiningen.

Der Meininger Großpapa im Jahre 1906

Mein Vater wollte als Herzog wirken. So neidete er dem Großpapa die Regentschaft, an die er sich so vehement klammerte. Ich hörte es von meinem Vater nicht direkt, aber wusste darum, wie sehr er sich wünschte, dass sein Vater einfach zurücktreten würde.
Nun war mein Vater kein Mensch, der nichts erreicht hatte in seinem Leben, aber seine militärischen Karriere basierte im Wesentlichen auf seiner Verwandtschaft zum Kaiser. Sein Engagement in Bezug auf die Archäologie, sein Wissen basierten dagegen auf seinen eigenen Ambitionen. Sein Sprachtalent, die Übersetzungen, die er verfasste - mein Vater wusste sich durchaus zu beschäftigen. Aber dennoch war er nun einmal der Nachfolger des Großpapas. Und selbst wenn man in

Meiningen weilte, hatte dieser das letzte Wort, was irgendwelche Entscheidungen bezüglich des Herzogtums betraf, band meinen Vater nicht wirklich ein und verabscheute immer noch meine Mutter. Für den Großpapa sollte sie ewig die Frau mit dem Herz aus Kautschuk bleiben.

Mein Kontakt mit dem Großpapa war eher sehr gering. Wir trafen uns zu Familienfesten, aber eigentlich verstand ich mich besser mit Ellen oder mit Papas Schwester Elisabeth.
Der Großpapa und Ellen waren zudem stets sehr eingespannt. Die Meininger Hofkapelle galt als Eliteorchester, sie genoss Weltruhm. Man pflegte Kontakte zu Bildhauern, Malern, Schauspielern, Musikern und Wissenschaftlern, deren Arbeiten der Großpapa förderte und unterstützte. In der Residenz in Meiningen, auf Schloss Altenstein, der Veste Heldburg, dem Berghaus Salet Alp am Königssee, dem Jagdschloss Sinnershausen und besonders in der Villa Carlotta waren ständig Intellektuelle und Künstler gern gesehene Gäste.
Auch förderte der Großpapa Kunst und Kultur über das Herzogtum hinaus. Die Meininger liebten und verehrten ihn, da er sehr menschlich war, stets an den Sorgen der Bürger interessiert und als volksnah galt. Er liebte das Zeichnen und seine Gemälde großer historischer Schlachten waren sehr beeindruckend.
Großpapa wirkte auf mich niemals stolz oder erhaben aufgrund seiner ganzen Verdienste. Er liebte all diese Aufgaben und ging darin auf. Manchmal dachte ich, er wollte auch nicht zu Gunsten meines Vaters vorzeitig abdanken, denn dieser interessierte sich nicht sonderlich für Musik oder Kultur. Vielleicht befürchtete der Großpapa zwar nicht, dass all seine Arbeit umsonst gewesen sei, aber man werde sein Lebenswerk nicht erhalten oder gar fortführen. Mein Papa war schon an vielem sehr interessiert, aber es handelte sich dabei eher um neuere Erfindungen und Entwicklungen, für die sein Vater kein Verständnis zeigte.
Ich versuchte mich so gut es ging abzulenken, nicht immer an meinen Kinderwunsch zu denken. Weiterhin konsultierte ich Döderlein und war aber über jede noch so kleine Ablenkung dankbar. Während Haz sich seinen militärischen Verpflichtungen widmen musste, betätigte ich mich in einem kleinen Lesezirkel in Flensburg. Es war ein netter

Kreis von Frauen. Wir trafen uns einmal die Woche, um uns über Literatur auszutauschen. Ich war zwar keine Vielleserin, aber ich interessierte mich doch für das ein oder andere Buch. Allerdings missfielen mir die oft gängigen eintönigen Frauenromane und so schlug ich vor, dass man doch einmal „Professor Unrat“ von Heinrich Mann lesen könnte, welches im Jahre 1905 erschienen war. In Lübeck, Manns Heimatstadt, herrschte faktisch ein Verbot des Buches, da sich der Autor die Bürger der Stadt als Vorbilder für seine Figuren gewählt hatte. Der Roman war sehr umstritten, da es sich um eine Karikatur des Bildungsbürgers handelt, die Doppelmoral desselben angeprangert wird. Es reizte mich, gerade dieses als lesenswert vorzustellen. Die Frauen allerdings, darunter auch eine Frau Oberstudienrätin, zeigten sich empört über meine Wahl. Sie hielten es nicht für geeignet, um es zu lesen oder gar zu besprechen. So entschied ich mich, es mir zu kaufen und alleine für mich eingehend zu lesen. Als Haz mich im Garten lesend vorfand, den Titel des Buches sah, forderte er mich auf, es sofort wegzulegen. Er nannte es einen Skandal und ich fragte ihn sogleich, ob er es überhaupt kenne. Sogleich wandte er erzürnt ein, genug darüber gehört zu haben.
„Der Lesezirkel scheint dir nicht zu bekommen. Er muss von Aufrührerinnen geleitet werden, wenn dies euer Lesestoff ist!“
Haz forderte es ein, aber ich weigerte mich.
„Wenn du es nicht kennst, kannst du auch nicht darüber urteilen!“, gab ich barsch zurück, „Lass` es mich lesen und dann gebe ich es dir…“
„Ich habe keine Zeit für einen solchen Unsinn!“, bemerkte er und wurde zunehmend zorniger, „Und ich möchte nicht, dass meine Frau so etwas liest!“
Es war das erste Mal, dass er mich so behandelte, sich so aufspielte, als habe er das Recht mir zu sagen, was ich tun oder lassen sollte.
Ich erhob mich von meinem Stuhl, klemmte mir das Buch unter den Arm, baute mich vor ihm auf.
„Ich bin eine erwachsene Frau und ich lese, was ich will!“, wurde ich nun meinerseits laut, „Ich werde mir von meinem Ehemann nicht vorschreiben lassen, was ich lesen darf!“
„Diese Schmonzetten, die ihr Frauen so liebt, kannst du lesen! Ich sage auch nichts gegen die Magazine und Journale über Mode und diesen ganzen Klatsch und Tratsch, die uns monatlich ins Haus flattern! Aber

ich will dieses Buch nicht in meinem Hause haben!“
Und bevor ich noch irgendetwas einwenden konnte, verpasste er mir eine Ohrfeige, was ich als die unglaublichste Kränkung meinerseits empfand. Ohne ein weiteres Wort machte ich auf dem Absatz kehrt, stapfte wütend ins Haus.
„Babes!“, hörte ich ihn mir nachrufen, „Verzeih` mir, Babes! Ich wollte das nicht! Aber du hast mich so wütend gemacht…!“
„Nenn` mich nie wieder Babes!“, keifte ich zurück, ging auf mein Zimmer, schloss mich ein.
Ich legte das Buch auf meinen Sekretär, ließ mich auf den Stuhl davor fallen und begann zu weinen. Es ging nicht um den Schmerz, den er mir zugefügt hatte, sondern um die Tatsache, dass er mich anscheinend wie ein braves kleines Frauchen sehen wollte, welches sich ihrem Manne sofort fügte, wenn er etwas forderte oder verlangte. Bisher hatte ich immer das Gefühl gehabt, er achte mich so, wie ich war, aber anscheinend war dem nicht so. Auch er schien das klassische Frauenbild zu schätzen und dies auch auf seine Ehefrau anwenden zu wollen. Hatte ich ihn nicht immer wieder gegenüber meinen Eltern verteidigt? Tat ich das alles mit dem Kinderwunsch nicht nur für ihn? Und dann wollte er mich klein und dumm halten!
Während er seinen militärischen Dienst versah, saß ich zu Hause. Ich liebte die Gartenarbeit, die Tiere, hielt das Haus ordentlich, aber mir fehlte eine Ablenkung. Ein Kind hätte mir eine Aufgabe verschafft, damit ich mich nicht so überflüssig fühlte. Kaffeekränzchen mit Damen aus der Nachbarschaft oder aus höheren Kreisen in Flensburg waren einfach nicht meine Welt. Das gab mir nichts - all dieses sinnlose Geschwätz über diese oder jene, belanglose Partys, Dinnerabende…und wenn sie dann über ihre Kinder sprachen, machte mich dies sowieso nur traurig, da ich nicht mitreden konnte.
Unser Streit sollte bis zum nächsten Morgen dauern. Wir sprachen nicht miteinander, nahmen schweigend unsere Mahlzeiten ein, dann zog sich jeder von uns in sein Zimmer zurück. Man soll eigentlich niemals wütend auf den anderen zu Bett gehen, aber ich wollte mich nicht beugen. Ich sah nicht ein, vielleicht noch zu ihm zu gehen, ihm das Buch zu übergeben und mich zu entschuldigen.
Beim Frühstück schwiegen wir uns an, bis das Dienstmädchen mir einen Brief gab von Tante Irene, in dem sie uns für einige Tage nach

Hemmelmark einlud, wenn es unsere Zeit erlaubte. Ich las ihn laut vor und mein Gemahl schien es als Friedensangebot meinerseits zu deuten. Dies war aber nicht meine Absicht gewesen.
„Wir könnten sie über Ostern besuchen“, schlug er vor und ich nickte.
„Ja, das ist eine gute Idee. Ich schreibe ihr gleich nach dem Frühstück.“
„Heute komme ich etwas früher nach Hause. Wir könnten am Spätnachmittag noch etwas ausreiten.“
„Auch das ist eine gute Idee“, sagte ich kühl.
Ich wollte ihm eigentlich nicht mehr böse sein und er mir auch nicht, das wusste ich. So verabschiedete ich ihn nach dem Frühstück, ging in den Garten. Er kam mir nach, gab mir noch einen Kuss auf die Stirn.
„Feo, sei mir wieder gut!“, bat er leise, „Ich sage doch auch nichts, dass du so oft nach München fährst oder mir das mit deinen Eltern auf der Seele liegt. Vielleicht sollten wir auch am nächsten Wochenende meine Mutter mal wieder besuchen. Ich freue mich immer, dass du dich wenigstens mit deiner Schwiegermutter verstehst.“
Ich rang mir ein Lächeln ab.
„Ja. Ich mag deine Mutter wirklich sehr. Und lass` es nun gut sein.“
Kurz darauf war das Buch von Mann weg. Nach mehrmaligem Nachhaken gestand mir Hilde, unser Dienstmädchen, sie habe es ins Feuer werfen müssen, da mein Gemahl darauf bestanden habe. Dafür fand ich auf dem Tischchen in der guten Stube „Die Galgenlieder“ von Christian Morgenstern, einen Band mit sprachspielerischen Gedichten, der sich gerade großer Beliebtheit erfreute. Er interessierte mich eigentlich nicht sonderlich, da es nicht das war, was ich las. In dem Buch fand ich aber eine Karte von Haz und zwei Billets für eine Aufführung der komischen Oper „Die Heirat wider Willen“ im Mai in Berlin.
Auf die Karte hatte mein Gemahl geschrieben, er würde sich auf einige schöne Tage mit mir in Berlin freuen. Mein erster Gedanke war, dass ich einfach alles nahm und ins Feuer warf. Aber dann besann ich mich. Es war sein Friedensangebot an mich, auch wenn ich ihm noch böse war, dass er den „Professor Unrat“ hatte entsorgen lassen.
Im Lesezirkel widmeten sich die Damen dem „Freund Hein“ von Emil Strauß. Ich wollte das Buch nicht lesen, da mich andere Bücher mehr interessierten, wie „Der Immoralist“ von André Gide. Aber damit

konnte ich den Damen nicht kommen, denn es handelte von Homosexualität und Prostitution. Das schickte sich nicht. Ich wollte es mir aber heimlich kaufen und lesen. Dann musste ich es nur vor meinem Haz gut verstecken.
Ich versuchte gegenüber den Damen aber, die Auseinandersetzung mit meinem Gemahl über den „Professor Unrat“ anzumerken, und musste schnell einsehen, dass sie auf seiner Seite standen. Sie fanden es eher verstörend, dass ich mich als Frau für ein derartiges Buch überhaupt habe begeistern können.
„Vielleicht, meine Liebe“, sagte die ältliche Frau von Prünen, „wären Sie in einem anderen Lesezirkel besser aufgehoben.“
Die anderen Damen kicherten und ich verstand nicht gleich, worauf sie hinauswollte. Da beugte sich die junge Gattin des Amtsarztes zu mir herüber, flüsterte mir zu, man meine einen der Frauenbewegung.
Ich war einfach zu verärgert über diese Bemerkung, sodass ich aufstand, meinen Mantel nahm, den Damen mit hocherhobenem Haupt entgegenschleuderte:
„Wenn die Damen meinen, dann werde ich dies tun, bevor mich hier die Langeweile und das Klischee übermannen. Ich wünsche Ihnen einen Guten Tag!“
Damit verließ ich den Lesezirkel und ließ die dummen Hennen sitzen.
Alsbald sollte ich allerdings in unserer Haushälterin Hilde eine geeignete Zuhörerin finden, denn sie wusste so gar nichts von Literatur und zeigte sich hocherfreut, als ich vorlas, während sie kochte, bohnerte oder eine andere Tätigkeit verrichtete. Sie verstand zwar nicht immer, worauf der Autor oder die Autorin hinauswollten, aber gestand mir, dass sie es sehr genoss, so bei der Arbeit unterhalten zu werden.
„Verzeihen Sie mir, gnädige Frau, aber zu Hause haben wir nur ein Buch“, meinte sie, „Neben den Schulbüchern der Kinder.“
„Ja, Hilde, ich kann es mir denken - die Bibel“, lächelte ich, „Das ist vollkommen in Ordnung.“
Meine gute Hilde sollte sich auch bald als durchaus empfänglich für die Werke von Bertha von Suttner, der Pazifistin, erweisen. Auch wenn sie daraus nur mitnahm, dass, wie sie sagte, Krieg nicht gut sei und sie ihre Söhne auch nicht in einem sterben sehen wolle.
„Diese Frau Sutter ist aber schon sehr gescheit“, merkte sie an, fiel aber auch dann in das ihr eigene Frauenklischee, als sie hinzufügte,

„Und das als Frau. Obacht!“

Als wir um Ostern Tante Irene, Onkel Heinrich und die Kinder auf Hemmelmark besuchten, war meine Tante zwar nicht begeistert darüber, wie bereitwillig ich mich in die Hände Döderleins begeben wollte, ihn stets anpries. Aber sie hatte andere Sorgen, denn in Russland, wo ihre Schwestern Alix und Ella lebten, kam es immer öfter zu Unruhen in der Bevölkerung. Ich wusste um den sogenannten Petersburger Blutsonntag. Die Nachricht davon war um die Welt gegangen. Am zweiundzwanzigsten Januar des Jahres 1905 hatten sich Zehntausende von Arbeitern, angeführt von dem orthodoxen Priester Vater Georgi Gapon, auf einen Sternmarsch aus den Vororten St. Petersburgs zur Zarenresidenz, dem Winterpalast, begeben. Sie wollten friedlich und vor allem gesetzeskonform für menschenwürdigere Betriebsbedingungen, Agrarreformen, Abschaffung der Zensur und religiöse Toleranz demonstrieren. Des Weiteren forderten die Demonstranten die Schaffung einer Volksvertretung. Die Demonstranten drangen allerdings nicht bis zum Zaren vor. Bereits am Tor wurden sie von Soldaten aufgehalten, die von den anwesenden Offizieren, nicht vom Zaren, Schießbefehl erhielten. Es starben viele Menschen. Nachmittags kam es erneut zur Zusammenstößen und man ging von etwa hundertdreißig bis sogar vierhundert Toten aus. Der Zar zeigte sich entsetzt über die Geschehnisse, aber die Schuld an dem Massaker fiel auf ihn als Herrscher zurück. Seine autokratische Macht wart schon seit geraumer Zeit ins Wanken geraten. Die Arbeiter streikten und er konnte dem nur mit Gewalt begegnen.
Im Oktober desselben Jahres stimmte er der Schaffung eines Parlaments zu, der Duma. Dieses gesamtrussische Parlament wurde von Mitte März bis Mitte April des Jahres 1906 gewählt, war aber abhängig von der Macht des Zaren und er konnte dieses jederzeit auflösen. So wurde die erste Duma auch im Juli 1906 von ihm aufgelöst, da er einer Agrarreform nicht zustimmte, die die adeligen Großgrundbesitzer einschränkte.
Am vierten Februar 1905 hatte die Bombe eines Attentäters den Großfürsten Sergei, Ellas Gemahl, in Moskau getötet. Sergei hatte als Generalgouverneur der Stadt besonders die Anhänger revolutionärer Ideen verfolgt. Er stand hinter dem Zaren, war ebenso wie dieser ein

Verfechter der Autokratie und sah somit den Herrscher als von Gott eingesetzt.
Tante Irenes Schwester bekam die Ereignisse in Russland direkt über ihre beiden Schwestern mit und es nahm sie seelisch sehr mit, dass Ellas Ehemann auf so grausame Art und Weise hatte sterben müssen. Und sie sorgte sich aufgrund der revolutionären Tendenzen im Land sehr um Alix und ihre Familie ebenso wie um Ella.
Ella fasste nach dem Mord an Sergei den Entschluss, alles Weltliche abzulegen, Nonne zu werden und den Armen in Moskau zu helfen. Es war schon sehr bewundernswert, welche Stärke sie zeigte. Sie war sogar zu dem Attentäter ins Gefängnis gegangen, überreichte ihm eine Ikone und bat ihn den Mord zu bereuen, aber dieser beharrte darauf, dass Sergei ein Tyrann gewesen sei, der den Tod verdient habe. Ella richtete sogar ein Gnadengesuch an den Zaren, aber der Attentäter lehnte eine Begnadigung vehement ab, weil er hoffte, die Todesstrafe für ihn würde die revolutionäre Bewegung befeuern.
Hinzu kam für Irene, dass der kleine Alexei an der Hämophilie litt und ihre Schwester Alix sehr darunter litt, seelisch wie auch körperlich. Sie konnte manchmal tagelang das Bett nicht verlassen, wenn Migräneattacken sie übermannten, Nervenschmerzen im Gesicht, Herzbeschwerden und Rückenprobleme. Alix war nicht besonders beliebt beim russischen Volk und die revolutionären Unruhen verstärkten auch noch ihr Leiden.
Ich hörte Irene lange zu, als sie mir von all dem erzählte. Natürlich fühlte ich mit ihr, auch wenn ich Ella und Alix nicht so gut kannte. Wir hatten keinen engen Kontakt zueinander, begegneten uns auf Familientreffen, aber beide waren auch Mamas Cousinen. Da Mama aber jeglichen Kontakt mit mir ablehnte, wusste ich nicht, was sie von all dem wusste oder ob es sie belastete. Es war aber davon auszugehen.
Ich wusste von Ellen, dass es Mama gesundheitlich sehr schlecht ging. Schon vor drei Jahren hatte sie ihr berichtet, ihre Gesundheit liege buchstäblich in Fetzen, auch wenn sie nicht danach aussähe. Sie war zu jener Zeit mit ihren Nerven am Ende. Ihr Leibarzt Dr. Schweninger versuchte, die einseitigen Kopfschmerzen, die Taubheit in ihrer linken Körperhälfte und ihre daraus resultierenden Depressionen in den Griff zu bekommen. Ferner bekam sie immer wieder Ausschlag gepaart mit einem fürchterlichen Juckreiz und litt unter einem starken

Unwohlsein.
Nun, im Jahre 1906, so berichtete es Ellen mir, waren ihre Gelenke immerzu geschwollen, was ihr schlimme Schmerzen verursachte. Ebenso quälten sie Rückenschmerzen, Schmerzen in den Armen und Beinen. Sie sah schlecht aus, meinte Ellen, man sah ihr an, dass sie litt. Mittlerweile kontaktierte sie viele Ärzte neben Schweninger, aber sie sagten ihr, es könne Gicht sein oder Rheuma, doch Mama glaubte, es handele sich eher um eine schwere Grippe oder Nebenwirkungen dieser, denn als sie sich im Winter an der Riviera befunden hatte, hatte dort die die Influenza grassiert.
Meine Mutter begann, regelmäßig Aspirin zu nehmen, da sie die Schmerzen in ihren Augenhöhlen, der Nase und der Stirn nicht mehr aushielt. Sie bezeichnete diese konstanten Schmerzen als qualvoll.
Zum ersten Mal bemerkte sie, wie sich ihr Urin dunkelrot verfärbte, die Ärzte waren allerdings ratlos. Man fand keine Ursache für diese Auffälligkeit. Zu den Ischias Problemen und den rheumatischen Schmerzen kamen Abszesse an den Zähnen hinzu. Unter diesen hatte auch der verstorbene Großpapa, ihr Vater, in seinen letzten Lebensmonaten gelitten und so befürchtete sie, ihr Leiden könne auf einer Krebserkrankung fußen, aber dafür gab es keine Anzeichen.
Mama verbrachte ihre Tage überwiegend im Bett, war viel zu schwach, um aufzustehen und ein normales Leben führen zu können. Man riet ihr von Seiten der Ärzte sogar zu strenger Bettruhe.
Für Mama war es aber wohl noch belastender, dass manche der von ihr konsultierten Ärzte meinten, ihre ständigen Beschwerden seien eher hysterischer Natur, psychosomatisch bedingt und daher nicht heilbar.
Ich selbst litt an einigen von Mamas Beschwerden, aber manches vererbt sich nun einmal innerhalb einer Familie. Und sie tat mir auch leid, als ich das alles hörte, aber da sie kein Verständnis für mich und meine Leiden zeigte, konnte auch ich mich nicht überwinden, sie brieflich zu kontaktieren, um mein Mitgefühl zu zeigen oder überhaupt mit ihr in Kontakt zu treten. Ich ging davon aus, dass sie gar nichts von mir hören wollte und dann musste ich einsehen, dass mich ihre Situation auch nicht berühren müsse.
Im November des Jahres befand sich Mama wieder in Cannes. Sie berichtete Dr. Schweninger von ihren Symptomen, die immer noch

anhielten, aber gleichzeitig geriet sie ins Schwärmen, als sie die wundervolle Atmosphäre in Cannes erwähnte. Man sei dort gastfreundlicher als in Berlin. Sie lud ihn nach Cannes ein. Er solle sich diesen wundervollen und sonnigen Platz ansehen. Man könne sich an diesem Ort körperlich und seelisch nur erholen. Sie habe wieder dreizehn Tage gelitten, so schrieb sie, und es habe sie wahrlich ausgelaugt. Die meiste Zeit habe sie gelegen oder draußen in einem Stuhl gesessen. Ferner fragte sie ihn, was sie gegen die geschwollenen Gelenke und den Ausschlag tun könne. Er breitete sich mittlerweile über ihren gesamten Oberkörper aus, der Juckreiz sei kaum auszuhalten. Es treibe sie, so wortwörtlich, fast in den Wahnsinn.
In den nächsten Wochen verschlechterte sich ihr Allgemeinzustand abermals. Nur einen Monat später verbrachte sie wieder fünf Tage im Bett, war stets benommen und litt an Schwindelanfällen. Oftmals sah sie nur Sterne, Lichtblitze vor einem schwarzen Hintergrund und wurde von dem Ausschlag aufs Heftigste geplagt, dem daraus resultierenden Juckreiz. Es kamen schwere Magenkrämpfe hinzu.
In den folgenden drei Wochen versuchte sie, alle möglichen Arzneimittel zu testen, die ihr eventuell eine Linderung verschaffen konnten, aber es half alles nichts. Die Benommenheit verschlimmerte sich, ebenso wie der Juckreiz und ihr war ständig übel.
Dr. Schweninger reiste mit dem Psychoanalytiker Georg Groddeck nach Cannes, mehrmals sogar, um sie eingehend zu untersuchen. Groddeck war ein Arzt und Wegbereiter der Psychosomatik. Im Jahre 1900 hatte er in der Villa Marienhöhe in Baden-Baden ein eigenes Sanatorium mit fünfzehn Betten eröffnet, dessen Leitung er auch übernommen hatte. Groddecks Therapieformen verbanden Naturheilverfahren mit psychoanalytischen, suggestiven und hypnotischen Elementen. Seine Arm - und Fußbäder, Massagen, seine Diätkost galten als sehr fortschrittlich zu jener Zeit. Die kühnen Heilslehren, die er seinen Patienten zusätzlich präsentierte, bewertete man zurückhaltender. Zu seinen Freunden gehörte auch der bekannte Sigmund Freud, doch anders als dieser beschäftigte sich Groddeck im Wesentlichen mit chronisch Kranken.
Groddeck ging davon aus, dass organische Leiden auch durchaus durch die Psyche verursacht werden könnten. Und er erschien Mamas Leibarzt wohl wie ein letzter Strohhalm, um ihr zu helfen.

Im Frühjahr des Jahres 1907 begab sie sich nach ihrer Rückkehr aus Cannes zum ersten Mal in sein Sanatorium nach Baden-Baden. Dort wurde sie von Groddeck persönlich behandelt, der auch als Bade - und Kurarzt tätig war. Gerade in Bezug auf Hautkrankheiten, die eventuell ihren Ursprung eben in der Psyche eines Menschen haben könnten, war Groddeck spezialisiert.
Im April begann er Mamas Krise zu behandeln, wie er es nannte. Die Behandlung empfand Mama schnell als sehr schmerzhaft und qualvoll. Sie erhielt zweimal am Tag Massagen, jeden Morgen und jeden Abend heiße Kompressen. Die Behandlung sollte zuerst zwei Wochen dauern, dann wurden daraus aber drei Wochen. Und obwohl meine Mutter es alsbald als Schinderei empfand, schien es ihr gutzutun.
So berichtete sie Ellen sechs Monate später, dass ihr der Aufenthalt im Sanatorium und die Behandlung sehr wohl für eine Weile geholfen hatten. Doch sie war mit ihren Hoffnungen zu schnell gewesen, denn nur einige Tage später musste sie Dr. Schweniger um Morphin in Tablettenform bitten, da die Schmerzen zurückkehrten und alles sich eher noch verschlimmerte. Nun quälte sie eine derart schlimme Übelkeit, dass sie darüber sogar in Ohnmacht fiel. Sie bekam dann jedes Mal brennende und stechende Schmerzen auf der linken Bauchseite und der Ausschlag hatte sich über ihren ganzen Körper ausgebreitet. Mama wurde von den ständigen Schmerzen niedergedrückt, ihre Briefe glichen alle einander, wenn sie von den Krämpfen, Abszessen, dem Schwindel und allem Weiteren berichtete. Sie verglich das alles sogar mit einer Folter, von der sie nur zeitweise Linderung erhielt, wenn sie Morphin nahm. Dann fand sie auch endlich Schlaf und die Schmerzen wurden erträglicher.
Wenn ich all dies hörte, tat mir meine Mutter sehr leid, natürlich, denn sie war nun einmal meine Mutter. Aber auch mein Vater schien dies alles zu ertragen, die Leiden seiner Gemahlin, ohne mich, seine Tochter, in alles miteinbeziehen zu wollen.
Ich sprach das nie in meinem brieflichen Kontakt mit Ellen an oder gegenüber anderen Verwandten. Sie alle wussten um das mehr als zerrüttete Verhältnis zu meinen Eltern in jener Zeit. Es war für alle schwer, ich verstand es, denn auf wessen Seite sollte man sich stellen? Zu wem halten? Wem Mitgefühl aussprechen? Ich war ganz sicher nicht die Person, die ihnen übel genommen hätte, wenn man mir sagte,

ich solle Mama doch kontaktieren. Allerdings hätte ich es nicht getan. Ich sah meine Eltern in der Pflicht, den ersten Schritt auf mich und meinen Ehemann zuzumachen. Die Schuld für dieses ganze Dilemma lag bei ihnen, nicht bei mir oder Haz. Und ich sah einfach nicht ein, zu Kreuze zu kriechen. Vielleicht war ich dazu zu stolz, denn all die Jahre meiner Kindheit und Jugend hatten mich meine Eltern spüren lassen, dass ich als ihr Kind nicht der Mittelpunkt ihres Lebens war. Wie oft hatte ich mich als Kind gefragt, was ich falsch gemacht hatte, weil sie mich so offensichtlich ignorierten. Ich wollte dies nicht mehr. Nun war ich eine erwachsene Frau, die damit abgeschlossen hatte. Nur manchmal, wenn ich andere Familien sah, wie Eltern sich um ihre Kinder liebevoll kümmerten, für sie da waren, machte es mich traurig. Mein Kinderwunsch mag auch daher so stark gewesen sein, weil ich bei meinem eigenen Kind alles besser machen wollte als meine Eltern. Ich würde immer für es da sein, es liebhaben, mich mit ihm beschäftigen, mich an kleinen Lernerfolgen erfreuen…ich sehnte mich so sehr danach Mutter zu sein.

Trotz ihres schlechten Gesundheitszustands nahm Mama ihre Verpflichtungen für ihr Regiment in Breslau wahr. Die Ansichtskarte zeigt sie im Jahre 1906 bei einer Parade.

Meine Mutter versuchte, trotz aller gesundheitlichen Widrigkeiten am gesellschaftlichen Leben teilzunehmen. So war sie präsent, wenn es um Verpflichtungen repräsentativer Art ging, und ließ es sich auch nicht nehmen, bei Familienfeiern zu erscheinen. Sie beklagte sich bei anderen über ihre schlechte Gesundheit, aber wenn wir uns trafen, pflegten wir nur einen höflichen Kontakt. Sie fragte nicht, wie es mir ging, und ich tat es ihr gleich. Ich erfuhr von Ellen, ihrer Freundin Marie oder anderen Verwandten, was sie und Papa so taten, unternahmen oder wie es gesundheitlich um sie stand. Ob diese ihr etwas über mich berichteten, weiß ich nicht. Ich fragte nie danach, aber es ist anzunehmen, dass sie dies wahrscheinlich ablehnte und nicht hören wollte. Ich musste lernen, dies so zu akzeptieren.

Die Gräfin Pourtales (links), Mama (rechts daneben), neben ihr die Baronin von Brandenstein, am Steuer der Baron von Brandenstein, neben ihm der Graf Pappenheim, beim Herkomer Autorennen im Jahre 1906

Die Herkomer-Konkurrenzen waren im Deutschen Reich gefahrene Tourenwagen-Rallyes. Sie wurden im Jahre 1905 initiiert vom fortschrittsbegeisterten Maler, Universalkünstler und Automobilisten

Hubert von Herkomer. Somit war die Herkomer-Konkurrenz die älteste Tourenwagen-Rallye der Welt. Die Rennen waren als Zuverlässigkeitsprüfung angelegt und trugen erheblich dazu bei, das Automobil im Deutschen Reich populär zu machen.
Auf einer alljährlich verlängerten Strecke wurde diese Zuverlässigkeitsprüfung auch 1906 und 1907 ausgetragen und erfuhr stets großes öffentliches Interesse. Im Jahre 1906 gab es hundertneunundfünfzig Teilnehmer, die Strecke betrug insgesamt eintausendsiebenhundert Kilometer und hatte die Route Frankfurt– München– Linz– Wien– Klagenfurt– Innsbruck– München, bis zum Forstenrieder Park, der damals am Stadtrand lag. Es wurde vom sechsten bis zum zwölften Juni gefahren und es gab sechs Etappen. Sieger wurde in jenem Jahr ein gewisser Dr. Rudolf Stöss auf einem Horch-Automobil 18/20.
Die dritte und letzte Herkomer-Konkurrenz fand dann im Jahre 1907 statt. Die Strecke betrug eintausendachthundert und sieben Kilometer und es gab hunderteinundsechzig Teilnehmer. Es war damit die weltweit anspruchsvollste Langfahrt. Als besondere Zuschauerattraktionen hatte man bei diesem Rennen Kilometer-, Berg - und Geschwindigkeitsprüfungen eingeführt.
Hubert von Herkomer gestaltete die vierzig Kilogramm schwere Siegertrophäe aus Sterlingsilber selbst und gewährte dem Sieger eines der damals begehrten Porträts aus seiner Hand. Gerade aufgrund seines persönlichen Engagements fanden sich stets auch Teilnehmer aus bedeutenden Kreisen des Hoch - und des Geldadels ein. So zählten unter anderem auch Onkel Heinrich, Herzog Ludwig in Bayern, Prinz Josef von Battenberg, die Automobilhersteller August Horch und Heinrich Opel zu den Teilnehmern.
Es war also für Mama, die Automobile so sehr liebte und technisch interessiert war, keine Frage, ob sie an diesem Rennen teilnahm. Sie war dabei aber nicht die einzige Frau, denn eine Prinzessin von Ysenburg zeigte sich ebenso begeistert von einer Teilnahme und gewann sogar im Jahre 1907 eine goldene Plakette.
Ich fand es durchaus sehr beeindruckend, dass Mama sich für diese Rennen derart enthusiastisch zeigte. Und auch wenn sie hierbei nicht selbst fuhr, so war dies doch schon ein sehr modernes Verhalten für eine Frau in der damaligen Zeit. Meine Bewunderung für sie wurde aber durch unser schlechtes Verhältnis sehr getrübt.

Gerne hätte ich sie auch im Sanatorium besucht, um ihr zu zeigen, dass ich Anteil an ihren Leiden nahm. Ich kann nicht abstreiten, dass mich oft die Versuchung überkam, aber Haz sagte mir dann, ich müsse stark sein, dürfe mich in dieser Hinsicht nicht beugen, denn sie würde dasselbe nicht für mich tun. So musste ich schweren Herzens einsehen, dass mein Gemahl recht hatte. Wahrscheinlich hätte sie sich innerlich noch diebisch darüber gefreut und mich nur abgewiesen. Wie peinlich wäre es gewesen, wenn ich am Tor des Sanatoriums abgewiesen worden wäre. Das konnte und wollte ich mir nicht einmal ausmalen.
Man kann vielleicht einwenden, ich hätte meinen Vater brieflich kontaktieren können, einfach fragen, wie es Mama gehe, doch auch dann hätte ich mich erniedrigt. Es war wie es war. Eine schrecklich vertrackte Situation, aber wahrscheinlich machte auch nur ich mir solche Gedanken darüber, während meine Eltern keine daran verschwendeten.

Am siebenundzwanzigsten Februar des Jahres 1906 hatte Donas zweitgeborener Sohn Eitel Friedrich in Berlin die Herzogin Sophie Charlotte von Oldenburg geheiratet. Sie war die älteste Tochter des Großherzogs Friedrich August II. von Oldenburg und seiner früh verstorbenen ersten Gemahlin, Prinzessin Elisabeth Anna von Preußen. Es war jene Vermählung gewesen, die als Doppelhochzeit stattgefunden hatte, denn am selben Tag hatten auch meine Eltern geheiratet. Elisabeth wurde nur achtunddreißig Jahre alt und der Großherzog heiratete nur ein Jahr nach ihrem Tod die Herzogin Elisabeth zu Mecklenburg-Schwerin. Ihr Bruder Friedrich Franz war der Vater von Cecilie, der Gemahlin des Kronprinzen Friedrich Wilhelm von Preußen. Diese zweite Eheschließung von Sophies Vater galt als unglücklich, denn Elisabeth hatte bereits im Jahre 1904 ein Verhältnis mit dem Hauslehrer ihrer Kinder, der daraufhin versetzt wurde. Der Großherzog vernachlässigte seine Gemahlin und behandelte sie auch in der Öffentlichkeit oft herablassend sowie unangemessen.
Eitel Friedrich war ein massiger Typus, gänzlich anders von seiner Statur her als sein älterer Bruder. Seine Vorliebe galt einzig und allein dem Militär und für andere Interesse blieb da kein Platz. Bedauerlicherweise sollte sich dies auch auf seine Ehe auswirken, denn seine Gemahlin stand eher im Hintergrund, die Ehe sollte kinderlos bleiben.

Ich war ebenso wie meine Eltern bei seiner Hochzeit nicht zugegen. Wir waren schlichtweg nicht eingeladen worden. Für die junge Braut, so dachte ich bei mir, musste es aber im Weiteren schmerzlich sein zu sehen, dass ihre Ehe nicht von Glück beschieden war.
Dona war inzwischen Großmutter. Die Kronprinzessin Cecilie hatte im Juli des Jahres 1906 den kleinen Prinzen Wilhelm zur Welt gebracht, im November 1907 folgte die Geburt des Prinzen Louis Ferdinand.

Im März des Jahres 1907 verstarb meine Schwiegermutter auf Schloss Jänkendorf in Niesky in Sachsen. Es war ihr zuletzt gesundheitlich nicht mehr so gut gegangen, sie wurde zusehends schwächer. Wir hatten sie noch Anfang des Jahres besucht, Neujahr mit ihr gefeiert. Sie wurde siebenundsiebzig Jahre alt.
Mein Gemahl trauerte sehr um seine Mutter und ich versuchte, ihm in dieser schweren Zeit eine Stütze zu sein. Auch ich würde meine Schwiegermutter vermissen, denn wir hatten uns sehr gut verstanden. Es schmerzte mich, dass ich ihr zu ihren Lebzeiten kein Enkelkind mehr schenken konnte. Sie hätte sich sicher sehr darüber gefreut.
Meine Eltern kondolierten uns mit einem knappen Brief und wir bedankten uns ebenso knapp dafür. Sie ließen uns auch ein Trauergesteck übersenden, obwohl sie beide keinen wirklich großen Kontakt mit meiner Schwiegermutter gepflegt hatten. Irgendwie war ich darüber erleichtert, denn mir war durchaus öfter der Gedanke gekommen, Mama könne sie in unsere Streitigkeiten mithineinziehen und wir hatten der Schwiegermama auch nicht immer alles erzählt. Haz meinte, es sei besser so, dass wir sie nie damit allzu sehr belasteten. Sie hatte um meine schwere Kindheit gewusst, aber dem sehr kritisch gegenübergestanden, weil sie meine Eltern dahingehend nicht hatte verstehen können.
Mein Ehemann hatte eine liebevolle und fürsorgliche Mutter verloren, deren Verlust er sehr bedauerte. So kam ich nicht umhin mich zu fragen, ob ich dereinst den Verlust meiner Mutter oder meines Vater auch einmal so betrauern würde. Es war schrecklich, über so etwas nachzudenken, ich erschreckte mich selbst über mich, aber der Gedanke kam nun einmal in mir auf.
Haz` Mutter hatte mich stets verstanden, wenn ich ihr sagte, wie sehr

ich mir ein Kind wünschte. Auch den Verlust des Ungeborenen konnte sie in all dem Leid einer Mutter verstehen, hatte sie doch selbst drei Kinder verloren, wenngleich diese auch alle das Licht der Welt erblickten hatten und herangereift waren.
Haz´ Schwester, Marie Clementine, und sein Bruder hatten beide Kinder. Mit Marie verstand ich mich schon. Sie führte aber einen ganz anderen Lebensstil als wir, da ihr Mann sehr reich war. Wir waren durchaus zu Festivitäten bei ihnen eingeladen, aber unser Verhältnis war nicht sehr tiefgehend. Ich scheute mich auch davor, ihr mein Herz mit all seinen Sorgen und Nöten in Gänze zu öffnen. Wir kamen gut miteinander aus, aber mehr auch nicht.
Viktoria, die Gemahlin von Haz` Bruder, war eher nach Mamas Geschmack, denn sie war sehr mondän, stammte aus Paris und wirkte oftmals sehr oberflächlich auf mich.
Mein Ehemann meinte, ich solle mich nicht so sehr grämen, dass wir seiner Mutter keine Enkel schenkten, denn sie habe welche durch seine Geschwister gehabt, aber er verstand nicht, dass es dabei um *unser* Kind ging. Ich erfreute mich auch an meinen zahlreichen Nichten und Neffen, aber wollte, dass mein Kind zwischen ihnen herumtollte. Es war nicht dasselbe für mich.
Manchmal fühlte ich mich von der Welt verlassen, da ich mich so wenigen Menschen anvertrauen konnte. Ellen hatte immer ein offenes Ohr für mich, aber ich befürchtete, dass auch sie es irgendwann nicht mehr hören könnte, wenn ich so sehr darüber lamentierte, wie unglücklich ich ohne ein Kind sei. Auch wollte ich sie nicht immerzu mit meinen Leiden belästigen. Sie hörte dies schon zur Genüge von meiner Mutter.

Im Jahre 1907 sollte meiner Mutter ihre Klatschsucht abermals zu einem Verhängnis werden. Ich hatte bereits berichtet, dass sie in Kontakt mit Maximilian Harden stand, den sie für die Publikation seines wöchentlich erscheinenden und radikalen Magazins „Die Zukunft“ sehr schätzte. Mama, als eine überaus begeisterte Leserin dieses Magazins, offerierte Harden intime Pikanterien vom kaiserlichen Hof quasi auf dem Silbertablett. Sie schien dabei keinen einzigen Moment an die Folgen zu denken.
Seit dem Jahre 1906 griff Harden in dem Magazin öffentlich die

Entourage des Kaisers und das, wie er es nannte, persönliche Regiment, an. Harden galt zu jener Zeit als längster und gewagtester Kritiker meines Onkels Willie. Man muss anmerken, dass Maximilian Harden eigentlich Felix Ernst Witkowski hieß. Er war im Jahre 1861 als Sohn eine jüdischen Seidenhändlers geboren worden, aber im Jahre 1878 zum Protestantismus konvertiert. Dieser Übertritt zum Christentum geschah nicht etwa, weil er seine Wurzeln verleugnete oder diese gar ablehnte. Der Antisemitismus war zwar stets präsent, doch es gab durchaus viele bekannte jüdisch-stämmige Persönlichkeiten, die keinerlei Ablehnung oder dergleichen erfahren mussten, wie später im Dritten Reich. Man gab sicher Juden oftmals die Schuld, wenn es zu finanziellen Krisen kam, auch der Ausdruck „Jude" konnte abwertend behaftet sein. So wie Bismarck oppositionelle fortschrittliche Herausgeber von Magazinen und Zeitungen oftmals als „Juden" bezeichnete, womit er sich aber keineswegs auf deren Abstammung bezog. Manche bösen Zungen verbreiteten auch, dass Menschen jüdischer Abstammung sich einen Namen in Bezug auf die Literatur machten, da es der einzige Weg für sie sei, Akzeptanz zu erlangen. Und nach dem Jahre 1871 war der Begriff „Jude" unter anderem auch prägnant für Menschen, die mit gebrauchten Waren handelten oder Geld verliehen.
Harden wollte einfach negative Assoziationen, die man mit seinem jüdischen Glauben verbinden konnte, abweisen. Er war kein Antisemit und kein Abtrünniger hinsichtlich seiner Wurzeln, doch er stand dem Judentum sehr kritisch gegenüber, was er auch in seinem Magazin stets deutlich machte.
Sein Bruder, Richard Witkowski, der seinen Nachnamen in Witting geändert hatte, war ein angesehener Jurist, Verwaltungsbeamter, Politiker und Bankier, der ab dem Jahre 1902 als Direktor die Nationalbank für Deutschland leitete. Ab dem Jahre 1907 agierte er auch als ein Mitglied des preußischen Abgeordnetenhauses. Ferner machte er sich einen Namen als persönlicher Berater des Kaisers.
Auch Harden war Patriot und sein Herz schlug für Deutschland, aber er stand mit seiner Meinung über die Günstlingswirtschaft des Kaisers in einem starken Gegensatz zu seinem Bruder. Beide Brüder hatten wenig Kontakt miteinander. Vielleicht beruhte dies auf ihren unterschiedlichen Meinungen gegenüber dem Kaiser, aber dies kann ich nur vermuten.

Die gleichgeschlechtliche Liebe unter Männern galt als wider die Natur. Seit dem Jahre 1871 wurde der preußische Paragraph 175 in das Reichsstrafgesetzbuch des Deutschen Reichs aufgenommen und in der folgenden Zeit immer häufiger angewandt. Davor, bis zum Jahre 1794, hatte man durch die Einführung des Allgemeinen Landrechts in Preußen, die Todesstrafe, die auf die Ausübung homosexueller Handlungen stand, umgewandelt in eine Zuchthausstrafe.
Der §175 beinhaltete auch die Strafverfolgung der Sodomie, aber in erster Linie stand er für die Verfolgung Homosexueller. Die Mindeststrafe reduzierte man von sechs Monaten auf einen Tag, aber die Bestrafung ging mit dem Verlust der bürgerlichen Ehrenrechte einher und so konnte dies unter anderem in der Aberkennung des Doktorgrades oder im Entzug des aktiven und passiven Wahlrechts bestehen.
Natürlich regte sich auch Widerstand gegen diese Verfolgung. Im Kaiserreich bildete sich mit dem 1897 gegründeten Wissenschaftlich-humanitären Komitee eine Honoratioren-Bewegung, die mit der These von der angeborenen Natur der Homosexuellen gegen den § 175 vorzugehen versuchte. Eine auf dieser Argumentation aufbauende Petition des Arztes und Wissenschaftlich-humanitäres Komitee-Vorsitzenden Magnus Hirschfeld zur Streichung des § 175 schaffte es 1897, sechstausend Unterschriften hinter sich zu versammeln. Ein Jahr später brachte sie der SPD-Vorsitzende August Bebel in den Reichstag ein. Der angestrebte Erfolg blieb jedoch aus.
Der deutsch-österreichische Psychiater und Rechtsmediziner Richard von Krafft-Ebing hatte Kriminalfälle untersucht und Forschungen in psychiatrischen Einrichtungen betrieben. Er vertrat wie viele andere die These, dass Homosexualität eine angeborene neuropsychopathische Störung sei und somit eine erbliche Nervenkrankheit. Laut von Krafft-Ebing konnte der Betreffende nichts für seine „Missbildung". Daher sollte man ihn nicht bestrafen, sondern in der Psychiatrie behandeln. Ferner schrieb er in seinem im Jahre 1886 erschienenen Buch Psychopathie Sexualis, welches zu einem Standardwerk wurde, dass Homosexualität auch nicht ansteckend sei. Mit seinen Ausführungen erklärte er aber Homosexuelle für unzurechnungsfähig und öffnete Tür und Tor für Zwangsbehandlungen und Forschungsexperimente.
Die Straflosigkeit wurde jedoch besonders von kirchlich-konservativen Kreisen abgelehnt. Sie wollten auf die moralische Ächtung

Homosexueller nicht verzichten.
Die Polizei arbeitete im Deutschen Kaiserreich mit Spitzeln in der Berliner Subkultur und geheimen sogenannten Rosa Listen, auf denen die Namen homosexueller Männer verzeichnet waren.
Da Homosexualität als psychische Erkrankung galt, konnte man Männer so freiheitsentziehend in einer forensischen Psychiatrie unterbringen. Man versuchte dort, Homosexuelle mit Östrogenen zu behandeln, um ihren Trieb zu hemmen, was zu einer Vergrößerung der Brustdrüsen führen konnte. Es kam durchaus vor, dass Homosexuelle sich dann umbrachten, weil sie die Verweiblichung ihres Körpers nicht ertrugen. Aber auch der Druck, den man auf sie in der Psychiatrie ausübte, trieb viele Männer in den Freitod.
Die Verfolgung Homosexueller war sehr belastend für diese Menschen, wobei ich sagen muss, dass es mir stets gleich war, wie jemand sexuell agierte. Es interessierte mich nicht, denn es kam mir auf die Person an sich an, aber gerade im Deutschen Kaiserreich, wo man mit Männlichkeit auch Ehre verband, war eine homosexuelle Neigung vielen ein Dorn im Auge. Wobei man einwenden muss, dass Frauen sich anderen Frauen durchaus hingeben konnten. Sie wurden nicht verfolgt.
Es gab auch viel Literatur, die sich mit der Thematik und dem Leben Homosexueller befasste, wie das Buch von Hans Ostwald, einem Journalisten, Kulturhistoriker und Erzähler, der gerade die Kultur Berlins unter der „normalen" beleuchtete. So erschien im Jahre 1906 ein Werk von ihm über männliche Prostitution im kaiserlichen Berlin und der Autor Peter Rosegger hatte sich mit der Liebe zwischen zwei Männern andeutungsweise in seinem Roman „Weltengift" beschäftigt.
Im Jahre 1908 sollte dann der Roman „Liebchen" anonym erscheinen, der ebenso im Berlin der Jahrhundertwende die Thematik aufgriff. Diese Bücher waren natürlich umstritten.
Ich erwähnte bereits Phili, den Grafen Philipp zu Eulenburg-Hertefeld. Phili war ein Mitglied des Preußischen diplomatischen Korps, von 1894 bis 1902 war er deutscher Botschafter in Wien gewesen. Seit dem Jahre 1875 war er verheiratet mit der schwedischen Gräfin Augusta von Sandels. Das Paar hatte acht Kinder bekommen, von denen eines als Baby, das andere als Kleinkind verstorben war.

Die Ehe von Phili und Augusta galt als glücklich. Man achtete Phili in den höchsten Kreisen sehr, da er als sympathisch, enthusiastisch und taktvoll galt. Sein Auftreten hatte stets etwas Nobles, er war sehr künstlerisch veranlagt.
Onkel Willie und Phili hatten sich im Jahre 1886 bei einer Jagdgesellschaft beim Grafen Eberhard Dohna, dem jüngeren Bruder des späteren Fürsten Richard zu Dohna-Schlobitten, welcher zu Eulenburgs engsten Freunden gehörte, im ostpreußischen Prökelwitz kennengelernt.
Zwischen beiden entwickelte sich eine homoerotisch angehauchte Freundschaft, bei der Phili für meinen jungen, ungestümen und oftmals nervösen Onkel in seiner Lebenserfahrung und Weltgewandtheit einen Halt in emotionaler Hinsicht bot. Ebenso bot er Onkel Willie intellektuelle Zerstreuung.
Mein Onkel war durch seine strenge Erziehung, die dauernden Zerwürfnisse mit den liberalen Großeltern Vicky und Fritz sowie auch seine Stellung beim elitär-konservativen Offizierskorps der Potsdamer Garderegimenter, in denen er militärische Kommandos bekleidete, schon früh verbittert. Im Offizierskorps hatte er nur oberflächlich Anschluss finden können. Seine Behinderung belastete ihn sehr.
Phili vermittelte ihm ein Gefühl der Geborgenheit und des Verstandenwerdens.
Onkel Willi hielt sich jedes Jahr gerne auf Schloss Liebenberg in Brandenburg auf, welches sich im Besitz von Phili befand. Natürlich sagte man offiziell, es handele sich um einen Jagdaufenhalt, aber eigentlich genoss mein Onkel die entspannte Gesellschaft seines Freundes. Das emotionale Umfeld verschaffte ihm Ablenkung und Entspannung, vor allem seit er Kaiser war.
Phili war im Jahre 1890 maßgeblich am Sturz Bismarcks mitbeteiligt gewesen, worauf ihn dieser als eine nicht ernstzunehmende Persönlichkeit bezeichnete, ihm sogar absprach, dass er als Diplomat auf einem wichtigen Posten verwendbar sei, ferne bemängelte, wie wenig Enthusiasmus Phili beweise, denn er wollte die Karriereleiter nicht emporklettern, gar Staatssekretär oder Kanzler werden. Er lobte unter anderem seine Belesenheit, kritisierte ihn aber als einen romantisierenden Schönredner und meinte, er mache den Garderobier für die mittelalterlich angehauchten Phantasien des Königs.

Phili und seine Gemahlin im Jahre 1900

Bismarck hielt ihn für gefährlich, da Phili aus seiner Sicht versuchte, dem Kaiser unterwürfig zu sein und ihn wie einen Gott verehrend zu gefallen.

Am ersten Januar des Jahres 1900 hatte Onkel Willie seinen Freund und zwei andere Grafen in den preußischen Fürstenstand erhoben, obwohl Phili dies eigentlich nicht wollte. Diese Erhebung war in der Berliner Gesellschaft sehr umstritten und sorgte bei Neidern für großen

Unmut. Man kreidete ihm an, dass er wenig Vermögen hatte, nicht mit vielen Verdiensten aufwarten konnte, eine große Kinderschar sein Eigen nannte und nicht einmal Chef seines Hauses war. Kurzum - es sprach eigentlich nichts für seine Erhebung, außer dass er eben ein enger Freund und Vertrauter meines Onkels war.
In Liebenberg hatte sich in den Jahren der Freundschaft zwischen Onkel Willie und Phili der sogenannte Liebenberger Kreis formiert, den man auch gerne als Tafelrunde bezeichnete. Es handelte sich um eine reine Männerrunde, der zusehends mehr Freunde Onkel Willies beiwohnten. Ein homoerotisches Grundgefühl bestimmte diese, einige der Männer waren offensichtlich auch eher Männern zugetan. Der Stadtkommandant von Berlin, Kuno Graf von Moltke, wurde im Jahre 1899 geschieden, nachdem seine Frau entdeckt hatte, dass er bereits seit Jahren eine Affäre mit Phili pflegte, als dieser preußischer Botschafter in Wien war.
In diesem Freundeskreis in Liebenberg wurde mein Onkel „Das Liebchen" genannt, Phili als „Troubadour" bezeichnet. Letzteres fußte darauf, dass Phili für meinen Onkel wie ein Minnesänger war, der ihm Lieder zur Verehrung sang. So tat sich Phili auch als Komponist und Pianist hervor, veröffentlichte unter anderem die Rosenlieder, die man durchaus als meinem Onkel gewidmet beschreiben konnte.
Die politische Einflussnahme des Liebenberger Kreises war eher formeller Natur, denn bis auf meinen Onkel besaß keiner der Herren eine einflussreiche Position im Staatsdienst und Phili, der den Ton angab, war ein eher unpolitischer Charakter.
So ging es in Liebenberg mal kultiviert zu, da Phili sich als passabler Sänger und Klavierspieler hervortat, und auch mal eher vulgar.
So schlug Georg von Hülsen dem Grafen Görtz im Herbst des Jahres 1892 folgendes Amüsement zur Belustigung des Kaisers vor:
„Sie müssen von mir als dressierter Pudel vorgeführt werden! – Das ist ein Schlager wie kein anderer. Bedenken Sie: hinten geschoren, vorn langer Behang aus schwarzer oder weißer Wolle, hinten unter dem echten Pudelschwanz eine markierte Darmöffnung und, sobald Sie schön machen, vorne ein Feigenblatt. Denken Sie, wie herrlich, wenn Sie bellen, zur Musik heulen, eine Pistole abschießen oder andere Mätzchen machen. Das ist einfach großartig!
Ich sehe bereits Seine Majestät lachen wie wir."

Es gingen auch Gerüchte um, dass sich Männer in Liebenberg zur Belustigung der anderen anwesenden Herren gerne in Frauenkleidern mit Perücken zeigten.
Phili und andere Mitglieder des Freundeskreises nahmen regelmäßig an den Nordlandfahrten des Kaisers auf der kaiserlichen Yacht Hohenzollern teil. Man fuhr durch die norwegischen Fjorde. Zu einem Ritual gehörte die Morgengymnastik an Bord, bei der die Besatzung mit nackten Oberkörpern zu erscheinen hatte und auch die männlichen Gäste daran teilnahmen. Mein Onkel ritt dann gerne auf den Rücken der Matrosen.
Zum engeren Liebenberger Kreis gehörten neben Phili, Richard Fürst zu Dohna-Schlobitten, Friedrich Botho Graf zu Eulenburg, Philis Bruder, Dietrich Graf von Hülsen-Haeseler, von 1901 bis 1908 Chef des königlichen Militärkabinetts, Georg Graf von Hülsen-Haeseler, Generalintendant der Preußischen Hoftheater und Bruder Dietrichs, Kuno Graf von Moltke, Flügeladjutant, ehemaliger Stadtkommandant von Berlin, Emil Graf von Schlitz, genannt von Görtz, und Axel Freiherr Varnbüler von und zu Hemmingen, württembergischer Gesandter beim Bundesrat.

Um die Jahrhundertwende nahm der Einfluss Philis auf meinen Onkel etwas ab. Als er im Jahre 1902 seinen Botschafterposten in Wien aufgab und sich nach Liebenberg zurückzog, konnte man mutmaßen, dass es vielleicht nicht nur an seinem Alter lag, denn er war gerade einmal fünfundfünfzig Jahre alt, aber es konnte auch damit zusammenhängen, wie sehr Harden begann, in seinem Magazin die Günstlingswirtschaft meines Onkels zu kritisieren. Ob er allerdings, wie viele vermuteten, Phili erpresste, sei dahingestellt.
Mein Onkel besuchte seinen Freund weiterhin, doch es war für Eingeweihte ersichtlich, dass Philis große Zeit vorbei war. Dennoch sah die Öffentlichkeit in ihm weiterhin das Haupt einer Nebenregierung, einer so genannten Kamarilla von Hofschranzen, die einen verderblichen Einfluss auf meinen Onkel und die Reichspolitik ausübe. Hofschranze ist ein sehr negativ behafteter Ausdruck für einen schmeichlerischen Höfling.
Diskretion war für meinen Onkel natürlich in seiner Position höchstes Gebot und sein Liebenberger Kreis hielt sich daran.

Ich möchte meiner Mutter eine gewisse Mitschuld an dem ganzen Skandal nicht absprechen, der sich nun aufbaute. Sie, die auch in Kreisen verkehrte, in denen man auch Pikanterien ausplauderte, die das intime Hofleben betrafen, war bestens über die Vorgänge in Liebenberg informiert und seit langem schnappte sie das Gerede um das Verhältnis zwischen ihrem Bruder und Phili auf. Vielleicht war sie bodenständiger als mein Onkel, der sich sicher in seinen höfischen Kreisen glaubte. Er lebte abgeschirmt von Skandalen und Gerede, achtete auch nicht darauf. Mama aber, als eine Unterstützerin Hardens, gab nur allzu gerne Intimitäten für ihn preis. Seine steten Enthüllungen fand sie meisterlich und für sie war es nicht tragisch, dass diese in den höchsten Kreisen für Erschütterungen sorgten. Für manche Menschen wirkte es so, als habe sie ein geradezu perverses Vergnügen daran, Hardens einzige Anhängerin in der Familie zu sein. Obwohl er zum Christentum konvertiert war, bezeichneten viele Harden als einen abscheulichen Halunken, einen unverschämten Juden, nannten ihn roh und vieles mehr. Aus ihrer Sicht herrschte der Antisemitismus hierbei vor, man versuchte absichtlich etwas totzuschweigen und so prangerte sie die Blindheit, die rührselige Sentimentalität, die Apathie, Dummheit und falsche Sympathie für ihren Bruder an. Jeder, fand sie, sei bestrebt die Wahrheit zu unterdrücken, die eines Tages ans Licht komme, und nur sie sei weitsichtig genug, zu begreifen, wie sehr es ihrem Bruder und seinen engsten Freunden schaden würde, wenn alles aufgedeckt werde. Mama befürchtete einen großen Schaden für das Kaiserreich und damit verbunden für die kaiserliche Familie, sobald die pikanten Details herauskämen. Es schien sie anzutreiben, dass schmutzige Einzelheiten öffentlich werden mussten, bevor alles noch schlimmer würde. Und da sie niemals ihren Mund halten konnte, plauderte sie aus, was sie hörte und wusste.

Zudem war meine Mutter einen Anhängerin Bismarcks gewesen und es hatte sie sehr getroffen, als dieser zurücktrat.

Welchen großen Einfluss Phili auf meinen Onkel hatte, sah man auch an der Tatsache, dass Phili am Sturz des Reichskanzlers Leo von Caprivi im Jahre 1894 beteiligt gewesen war, ferner unterstützte er die Ernennung seines Protegés, des Grafen und späteren Fürsten Bernhard von Bülow, zum Reichskanzler im Jahre 1900.

Meine Mutter sah meinen Onkel in einer gewissen Abhängigkeit Philis gefangen, aus der sie wohl meinte, ihn befreien zu müssen, da sein Freund ihn auch politisch beeinflusste. Wenngleich dies auch vielleicht nicht offensichtlich geschah, so vertraute mein Onkel dennoch auf Philis Ratschläge.
Es war eigentlich egal, was mein Onkel in seiner Freizeit trieb, aber es ging hier um die Tatsache, dass er Personen favorisierte, die offensichtlich homosexuelle Neigungen pflegten, ganz gleich, wie sehr er darin selbst involviert war, doch diese standen unter seinem persönlichen Schutz, während man ansonsten im Kaiserreich Homosexuelle gnadenlos verfolgte.
Hier spielte natürlich auch eine Ungerechtigkeit mit hinein, und es ist durchaus verständlich, wie sehr dieses der Öffentlichkeit nicht behagte.
Nun war Mamas Verhältnis zu ihrem Bruder natürlich niemals wirklich gut gewesen, aber sie machte auch keinen Hehl daraus, wie sehr sie etwas schätzte, was an seiner Macht rüttelte. Als die Sozialdemokraten im Jahre 1903 im Reichstag mehr Sitze gewannen, begrüßte sie dies sehr, obwohl es ihren Bruder, seinen Kanzler und die Regierung schockierte. Mama meinte, sie habe dieses vorhergesehen, lobte die Wahlen über alle Maßen, sah sich selbst als jemanden mit offenen Augen. Natürlich machte sie sich auch Sorgen um ihren Bruder, aber dies konnte sie geschickt verbergen, indem sie alles Negative, was ihn und seine Position betraf, nach außen hin begrüßte.
Ich muss hier einfügen, dass man im Jahre 1902 bereits in der sozialdemokratischen Presse über die homosexuellen Neigungen des Industriellen Friedrich Alfred Krupp auf Capri berichtete, und ich hatte bereits erwähnt, wie auch Irenes Bruder Ernie gerne auf dieser Insel weilte, um sich dort der gleichgeschlechtlichen Liebe mit jungen Männern hinzugeben, die ihre Liebesdienste gegen Geld anboten. Bei Ernie waren seine Neigungen auch ein Grund zur Scheidung von Ducky gewesen, die ihn mit einem Stallburschen im ehelichen Bett erwischte. Mir ist nicht bekannt, ob Ernies Schwestern dies mit ihm thematisierten. Zumeist verblieben eben diese Neigungen im privaten Bereich, man wusste davon, aber ging nicht weiter darauf ein. Wenn aber dergleichen an die Öffentlichkeit gelang, konnte sich dies schon sehr negativ auf eine Reputation auswirken und der Skandal, den Harden

heraufbeschwor, prangerte genau dieses an, wobei es nun aber auch den Kaiser, meinen Onkel, betraf.

Mama mit Bismarck am elften Juni 1895 in Friedrichsruh

Im Falle des besagten Industriellen verbrachte dieser in den Jahren von 1899 bis 1902 gerne die Wintermonate auf Capri. Er ließ sogar einen

steilen Serpentinenweg in den Felsen schlagen, die spätere Via Krupp, die bald darauf zu einer Touristenattraktion wurde. Weiterhin widmete er sich der Meeresforschung und hatte Kontakt zu bekannten Naturforschern.
Allerdings hatte er sich auch eine Höhle für gemütliche Zusammenkünfte an der Marina Piccola geschaffen und feierte dort diverse Festivitäten im Freundeskreis. Es hieß, es hätten dort aber ebenso Exzesse mit jugendlichen Liebhabern stattgefunden. Ob ihn ein Journalist damit erpressen wollte, die Vorwürfe nur erfunden waren, war schleierhaft. Krupp erfuhr im Juni 1902 von diesen Vorwürfen und eine italienische Zeitung, die Propaganda, bezeichnete ihn im Oktober des Jahres 1902 als Päderasten. Als die deutsche Zeitung „Vorwärts“ dies dann aufgriff, ihn als Homosexuellen hinstellte, zog sich Krupp im November in seine Villa in Deutschland zurück, wo er kurz darauf an einem Hirnschlag verstarb. Einige Zeitungen und auch die Öffentlichkeit sprachen aber von Selbstmord aufgrund der Anschuldigungen.
Ich möchte damit verdeutlichen, wie sehr sich solche Vorwürfe zu jener Zeit auswirken konnten.

Für meinen Onkel war es ein absoluter Albtraum, mit einer Veröffentlichung der homosexuellen Neigungen seines innersten Kreises konfrontiert zu werden. Man versuchte, ihn generell von jeglichen Skandalen und Gerüchten abzuschirmen. Allerdings ließ es sich nun mehr nicht vermeiden, dass er sich damit auseinandersetzen musste.
Ende des Jahres 1906 wurde der Prinz Friedrich Heinrich von Preußen, seines Zeichens preußischer Offizier, auf Wunsch meines Onkels Willie zum Nachfolger seines verstorbenen Vaters, des Prinzen Albrecht von Preußen, zum Herrenmeister des Johanniterordens gewählt. Friedrich Heinrich bat wegen seiner nicht unbekannt gebliebenen homosexuellen Ausschweifungen kurz vor seiner für den zwölften Februar 1907 vorgesehenen Investitur meinen Onkel, von seiner Wahl abzusehen.
So wurde der Sohn meines Onkels, Eitel Friedrich, daraufhin Herrenmeister des Johanniterordens.
Maximilian Harden griff dies am siebenundzwanzigsten April 1907 in seiner Zeitschrift „Die Zukunft“ auf, nannte die Beweggründe für diesen Führungswechsel mit dem Nebensatz „weil er an ererbter

Perversion des Geschlechtstriebs leidet“ in einem Artikel und machte diese so öffentlich. Prinz Friedrich Heinrich verließ danach auf dringendes Anraten des Staatssekretärs des Inneren, Theobald von Bethmann Hollweg, Berlin. Nach einigen Aufenthalten in Südfrankreich und Ägypten lebte er fortan zurückgezogen auf seinen schlesischen Gütern.
Der Hofmarschall Onkel Willies, Graf Robert von Zedlitz-Trützschler, zeigte sich über das Ganze sehr betroffen, denn er war immer davon ausgegangen, der Prinz sei den Damen zugeneigt, da er ihn selbst einmal aus einer nicht näher von ihm beschriebenen prekären Lage mit einer Frau aus gutem Hause herausgeholfen habe. Man kann davon ausgehen, dass der Prinz ein Doppelleben führte, wie viele andere Homosexuelle auch. Er zeigte sich nach außen als Frauenheld, war aber eher Männern zugeneigt.

Hardens erste Attacke begann in der von ihm veröffentlichten Zeitschrift „Die Zukunft“ am siebzehnten November des Jahres 1906, die sieben Tage später erschien. Unter dem bedeutungsschwangeren Titel „Präludium“, Vorspiel, begann er seine Kritik an der Kamarilla meines Onkels, der gerade von einer Jagdgesellschaft auf Schloss Liebenberg nach Berlin zurückgekehrt war. In dem Artikel übte Harden scharfe Kritik an dem Kreis von Politikern, die zum engsten Kreis Onkel Willies gehörten. Er schrieb, diese spönnen sichtbare und unsichtbare Netze aus Fädchen, die dem Deutschen Reich die Atmung erschwerten.
In einer fabelähnlichen Erzählung, die die Überschrift „Dies Irae“, Tag des Zorns, trug, aus der man sofort herauslesen konnte, wen er meinte, ließ er Phili als einen Harfner in Erscheinung treten und seinen langjährigen Geliebten, den Grafen Kuno Moltke, als den Süßen.
Nachdem ihm ein Freund, der Hamburger Theaterintendant Alfred von Berger, dazu geraten hatte, begab sich Phili im Dezember 1906 in die Schweiz.
Doch Harden drohte in seiner Zeitung, dass er lauter reden werde, wenn dies nötig sein sollte. Ferner schrieb er aber, dass er sich freue, wenn jenes Grüppchen, dem er doch jegliches Privatvergnügen gönne, das politische Geschäft aufgebe und ihm und anderen so eine leidige Pflichterfüllung erspare.

Phili kehrte bereits im Januar des Jahres 1907 nach Deutschland zurück, da ihm mein Onkel den Schwarzen Adlerorden für seine Verdienste überreichen wollte. Dies veranlasste Harden dazu, seine Kampagne fortzuführen. Und so veröffentlichte er am sechsten April desselben Jahres einen weiteren Leitartikel, der die Überschrift „Wilhelm, der Friedliche“ trug. In diesem vertrat er die Meinung, die Reichsleitung könne die Linie ihrer Politik nicht durchsetzen, was auch daran liege, dass die Repräsentanten des Kaiserreichs - und unter diesen natürlich vor allem mein Onkel - den anderen Ländern zu oft und zu heftig versicherten, wie viel Wert man auf friedliche Absichten des Kaiserreichs lege. Er bezog sich dabei auf die Krise in Marokko im Jahre 1905/06, bei der die Rivalität zwischen Frankreich und dem Deutschen Kaiserreich um den Einfluss in Marokko zu internationalen Spannungen geführt hatte. Frankreich wollte seine Machtposition in Marokko erhalten, Deutschland das Land für interessierte Mächte öffnen. Nach einer von Deutschland einberufenen internationalen Konferenz in Algericas in Spanien, konnte Frankreich seine Position in Marokko festigen. Deutschland errang zwar wirtschaftliche Vorteile, aber diese waren eher gering anzusehen, und so befürworteten viele Kritiker meines Onkels während der Krise einen Krieg gegen Frankreich.
Für Harden lag es auf der Hand, dass Onkel Willie eine Marionette seiner Kamarilla war und daher auch so agierte, wie dieser engste Kreis von Vertrauten es ihm befahl. Daher verschärfte Harden seine publizistischen Attacken deutlich, als kurz nach dem Scheitern der Algeciras-Konferenz, die auch die politische Isolation des Deutschen Reiches in der Marokkokrise manifestierte, mein Onkel bei einer privaten Tafelgesellschaft auf Philis Schloss Liebenberg mit dem Ersten Sekretär der französischen Botschaft in Berlin, Comte Raymond Lecomte, zusammentraf und nach diesem Treffen gestand, er hege eine gewisse Sympathie für diesen
So war kurz darauf am dreizehnten April 1907 in Hardens Zeitung zu lesen, wobei die Häme nicht zu überlesen war, die aus dem Artikel heraussprach, dass man nicht von Weltbränden träume, denn man habe es schon schwer genug.
Nur zwei Wochen später folgte die deutliche Anschuldigung gegen Phili, dass dieser ein nicht gesundes sexuelles Leben führe.

Da man bei Hofe, wie ich schon erzählte, stets Wert darauf legte, meinen Onkel von Gerüchten und Skandalen abzuschirmen, erfuhr er erst am dritten Mai des Jahres durch seinen Sohn, den Kronprinzen, davon. Mein Onkel musste handeln und so forderte er die Suspendierung der Personen, die Harden öffentlich angriff, sowie eine gerichtliche Klärung der Vorwürfe. Damit begann der eigentliche Skandal und dies löste umgehend eine breite Berichterstattung in der Presse aus, was sich bald nicht nur auf Deutschland beschränkte.
Onkel Willie forderte Phili auf, gerichtlich gegen Harden vorzugehen oder sich unter Vermeidung jeglichen Aufsehens in das Ausland zu begeben. Doch mit dieser Forderung an Phili goss er buchstäblich noch mehr Öl ins Feuer.
Sein Freund sah sich von ihm im Stich gelassen, empfand dies als eine abscheuliche Rohheit und statt Anklage gegen den Publizisten zu erheben, erstattete Phili seinerseits bei der Staatsanwaltschaft in Prenzlau eine Anzeige gegen sich selbst.
Der Staatsanwalt dort, der nun die Leitung der Untersuchung übernahm, war mit Phili befreundet. So war das ganze Verfahren eher eine Farce und es endete bereits nach zwei Monaten. Man stellte die völlige Unschuld Philis fest.

Aber Harden ließ sich davon nicht beeindrucken, denn am siebzehnten November warf er in einem neuen Artikel dem Liebenberger Kreis vor, sich aufgrund der persönlichen Verbindungen zum Kaiserhaus maßgeblich in die deutsche Politik einzumischen, diese zu beeinflussen, und machte diesen auch für eine Reihe von Fehlschlägen in der deutschen Außenpolitik verantwortlich. Für jeden am Berliner Hof und die Personen, die zu eben jenem engsten Kreis um meinen Onkel gehörten, war unverkennbar, dass Harden auf die homoerotischen Beziehungen anspielte, damit die Mitglieder des Liebenberger Kreises um Phili brüskierte. Man konnte vor allem deutliche Anspielungen auf von Moltke herauslesen. Ferner wurde Phili als ein unromantischer Spätromantiker bezeichnet, der spiritualistische Neigungen habe. Der Publizist übernahm damit die zu jener Zeit sehr verbreitete Ansicht, dass homosexuelle Männer verweichlichte Persönlichkeiten seien, die ihren Machtgebrauch gerne entschlossen einsetzten. Die aristokratischen Kreise am Berliner Hof zeigten sich entsetzt, denn man verstand

dort die Andeutungen sehr wohl.
Der Reichskanzler von Bülow, der mit Phili seit langer Zeit befreundet war, setzte alles daran, eine Ausweitung des Skandals zu unterbinden, und hoffte, die Aufregung um die Vorwürfe Hardens würden ebenso schnell wieder abflauen, wie sich das Ganze aufgebauscht hatte. Natürlich war er sich bewusst, wie verhängnisvoll es sich auf meinen Onkel Willie auswirken konnte, wenn sich die Vorwürfe der Homosexualität gegenüber seinen Freunden bestätigten. Seine Stellung konnte dadurch erheblich diskreditiert werden. Zudem befand man sich nach dem politischen Debakel um Marokko in einer schwierigen Lage, was die Regierungsgeschäfte betraf.

Was genau Harden zu den kompromittierenden Artikeln in seiner Zeitung bewog, wurde viel diskutiert. Man munkelte, er sei vielleicht nur das Instrument eines Interessenkreises um die politische Erbschaft Bismarcks, andere sahen in den Veröffentlichungen einen Ausdruck für die Missbilligung der deutschen Außenpolitik, die Harden durchaus mit Friedrich von Holstein, einem einflussreichen Außenpolitiker und Diplomaten des Deutschen Reiches, teilte. Holstein verstand sich allerdings sehr gut mit Phili und Bülow, der auch in Verbindung mit dem Liebenberger Kreis stand.
Da Harden die Gerüchte und Anschuldigungen aus einer geheimen Quelle erfahren haben musste und zwar einer, die durchaus in engem Kontakt mit Onkel Willie und dem Hof stand, vermutete man sogar, dass Bülow den Publizisten mit diesen versorgt habe. Es ging das Gerücht um, Phili habe eventuell auf einen Sturz Bülows spekuliert, meinen Onkel dahingehend versucht zu beeinflussen. Wenn Bülow nun also Harden die brisanten Informationen zugespielt habe, so hätte ihm dies eventuell eine Rückendeckung verschafft.
Später schrieb der spätere Staatssekretär im Auswärtigen Amt, Richard von Kühlmann, in seinen Erinnerungen, dass er nach einer Unterredung mit Holstein angeblich genau dessen Ausführungen ihm gegenüber danach in den Artikeln gegen Phili und den Liebenberger Kreis so wiedererkannte.

Zu jener Zeit, während des Skandals, konnte man aber die Quelle für die Informationen an Haden nur vermuten und so gerieten auch meine

Eltern in den Kreis der Verdächtigen. Dies lag einmal daran, dass sowohl Mama als auch Papa Gerüchten nie abgeneigt waren. Des Weiteren war Mama eine glühende Verehrerin Bismarcks gewesen, so wie sie nun auch Harden für seine öffentliche Kritik verehrte. Sie meinte wie viele andere, dass Phili mit seinem Einfluss auf meinen Onkel für einen Rücktritt Bismarcks gesorgt habe, und auch wenn dieser meinen liberalen Großeltern stets kritisch gegenüberstand, ließ sie dies völlig außer Acht in diesem Bezug.
Bismarck hatte eine Realpolitik betrieben, die sich eng an den anerkannten Bedingungen und Möglichkeiten orientierte. Diese ist auf das rasche Treffen von Entscheidungen gerichtet. Bismarck verfolgte eine Politik der Verträge und Vereinbarungen. Es war unklar, ob Phili wirklich bei seiner Entlassung seine Hand im Spiel gehabt hatte.
Sicher war Phili, der im Jahre 1894 von einem einfachen Mitglied des Diplomatischen Corps zum Botschafter befördert worden war, einer der wichtigsten Berater meines Onkels gewesen und hatte versucht, ihn als Antiimperialist und Englandfreund wiederholt auf einen friedlichen, englandfreundlicheren Kurs zurückzudrängen.
Aber Phili hatte vor Bismarcks Sturz auch gerne im Hause desselben verkehrt und war zudem eng befreundet mit dessen Sohn Herbert.
Zweifelsohne hatte aber Bismarck schon früh gehört, dass die Beziehung zwischen Phili und meinem Onkel Willie tieferging und, wie er es ausdrückte, „nicht aufs Papier gehöre“. Vielmehr sah er den jungen Kaiser durch Hintermänner beraten, deren Politik er ablehnte.
Auch er bezeichnete den Liebenberger Freundeskreis als eine „Kamarilla der Kinäden“.
Man behauptete später auch, dass es ebenso Bismarck gewesen sein konnte, der Harden brisante Informationen zugespielt hatte, denn sein Sohn Herbert soll sich ebenfalls gerne in Liebenberg aufgehalten haben. Harden zeigte sich aber in dieser Angelegenheit diskret, hielt diese Information zurück. Der Publizist soll bis zum Jahre 1902 gewartet haben, um dann Phili zu erpressen, damit dieser seinen Botschafterposten in Wien aufgab. Phili gab dem Druck nach, aber trat offiziell aus gesundheitlichen Gründen zurück. Es gab aber auch Gerüchte, dass Eheskandale in Philis nächster Verwandtschaft zu dem Rücktritt geführt hatten, da er befürchtete, diese könnten auch seine Homosexualität ans Tageslicht bringen.

Mein Onkel Willie in einer Karikatur während des Skandals - als der „Kaiser Napoleon der Liebchen"

Aufgrund der Moralvorstellung in der damaligen Zeit, wäre er dann nicht nur gesellschaftlich und politisch geächtet worden, sondern es hätte auch ein Strafverfahren nach sich gezogen.
Es gab viele Spekulationen und Harden konnte auch erst im Jahre 1906, wie ich bereits anmerkte, zu der Überzeugung gelangt sein, dass die diplomatische Strategie der Reichsleitung in der Marokko-Krise gescheitert sei, weil mein Onkel unter dem Einfluss des Liebenberger Kreises von dem Risiko eines Krieges gegen Frankreich absah. Phili war zu jenem Zeitpunkt durchaus wieder politisch an die Öffentlichkeit getreten und dann begann Hardens eigentliche Hetzkampagne.
Für Harden war die Homosexualität ein Mittel, den privaten Freundeskreis in Liebenberg zu diskreditieren. Denn Harden wusste, was er damit auslösen konnte. In der prüden, männerbündischen wilhelminischen Gesellschaft galt Homosexualität als abartiges Verhalten und wurde nach Paragraph 175 bestraft. Es gab keine geeignetere Methode, um einen öffentlichen Skandal zu provozieren. Der Verdacht, dass sich an der Spitze des Deutschen Reiches eine Reihe homosexueller Männer tummelte, die aufgrund ihrer verweiblichten Natur zu einer kraftvollen Politik nach außen und nach innen außerstande seien, war völlig indiskutabel.
Ich denke, Harden konnte auf mehrere verlässliche Quellen zurückgreifen, deren brisanten Inhalt er dann miteinander verknüpfte. Im Sommer des Jahres 1906 schloss er einen Frieden mit Holstein, der ihm umfangreiche Akten zukommen ließ.
Zudem begingen sechs Offiziere in den Jahren 1906 und 1907 Selbstmord, nachdem auch sie erpresst worden waren. Allerdings hatte Harden dabei nicht seine Hand im Spiel gehabt. Dies geschah innerhalb des Militärs und diese Männer wollten dem Schicksal von zwanzig anderen entgehen, die man in den Jahren zuvor aufgrund ihrer Homosexualität vor ein Kriegsgericht gestellt hatte.
Für Harden war es zudem inakzeptabel, dass Phili nach Deutschland zurückkehrte, um den Hohen Orden vom Schwarzen Adler zu erhalten. Selbst als der besagte Prinz Friedrich Heinrich von Preußen die Aufnahme in den „Orden der Ritter des hl. Johannes“ wegen seiner gleichgeschlechtlichen Beziehungen ablehnte, wollte Phili auf die Ehrung nicht verzichten.

Am siebenundzwanzigsten April des Jahres 1907 war Phili nun öffentlich von Harden der Homosexualität bezichtigt worden, indem dieser erklärte, dass die früher veröffentlichte Karikatur des Harfenspielers auf Phili und dessen „Schätzchen“ Kuno von Moltke anspiele, der von Harden mit seinem angeblichen Spitznamen „Tütü“ genannt wurde. Ferner wurden auch Georg von Hülsen, Intendant des Königlichen Theaters, von Stückradt, ein Adjutant des Kronprinzen, und der Fürst Bernhard von Bülow bei der Staatsanwaltschaft angezeigt.
Meinen Onkel traf der Skandal nicht so gänzlich unvorbereitet, denn ihn hatten bereits Verfahren gegen Major Johannes Graf zu Lynar und Generalleutnant Graf Wilhelm von Hohenau, den Kommandeur der 1. Garde-Kavallerie-Brigade, die beide Verwandte des Kaisers waren, sehr aufgebracht. Er musste sich nun des Ganzen annehmen und verlangte eine Liste seiner Vertrauten, die man der Homosexualität bezichtige.
Die Liste, die man erstellte, war eine stark gekürzte Version jener, die der Polizeidirektor Leopold von Meerscheidt-Hüllessem angefertigt hatte. Damit wollte dieser meinen Onkel eigentlich von der Unsinnigkeit des Paragraphen 175 überzeugen.

Onkel Willie verlangte von den zuständigen Militärs, dass man Johannes Graf zu Lynar, Hohenau und Moltke um den Abschied aus der Armee bat. Ferner forderte er Phili auf, sich ihm gegenüber zu erklären.
Im Juni 1907 verfasste der Arzt und Sexualwissenschaftler Magnus Hirschfeld einen Artikel in Hardens Zeitschrift, der den Titel trug „Der Normale und die Homosexuellen“. In diesem plädierte er sehr nachdrücklich für die Abschaffung des § 175. Aus seiner Sicht solle man die Persönlichkeit der jeweiligen Person als Ganzes denken, ihre seelische Richtung berücksichtigen und sich nicht allein auf die sexuelle Gesinnung konzentrieren. Hierbei verwies er auch auf die soziale Ungerechtigkeit von Verfolgung und Diskriminierung und beklagte den Verlust an kreativen Potenzen für die Gesellschaft durch eben diese.
Der Artikel löste eine öffentliche Debatte aus, die gegen Ende des Jahres 1907 von zwei Publizisten aufgegriffen wurde, und so erschien unter anderem die Schrift „Die Homosexualität in Sitte und Recht“.

Der Generalleutnant Wilhelm von Hohenau floh ins Ausland, um einem brüskierenden Verfahren vor dem Kriegsgericht zu entgehen. Moltke trat von seinem Amt zurück, aber er strengte eine Verleumdungsklage gegen Harden an.
Dieser Prozess endete am neunzehnten Dezember 1907 mit Hardens Verurteilung, da Moltke durch eine eidesstattliche Aussage Philis vom Vorwurf der strafbaren Homosexualität entlastet wurde.
Leider tappte Phili damit in Hardens Falle, denn in einem weiteren gegen sich selbst angeregten Prozess konnte dieser nachweisen, dass Phili homosexuelle Handlungen mit zwei Starnberger Fischern ausgeübt hatte. Damit war Phili faktisch des Meineids überführt worden und man fand kurz darauf in seiner Wohnung auch sehr belastendes Material. Doch Phili wies alle Schuld von sich, indem er sich bei dem für ihn zuständigen Staatsanwalt in Prenzlau selbst anzeigte. Im Juli des Jahres 1907 wurde das Verfahren öffentlich mangels Beweisen eingestellt, aber ich bin bereits darauf eingegangen, dass Phili mit dem Staatsanwalt befreundet war.
Es folgten aber nun weitere Gerichtsverfahren, wie das von Moltke gegen Harden. Der Skandal breitete sich weiter aus und Philis Ehefrau trat sogar an die Öffentlichkeit und kommentierte den Artikel Hirschfelds in Hardens Zeitung, indem sie sagte, dass man auf ihren Ehemann einschlage, aber eigentlich damit den Kaiser meine.
Für Onkel Willie war dies für seine Position als Kaiser ein mehr als schreckliches politisches Debakel, denn fortan war er in den tonangebenden Kreisen, wie bei den Konservativen, aber auch bei den Liberalen als ein „Weichling" und sogar „Schwächling" verschrien, der vom so bezeichneten „männlichen" Kurs Bismarcks abgekommen sei und sich vor dem vermeintlich notwendigen Risiko eines Krieges drückend Deutschlands Macht und Ansehen international aufs Spiel gesetzt habe.
Mein Onkel musste diesen Eindruck irgendwie entkräften. Im Weiteren trat der bereits durch die Affäre um Phili politisch geschwächte Reichskanzler von Bülow am vierzehnten Juli des Jahres 1909 zurück, wobei aber auch noch eine andere Krise im Regierungslager hinzukam, die aber nicht solche Auswirkungen hatte, wie die um den Liebenberger Kreis.
Im Juli des Jahres ernannte mein Onkel dann Theobald von Bethmann

Hollweg zum Reichskanzler, um die rivalisierenden Parteien zu beruhigen. Dieser setzte auf eine Verständigung mit Großbritannien, aber nach dem ganzen Skandal erschien es leichter, den Kaiser in Bezug auf die Außenpolitik unter Druck zu setzen.

Harden sah sich als Sieger. Er hatte den Einfluss der sogenannten „Kamarilla“ gebrochen. Ferner war mein Onkel in seiner Position als Kaiser kompromittiert, das Ansehen der Monarchie und ihrer aristokratischen Führungsschicht schwer erschüttert.
Man kann Harden sicher einen Sensationsjournalismus vorwerfen, bei dem er bewusst auf einen Skandal setzte. Er selbst meinte im Folgenden, dass dies eben ein „dreckiges Metier“ sei, als ihm der Industrielle, Schriftsteller und Politiker Walther Rathenau deswegen Vorwürfe machte. Maximilian von Harden hatte die Homosexualität zu einem Politikum gemacht.
Dennoch war seine Hetzkampagne durchaus ein Erfolg gewesen, aber er gestand, dass es auch ein großer politischer Fehler gewesen sei, denn Onkel Willie wandte sich zwar wie von ihm beabsichtigt von den durch die Affäre stigmatisierten moderaten Kreisen ab. In den folgenden Jahren allerdings wandte er sich dann mehr militärisch ausgerichteten Beratern zu.
In der Gesellschaft löste die Affäre eine öffentliche Diskussion über Homosexualität aus, führte zu einer Enttabuisierung des Themas, verstärkte aber auch die feindlichen Stimmungen im Kaiserreich gegen Homosexuelle. Auf den Skandal folgte eine regelrechte „Verfolgungsepidemie“. So profilierte sich der preußische Kriegsminister General Karl von Einem fortan als Verfechter einer besonders harten Linie gegen homosexuelle Offiziere in der preußischen Armee. In einer Reichstagsrede vom neunundzwanzigsten November des Jahres 1907 forderte er alle homosexuellen Offiziere auf, ihren Abschied zu nehmen.
Einige wandten sich daraufhin an Hirschfeld, dem es gelang, diese von einem Selbstmord abzuhalten.
Phili war nach dem Skandal ein gebrochener Mann. Man ächtete ihn und so zog er sich gänzlich nach Liebenberg zurück. Die zahlreichen Gerichtsverfahren gegen ihn, die im Zuge des Skandals stattfanden, endeten ohne eine Verurteilung seinerseits.

Mein Onkel ließ seinen einstigen Freund fallen. Er war zu besorgt um sein Ansehen. Gleichzeitig sagte er sich von allen anderen Freunden des Liebenberger Kreises los.
Man kann noch anmerken, dass Gesetzes-Initiativen zur Abschaffung des § 175 im Folgenden im Reichstag blockiert wurden.
Und anzumerken ist noch, dass während der Prozesse einer der Liebenberger Freunde meines Onkels auf eine doch recht bizarre Art verstarb. Am vierzehnten November des Jahres 1908 erlitt General Graf Dietrich von Hülsen-Haeseler, der Chef des kaiserlichen Militärkabinetts, während einer Jagdveranstaltung im Schloss Donaueschingen, als er vor Onkel Willie und der gesamten Jagdgesellschaft als Ballerina verkleidet im Tutu tanzte, einen Herzinfarkt. Man vertuschte natürlich zuerst die Umstände seines Todes angesichts des Skandals.
Kurioserweise trat an Philis Stelle als engster Freund meines Onkel nun der Fürst Max Egon zu Fürstenberg, der Schlossherr zu Donaueschingen.
Ich habe mich oft gefragt, ob Dona von den Vorgängen in Liebenberg wusste. Sie, die so prüde war, nach dem Skandal war sie sicherlich schockiert, auch wenn sie es vorher nicht geahnt oder gewusst hatte.
Für meine Mutter war die Staatsaffäre etwas, was sie einfach begeistert aufnahm. Wie an so vielen Skandalen oder Unglücken anderer konnte sie sich daran weiden, blühte auf und genoss das alles.
Hardens Offenlegungen nannte meine Mutter „erschreckend großartig“. Der von der Presse in den Jahren von 1907 bis 1909 ausgeschlachtete gesellschaftliche Skandal, den man auch als die Eulenburg-Affäre bezeichnete, entlockte ihr geradezu Verzückungen. Mama konnte aber nicht ahnen, dass es für sie selbst auch unschön werden könnte, wenn sie jemanden wie Harden mit höfischen Pikanterien versorgte.

Schon beim ersten Prozess, im Oktober des Jahres 1907 gegen Harden, drohte er, dass er eine der höchsten Personen des Landes nennen werde, die sich über all die in Frage kommenden Dinge in extremster Art und Weise ausgelassen habe. Diese Person, so meinte er weiter, habe sogar eingewendet, wie unmöglich es sei, dies zu bestreiten, womit sie auf die Homosexualität der engsten Freunde Onkel Willies angespielt habe. Ferner gestand er, es handele sich hierbei um ein

Mitglied des Herrscherhauses.
Meine Mutter musste bald einsehen, wie sehr ihre indiskreten Auslassungen ihr auch zum Verhängnis werden konnten. So berichtete sie auch bald ihrem Leibarzt Dr. Schweninger, wie sehr sie mit ihrer Meinung innerhalb ihrer Familie alleine dastehe.
Meine Mutter war also durchaus auch an dem Ganzen beteiligt gewesen.

Mama im Jahre 1907 in Meiningen

Der Reichskanzler von Bülow unterrichtete Onkel Willie am vierundzwanzigsten Dezember des Jahres 1907 darüber, dass Harden gedachte, sich vor Gericht zu verteidigen, indem er auf die brisanten Informationen meiner Mutter zurückgreifen wolle. Dieses Gespräch verlief unter vier Augen und für meinen Onkel gab es keine schlimmere Befürchtung als diese, dass man seine vorlaute Schwester in den Zeugenstand rufen könnte oder gar auch Papa, und das eventuell nicht nur in einem einzigen Prozess.

Es bestand durchaus die Gefahr, dass Mamas Klatschsucht dazu führte, dass sie die Namen von Freunde und Verwandten nannte, die man dann in ganz Europa durch den Schmutz ziehen und in der Presse wiederfinden würde. Für meinen Onkel war dies die schlimmste aller anzunehmenden Katastrophen in dem ganzen Skandal.

Glücklicherweise konnte sich mein Onkel auf einflussreiche Personen verlassen, die verhinderten, dass Mamas Indiskretionen vor Gericht ausgebreitet wurden. Meine Mutter, die gerade wieder in Cannes weilte, wurde von Papa über alles informiert und schien zum ersten Mal in ihrem Leben sprachlos. Sie kam gerade noch so um eine Zeugenladung vor Gericht herum, zeigte sich aber im Folgenden doch sehr eingeschüchtert.

Sogar ihrem Leibarzt teilte sie mit, wie besorgt sie sei, denn diese ganze Angelegenheit könne noch hässliche Folgen für sie haben. Papa zeigte sich übrigens fast wahnsinnig vor Wut auf meine Mutter. Dieses Mal war sie auch aus seiner Sicht zu weit gegangen.

Die drohende Nennung der Namen von Informanten durch Harden war aus Mamas Sicht entgegen jeder Grundregel einer gut geplanten höfischen Intrige. Sonst äußerst wehrhaft, zog sie es nun vor zu schweigen, sich von Harden abzuwenden. Bei allem, was sie tat, erspann, herumtratschte - eine gesellschaftliche Vernichtung ihrerseits kam dabei nie für sie in Frage.

Die Thematik einer Nebenregierung bei Hofe durch einen Günstlingskreis sah sie aber weiterhin als eine Gefahr für ihren Bruder an und sollte von dieser Meinung auch niemals abweichen. Sie nannte diese Günstlinge „Mignons", also Liebchen, verbat sich aber diese, mit den so bezeichneten Personen unter König Heinrich III. oder König Ludwig XIII. von Frankreich in Verbindung zu bringen, die besonders unter ersterem auch Frauenkleider, Ohrringe und Spitzen getragen, sogar

Puder aufgelegt hatten. Die meisten dieser Männer zu jener Zeit waren bisexuell gewesen, nur manche homosexuell.

Papa im Jahre 1907

Mamas Verwicklung in die Eulenburg-Affäre verschlechterte das Verhältnis zu ihrem Bruder und Dona nochmals deutlich. Ihre impulsive Art, die zwar auch Onkel Willie anheim war, ließ sie stets das sagen, was ihr gerade in den Sinn kam, ohne sich über die etwaigen Folgen Gedanken zu machen, und sie stellte sich ihrem Bruder auch oft in den

Weg, trat dabei so energisch auf, dass er sich selbst über ihr Verhalten erschreckt zeigte.
Mein Vater sank ebenfalls in der Gunst seines kaiserlichen Schwagers, was nicht nur an der Verwicklung Mamas in den Skandal um Phili lag, sondern an der Tatsache, dass mein Vater sich stets Feinde innerhalb des Militärs machte. So sagte er während seiner Breslauer Zeit schon dem Alkoholismus unter den Offizieren den Kampf an, was zu viel Unmut führte. Natürlich wurde er für seine Eigenmächtigkeit von meinem Onkel getadelt, da er aber nun in Meiningen einen einflussreichen Posten innehatte, konnte er so der preußischen Drilldoktrin keine Steine mehr in den Weg legen.
Im Jahre 1909 ernannte mein Onkel Willie ihn zum Generaloberst mit dem Range eines Generalfeldmarschalls. Eine weitere militärische Karriere meines Vaters stockte dann und ich denke, der Grund hierfür, auch dass er keine Versetzung aus Meiningen erhielt, war der sinkenden Gunst meines Onkels geschuldet.

Am zweiundzwanzigsten Oktober des Jahres 1908 heiratete Onkel Willies Sohn August Wilhelm, genannt Auwi, seine Cousine, die Prinzessin Alexandra Viktoria von Schleswig-Holstein-Sonderburg-Glücksburg im Berliner Stadtschloss. Vielleicht wollte man mit dieser Vermählung etwas vom Skandal um Phili ablenken.
Auwi galt innerhalb der Familie eher als Schöngeist und Ästhet. Ihm wurde auch keine eigene militärische Verantwortung übertragen. Auwi umgab sich gerne mit Künstlern und Gelehrten, er war studiert, aber man sagte ihm nach, dass seine Dissertation größtenteils nicht von ihm selbst geschrieben worden sei. Es war ein offenes Geheimnis in der Familie, dass Auwi - was sein Liebesleben betraf - sich lieber Männern hingab als Frauen. Daher sollte auch seine Ehe nicht glücklich verlaufen. Seine Gemahlin sollte sie schon bald als eine „Kulissenehe“ bezeichnen.

Meine Mutter gab sich schon länger der Überzeugung hin, ihr ältester Bruder müsse sich eigentlich in eine geschlossene Klinik begeben, damit man seinen Geisteszustand wiederherstelle. Dies sprach sie auch offen anderen gegenüber so aus. Als es im Jahre 1908 zur sogenannten Daily-Telegraph-Affäre kam, sah sie sich wieder zum Handeln

veranlasst. Am achtundzwanzigsten Oktober hatte die bekannte Londoner Tageszeitung ein Interview mit Onkel Willie veröffentlicht. Seine taktlos und ungeschickt gemachten Äußerungen in diesem Interview betrafen das deutsch-englische Verhältnis und damit bewirkte er nicht nur Unmut in England, sondern auch in Frankreich und Russland. Zeitgleich erntete er für diese Äußerungen auch massive Kritik in Deutschland. Wieder geriet sein „persönliches Regiment" ins Schussfeld, was dazu führte, dass mein Onkel nervlich zerrüttet im Herbst des Jahres sogar mit dem Rücktrittsgedanken spielte.
Nachdem sich der Reichskanzler von Bülow sehr lange mit ihm unterhalten hatte, versprach mein Onkel diesem im November, er werde keine Depeschen und keine Reden mehr auf den Weg bringen, ohne sich vorher mit von Bülow abzusprechen.
Meine Mutter behielt aber weiterhin ihre Skepsis gegenüber ihrem älteren Bruder, sah in diesem Wandel nichts Gutes, denn sie hielt ihn für jemanden, der sich selbst als unfehlbar sah, für den andere dann jonglieren mussten, wie nun von Bülow, und sie sah für Deutschlands Zukunft schwarz, vor allem waren aus ihrer Sicht die politischen und dynastischen Verhältnisse gefährdet. So argumentierte sie als eine treue Preußin, dass man doch ihren Bruder unter eine Art fürstliche Kollektivregentschaft stellen solle, wobei sie den Prinzen Ludwig von Bayern als Vorsitzenden vorschlug. Ihrem Leibarzt teilte sie schriftlich mit, dies selbst zu regeln, mit allen dahingehend zu sprechen, aber sie musste bald einsehen, dass ihr Vorhaben keine Chance hatte, jemals verwirklicht zu werden. Daher stellte sie auch bald für sich fest, wie nahe sich Deutschland am Untergang befinde. Für sie sei die Zukunft mehr als düster.

Meinem Ehemann gegenüber brauchte ich das Thema mit der Eulenburg-Affäre und Mamas Verwicklung natürlich nicht anzusprechen. Er wollte davon nichts wissen, fand das alles sehr bizarr und Homosexualität war für ihn nichts, worüber er ein Wort verlieren wollte. Ich nahm es ihm nicht übel, dachte er doch so, wie die meisten Männern jener Zeit. Ob es in seinem militärischen Umfeld auch homosexuelle Männer gab, kann ich also nicht sagen. Wenn, denke ich, nahm er es hin, mochte sich aber nicht weiter damit auseinandersetzen.
Ich selbst hielt es wie Hirschfeld. Wenn ein Mann diese Neigung hatte

und ausleben wollte, was natürlich nur im Geheimen möglich war, sollte er es tun. Es war aber aus meiner Sicht auch nicht richtig, dass man als Mann für etwas verurteilt werden konnte, was nichts Schlimmes war. Und dass Frauen, die intimen Kontakte zu anderen Frauen pflegten, völlig frei damit umgehen konnten, fand ich auch nicht richtig. Aber wenn ich meine Gedanken darüber vor meinem Gemahl ausgebreitet hätte, wäre das Thema für ihn sicher sofort beendet gewesen. Und ich fragte auch meine Eltern nie, ob ihnen nur die Günstlingswirtschaft Onkel Willies missfiel, in Bezug auf eine politische Beeinflussung seinerseits durch andere, oder die Homosexualität der Freunde an sich. Meiner Mutter möchte ich nicht absprechen, dass sie dahingehend auch weltoffen war, aber meinem Vater schon.

Ich besuchte von Zeit zu Zeit auch Ellen in Meiningen, vermied dort aber jeden Kontakt mit Mama oder Papa. Für Ellen war ich das „Feochen" und sie hatte viel Verständnis für meinen Kummer über die ausbleibende Schwangerschaft. Sie hatte es aufgegeben, zwischen mir und Mama zu vermitteln. Schweren Herzens musste auch sie einsehen, dass meine Eltern beide nicht zum Einlenken bereit waren.
Ich fühlte mich immer wohl bei Ellen, weil sie so verständig war, und auch sie war Kummer gewöhnt, da sie immer noch nicht als Ehefrau meines Großvaters von allen anerkannt wurde, man ihr ihren Stand durch Geburt stets vor Augen hielt. Zu dem Großvater hatte ich einen guten Kontakt, aber nicht tiefergehend. Vielleicht sah er zu sehr meine Mutter in mir, die er nicht leiden konnte. Daran sollte sich auch nie mehr etwas ändern.
Da Ellen sich auch mit Mama traf, zumeist zum Lunch, wusste ich, dass meine Mutter die Probleme zwischen mir und ihr nicht ansprach. Zudem vermied Ellen auch jegliche Themen, die meine Mutter aufregten, denn man wollte eine angenehme Zeit miteinander verbringen. Ellens Verhältnis zu meinem Vater war rein höflicher Natur, da er wie die meisten Menschen dachte und nach wie vor seinem Vater die Eheschließung mit ihr nicht verzeihen konnte.

Mama ging es weiterhin gesundheitlich schlecht. Zwar verbrachte sie die Wintermonate gerne in Cannes, genoss das warme Wetter, aber zusehends wurde ihr bewusst, dass ein Urlaub im ständigen

Sonnenschein ihre Qual nur noch verschlimmerte. Damals war noch nicht bekannt, wie stark das Sonnenlicht diese forcierte, da man auch die Ursache für ihre vielen Leiden nicht eingrenzen konnte.
Das Weihnachtsfest im Jahre 1908 verbrachte sie überwiegend im Bett, ebenso wie Neujahr. Die Schmerzen waren so unerträglich, dass sie nur schwerlich aufstehen konnte, und nur eine Wärmflasche verschaffte ihr manchmal etwas Linderung gegen die Rücken - und Bauchschmerzen. Neben ihren ganzen Leiden hatten sich auch nun Geschwüre in ihrem Mund gebildet, die sich auch bald auf das Innere ihrer Nase ausbreiteten. Oftmals, so berichtete sie Ellen, fühle sie sich wie ein kleiner Vulkan kurz vor dem Ausbruch. Ihr Zustand wurde zusehends unerträglicher für sie und sie gestand, es nehme ihr wirklich das letzte bisschen Lebensfreude.
Ihr Leibarzt Schweninger erhielt ständig Bericht über ihre Leiden und da er jeden ihrer Briefe aufhob neben den medizinischen Berichten, die er über sie anlegte, las sich das alles sehr entmutigend.
Im November des Jahres 1909 litt sie auch an sehr heftigen und konstanten Schmerzen an ihren Zähnen und Nerven im Gesicht. Diese dauerten über Tage an und es war so qualvoll, dass sie eines Nachts von den Schmerzen erwachte, nur noch schreien konnte, weil es nicht mehr auszuhalten war, und fünf Stunden litt, bis ihr ein Arzt eine Injektion mit Veronal gab, einem Schlafmittel, welches seit 1902 auf dem Markt war. Veronal war von Emil Fischer, einem anerkannten Kliniker, und Joseph von Mering, seines Zeichens Chemie Nobelpreisträger, erfunden worden. Von Mering nahm das Mittel auf einer Bahnreise von Berlin nach Basel ein, erwachte angeblich erst wieder in Verona, woraufhin man dem Medikament dann den klangvollen Namen Veronal gab.
Veronal führte zu einem tiefen traumlosen Schlaf, doch zeigte es oft am Tag nach der Einnahme noch eine sedierende Wirkung. Daher schien es auch zur Behandlung von psychisch kranken Menschen bestens geeignet, allerdings war für andere Patienten der sogenannte „hang-over" eine doch eher unerwünschte Nebenwirkung, da sich morgens noch achtzig bis neunzig Prozent der Wirkstoffe im Körper befanden, was zu Abgeschlagenheit und Tagesmüdigkeit führte.
Eine Gefahr ging von dem Medikament aus, wenn man es regelmäßig nutzte, da die sedativ-hypnotische Wirkung auch die Atmung, den

Blutdruck und die Herzfrequenz beeinflusste. Es kam relativ schnell zu einer körperlichen und psychischen Abhängigkeit, zudem konnte man es auch überdosieren.
Veronal war alsbald, da zuerst in Apotheken freiverkäuflich, als „Selbstmörderwaffe“ verschrien. Ab dem Jahre 1908 war das Medikament daher rezeptpflichtig.
Mama nahm auch Pyramidon, welches seit dem Jahre 1897 durch die Firma Hoechst vertrieben wurde. Es war ein Schmerz - und fiebersenkendes Mittel. Daneben gab es auch Sulphonal, welches seit 1888 gebräuchlich war. Es war ebenfalls ein Schlafmittel und ich hatte es auch schon bei Schlafstörungen eingenommen.

Mamas Pein Ende des Jahres 1909 gipfelte in Kopf - und Zahnschmerzen, ferner hatte sie sogar Schmerzen beim Essen und Trinken. Diese weiteten sich auch auf ihre Hüften aus, sodass sie bald leicht schief ging.
Erst gegen Mittag eines Tages ließen die Schmerzen meist nach, aber dann war sie so ausgelaugt, weil sie eben nachts nicht geschlafen hatte, und zudem weckte sie auch Papa stets auf.
Zu hören, wie sehr sie sich quälte, löste in mir schon Mitleid aus, aber ich konzentrierte mich auf mich selbst, da sie nichts von mir hören wollte. Da ich aber zeitweise unter sehr ähnlichen Symptomen litt wie sie, befürchtete ich, es könnte sich auch bei mir derart verschlimmern. Oftmals hatte ich auch Phasen, in denen ich krank war, und diese schienen sich mit der Zeit auch zu verlängern. Und bald hatte auch ich wieder konstant Zahnschmerzen und Migräne, was wirklich sehr unangenehm war.

Am fünfzehnten Juli des Jahres 1909 heiratete Baby Bee, Maries jüngste Tochter, in Schloss Rosenau bei Coburg standesamtlich den spanischen Prinzen Alfonso d`Orléans-Bourbon, einen Cousin des Königs Alfons XIII. von Spanien. Noch am gleichen Tag heiratete das Paar, nach Zustimmung des Bamberger Erzbischofs Friedrich Philipp von Abert, nach katholischem Ritus in der Stadtpfarrkirche St. Augustin zu Coburg und am folgenden Tag nach protestantischem Ritus im Palais Edinburgh, ebenfalls in Coburg.
Einen ersten Heiratsantrag von Seiten des Prinzen hatte Baby Bee

abgelehnt, da sie nicht zum katholischen Glauben übertreten wollte. Die spanische Königsfamilie sagte ihr jedoch die Beibehaltung des protestantischen Glaubens zu, aber das spanische Parlament verweigerte die Zustimmung zur Eheschließung. Dennoch fand die Hochzeit statt. Doch dies verhinderte, dass Baby Bee und ihr Gemahl in Spanien leben durften, erst im Jahre 1912 sollte ihnen dies gestattet werden.
Leider war die Ehe nicht sehr glücklich, denn Alfonso hatte viele außereheliche Affären, aus denen auch Kinder hervorgingen. Dennoch sollten Baby Bee und Alfonso drei eigene eheliche Kinder bekommen.
Mama und ich waren bei der Hochzeit zugegen, aber wie gehabt, wechselten wir kein Wort miteinander.
Ich hatte mich immer sehr gut mit Baby Bee verstanden, denn zwischen uns lagen nur fünf Jahre Altersunterschied. Natürlich wünschte ich ihr für ihren Hochzeitstag alles Gute, aber aufgrund der Tatsache, dass die Ehe geschlossen wurde, obwohl man in Spanien dies nicht guthieß, wog schon schwer an diesem Tag.

Im Jahre 1909 wurde Haz nach Braunschweig versetzt, wo wir uns nun unser neues Zuhause einrichteten.
Trotz Döderleins Anweisungen, an die ich mich hielt, wurde ich nicht schwanger.
Im Winter des Jahres 1907/08 hatte ich wieder eine schwere Grippe gehabt und war sehr schwach gewesen. Zuerst glaubte ich, ich litte wieder an Malaria, und die Ärzte, die ich aufsuchte, zeigten sich eher verstimmt, wenn ich meine Vermutung äußerte. Ein allgemeines Problem bei Ärzten ist, dass sie es offensichtlich nicht besonders mögen, wenn man eigene Diagnosen stellt oder auch nur eine Vermutung darüber äußert, an was man leiden könnte.
Ein Arzt verschrieb mir dann Chinin gegen meine Fieberschübe und im Januar des Jahres 1908 ging es mir dann sehr schlecht. Ich bekam Schüttelfrost, meine Muskeln schienen sich im ganzen Körper zu versteifen, hinzu kam hohes Fieber und ich musste mich ständig übergeben. Auf das Ganze folgte eine schlimme Gelbsucht, Anämie und mein Urin verfärbte sich dunkelrot, fast schwarz. Wochenlang lag ich ermattet darnieder, hatte keinen Appetit und Haz sorgte sich sehr. Meine Mutter hatte über ähnliche Symptome berichtet und in mir keimte die Angst auf, ich würde nun bald dieselben Leiden wie sie

durchleben müssen.
Haz sagte, ich solle umgehend einen Spezialisten aufsuchen, um die Kosten für die Behandlung sollte ich mir keine Sorgen machen. Also tat ich es und dieser meinte, er vermute, dass ich an dem sogenannten Blackwater Fever litte, einer Nebenwirkung der Malaria. Dabei wird Hämoglobin, also die Eiweißverbindung aus den roten Blutkörperchen, direkt in die Blutgefäße abgegeben sowie in den Urin und dies konnte im schlimmsten Fall zu einem Nierenversagen führen. Dieses Fieber zeigte sich oft, wenn Menschen an Malaria litten oder oft Chinin konsumierten.
Bald konnte ich kaum noch Wasserlassen, was ebenfalls eine Folge des Ganzen war.
So riet mir der Spezialist, das Chinin abzusetzen und mich zu erholen, was absolute Ruhe bedeutete. Haz kümmerte sich neben seinen militärischen Verpflichtungen rührend um mich, aber ich bedauerte eher, wie sehr ich ihm mit meinen Leiden zur Last fiel. Als ich ihn darauf ansprach, sagte er mir, er werde immer für mich da sein, sorgte sich aber sehr, weil es mir so schlecht ging.
Die ersten Monate des Jahres 1908 waren also eine sehr schwere Zeit für mich, denn an eine Schwangerschaft war unter den gegebenen Umständen auch nicht zu denken. Erst als ich mich besser fühlte, wieder reisefähig war, suchte ich Döderlein in München auf. Wieder wies er mich daraufhin, dass ich ihm eine Behandlung über Wochen zugestehen müsse, damit er mich wirklich heilen und gebärfähig machen könne. Diese Behandlung beinhaltete einen Klinikaufenthalt für drei Monate und ich musste mich auch in dieser Zeit von jeder Aufregung fernhalten.
Haz stimmte diesem Klinikaufenthalt zu, aber ich spürte, dass er es nicht besonders guthieß. Ich fragte mich auch oft, ob er sich wegen der Kosten sorgte, er verneinte dies, wollte nicht darüber sprechen, denn ich sollte mich nicht sorgen. Aber ich vermute, er lieh sich Geld von seiner reichen Schwester, um das alles zu bezahlen. Wir waren nicht arm, aber solche besonderen Behandlungen waren sehr kostspielig, ebenso wie ein längerer Klinikaufenthalt.
Ich erholte mich in der Klinik, kam wieder zu Kräften und nach langen Gesprächen mit Döderlein entschied ich mich, doch einmal eine künstliche Befruchtung zu versuchen, aber ich musste zuerst Haz von der

Notwendigkeit überzeugen.
Nur kurze Zeit nach meinem Aufenthalt in der Klinik litt ich wieder an Koliken und Ohnmachtsanfällen. Daher sah ich erstmal von weiteren Behandlungen bei Döderlein ab, begab mich in die Hände anderer Ärzte, die mir aber nur Schmerzmittel und eine strenge Diät verordneten, was mir aber auch nicht wirklich half. So konnte ich nicht zunehmen, blieb mager und die dauernde Einnahme von Schmerzmitteln war auch nicht gesund.
Ich versuchte bei alldem nicht zu klagen, auch am gesellschaftlichen Leben teilzunehmen, aber es fiel mir sehr schwer.
Haz verstand meinem Kinderwunsch und sah auch mittlerweile ein, dass es nur noch die Möglichkeit einer künstlichen Befruchtung für mich gab, um schwanger zu werden. So willigte er ein, bestand aber darauf, dass ich noch einige Monate abwartete, bevor ich mich der schweren Operation unterzog. Ich sollte erst wieder körperlich fit sein.

Eigentlich hatte ich keine Angst vor der Operation, ich befürchtete eher, dass diese nicht erfolgreich sein könnte. Dann würde ich all diese Strapazen umsonst auf mich nehmen.
Im Februar des Jahres 1910 begab ich mich gemeinsam mit Haz nach München, wo Döderlein die Operation in der Klinik vornahm. Es war ein sehr schwerer Eingriff und danach hatte ich starke Blutungen, Schmerzen und einige Tage lang war ich wirklich dem Tod sehr nahe. Ich schrieb später Tante Irene, dass ich drei Tage mit dem Tode gerungen hätte, die Operation nicht erfolgreich verlaufen sei, aber Irene äußerte anderen gegenüber die Vermutung, ich hätte übertrieben, um ihre Sympathie für meinen Zustand zu gewinnen. Dies war aber ganz und gar nicht der Fall gewesen.
Zudem störte es meine Tante, dass ich Döderlein nicht die Schuld an der misslungenen Operation und deren Folgen gab, ihn immer noch für einen guten und fähigen Operateur hielt. Er hatte einen Fehler gemacht, aber dies konnte alles passieren, das war nun mal das Risiko gewesen und es lag mir fern, verärgert darüber zu sein oder an ihm als Gynäkologen zu zweifeln. Er hatte mich im Vorfeld des Eingriffs auf etwaige Komplikationen hingewiesen. So schrieb ich Irene, er sei ein Mensch wie wir alle und Menschen machten nun einmal Fehler. Vielleicht war mein Körper auch einfach noch zu schwach gewesen.

Haz sah das eher skeptisch, denn er gab dem Arzt die Schuld. Nach dieser Erfahrung war er vorerst nicht bereit zu akzeptieren, dass ich durchaus einen zweiten Versuch wagen wollte. Also kehrte ich nach meiner Gesundung nach Braunschweig zurück, schnitt jedoch das Thema nicht mehr an. Ich wollte meinem Gemahl Zeit geben. Aber tief in mir drin war ich mir sicher, es nochmals versuchen zu müssen, und hatte dies auch Döderlein bei meiner Abreise aus München so gesagt.

Am sechsten Mai des Jahres verstarb Bertie im Buckingham Palace in London. Er war stets ein Genussmensch gewesen, immer etwas übergewichtig, hatte am Tag zwanzig Zigaretten und zwölf Zigarren geraucht. Er hatte durch letzteres schon lange an einer chronischen Bronchitis gelitten. Am zehnten März war er während eines Aufenthaltes in Biarritz zusammengebrochen und hatte erst am siebenundzwanzigsten April wieder nach London zurückkehren können. Kurz darauf hatte er mehrere Herzinfarkte gehabt und war schließlich gestorben. Meine Eltern, Haz und ich sowie weitere Verwandte reisten natürlich zu seinem Begräbnis nach London.
George, Berties ältester Sohn, folgte ihm nun als König George V. auf den englischen Thron. Bereits einen Tag nach dem Tod seines Vaters wurde er vor dem Accession Council, dem Thronbesteigungsrat, im St. James`s Palace formal zum König proklamiert und musste den monarchischen Eid leisten. Die traditionelle Krönungszeremonie würde erst am zweiundzwanzigsten Juni des Jahres 1911 in der Westminster Abbey folgen.
George und seine Geschwister waren Mamas Cousins und Cousinen, ich verstand mich auch recht gut mit ihnen, ebenso wie mit Großmamas noch lebenden Geschwistern in England.
Alix, Berties Witwe, die nun zur Königinmutter wurde, war beim Volk sehr beliebt. Die Ehe mit Bertie war nie einfach gewesen, da sie lernen musste, seine Liebschaften zu akzeptieren. Dennoch ließ sie sich ihren Kummer darüber nach außen hin nie anmerken. Sie litt schon seit langem an Rheuma, hatte ein steifes Bein und eine Hörstörung. Mir gefiel nur nicht, wie sie ihre noch unverheiratete Tochter Toria an sich band, was ich bereits erwähnte, von der sie verlangte, sich auf voll und ganz auf sie als ihre Mutter zu konzentrieren. Beide verband die Liebe zu

Tieren. So hatten sie unter anderem zahlreiche Hunde und Vögel, aber es tat mir leid, dass Alix ihrer Tochter ein eigenständiges Leben verwehrte.
Mary, die Ehefrau von George, war eine sehr seltsame Persönlichkeit. Zwar führten die beiden eine glückliche Ehe, aber sie wirkte stets distanziert auf andere Menschen und die Auffassungen über ihrer Fähigkeiten als Mutter waren sehr unterschiedlich. Es hieß, sie sei sehr streng, auch versteckte sie ihren jüngsten Sohn John aufgrund seiner Epilepsie vor anderen, nannte ihn ein Monster. Sie schämte sich sehr für den Jungen. Er wurde zumeist unter Hausarrest gehalten und auch wir sahen ihn bei Besuchen nur selten. Man sagte, er habe Kontakt zu Gleichaltrigen, aber müsse ansonsten nur mit seiner Nanny vorliebnehmen.
Als ich John sah, hatte ich das Gefühl, einen ganz normalen kleinen Jungen zu erleben, der zwar auch sehr ausgelassen sein konnte, nur schwer im Zaum zu halten war, aber er wirkte dadurch eher wie ein lebhaftes Kind. Als ich erfuhr, wie Mary in behandelte, hätte ich gerne angeboten, ihn zu mir zu nehmen. Ich wünschte mir so sehr ein Kind und ich wäre sicher auf seine Bedürfnisse gut eingegangen, aber das war nur flüchtiger Gedanke, der natürlich niemals wahr werden konnte.
Mary und George hatten noch vier weitere Kinder, ein Mädchen und drei Söhne. Albert, dem Zweitgeborenen, nannte man Bertie wie seinen Großvater. Mary unterrichtete ihre Kinder in Geschichte und Musik, ansonsten erhielten aber besonders die Jungen eine strenge viktorianische Erziehung, die sich durch Drill, Härte und Disziplin auszeichnete. Man legte diese in die Hände von Kindermädchen, Gouvernanten und Hauslehrern. Mary kümmerte sich ansonsten nur selten um ihre Kinder, während ihr Gemahl nach der Maxime handelte, seine Söhne sollten regelrecht Angst vor ihm haben, so wie er sich einst vor seinem eigenen Vater gefürchtet hatte.
Der arme kleine Albert hatte eine fragile Gesundheit, stotterte und die strengen Erziehungsmethoden des Dienstpersonals verschlimmerten die Probleme eher noch.

Im Vorfeld der Beerdigung von Bertie kam es zu Streitigkeiten zwischen Mary und der Königinmutter. Alix drängte darauf, den Vortritt bei den Beisetzungsfeierlichkeiten für ihren Ehemann zu haben, während dies eigentlich der neuen Königin gebührte, und dann verweigerte sie ihrer Schwiegertochter die Herausgabe der Kronjuwelen, die dieser nun zustanden. Sie übergab ihr schließlich nur einen Teil der Juwelen, was Mary sehr ärgerte.

Manchmal, wenn ich in England war, vermisste ich die Zeiten, in denen meine Urgroßmutter noch gelebt hatte, wir mit meiner ebenso innig geliebten Großmutter dorthin reisten. Ich hatte mich bei beiden immer sehr wohlgefühlt. Sicher, wir waren in England immer stets willkommen bei den Verwandten, aber ich sehnte mich nach den alten Zeiten.
Obwohl es Mama gesundheitlich sehr schlecht ging, nahm sie die Reise nach England auf sich, ebenso wie sie zur Krönung ihres Cousins George achtzehn Monate später auch anreiste. Sie blieb sogar danach noch einige Wochen in England.
Man muss allerdings eingestehen, dass sie und Mary sich überhaupt nicht verstanden. Als man Mary fragte, welche von ihren Cousins und Cousinen sie am wenigsten mochte, erwiderte sie sogleich - „Charly, das Gör!"
Meine Mutter verbrachte die Sommermonate des Jahres 1911 in Sandringham. Im Juli schrieb sie begeistert an Ellen, dass sie völlig überwältigt sei von all dem, was sie sehe, zu schätzen lerne, höre und mitbekomme. Sie könne es kaum in Worte fassen, womit sie sich auch auf die Krönungsfeierlichkeiten bezog. Es gebe keinen Platz wie England in der Welt, fuhr sie fort, und wenn man es genau nehme, fühle sie sich englischer als jemals zuvor.
Onkel Heinrich war auch in England zugegen während ihres Aufenthalts und sie unternahm viele Ausflüge mit ihm. Sie fühlte sich ihm näher als die Jahre davor. Sie besuchten Krankenhäuser, viele schöne Häuser auf dem Land, welche man in England Cottages nennt, und bekam die Möglichkeit, viele private Kunstsammlungen anzusehen. Eines dieser Häuser war Badminton House in Gloucestershire, wo sie und Tante Irene in die Jury eingeladen wurden, um die besten Automobile von englischen und deutschen Teams zu bewerten. Das Anwesen war der Ort der Preisvergabe für die Prinz-Heinrich-Tour, die mein Onkel ins Leben gerufen hatte. Es handelte sich um eine

englisch-deutsche Automobil-Rallye, die Anfang Juli in Hamburg startete und drei Wochen später in London endete.
Die Besitzer von Badminton House waren der Duke und die Duchess von Beaufort, wobei die Duchess Mary Somerset eine Nichte der Königin Mary war.
Es waren auch noch andere Damen in die Jury für die Preisvergabe berufen worden, aber für Mama und Tante Irene war es eine große Ehre, dass man sie auch ausgewählt hatte, zumal meine Mutter dem Automobil sehr zugetan war.
Mein Onkel Heinrich teilte diese Leidenschaft mit Mama. Zudem interessierte ihn auch jeglicher technische Fortschritt. Neben meiner Mutter und vor allen weiteren Mitgliedern unserer Familie hatte sich mein Onkel im Jahre 1902 ein eigenes Automobil zugelegt. Im November 1910 machte er als achtunddreißigster Deutscher seinen Pilotenschein in einem Doppeldecker. Es machte ihn zum ältesten Flugzeugführer der Welt zur damaligen Zeit und zum ersten deutschen Seeoffizier mit einem Fliegerpatent. Er erhielt ständig Zuschriften von Erfindern und Firmen, die ihm als Hohenzollernprinzen mit Einfluss ihre neuesten Ideen oder Produkte vorstellen wollten. Manche der Absender lud er dann zu sich nach Hemmelmark zu einem Gespräch ein oder ließ sich die Erfindungen vorführen.
Bereits im Jahre 1908 hatte er sich selbst als Konstrukteur versucht. Als Automobilbesitzer und Selbstfahrer war er stets unzufrieden mit dem bisher auf dem Markt befindlichen Scheibenwischern gewesen. So entwickelte er kurzerhand eigene, meldete sie für verschiedene Patente an und vertrieb diese über mehrere Firmen. Fälschlicherweise brachte ihm dies den Titel ein, den Scheibenwischer generell erfunden zu haben.
Das eigentliche Steckenpferd meines Onkels blieb aber stets die Marine. Diese Leidenschaft für die Seefahrt hatte im Jahre 1885 dazu geführt, dass er die Regentschaft für das damals verwaiste Herzogtum Braunschweig ablehnte. Er wollte weiterhin zur See fahren.
Onkel Willie nahm ihm dies übel, verurteilte auch wie bei Mama das Fahren mit dem Automobil, denn er fand es weder für eine preußische Prinzessin noch für einen preußischen Prinzen standesgemäß. Erst als mein Onkel sah, dass man auch in anderen europäischen Herrscherhäusern Automobile den Pferdekutschen vorzog, änderte er seine

Meinung und legte sich bald selbst einen Fuhrpark zu. Er bevorzugte Fahrzeuge von der Firma Daimler, Onkel Heinrich von Benz.
Onkel Heinrich bat seinen Bruder, die neuen Schiffe der Nassau-Klasse im Verband einzufahren. Er war mittlerweile Admiral und Chef der preußischen Hochseeflotte. Bei der Nassau-Klasse handelte es sich um vier Großkampfschiffe. Jedes von ihnen kostete über siebenunddreißig Millionen Mark und hatte vierzig Schnellfeuerkanonen in drei unterschiedlichen Größen. Die kaiserliche Marine musste im Wettrüsten nachziehen, fand Onkel Willie, da man in England die Dreadnought, ein Großkampfschiff, gebaut hatte, welches im Jahre 1905 zu Wasser gelassen worden war und einen revolutionären Turbinenantrieb besaß sowie eine Armierung, die seinesgleichen suchte, mit Geschützen in fünf Doppeltürmen.
Onkel Heinrich fragte also seinen Bruder, ob man sein Kommando verlängern könne, aber er wurde ohne Begründung abgewiesen. Das enttäuschte ihn sehr und so konzentrierte er sich wieder auf das Automobil. Er organisierte auch Tourenfahrten in Deutschland, wie die Prinz-Heinrich-Tourenfahrt mit einem Etappenziel in Kiel im Jahre 1908. Mit dieser Tourenfahrt beerbte er - so gesehen - das von mir bereits erwähnte Herkomer-Rennen. Er stiftete den Hauptpreis für den Zuverlässigkeitswettbewerb und kurzerhand benannte man die Tourenfahrt nach ihm.
In Mama fand er jemanden, der seine Begeisterung teilte. Und so war er sich auch nicht zu schade, sich für Werbezwecke für Automobile zur Verfügung zu stellen. Man muss anmerken, dass die breite Bevölkerung Automobile zu jener Zeit noch ablehnte. Sie galten als ein teures Luxusspielzeug, welches sich nur die wohlhabende Bevölkerung leisten konnte, verbreiteten Unruhe und Gestank, wirbelten zu viel Dreck auf, da es zu jener Zeit in Deutschland noch keine Teerstraßen gab. Manche Menschen verteilten sogar Nägel auf den Straßen, damit die Reifen der Automobile beschädigt wurden, oder bewarfen die Fahrer mit Steinen. Es gab auch sehr schlimme Unfälle, weil Menschen Seile über die Straße spannten. Durch diese Missetat wurden auch Fahrer enthauptet. Mit den Tourenfahrten wollte man auch Ressentiments gegen Automobile von Seiten der Bevölkerung abbauen. Daher ließ man auch keine Renn-, sondern nur Tourenwagen zu. Die Fahrten in Tagesetappen umfassten unterteilte Gesamtstrecken von tausend bis

zweitausend Kilometern durch das gesamte Kaiserreich, damit möglichst viele Menschen die Wagen bestaunen konnten.
Dennoch gab es immer noch mehr Pferdekutschen auf den Straßen. Man muss aber auch die hohen Anschaffungskosten für ein Automobil beachten, die Versicherungsanträge, die auch bis zu zwanzigtausend Mark betragen konnten. Das Jahreseinkommen eines Industriearbeiters lag im Jahre 1911 beispielsweise bei rund tausend Mark. Hinzu kamen Reparaturkosten, Kosten für Ersatzteile.
Mein Onkel Heinrich konnte sich dies ebenso wie Mama leisten, aber er war noch begeisterter als sie von den Automobilen. In den ersten zehn Jahren ab 1902 legte er sich neunzehn Wagen zu und so standen im Durchschnitt drei bis vier Wagen in seiner Garage, von denen jeder spätestens nach zwei Jahren ausgewechselt wurde. Für einen gewöhnlichen Arbeiter war also ein Automobil finanziell nicht erschwinglich.

Mamas plötzliche Affinität für alles Englische hätte sicher ihre Mutter sehr begeistert, aber auch verwundert, dass ihre Tochter in späteren Jahren so anglophil wurde. Es lag wohl auch daran, dass Mama ebenso wie meine Großmutter als Witwe immer unzufriedener mit den Gegebenheiten wurde, wie der Kaiser die deutschen Belange handhabte. Wobei seine Minister natürlich ihr Zutun hatten. Beiden blieb nur, ihrem Unmut darüber in Briefen an ihre engsten Vertrauten Lauf zu lassen.
Der Sommer in England 1911 und die damit zu jenem Zeitpunkt einhergehende Hitze hatten
allerdings einen bösen Nebeneffekt auf meine Mutter. Kurz nachdem sie nach Meiningen zurückgekehrt war, schwollen ihre Gelenke, die Füße, Hände und ihre Augen so stark an, dass sie es kaum noch aushalten konnte. So schrieb sie an ihren Leibarzt, sie habe für viele Tage ihr Bett nicht mehr verlassen können, da die mit den Schwellungen einhergehenden Schmerzen zusehends unerträglicher geworden seien und ihr Gesicht so anschwollen sei, dass man sie kaum mehr erkennen könne. Sie konnte kaum noch etwas essen, kaum sprechen, da auch ihre Mandeln, die Drüsen und das Zahnfleisch angeschwollen waren. Da Onkel Willie zu jenem Zeitpunkt an einem Ödem litt, sein Nacken anschwoll ebenso wie seine Stirn und er an einem schweren Ausschlag und Juckreiz erkrankte, meinte sie, er müsse an derselben Krankheit

wie sie leiden. Sie schrieb dem Arzt, er achte aber auch überhaupt nicht auf sich selbst, ignoriere alles und behandele sein Ödem in einer altmodischen Art und Weise mit lächerlichen Tinkturen.
Als sie von der Aufrüstung der kaiserlichen Marine erfuhr, Onkel Heinrichs Absage für das Kommando, verurteilte sie ihren ältesten Bruder scharf dafür. Sie kommentierte dies aber nicht ihm gegenüber persönlich, sondern ließ sich in Briefen an Vertraute und Freunde darüber aus. Der Graben zwischen ihr und Onkel Willie verbreiterte sich nur noch mehr und für sie gab es auch keine Möglichkeit, das Verhältnis zu ihm zu verbessern.
Vielleicht ließen sie aber auch ihre Leiden, die damit verbundene Pein, zusehends ungerechter werden. Sie sah sich, von Schmerzen gepeinigt, und konnte kein Mitgefühl für die Leiden anderer aufbringen. Man meinte oftmals, dass niemand so sehr leide wie sie.

Unser Verhältnis zueinander war weiterhin schlecht. Auch nach all den Jahren hatte sie jeglichen Schritt auf mich zu vermieden, ebenso wie mein Vater. Ich hatte gelernt, dies zu akzeptieren.
Für mich hatte mein Kinderwunsch Priorität und da mich in den letzten Monaten im Winter keine Grippe niedergeworfen hatte, ich nur unter Migräneattacken litt, kleineren Beschwerden, fühlte ich mich stark genug, Döderlein um einen neuen Termin für eine künstliche Befruchtung zu bitten. Haz war skeptisch, willigte aber ein. Dennoch meinte er, es sei der letzte Versuch. Ich sei keine Kuh, die man in Intervallen immerzu besamen konnte.
So hatte ich im September des Jahres 1911 eine zweite Operation in München. Es war eine der schlimmsten Erfahrungen meines Lebens, denn es ging mir danach noch schlechter als nach dem ersten Eingriff. Ich verlor viel Blut, brauchte eine Transfusion und war so schwach, dass ich mich kaum noch bewegen konnte. Mir war so übel, ich konnte nichts hinunterbringen, nicht einmal Wasser, erbrach mich ständig und Haz war in so großer Sorge, dass er sich an Ellen wandte, Döderlein Vorwürfe machte und sie sich zusammentaten, meiner Mutter schrieben, wie schlecht es mir gehe, sie sollte mich besuchen kommen. Ich selbst überwand mich schließlich, diktierte einen Brief an meine Eltern, bat sie selbst noch einmal, zu mir zu kommen. Es mag für sie beide vielleicht wie ein verzweifelter Hilferuf geklungen haben, ich

erwartete auch von ihrer Seite Vorwürfe, weil ich mich dem Eingriff unterzogen hatte, aber sie waren meine Eltern. Ich brauchte sie jetzt an meiner Seite.

Natürlich war die Operation nicht erfolgreich, vielmehr bekam ich eine schwere Beckenentzündung im Verlauf und es ermattete mich noch mehr.

Nach all der Zeit des Schweigens schrieb mir meine Mutter, drückte ihre Verwunderung über meinen Zustand aus, war empört, wie man sich so einer unnötigen Operation unterziehen könne. Sie nannte es unklug von mir, denn die Skalpelle seien mörderisch, böse und gefährlich. Des Weiteren warnte sie mich, wie schnell so eine Operation fatale Folgen haben könne, denn sie sah nicht ein, welchem Zweck ein solcher Eingriff dienlich sein solle. Mama schrieb, ich sei immer ein starkes und gesundes Mädchen gewesen, all mein inneren Organe seien stets in bestem Zustand gewesen. Das, was mich nun darnieder warf, warum mein Innerstes rebellierte, verstand sie nicht und konnte dafür auch kein Mitgefühl aufbringen.

Zuerst hätte ich ihren Brief am liebsten sofort nach dem Lesen zerknüllt, weggeworfen, verbrannt sogar, so wütend machten mich ihre Vorwürfe. Es zeigte mir aber, dass es ein Fehler gewesen war, sie zu informieren, und weder Ellen noch Döderlein verstanden ihr Verhalten. Für Haz war es völlig unbegreiflich, wie man eine Tochter in einer solchen Situation sich selbst überlassen konnte. Ich bereute meinen Brief an sie, dass die anderen auch versucht hatten, ein Einlenken ihrerseits zu forcieren. Und mein Vater meldete sich überhaupt nicht, er ließ nicht einmal in dem Schreiben von Mama grüßen - es war hoffnungslos.

Nach meiner Genesung begab ich mich von der Klinik direkt in ein Sanatorium. Ich war psychisch so zerrüttet, dass ich Abstand brauchte, wieder zu mir finden musste. Haz verstand das, forderte mich aber auf, die Behandlungen bei Döderlein einzustellen. Er habe schon gehört, dass es Frauen gegeben habe, die schwanger geworden seien, wenn man sich nicht zu sehr darauf versteife. Ich liebte meinen Gemahl, aber es half mir wenig in meiner Situation. Seine Worte waren nicht hilfreich, seine Versuche mich aufzumuntern sinnlos. Es war das erste Mal, dass ich eine Depression zu entwickeln begann.

Das Sanatorium tat mir gut, ich blieb eine lange Zeit dort. Erst im

folgenden Frühjahr fühlte ich mich wieder bereit, mein gewohntes Leben wieder aufzunehmen. Dennoch war ich die meiste Zeit antriebslos und innerlich schwach, als man mich entließ.
Und eines Tages besuchte mich meine Mutter völlig unangemeldet in Braunschweig. Sie stand einfach in der Tür. Es war kein angenehmer Besuch, kurz, denn sie machte mir und dem Professor immer noch schwere Vorwürfe. Sie ging so weit, mich einen hoffnungslosen Fall zu nennen, konnte nicht verstehen, wie mich die kleinste Anstrengung derart auslaugen könne, ich so lustlos sei, fand mein Verhalten aufgelegt, eher gespielt. Ich würde mich in mein Leid ergehen, es auskosten. Ferner, so warf sie mir vor, würde ich doch nie auf sie hören, egal, was sie sage, es sei aussichtlos, zu mir vorzudringen.
Es kränkte mich über alle Maßen, was sie sagte. Aber ich war zu müde, um mich zu streiten, sagte ihr nur, sie sollte gehen, wenn sie mir nur dauernd Vorwürfe machen müsste. Ich dürfe mich nicht aufregen und hätte gehofft, sie könne einmal in ihrem Leben Verständnis für mich aufbringen, aber sie hörte sich das alles an, machte dann wortlos auf dem Absatz kehrt und ging.
Haz, der im Nebenzimmer war, wurde von ihr weder begrüßt noch verabschiedet. Sie würdigte ihn keines Blickes. Vielleicht meinte sie auch, so dachte er, er habe mich zu all dem gezwungen, aber ich sagte ihm nur, dass die Schuld immer bei mir liege. Dies sei schon immer so und werde für meine Mutter auch immer so bleiben.

Ich erfuhr, dass Mama selbst auch darunter litt, wie sehr die meisten Menschen ihre Leiden nicht ernst nahmen. Viele sahen es mit Skepsis, wie sie sich auch in Briefen über diese erging. Ihre Freundin Marie aus Coburg quittierte ihre Briefe, in denen sie sich über ihre Leiden ausließ, meist mit Unmut. Als sie einmal einen sehr langen von Mama erhielt, beklagte sie sich darüber, dass diese ihr schon wieder von einer neuen Krankheit, dieses Mal einer Entzündung der Augen, berichtete, da diese sie dazu zwinge, sich ständig in einem abgedunkelten Raum aufzuhalten. Wobei Mama hinzufügte, sie habe Angst davor, Marie davon zu erzählen, da diese sich auch oft über ihre zahlreichen Leiden lustig mache.
Bei Hofe, und ich möchte anmerken, dass diese Gerüchteküche sich auch auf Mamas Freundeskreis und die Verwandtschaft bezog, ging

man davon aus, meine Mutter habe sich ihre Gesundheit eher durch sehr fragwürdige Arzneimittelpräparate ruiniert, ebenso wie durch den Konsum von Drogen, zu denen man auch ihren oft exzessiven Alkoholkonsum zählte. Sie habe all dies nur genommen, um zu verhindern, dass sie zunehme, da sie eben dazu neige, schnell anzusetzen. Ihr ungesunder Lebensstil galt für viele als der eigentliche Auslöser all dieser Leiden.

Im Jahre 1915 wurde sogar in einem Buch, welches unter dem Pseudonym Graf Axel von Schwering erschien, erwähnt, wie das ausschweifende Leben meiner Mutter sie gesundheitlich ruinierte. Dieses Buch über den Berliner Hof zeugte von einem großen Wissen, es musste sich also um eine Person desselben handeln. Doch man konnte nur vermuten, um wen es sich handelte.

Man unterstellte ihr also, ungezügelt zu leben, aber dann nicht mit den Konsequenzen umgehen zu können und sich stets und ständig darüber zu beklagen. Sicher mochte man nicht immerzu nur von den Leiden anderer in Briefen lesen, aber da mich selbst auch viele Leiden Mamas quälten, sah ich das Ganze natürlich anders und mit mehr Ernsthaftigkeit. Mich beschäftigte dahingehend eher die Frage, ob ich das alles auch einmal so würde mitmachen müssen.

Dass man dachte, Mamas Lebensstil sei der Grund für ihre Leiden, war nicht Neues, denn auch die Großmama hatte dies schon vermutet. Sie kritisierte stets die Lebensweise meiner Mutter. Dennoch hatte sie auch mehrfach angemerkt, es könne an einer falschen Blutbildung ihrer Tochter liegen, wie sie es ausdrückte. Und mit ihrer Vermutung lag sie durchaus richtig, denn Mama litt zeitweise auch an Anämie.

Die Leiden meiner Mutter hatten sich eigentlich seit ihrem fünfundzwanzigsten Lebensjahr manifestiert und verschlimmert. Die schweren gesundheitlichen Beschwerden ließen sie auch Sanatorien aufsuchen, Kuren machen, wie mittlerweile nicht nur in Baden-Baden, sondern auch in Schlesien und Böhmen.

Oftmals konnte Mama keine öffentlichen Auftritte mehr wahrnehmen, da sie an Flecken im Gesicht und auf der Haut litt. Wenn sie ihre Räume verließ, dann verschleierte sie ihr Gesicht, trug Handschuhe.

Ihre Zahnfleisch - und Zahnprobleme waren oftmals so schmerzhaft, dass man diese operativ behandeln musste, und ein Zahnarzt stellte bei ihr auch eine Knochenhautentzündung im Mundraum fest. Er

mutmaßte, sie leide an Skorbut aufgrund von Vitaminmangel.
Mit den einsetzenden Wechseljahren verschlimmerten sich die Symptome Mamas noch und so schrieb sie Ellen ironisch, dass es eine nette Aussicht auf eventuell Kommendes sei.
Seit dem Jahre 1908 nahm Mama Morphin gegen die Schmerzen, anders konnte sie sie nicht mehr ertragen, und ich schob ihre Launenhaftigkeit auch auf das Medikament, ebenso wie auf ihre Leiden. Die Schmerzen ließen sie verbittern und verdrießlich werden.
Auch Ellens Bruder, Dr. Reinhold Franz, war für Mama stets eine Stütze gewesen, eine Hoffnung, ihre Leiden lindern zu können, wofür Ellen vollstes Verständnis hatte. Sie machte sich nie darüber lustig oder schien bedrängt davon, wenn meine Mutter oder ich ihr darüber berichteten, vielmehr sprach echte Besorgnis aus ihren Antwortbriefen.
Mama studierte mittlerweile auch medizinische Fachzeitschriften der damaligen Zeit, um ihre Hoffnung auf eine Kur oder Therapie zu stillen.
Wenn man es genau betrachtete, hätte sie sich auch mit mir über ihre Leiden austauschen können, aber vielleicht befürchtete sie auch, ich würde nur von meinen berichten. Ich konnte immer nur Vermutungen anstellen, warum sie sich so oder so mir gegenüber verhielt.
Ich war nun zweiunddreißig Jahre alt und meine Hoffnungen schwanden langsam dahin, noch schwanger zu werden. Haz versuchte, mich in jedweder Weise aufzubauen, aber zusehends fand er sich damit ab, dass wir kinderlos bleiben würden. Er sah das alles viel gelassener, dabei war er fünfzehn Jahre älter als ich. Wenn ich über meinen unerfüllten Kinderwunsch verzweifelte, den Anblick von glücklichen Müttern mit ihren Kindern nicht ertrug, sagte er auch schon mal, ich solle mich zusammenreißen.
Eine erneute künstliche Befruchtung kam für ihn nicht mehr in Frage und ohne ihn war es nicht möglich. Ich musste seine Entscheidung dahingehend akzeptieren, aber dennoch konsultierte ich weiterhin Döderlein, bat ihm um Rat. Natürlich gab es allerlei Hausmittel und Präparate, die eine Schwangerschaft fördern sollten, und ich versuchte auch, jeden Ratschlag aufzusaugen, auszuprobieren. Aber nichts schien Wirkung zu zeigen.
Ich besuchte Ellen, Mossy in Friedrichshof, aber dort sah ich sie mit

ihren Kindern, ebenso wie Tante Irene in Hemmelmark, und es machte mich traurig. Ich spielte gerne mit ihnen, aber sie waren nun einmal nicht meine eigenen.
Als ich meinen Gemahl morgens von einem neuen Präparat berichtete, welches in einer Zeitschrift erwähnt wurde, reagierte mein Gemahl mit blanker Abneigung. Zuerst ignorierte er meine Worte, widmete sich der Tageszeitung, dann, als ich meine Worte wiederholte, schlug er mit der flachen Hand auf den Tisch, dass das Geschirr klirrte, sein Kaffee auf der Tasse überschwappte und ich schnell aufsprang mit der Serviette in der Hand, weil ich befürchtete, der Kaffee könnte seine Uniform treffen, einen unschönen Fleck auf dieser hinterlassen.
Er legte die Zeitung auf den Tisch, schob mich mit einer Hand weg.
„Herrgott nochmal, Babes!“, sagte er laut und streng, „Jetzt höre doch endlich einmal damit auf! Können wir uns nicht einmal einem anderen Thema widmen? Ich kann es nicht mehr hören!“
„Aber, Haz“, begann ich mit fester Stimme, „Du weißt doch, wie sehr ich es mir wünsche, und es ist doch nur rechtens, wenn ich nichts unversucht lassen möchte!“
„Diese ganzen Tinkturen, Pillen und was du so alles da oben auf deinem Nachttisch stehen hast, kosten mich Unsummen! Warum kannst du nicht einfach einmal Ruhe damit geben und abwarten?“, gab er sehr barsch zurück, stand auf, richtete seine Uniform, „Du hast mir das Frühstück verdorben! Das Hausmädchen soll mir etwas Proviant einpacken und dann empfehle ich mich!“
Damit wollte er weggehen, aber ich hielt ihn am Arm fest.
„Ich will dich doch nur glücklich machen…“, meinte ich leise.
Seine Augen funkelten mich so böse an, wie ich es von meinem Gemahl niemals vorher so gesehen hatte. Dann riss er sich los.
„Es reicht! Ich bin glücklich! Wenn ich nicht dauernd diesen Sorgen um deine Gesundheit ausgesetzt wäre, diesen teuren Behandlungen, und anschließend kann ich meine Frau nur in einem Sanatorium sehen! Suche dir eine Beschäftigung, die dich ablenkt, wie andere Frauen auch! Damit ist das jetzt beendet!“
Er wandte sich ab, ging hinaus und ließ mich stehen. Ich wollte nicht mit ihm streiten, liebte meinen Gemahl, aber fand nicht, dass ich zu weit gegangen war. Der Appetit war mir nun auch vergangen und so ließ ich abräumen, ging auf mein Zimmer und wollte nur noch allein

sein.
Es kamen keine Blumen per Bote oder eine andere Entschuldigung von Haz. Er sprach nicht mehr mit mir. Schweigend nahmen wir abends unser Essen ein und so gingen wir auch zu Bett. Da ich aber nicht einsah nachzugeben, war ich vielleicht töricht und wartete ab, bis er wieder mit mir reden würde. Aber die nächsten zwei Tage herrschte weiterhin diese frostige Stille zwischen uns.
Erst als ich mich dann, es war ein Samstagnachmittag, aus dem Haus begeben wollte, um spazieren zu gehen, fragte er, wohin ich wolle, denn es sei schon spät, es gebe bald Tee. Ich schüttelte den Kopf.
„Ich gehe etwas spazieren. Ich möchte meinen Kopf frei bekommen, lass mich bitte!"
„Wie du meinst", sagte er, dann sah er mich an, schüttelte seinerseits den Kopf, „Du bist schon ein störrisches kleines Wesen, Babes! Immer mit dem Kopf direkt durch die Wand und niemals klein beigeben. Aber bitte besinne dich doch mal, schau dir an, was wir haben und dann sei doch zufrieden damit. Wenn du loslassen könntest, wärst du vielleicht irgendwann überrascht, dass du schwanger wirst. Und wenn nicht, ich bin so auch zufrieden."
Er sagte es in einem durchaus freundlichen Tonfall und so nickte ich.
„Ja, ich weiß. Ich will mich auch nicht streiten, aber ich brauche einfach etwas Abstand."
„Dann reise doch nach England. Du bist doch gerne dort und es wird dich ablenken", schlug er liebevoll vor.
„Ich denke darüber nach."
„Gut, dann erwarte ich dich zum Abendessen zurück und dann schreibst du noch heute an die Verwandten und kündigst dich an. Ich kann dich leider nicht begleiten wegen meiner Verpflichtungen hier, aber nimm` dir zwei Wochen eine kleine Auszeit."
Es klang sehr gütig von Haz, ich musste einsehen, dass es durchaus in meiner Ehe kriselte, und ich wollte um keinen Preis der Welt meinen Gemahl verlieren, also stimmte ich zu, sagte, wir könnten es später besprechen, wenn ich zurück sei, und verließ das Haus.
Ich wanderte eigentlich ziellos durch die Landschaft, aber genoss es, einfach querfeldein zu gehen, ohne nachzudenken, einfach nur die Natur und die Tiere auf mich wirken zu lassen.
Kurze Zeit später kontaktierte ich wieder Döderlein, ließ mich von

ihm beraten, wie man nun weiterhin verfahren könnte und er meinte, eine Hormonbehandlung, unter anderem mit Progesteron-Injektionen, sei durchaus in Studien bereits nachgewiesenermaßen sehr effektiv gewesen. Es habe natürlich auch Nebenwirkungen, aber die müsse ich dann in Kauf nehmen. Also willigte ich, ohne Haz dahingehend zu informieren, in eine solche Behandlung ein. Ich wollte es gänzlich für mich behalten und wenn es bei mir eine Wirkung, sprich mir zu einer gewünschten Schwangerschaft verhelfen sollte, konnte ich immer noch alle darüber in Kenntnis setzen, welcher Behandlung ich mich unterzogen hatte.
Zusätzlich nahm ich Vitamine zu mir, versuchte, mich schon seit geraumer Zeit sehr gesund zu ernähren, wie Döderlein es mir bereits empfohlen hatte.
Natürlich wusste Haz, dass ich nach München zu dem Gynäkologen reiste, aber ich beruhigte ihn damit, dass ich mich nur vergewissern wollte, ob nach der letzten schweren Operation alles in Ordnung sei, und mich nach Alternativen, also, natürlichen Präparaten zur Förderung einer Schwangerschaft, zu erkundigen, sei nichts Tragisches. Er glaubte mir.
Ich bat Döderlein darum, auf seinen Rechnungen nicht anzuführen, dass er mir Hormone verabreichte, und nach all dem, was bisher vorgefallen war, ließ er sich dazu überreden, die Konsultationen dahingehend zu beschönigen. Was sollte ich sonst tun? Ich wollte nicht schon wieder mit Haz in Streit geraten und da er mir auch Geld mitgegeben hatte, eine etwas größere Summe, denn ich sollte mir in München etwas Schönes kaufen, womit er natürlich ein Kleid oder einen Hut gemeint hatte, bezahlte ich die Rechnung bei Döderlein umgehend in bar. So erstand ich ein sehr günstiges Kleid und belog meinen Gatten bezüglich des Preises, ließ ihn glauben, ich hätte mir in München auch noch zwei Restaurantbesuche geleistet, wohlgemerkt in feineren Etablissements.
Die Nebenwirkungen der Behandlung ließen allerdings nicht lange auf sich warten, denn ich wurde nicht nur launisch, sondern litt auch mehr als üblich unter Migräneattacken, Übelkeit, Magenschmerzen bis hin zu schlimmen Krämpfen, Müdigkeit und Schwindelattacken. Da ich aber ständig auch Schmierblutungen hatte, war an eine Intimität mit meinem Gemahl nicht zu denken und ich musste die Behandlung

abbrechen, schob es vor Haz aber auf meine generellen Leiden, die sich, so mutmaßte ich ihm gegenüber, sicher verschlimmerten, nun, da ich älter wurde. Und weiterhin glaubte mir mein Gemahl jedes meiner Worte. In mir machte sich so langsam das schlechte Gewissen breit, aber ich wünschte mir immer noch ein Kind.

Haz meinte irgendwann, vielleicht könne man auch eines adoptieren, aber ich lehnte ab, denn es sei nicht mein eigenes. Er überredete mich aber dazu, zwei Kinderheime zu besuchen, damit man sich einfach mal einen Überblick verschaffe, und fast mutete es so an, als wolle er mir ein Tierchen aufschwatzen.

„Wenn du dort ein kleines Geschöpf siehst, und es gefällt dir sofort, vielleicht denkst du dann anders, Babes“, meinte er.

„Man weiß aber nie, was diese Kinder erlebt haben, und dann macht es uns nachher nur Probleme“, wandte ich ein.

„Das kann ein eigenes auch“, gab er zu bedenken, „Wir gehen dort ohne eine Absicht hin, sondern schauen erstmal.“

Ich willigte ein, aber irgendwie gefiel es mir nicht, wie man uns dort ein Kind präsentierte, welches eventuell zu uns passen könnte. Es war einmal ein Mädchen von zehn Jahren, blond, schon liebreizend, aber es war mir zu alt.

In dem anderen Kinderheim lernten wir einen kleinen zweijährigen Jungen kennen. Er hatte schöne braune Augen, dunkle Löckchen, kam auch sofort auf mich und meinen Gemahl zu, aber ich fühlte mich eher schlecht bei dem Gedanken, ihn aufzunehmen. Mir kam es so vor, als würde ich meinem Gemahl damit nur einen Gefallen tun, ihn dann wie ein Tierchen in unserem Heim willkommen heißen, mir war sofort bewusst, dass ich dieses Kind niemals so würde lieben können wie ein eigenes.

Draußen, vor dem zweiten Kinderheim, spielten einige Mädchen Ringelreihen. Eines, klein und blässlich, mit zwei dicken roten Zöpfen, saß abseits auf einer Bank und ich setzte mich zu ihr.

„Warum spielst du nicht mit den anderen Kindern?“, fragte ich freundlich.

„Sie lassen mich nicht mitspielen“, antwortete es leise.

„Warum denn nicht?“, fragte ich, bot an, mit den anderen Mädchen zu reden.

Die Kleine schüttelte energisch den Kopf.

„Ich bin nicht lange hier. Meine Mama holt mich bald wieder ab, wenn sie wieder gesund ist“, erklärte das Mädchen.
Haz sah mich auf der Bank sitzen, er deutete die Situation falsch, lächelte. Sogleich schüttelte ich den Kopf, erhob mich.
„Das verstehe ich“, meinte ich zu der Kleinen, „Du denkst, es lohnt sich nicht Freundschaften zu schließen, und hast sicher Heimweh.“
Sie nickte heftig.
Ich ging zu meinem Gemahl, erklärte die Situation.
„Sie hat noch eine Mutter, und ich will auch nicht nachfragen bei den Schwestern hier, wie sich das verhält. Ich möchte kein Kind, das man mir dann wieder wegnehmen könnte“, sagte ich Haz, fügte hinzu, „Und ich möchte mir auch keine weiteren ansehen. Es kommt für mich nicht in Frage. Es tut mir leid.“
Haz wirkte deprimiert, nickte aber.
„Gut. Es war nur eine Überlegung.“
Damit beendeten wir dieses Thema. Und mein Gemahl brachte es auch nicht mehr zur Sprache. Ich versuchte, mich in jedweder Form abzulenken, reiste zu Verwandten, ging zu Gesellschaften, aber es füllte mich nicht wirklich aus. Doch ich gab mir Mühe, nach außen hin die Glückliche und Zufriedene zu sein. Man kann sagen, dass ich mich tapfer aufrechthielt, immer noch mit der Hoffnung im Herzen, ich würde vielleicht doch einfach so, ohne jegliches Nachdenken oder darauf Versteifen, schwanger werden. Doch nichts geschah.

Ich (links) mit Marie aus Coburg (mittig), Marie Pavlovna, die jüngere, auch Miechen genannt, Duckys Schwiegermutter und Ducky (ganz rechts) vor unserem Haus in Braunschweig im Jahre 1912, wo wir uns mit Handarbeiten beschäftigten, während wir Neuigkeiten austauschten.

Kurz darauf wurde Haz nach Kassel versetzt, wo wir dann ein neues Zuhause bezogen.

Vielmehr hatte ich wieder Phasen, in denen es mir gesundheitlich schlecht ging, ich unter Neuralgien im Gesicht litt, Appetitlosigkeit, Schmerzen in den Beinen, wobei ein Arzt rheumatische Schübe vermutete. Hinzu kamen Rückenschmerzen, die mich eine Zeitlang zwangen, das Reiten aufzugeben, und ich lag oftmals viele Tage im Bett.
Meine Migräneattacken kamen plötzlich, ich musste mich dann erbrechen, im abgedunkelten Raum liegen, ertrug keine Geräusche, keinen Lärm und Haz bemerkte einmal, ein kleines Kind sei in solch einer Situation nicht sinnvoll. Die Art und Weise, wie er es als „sinnvoll" bezeichnet hatte, verärgerte mich und das sagte ich ihm auch. Zudem gebe es Kindermädchen und dann müsse das Kind eben mal eine Zeitlang mit diesem vorliebnehmen.
„Irenes Schwester Alix in Russland hat auch zahlreiche Beschwerden und dann kümmern sich die Gouvernanten", gab ich barsch zurück, „Das ist doch nicht tragisch!"
„Alix", begann mein Gemahl, „steigert sich aber auch eventuell da etwas hinein, weil sie die Sorge um den bluterkranken Alexei so belastet."
Da hatte mein Ehemann nicht so ganz Unrecht. Viele vermuteten, dass die Zarin mehr psychosomatische Beschwerden hatte als echte Leiden, wie ihre angebliche Herzkrankheit.
Im Jahre 1910 hatte die russische Zarenfamilie im Herbst einige Monate in Friedberg in Hessen verbracht, damit die Zarin sich einer Kur unterziehen konnte. Sie besuchten in dieser Zeit auch Ernie und seine Familie in Darmstadt, trafen sich mit Onkel Willie und mit Tante Irenes Familie in Hemmelmark.
Ich hatte sie nur kurz in Hemmelmark getroffen. Alicky war eine sehr liebe und fürsorgliche Mutter und sie und ihr Gemahl Nicky waren sehr familienbezogen. Die Hauptsorge lastete aber stets auf dem kleinen Jungen und ich konnte mir vorstellen, wie anstrengend es war, stets und ständig auf ihn aufpassen zu müssen, damit er sich nicht verletzte. Er hatte eine männliche Nanny, einen Matrosen, der auch über ihn wachte.
Was Tante Irene ebenso wie ihre Schwestern Viktoria und Ella aber

am meisten beschäftigte, war die Tatsache, dass sich Alicky bezüglich des Leidens ihres Sohnes und ihrer eigenen in die Hände eines gewissen Rasputin begeben hatte, den die Familie Vater Grigori oder „unseren Freund“ nannte. Der Mönch schien heilende Kräfte zu besitzen, denn wann immer Alexei einen Anfall der Hämophilie hatte, schienen nur seine Gebete dem Jungen zu helfen. Alicky, die sehr gläubig war, vertraute ihm blind und dennoch machten in Russland Gerüchte die Runde, er gäbe sich auch einem sehr ausschweifenden Leben mit Prostituierten und Alkohol hin, was für einen Mönch eher ungebührend war. Man munkelte, dass es nicht Rasputins Gebete waren, die dem Jungen halfen, sondern die Absetzung der Schmerzmittel, um die Rasputin bat, wann immer er gerufen wurde. Man gab dem Jungen Aspirin, aber wusste damals noch nichts über die blutverdünnende Wirkung desselben.
Ich fand es aber sehr bemerkenswert, wie offen Alicky stets für die Leiden anderer war, echtes Mitgefühl zeigte, als wir uns einmal kurz unterhielten.
Ihre Töchter waren sehr wohl erzogen, bis auf die jüngste, Anastasia, die eher ein Wildfang war. Aber die Mädchen zeigten sich im Umgang mit dem kleinen Bruder sehr rücksichtsvoll und schienen auch ein sehr enges Verhältnis zur Mutter zu haben und ebenso Verständnis für deren Leiden.
Irene verstand ihre Schwester besser als jede andere in Bezug auf ein bluterkrankes Kind, denn sie bangte auch stets und ständig um das Leben ihres Sohnes Waldemar.
Auf Alicky hatte jahrelang die Bürde gelegen, einen Thronfolger zu gebären, und ich fühlte mich ihr irgendwie verbunden, als wir miteinander sprachen, dennoch war ich nicht so vom Glauben erfüllt wie sie, konnte mich nicht damit identifizieren, dass mir Gebete helfen könnten. Sie nahm mir aber nicht übel, dass ich es ihr offen eingestand.
Ich hörte von Tante Irene oft, wie sehr sie sich um Alicky und ihre Familie sorgte, zudem es in Russland politisch brodelte. Das Volk war unzufrieden, die Menschen hungerten und fühlten sich vom Zaren im Stich gelassen, der jegliche Reformen ablehnte. Das vereinte ihn in gewisser Hinscht mit meinem Onkel Willie, der sich auch von Gott in seiner Position eingesetzt fühlte.
Wie sehr beide die Zeichen der Zeit verkennen sollten, konnte

niemand erahnen.
Im Herbst des Jahres 1912 sollte der kleine Zarewitsch Alexei eine sehr schlimme Attacke der Hämophilie haben und man glaubte, er werde diese nicht überleben. Die Familie befand sich zu dieser Zeit gerade in ihrem Jagdgebiet in Polen, welches damals noch zum russischen Zarenreich gehörte. Es war die Freundin und Hofdame der Zarin, Anna Wyrubova, die nach Rasputin schicken ließ, der gerade bei seiner Familie in Prokowskoje weilte, aber ein Telegramm sandte, dessen Zeilen dann den Jungen angeblich vor dem Tode bewahrten.

Im November 1912 eskalierte die Situation zwischen meiner Mutter und ihrem ältesten Bruder, als der Generalstab der preußischen Militärs beschloss, dass man sich durchaus in eine Mobilisation begeben müsse, um sich gegen andere europäische Mächte in einer Hab-Acht-Stellung zu befinden. So entschied man sich, besonders ältere Offiziere und Generäle aus dem Militärdienst zu verabschieden und durch jüngere zu ersetzen.
Mein Vater, mittlerweile einundsechzig Jahre alt, wurde also am fünften Dezember kurzerhand von seinen bisherigen militärischen Pflichten entbunden. Man informierte ihn im Vorfeld nicht darüber, sondern konfrontierte ihn mit vollendeten Tatsachen. Natürlich traf es noch viele andere hochrangige Militärs, aber für meinen Vater war es eine nicht zu wiedergutmachende Kränkung. Obwohl er sich seines Alters bewusst war, stimmte weder ihn noch Mama dies in irgendeiner Art und Weise versöhnlich mit der Pensionierung. Man versetzte ihn fristlos in den Ruhestand.
Der Grund dafür wurde ihm natürlich insofern genannt, als dass sich die internationale Lage zuspitze und man das preußische Heer strategisch neu ausrichten, dabei verschiedene militärische Maßnahmen ergreifen müsse.
Mama schrieb daraufhin an Ellen, Papa habe seinen Austritt aus der Armee kühl und kurz erhalten, man, womit sie den Kaiser meinte, habe keine Verwendung mehr für ihn. Sie wollte aber ihrer Empörung darüber keinen Raum lassen, da es für sie zu allem anderen passte, was bisher vorgefallen war. Sie sah sich also ihrer schlechten Meinung über ihren ältesten Bruder nur wieder einmal bestätigt.
Meine Eltern behielten ihre Wut aber für sich, wendeten sich nicht an

Onkel Willie in dieser Angelegenheit.
Ich denke, es verletzte meinen Vater schon sehr tief, denn er war immer noch Erbprinz und hatte auch in Meiningen keine wirkliche Aufgabe, bis auf repräsentative Verpflichtungen und seine Leidenschaft für die Archäologie.
Ein kleiner Wermutstropfen war für ihn die Ehrendoktorwürde, die ihm die Universität Breslau im Jahre 1912 für seine Übersetzungen deutscher klassischer Dramen ins Neugriechische und neugriechischer Dichtungen ins Deutsche verlieh.
Aber daneben war er auch ein leidenschaftlicher Soldat, hatte in seiner glänzenden militärischen Laufbahn beim preußischen Militär hohe und höchste Positionen bekleidet. Es lag auch die Vermutung nahe, dass seine allzu menschliche Haltung gegenüber den einfachen Soldaten den preußischen Militärdienststellen ein zu großer Dorn im Auge gewesen war. Sein im Jahre 1903 erlassener Befehl gegen Soldatenmisshandlungen durch Vorgesetzte war nicht positiv aufgenommen worden und man verübelte ihm dies immer noch. Man konnte sicher sagen, dass viele froh waren, ihn los zu sein. Zudem man seine Karriere vermehrt auf die Bevorzugung durch seine verwandtschaftliche Beziehung zum Kaiserhaus schob.
Mein Vater pflegte auch weiterhin Kontakt zu Personen wie Max Ohnefalsch-Richter und förderte seine Expeditionen, indem er Onkel Willie um finanzielle Unterstützung bat. Ohnefalsch-Richter hatte im Jahre 1908 begonnen, eine Zypernexpedition vorzubereiten, die dann erst 1910 stattfand, aber katastrophal verlief. Es wurde der letzte Aufenthalt des Forschers in Zypern. Genaueres über diese Expedition erfuhr ich nicht, aber es gab wohl noch einen weiteren Förderer dieser Unternehmung, einen gewissen Josef Werner, seines Zeichens Direktor des Rheinischen Winzervereins in Eltville am Rhein, für den Ohnefalsch-Richter den Ehrentitel eines Ökonomierates andachte. Nachdem diese Verleihung im Sande verlaufen war, wandte sich Ohnefalsch-Richter an Papa, denn er verdankte ihm fünfundzwanzigtausend Mark von Onkel Willie und kümmerte sich darum die Verleihung von Titeln durchzusetzen. Er war der direkte oder indirekte Titel - oder Ordensbeschaffer. Leider wurde nichts aus diesem Projekt Ohnefalsch-Richters. Dennoch hielt er mit Papa Kontakt. Auch Virchow stand weiterhin im Briefwechsel mit meinem Vater und sah sich selbst

wohl als Vermittler zwischen der fürstlichen und wissenschaftlichen Welt, da er auch gerne den Kontakt zu meinem Vater herstellte, wenn ihn jemand darum bat.
Papa suchte nicht selbst nach Möglichkeiten zur Förderung der Altertumswissenschaften, aber reagierte bereitwillig auf Hinweise, die oftmals von Virchow kamen.
Meine Eltern standen beide auch seit einiger Zeit in Kontakt mit dem Archäologen, Antiquitätenhändler und Sammler Pierre Mavrogordato, der archäologische Ausgrabungen in der früheren griechischen Kolonie Olbia, einer antiken Stadt an der nördlichen Schwarzmeerküste, durchgeführt hatte. Ferner hatte er sieben Jahre lang an den Ausgrabungen von Pompeji beteiligt. Mavrogordato vermachte Funde aus dem römischen Tyra an der Mündung des Dnjestr dem Museum in Odessa, von wo er ursprünglich stammte. Er war in Odessa Verwaltungsratsmitglied und Schatzmeister der Kaiserlich Odessaer Gesellschaft für Geschichte und Altertümer gewesen. Im Jahre 1905 hatte er im Zuge der politischen Unruhen Russland verlassen und war nach Berlin gezogen.
Über Alfred Götze, den ersten Direktor des Römhilder Steinsburgmuseums, war er schließlich nach Römhild gelangt, einer Kleinstadt im Landkreis Hildburghausen in Thüringen. Im Jahre 1910 erwarb er dann dort größeren Grundbesitz, errichtete ein Villenviertel mit drei Wohnhäusern, einem Wirtschaftsgebäude mit Gärtner - und Chauffeurswohnung.
Seine Frau Erato fertigte Künstler - und Charakterpuppen an, sie sammelte ebenso wie ihr Ehemann Antiquitäten.
Das Villenviertel benannte Mavrogordato „Pierato“, nach ihm und seiner Gemahlin. Römhild liegt ganz in der Nähe Meiningens und so pflegten meine Eltern bald einen guten Kontakt zu Pierre und Erato. Dieser war so gut, dass sie Pierre dann 1916 zum Hofrat und im Jahre 1917 zum Geheimrat ernannten. Diese Ernennungen waren meinen Eltern aber erst möglich, nachdem Papa die Regentschaft in Meiningen angetreten hatte, worauf ich noch eingehen werde.

Im Jahre 1913 feierte man in Russland das dreihundertjährige Bestehen der Romanow-Dynastie. Tante Irene reiste selbstverständlich mit ihrer Schwester Viktoria nach Russland zu den Feierlichkeiten.

Es war aber unverkennbar, dass man die Probleme im Russischen Zarenreich kaum noch leugnen konnte. Mittlerweile war auch das Verhalten des Wunderheilers Rasputin publik geworden und man vermutete, er habe auch politischen Einfluss auf Zar und Zarin.
Am vierundzwanzigsten Mai heiratete die Prinzessin Viktoria Luise, Donas einzige Tochter, den Prinzen Ernst August III. von Hannover, der am ersten November, nach der förmlichen Abdankung seines Vaters, auch Herzog zu Braunschweig und Lüneburg werden sollte.
Viktoria Luise, die man in der Familie auch Sissy nannte, heiratete aus Liebe. Dona hatte ein sehr enges Verhältnis zu ihrer Tochter und es musste ihr sehr schwerfallen, diese gehen zu lassen. Ebenso konnte man sagen, dass Sissy auch stets der Liebling meine Onkels Willie gewesen war.
Die Vermählung galt als Versöhnung der hohenzollerischen und welfischen Herrscherhäuser, denn beide Familien waren seit der Annexion des Königreiches Hannover durch Preußen im Jahre 1866 verfeindet. Somit fiel mit der Hochzeit und der damit einhergehenden Beendigung des Konflikts der Braunschweiger Herzogthron wieder an die Welfen.
Natürlich wurde die Vermählung in Berlin groß gefeiert und auch der russische Zar reiste neben vielen anderen Staatsgästen an. Niemand ahnte, dass es das letzte gesellschaftliche Großereignis werden sollte.
Meine Eltern und ich waren natürlich nicht eingeladen, aber dies war bereits bekannt, wir rechneten auch nicht damit. Das schlechte Verhältnis zwischen Mama und Onkel Willie hatte auch verhindert, dass ich Sissy jemals richtig hatte kennenlernen können.
Haz meinte, wir befänden uns in einer Art Sippenhaft aufgrund der Streitigkeiten zwischen meiner Mutter und meinem Onkel, allerdings unterstrich er seine Worte mit einem Schmunzeln, aber es war die Wahrheit.
Meine Eltern zogen es vor, nach Hemmelmark zu reisen, um Tante Irene und Onkel Heinrich zu besuchen, bei denen zu jenem Zeitpunkt auch andere Verwandte und Freunde weilten, und so kam es zu einem größeren Treffen. Sowohl Mama als auch Papa verstanden sich sehr gut mit Irene und Heinrich sowie mit ihren beiden Söhnen. Natürlich hatte es auch Differenzen zwischen Mama und ihrer Schwägerin gegeben, aber mittlerweile kam man gut miteinander aus.

Die russische Zarenfamilie im Jahre 1913

Und ich hatte bereits erwähnt, wie eng das Band zwischen Mama und ihrem Bruder Heinrich war, da beide die Liebe zu Automobilen und jeglichem technischen Fortschritt teilten.
Hemmelmark war aber über die Jahre zu einem beliebten Treffpunkt innerhalb der Familie geworden, denn man fühlte sich dort auch stets willkommen, genoss die ländliche Atmosphäre und pflegte eine Gastlichkeit, die oftmals ihresgleichen suchte.

Meine Eltern bei einem Treffen mit Familie und Freunden am achtundzwanzigsten Mai des Jahres 1913 in Hemmelmark:
Links stehend (untere Reihe): eine Frau Euler, rechts daneben Onor, dann Mama, Ernie, neben ihm rechts Mossy, Onkel Willies Sohn Oskar, Tante Irene, Frau Eulers Gemahl August, Irenes Sohn Sigismund; in der zweiten Reihe (von links nach rechts): Graf Wolfskehl, Referendar Dr. Meyer, Onkel Heinrich, ein Herr von Bieber, Werner Dücker, Papa, Assessor Henne, Leutnant Vogel von Falkenstein, Hauptmann Karge, Assessor Dr. Meyer, der Schweizer Oberleutnant Real; in der letzten Reihe oben (nicht in Gänze zu sehen sind) von Rottenburg und der Einjährig-Freiwillige Otto Reichardt

Tante Irene (links) und Mama, 1913 in Hemmelmark

Tante Irene (links), Mama, Papa und Onkel Heinrich (rechts), 1913 in Hemmelmark

Am zehnten Juni verstarb der einzige noch lebende Bruder meines Mannes, Heinrich, mit gerade einmal sechsundfünfzig Jahren in Jena. Der ehemalige Korvetten-Kapitän war der Besitzer von Gut Jänkendorf gewesen. Seine Witwe Victoria wollte vorerst auf dem Gut verbleiben, sich dann aber nach Ullersdorf, einem Ortsteil von Radeberg, zurückziehen, wo sie einst geboren worden war. Ihre drei Kinder, Heinrich, Enzio und Ingeborg, waren schon erwachsen, aber alle noch nicht verheiratet.
Das Gut Jänkendorf sollte alsbald dann von Haz und mir sowie von Marie Clementine, der Schwester meines Gemahls, genutzt werden können.
Der Kontakt zu Haz` Bruder und seiner Familie war gut, aber von meiner Seite aus nicht sehr eng gewesen, ebenso verstand ich mich mit Marie Clementine, aber uns verband auch nichts Tiefergehendes.

Ich durchlitt immer wieder Perioden des Krankseins, freute mich, wenn es mir dann wieder besserging, über jede Ablenkung. Als die Verwandten mich im September des Jahres nach England einluden, sagte ich daher sofort zu. Ich verbrachte unter anderem einige Tage in Croydon Hall in Somerset. Das sehr exklusive Landhaus in Exmoor, einer hügeligen, offenen Moorlandschaft, befand sich im Besitz von Graf Conrad von Hochberg, einem entfernten englischen Verwandten meines Onkels Willie, der auch mit dem Haus Reuss verwandt war. An einem Tag besuchte ich auch allein und in privatem Rahmen Exeter, die Hauptstadt der Grafschaft Devon im Südwesten Englands. Exeter war damals noch die Hauptstadt der Grafschaft Cornwall. Es gab dort einiges zu besichtigen, wie die normannische Burgruine des Schlosses Rougemont, die Guildhall, das älteste öffentliche Gebäude Englands, das man noch immer verwendete, die Parliament Street, die schmalste Straße der Welt, und schöne mittelalterliche Kirchen, wie Mary Steps mit der kunstvollen Turmuhr.
Als man von meinem Besuch in Exeter erfuhr, ließen es sich der Bürgermeister und der stellvertretende Stadtschreiber nicht nehmen, mich offiziell zu begrüßen. Sie boten sich beide sofort an, mir die Sehenswürdigkeiten zu zeigen. So konnte ich antike Urkunden, Siegel und Insignien im Gildenhaus bestaunen. Es handelte sich um eine Ausstellung, deren besondere Stücke sich aber in einem Salon des

Bürgermeisters dort befanden. Der Zutritt wurde nur speziellen Gästen gewährt und dann bekam man eine eigene kleine Führung.
In der Kathedrale St. Peter, die im Jahre 1112 errichtet worden war, zeigten mir Mitglieder des Kapitels auch einige kostbare antike Stücke.
Ich kehrte sehr erfrischt von meiner Reise aus England zurück, fühlte mich gesund. Leider konnte ich damals nicht ahnen, dass dies für eine lange Zeit vorerst meine letzte Reise nach England gewesen sein sollte.

Zu Beginn des Jahres 1914 hatte ich wieder mit einer schweren Grippe zu kämpfen. Hinzu kamen auch zum ersten Mal so starke Neuralgien im Gesicht, dass ich für die Nacht auf Luminal zurückgriff, welches seit 1912 erhältlich und ein starkes Barbiturat war. Dieses Phenobarbital wurde auch in der Behandlung von Epilepsie und zur Narkosevorbereitung eingesetzt.
Ich konnte zwar nachts durchschlafen, ohne Schmerzen, aber fühlte mich tagsüber dann auch matt und litt zeitweise unter starken Kopfschmerzen. Es war eine Crux, denn ich wollte nicht wie meine Mutter Morphin gegen die Schmerzen nehmen. Meine Angst, süchtig danach zu werden, war einfach zu groß.
Es traten bei mir auch wieder Lähmungserscheinungen auf, vor allem in den Beinen, sodass ich mich entweder gar nicht bewegen konnte oder nur mit einem Stock. Dann aber sehr langsam.
Zeitweise nahm ich auch Phanodorm. Die Firma Merck in Darmstadt warb damit, dass man nur eine Tablette nehmen brauchte, um dann sieben Stunden durchschlafen zu können. Phanodorm wurde auch oftmals von Menschen missbraucht, um sich umzubringen, aber ich wollte einfach nur schlafen.
Mama nahm manchmal fünf bis sechs Tabletten dieses Medikaments ein, wenn ihre Beschwerden zu schlimm waren, allerdings über den Tag verteilt. Bereits damals äußerten Ärzte auch bei ihr die Vermutung, dass dieser Missbrauch von Schlafmitteln ihre Beschwerden nur verschlimmern werde.
Mir sagte ein Arzt, den ich konsultierte, dass man den Teufel nicht mit dem Beelzebub austreiben könne, und ich musste bald einsehen, wie recht er hatte, denn ich bekam starke kolikartige Magenkrämpfe, mein

Puls raste, dann kam schweres Erbrechen hinzu. Ich verlor an Gewicht, hatte keinen Appetit und musste mich zwingen, wenigstens etwas Brühe zu mir zu nehmen.
Da die Magenbeschwerden immer schlimmer wurden, riet mir ein Arzt zu einer Laparotomie, einer chirurgischen Eröffnung der Bauchhöhle, um festzustellen, was mit meinen inneren Organen, vor allem dem Magen, nicht stimmte, denn er vermutete auch ein eventuelles Magengeschwür. Ich wollte mich aber nicht schon wieder operieren lassen, versuchte es daher mit einer Schonkost, die unter anderem aus Haferschleim bestand.
Zusätzlich zur zeitweisen Lähmung meiner Beine bekam ich dann auch wieder Rückenschmerzen, die schier unerträglich waren, und meine Arme fühlten sich an wie Blei. Ich lag wieder viele Tage im Bett. Kein Arzt konnte mir wirklich helfen, es war wie Attacken, die nach einer Zeit auch wieder vorübergingen.
Dem Großpapa in Meiningen ging es seit einiger Zeit nicht gut. Er wurde am zweiten April achtundachtzig Jahre alt.
Er begab sich im Sommer mit Ellen zur Kur nach Bad Wildungen im Landkreis Waldeck-Frankenberg im westlichen Nordhessen. Der Kurort war bekannt für seine Heilbäder. Die beiden kurten gerne dort.
Mein Großpapa litt seit einiger Zeit an zunehmender Taubheit, was gerade in Bezug auf seine Liebe für Musik sehr hinderlich war, und so zog er sich etwas aus dem öffentlichen Leben zurück. Er widmete sich dafür einer anderen Leidenschaft - dem Sammeln von Antiquitaten und Manuskripten.
Aber am fünfundzwanzigsten Juni verstarb mein Großpapa plötzlich und unerwartet in Bad Wildungen.
Er hatte das Herzogtum Sachsen-Meiningen - nach dem Großherzogtum Sachsen-Weimar-Eisenach das zweigrößte der existierenden Territorialmonarchien der Ernestinischen Wettiner - seit seinem Herrschaftsantritt im Jahre 1866 fast ein halbes Jahrhundert lang sehr erfolgreich regiert und galt als einer der integersten deutschen Landesfürsten. Vor allem sein zu jener Zeit einzigartiges künstlerisches und kulturpolitisches Engagement hatte ihm und dem Herzogtum eine sehr gute internationale Reputation verschafft.

Diese Ansichtskarte von Ellen und dem Meininger Großpapa wurde im Jahre 1914 veröffentlicht. Es sollte, wie auf dieser zu lesen ist, die letzte der beiden sein.

Das Meininger Hoftheater hatte unter seiner Leitung als Regisseur, Dramaturg, Bühnen-, Masken - und Kostümbildner höchstpersönlich mit aufsehenerregenden Inszenierungen deutscher und englischer Klassiker eine Weltgeltung erlangt, die man durch Tourneen gefördert hatte. Diese führten das Ensemble auch oftmals ins Ausland. Eine Ausnahme bildete nur Frankreich, das man nach dem Jahre 1871 aus politischen Gründen mied, aber die Meininger Theatergruppe hatte ansonsten alle damaligen Länder besucht und konnte zuletzt fast zweitausendsechshundert Gastspiele in sechsunddreißig Städten aufweisen. Dies galt auch für die Meininger Hofkapelle, die unter anderem den Komponisten Richard Strauss mit einem Engagement vorweisen konnte.
Noch im Alter von fünfundachtzig Jahren hatte er den Komponisten, Organisten, Pianisten und Dirigent Max Reger nach Meiningen geholt. Allerdings war zu jenem Zeitpunkt die Blütezeit des Hoftheaters bereits seit fast zwanzig Jahren vorbei, denn man sagte, dem eigens entwickelten Proben - und Interpretationsstil hafte mittlerweile etwas Ältliches an, und die so betitelte „Meiningerei“ hatte leider einen spöttischen Beiklang.
Mein Großpapa war schon so weit mit Taubheit geschlagen, dass er Reger weder mit eigenen noch mit fremden Werken hören konnte, und verließ sich auf den Rat Dritter, denn er wollte unbedingt wenigstens die musikalische Erfolgsgeschichte Meiningens fortschreiben.

Mein Großpapa hatte als reformfreudiger und an humanistischen Grundsätzen orientierter Herzog auch politisch von sich reden gemacht. So wurde aus dem Herzogtum ein liberaler Musterstaat, wobei Großpapa selbst als überzeugter Anhänger und Vertreter des politischen Liberalismus galt, denn er war gewissenhaft, leistungsorientiert, pflichtbewusst, arbeitsfreudig und um konsensgemäßes Handeln mit seiner Regierung und der gewählten Volksvertretung bemüht gewesen.
Ellen war ihm stets eine große Stütze gewesen, sowohl als Lebenspartnerin als auch in kulturellen und kulturpolitischen Unternehmungen. Produktiv und mit eigenschöpferischem Engagement unterstützte sie ihn stets, auch wenn sie zeitlebens unter der Ablehnung bedingt durch Standesdünkel und Aristokratenhochmut zu leiden hatte.

Gerade in Berlin und Potsdam, aber auch an anderen deutschen Fürstenhöfen, ließ man sie dies immerzu spüren.
Großpapa war dem stets mit hocherhobenem Haupte begegnet, denn er setzte sich unter anderem auch sehr für die Bildung von Frauen ein, also auch, um ihren Stand gegenüber dem Manne zu verbessern, und hatte sich so sehr entschieden für die Zulassung von Frauen zum Studium an der Landesuniversität Jena bemüht, was im Jahre 1902 zum Erfolg geführt hatte.
Mein Vater trat also ein sehr schweres Erbe an, als er nun mit bereits dreiundsechzig Jahren endlich die Regierung im Herzogtum antreten konnte. Mama wurde damit zur Herzogin und man kann durchaus sagen, dass die Menschen in Sachsen-Meiningen zwar ihre kapriziöse Art nicht sehr schätzen, dafür aber ihre oftmals auch öffentlich kundgetane Ablehnung gegenüber ihrem kaiserlichen Bruder in Berlin.

Die Beisetzung des Großpapas erfolgte am achtundzwanzigsten Juni auf dem Parkfriedhof in Meiningen.
Schon als der Sarg mit seiner Leiche in der Nacht nach seinem Ableben in Meiningen eintraf, befanden sich tausende Menschen auf den Straßen, um ihm die letzte Ehre zu erweisen. Man bahrte ihn danach im Marmorsaal des Schlosses auf und dem Trauerzug nach dem Trauergottesdienst in der Meininger Stadtkirche folgten am Tag der Beisetzung viele Menschen bis zum Parkfriedhof. Es wurde dabei genau Großpapas letztem Willen entsprochen, denn er hatte verfügt, dass Fürstlichkeiten, die nicht zur Familie gehörten, auch nicht am Trauerzug teilnehmen durften. Dies betraf dann den Kronprinzen Friedrich Wilhelm, Onkel Willies ältesten Sohn, der seinen Besuch ankündigte. Da aber der Prinz Adalbert, sein Bruder, sich mit der Prinzessin Adelheid von Sachsen-Meiningen verlobt hatte und die beiden am dritten August in Wilhelmshaven heiraten wollten, wo Adalbert als Marineoffizier diente, wirkte es dann bei der Beerdigung des Großpapas so als sei das Kaiserhaus auch vertreten.

Der Meininger Großpapa im Jahre 1914, wie ich ihn in Erinnerung behalten werde.

Adelheid war die zweitgeborene Tochter von Onkel Friedrich, dem Halbbruder meines Vaters. Zu der anstehenden Hochzeit waren meine Eltern und ich allerdings geladen. Man überwand sich von Donas und Onkel Willies Seite wohl, weil verwandtschaftliche Beziehungen bestanden. Dennoch konnten meine Eltern, vor allem aber Papa, Onkel Willie nicht verzeihen, wie man ihn so einfach von seinen militärischen Pflichten entbunden hatte.

Ich denke, den Menschen in Meiningen war zum Zeitpunkt des Todes meines Großpapas bewusst, dass eine Epoche zu Ende ging.
Dies machte sich auch umgehend bei Hofe in Meiningen bemerkbar, als mein Vater die Regentschaft antrat. Die Atmosphäre änderte sich schlagartig und so waren dort Künstler als Gäste bald nicht mehr gefragt. Meinen Vater interessierte weder das Theater noch die Musik. Seine Schwester Elisabeth fügte sich dem und nahm es hin, obwohl sie sehr musikalisch begabt war und auch sehr gerne Kontakte zu Künstlern und Musikern pflegte. Sie war dem Großpapa sehr ähnlich, mein Vater nicht.

Und noch ein anderes Ereignis war einschneidend am Tag der Beisetzung meines Großpapas, denn am selben Tag fielen in der bosnischen Hauptstadt Sarajevo mehrere Schüsse. Der österreichisch-ungarische Thronfolger Franz Ferdinand und seine morganatische geheiratete Gemahlin, die Herzogin Sophie von Hohenberg, befanden sich dort gerade zu einem Staatsbesuch. Eine der abgefeuerten Kugeln zerriss die Halsschlagader Franz Ferdinands, eine andere durchbohrte den Unterleib der schwangeren Sophie. Das Thronfolgerpaar verblutete, noch bevor man sie in ein Hospital bringen konnte.
Dieses schockierende Attentat sollte zum Beginn des Ersten Weltkriegs führen. Und wir erinnerten uns, als wir davon hörten, daran, wie schon der Meininger Großpapa immer gesagt hatte, er befürchte, es werde bald ein großer Krieg kommen.
Ich möchte an dieser Stelle nicht in allen Einzelheiten darauf eingehen, wie es nun zu diesem großen Krieg kam, denn um die Schuld daran streiten sich die Gelehrten und es dürfte auch jedem hinlänglich bekannt sein.
Es war aber etwas, mit dem wir nicht gerechnet hatten, obwohl Onkel

Willie die Aufrüstung schon lange vorantrieb in Preußen. Man kann durchaus sagen, er bereitete sich im Inneren bereits auf einen Krieg vor.

Bereits am achtundzwanzigsten Juli erklärte Österreich-Ungarn Serbien den Krieg, was nach dem Attentat aber eine verständliche Handlung war, denn immerhin hatte man das Thronfolgerpaar ermordet. Russland war Serbiens Schutzmacht, so ersuchte Österreich-Ungarn um Rückendeckung durch das Deutsche Kaiserreich. Man sagte in Berlin die völlig Unterstützung zu, es kam zur sogenannten Juli-Krise. Noch am einunddreißigsten Juli heiratete Prinz Oskar, Onkel Willies Sohn, in Berlin die Gräfin Ina Marie von Bassewitz-Levetzow. Es handelte sich um eine morganatische Ehe. Ina Marie, genannt Mieze, bekam den Titel einer Gräfin von Ruppin verliehen, damit man standesgemäß heiraten konnte, die Kinder aus dieser Ehe würden dann auch Grafen oder Gräfinnen von Ruppin sein.
Oskar hatte die mecklenburgische Gräfin im Jahre 1907 kennengelernt, als diese als Ehrendame in den Hofstaat Donas eingetreten war. Aber er musste sieben Jahre warten, bis sein Vater sein Einverständnis zur Eheschließung gab. Oskar galt in der Familie als pflichttreu, diszipliniert und bescheiden und die Ehe sollte eine sehr glückliche werden.

Am ersten August erfolgte die Kriegserklärung Deutschlands an Russland, nur zwei Tage später an Frankreich, den russischen Verbündeten. Als deutsche Truppen Frankreich von Nordosten aus angriffen, verletzte man damit die Neutralität Belgiens und Luxemburgs, womit sich die belgische Garantiemacht Großbritannien und seine Dominions, also die Herrschaftsgebiete, veranlasst sahen, einzuschreiten. So erklärte Großbritannien Deutschland am vierten August ebenfalls den Krieg.
Geschockt nahmen wir alle die Ereignisse zur Kenntnis. Besonders für meinen Vater war dies unfassbar, denn soeben hatte er die Regentschaft angetreten und sah sich nun mit einem Krieg konfrontiert. Da man ihn aus dem preußischen Militärdienst ausgeschlossen hatte, bekleidete er keinen militärischen Posten mehr, aber stellte sich dennoch umgehend der militärischen Führung zur Verfügung und ersuchte um

ein seinem Dienstgrad als Generalfeldmarschall entsprechendes Kommando. Man verwehrte ihm dies in Berlin. So inspizierte er nur die Truppen, die aus seinem Herzogtum kamen, kehrte dann aber nach Meiningen zurück.
Papas Halbbruder Friedrich zog in den Krieg. Am zweiten August erhielt er das Kommando über die 39. Reserve-Infanterie-Brigade. Während der Schlacht bei Namur in der Nähe von Nalinnes, südlich von Charleroi, in Belgien, kam er am dreiundzwanzigsten August durch einen Granatsplitter ums Leben. Er war der erste gefallene preußische General dieses Krieges. Sein Sohn Ernst fiel drei Tage später in der Nähe von Maubeuge, in Frankreich, mit gerade einmal neunzehn Jahren.

Mossys Sohn Maximilian war nur zwanzig Jahre alt, als er Mitte Oktober in Flandern fiel. Er war im 24. Dragoner-Regiment eingesetzt gewesen und es war eine sehr traurige Geschichte, denn er war in britische Gefangenschaft geraten. Es war aber unklar, ob das Gerücht stimmte, er sei durch einen Schuss in den Oberschenkel verletzt und in ein Trappistenkloster bei Bailleul an der belgischen Grenze gebracht worden, von wo aus ihn britische Truppen mitgenommen hätten.
Man verbreitete aus England die Nachricht, dass Max sich in dem Kloster aufgehalten hatte und in britisches Gefechtsfeuer geraten war. Bei Erreichen seines Pferdes wurde er tödlich verwundet. Als man das Feuer einstellte, fand man den Verwundeten am Boden liegend vor und ein Arzt konnte ihm nur noch mitteilen, dass er noch etwa eine Stunde leben werde. Daraufhin überreichte der sterbende Max dem Arzt ein Medaillon seiner Mutter, das er um den Hals trug, und bat ihn, es seiner Mutter zu schicken. Dieser Arzt fiel aber selbst am nächsten Tag und seine Witwe schickte das Medaillon an Queen Mary in England, die es ihrerseits an die Kronprinzessin Margarethe von Schweden sandte. Sie ließ es schließlich Mossy zukommen.
Als die Bewohner des belgischen Ortes erfuhren, dass es sich bei dem Toten um einen Neffen von Onkel Willie handelte, bestatteten sie ihn heimlich. Der Pfarrer des Ortes weigerte sich später aber, das Grab zu identifizieren, bevor die Deutschen den Ort nicht verlassen hatten und noch keine Abgeltung gezahlt worden war. Max` Bruder Wolfgang

konnte erst mit Hilfe der britischen Behörden eine Überführung des Leichnams nach Hessen erreichen, damit sein Bruder in Heimaterde bestattet werden konnte.
Mossys ältester Sohn Friedrich Wilhelm diente als Leutnant beim Thüringischen Ulanen-Regiment Nr. 6. Zu Beginn des Ersten Weltkriegs wurde er mit seinem Regiment an der Westfront eingesetzt und rückte mit diesem in Frankreich ein. Bei Laval im Département Mayenne in der Region Pays de la Loire wurde er durch einen Schuss schwer verwundet. Die Kugel verletzte einen Arm und beide Lungenflügel. Sie hoffte, er werde nicht mehr in den Kampf ziehen müssen, doch nach seiner Genesung wurde er in einen Divisionsstab an die Ostfront versetzt. Im Jahre 1915 sollte er dann dort erneut verwundet werden und fiel bei Cara Omer in Rumänien. Sein Bruder Wolfgang ließ den Sarg in die Heimat überführen und ihn auf Burg Kronberg in Hessen beisetzen.

Auch Papas Halbbruder Ernst sollte in diesem Krieg zwei Söhne verlieren. Georg Wilhelm fiel Ende April des Jahres 1916 in La Bassée im Arrondissement Lille, Ernst Friedrich bereits Ende Mai 1915 in Josefovo in Litauen.
Im Jahre 1914 aber, kurz nach Beginn des Krieges, hofften wir noch alle, dass dieser bald wieder vorbei sein werde. In den Zeitungen machte man Propaganda, gab sich in siegreicher Stimmung und ich denke, für meinen Vater war es umso schmerzlicher, dass er nicht involviert war, schließlich war er mit Leib und Seele Soldat. Und nun, als Regent des Herzogtums, hatte er zwar Verpflichtungen in diesem, wollte aber dennoch auch sein Heimatland verteidigen. Ich denke, Mama wünschte sich, dass er nicht in den Krieg zog, und begrüßte es sehr, dass man ihn dahingehend nicht verpflichtete.
Vor allem, da sich die Zeitungen bald mit Todesanzeigen von gefallenen Soldaten füllten, die oftmals noch sehr jung waren, zu euphorisch in dieses Blutvergießen zogen.

Papa im Jahre 1914 in Meiningen.

Einige Wochen nach Papas Regierungsantritt erschien ein Artikel in der New York Times, der die Überschrift trug: „Des Kaisers aufgeweckte Schwester ist nun auf dem Thron“. Dieser Artikel war von demselben Diplomaten verfasst worden, der meine Eltern kurz nach ihrer Hochzeit auf der Reise nach Paris begleitet hatte und in dem er hervorhob, dass Mama sich damals gegen die ausdrückliche Anweisung ihres ältesten Bruders gestellt habe, als sie nach Frankreich gereist sei. Zudem habe sie stets weiterhin gerne das Land besucht, vor allem in Cannes viel Zeit verbracht, und man lobte sie daher für ihren unabhängigen Charakter und dafür, dass sie und auch Onkel Heinrich sich von den elterlichen Schürzenzipfeln abgenabelt hätten, wobei er sich in den englischen Ausdrücken „parental“ und „fraternal“ vertat, also „elterlich“ mit „brüderlich“ verwechselte.
Mamas Unabhängigkeit gegenüber Onkel Willie sei, so hieß es in dem Artikel weiter, ein fester Bestandteil ihres Daseins, auch als er den Thron bestiegen habe. Sie habe sich seiner Unterdrückung nie gebeugt.
Darüber hinaus sei sie scharfzüngig, spare nie mit Kritik an dem kaiserlichen Bruder und ihre Beziehung zueinander sei angespannt, weil der Kaiser davon ausgehe, sie gebe nie etwas auf die Meinung der Öffentlichkeit über sich selbst und sei nur allzu gerne bereit, einen Tumult in der Berliner Gesellschaft zu provozieren, bei dem sie die Anführerin sei, und dies tue sie auch innerhalb der kaiserlichen Familie. Man lobte ihre originellen Geschichtchen, die dann verdreht an das Ohr des Kaisers gelangten, die ihre Beziehung zu ihm nicht verbessern wollten. Man bedauerte, dass diese Geschichtchen seinerzeit wahrscheinlich zu dem Rückzug meiner Eltern aus Berlin geführt hätten.
Mama, so schloss der Artikel, sei ihr „eigenes Gesetz“ und die brillanteste, begabteste und faszinierendste der kaiserlichen Schwestern.
Der Diplomat lobte auch Papas intellektuelle Fähigkeiten sowie seinen Scharfsinn und beschrieb ihn als einen Mann von großer Kultur und Gelehrtheit, der ein bemerkenswertes Wissen über das moderne und antike Griechenland besitze. Dies habe ihn befähigt, viele Reisen durch das Land seines Schwagers König Konstantin zu unternehmen und viele Dramen ins Neugriechische zu übersetzen, die man auch in Athen sehr erfolgreich vertrieb.

Es liegt auf der Hand, dass meine Eltern sich durch diesen Artikel sehr geschmeichelt fühlten.
Sossy, Mamas Schwester, war seit dem Jahre 1913 Königin von Griechenland und ihr Gemahl als Konstantin I. König. Sein Vater, König Georg I., war im März des Jahres der Kugel eines Attentäters zum Opfer gefallen, der ihn bei einem Spaziergang in Thessaloniki erschossen hatte. Der König war sehr volksnah gewesen und ohne Schutzmaßnahmen durch die Stadt spaziert.
Sossy hatte aufgrund der Tatsache, dass sie mit ihrer Heirat zum griechisch-orthodoxen Glauben gewechselt war, Onkel Willie und vor allem Dona verärgert, worüber ich schon berichtet habe, und mein Onkel verbot seiner Schwester nach Deutschland einzureisen, woran sie sich aber nicht hielt. Der Grund dafür war unter anderem, dass die Großmama damals das Ganze als Unsinn abgetan und ihrer Tochter angeraten hatte, sich nicht an diese, wie sie es nannte, dumme Anweisung zu halten. In den folgenden Jahren hatte sich aber ihr Verhältnis zu Onkel Willie verbessert, der mittlerweile auch mit seiner Familie gerne nach Griechenland reiste, vor allem um dort auch Ausgrabungen zu begutachten, für die er eine finanzielle Förderung genehmigt hatte.
Mein Vater inspizierte kurz nach Kriegsausbruch nur kurz die Truppen, wie ich bereits erwähnt habe, Mama war aber in dieser Zeit formell verantwortlich für alles, was sich im Herzogtum ereignete. Sie hatte nur repräsentative Verpflichtungen, wie die Verabschiedung von Soldaten, die Meiningen in Richtung Front verließen. Um sich mit regierungstechnischen Dingen zu belasten, war sie zu krank, es hätte sie zu sehr angestrengt, sowohl psychisch als auch physisch. Und allein schon aus diesem Grund war es sehr positiv, dass Papa schnell wieder nach Meiningen zurückkehrte.

Ich blieb nach der Beisetzung meines Großpapas noch einige Zeit in Meiningen, auch, um Ellen eine Stütze zu sein, die wohl am meisten von uns allen litt. Sie hatte ihren Ehemann verloren, der immer hinter ihr gestanden, sie gegenüber jeder Häme verteidigt und mit ihr die Leidenschaft für die Musik und das Theater geteilt hatte. Mit meinem Vater kam sie weniger gut aus. Er würde ihr wohl nie vergeben können, dass der Großpapa sie einst geheiratet hatte.
Meine Beziehung zu meinen Eltern war nicht perfekt, aber es gelang

uns immerhin, in einer positiven Art und Weise miteinander umzugehen, ohne Streit, aber auch nicht tiefgehend oder tief verbunden.
Haz musste an die Westfront und dies belastete mich natürlich sehr, denn ich fürchtete um sein Leben, wie jede andere Ehefrau auch. Unsere Trennung war aber vielleicht auch für ihn gewünscht, denn zu jener Zeit schien er langsam die Geduld mit mir zu verlieren, mit meinen chronischen Leiden und meiner Neigung, jede Operation wahrnehmen zu wollen, nur um schwanger zu werden, was ich gar nicht mehr tat. Er nannte es eine Manie für chirurgische Eingriffe. Er verweigerte mir auch jegliche Zustimmung zu einem erneuten Eingriff, bezeichnete es als mehr verheerend denn nützlich.
Ich hatte es nicht wahrhaben wollen und eine Zeitlang ignoriert, was mein Gemahl von mir dachte, als er Dr. Haedke, den ich vor einem guten Jahr ein paar Mal konsultiert hatte, kontaktierte, um sich über mich zu erkundigen. Danach meinte er zu mir, ich sei einfach faul, zu nichts gut und würde lieber meine Zeit in einem Hospital oder Sanatorium verschwenden, als zu Hause zu sein, meinen ehelichen Pflichten nachzukommen.
„Vielleicht wärst du auch besser in einer Klinik aufgehoben, wo man angemessener für dich sorgen könnte als hier!“, warf er mir an den Kopf.
Es war mehr als ungerecht von ihm zu behaupten, ich würde mich dort gerne einweisen lassen, also in einer Klinik für einen chirurgischen Eingriff, um mich zu amüsieren, Aufmerksamkeit zu erhalten und ständiges Mitgefühl. Ich konnte nicht glauben, dass mein Gemahl so etwas von mir dachte.
Ferner sagte er, ich könne mich wohl nicht selbst beschäftigen, mir eine Aufgabe suchen wie andere Frauen auch, aber es sei typisch für Frauen der Oberschicht in Deutschland, dass sie mit der Einsamkeit nicht umgehen könnten, wenn ihre Ehemänner Verpflichtungen wahrnähmen oder wie nun an die Front müssten. So vermutete er, ich verbrächte meine Tage doch nur allzu gerne im Bett, und so fragte er mich, was wäre, wenn Männer sich ebenso verhielten.
Meine ganzen Leiden, dessen war er sich sicher, resultierten hauptsächlich aus einem kompletten Verlust an Energie und aus einer mentalen Apathie.

Mama als Herzogin von Sachsen-Meiningen im Jahre 1914.

Einmal hatte er mich bei einem Besuch in der Klinik nach der letzten Operation angeblich morgens lachend mit den Krankenschwestern vorgefunden. Ich freute mich über seinen Besuch, rauchte eine Zigarette, hatte etwas Frühstück zu mir genommen, von dem die Reste noch auf dem Tisch neben dem Bett standen, aber er deutete dies so, dass ich mich stets so verhalte und eigentlich schnell ins Bett schlüpfte, mich schwerkrank präsentierte, wenn *er* das Zimmer betrete oder anderer Besuch erscheine. Er war sich sicher, mich an jenem Tag in flagranti erwischt zu haben, thematisierte dies aber nun jetzt erst.
Als er mich an jenem Morgen fragte, wie meine Nacht gewesen sei, machte ich wohl ein leidendes Gesicht, sagte ihm, ich hätte kaum geschlafen, hätte hohes Fieber gehabt, und nun warf er mir vor, dies alles existiere nur in meiner Einbildung.
Bevor er zur Front abreiste, riet er mir, mich doch in ein Sanatorium zu begeben, denn dort könne ich den ganzen Tag lang faul herumliegen, den Menschen etwas vorlügen.
Es machte mich sehr traurig, wie mein Gemahl über mich dachte, wie er *wirklich* über mich dachte. Ich musste mich fragen, ob er seine Liebe und Fürsorge oftmals nur spielte, ob er nie wirklich Verständnis für mich hatte.
Es war nicht gut, dass wir uns quasi im Streit trennten, denn ich wusste nicht, ob wir uns wiedersehen würden.
„Schreibe mir!“, bat ich ihn, als er ging, mir auch keinen Kuss gab, keine Umarmung, zurückwich, als ich ihn umarmen wollte.
„Natürlich!“, gab er kühl zurück, mehr nicht.

In meiner Verzweiflung und Enttäuschung wandte ich mich an Mama, besuchte sie in Meiningen, erzählte ihr weinend von unserem Streit, Haz` Vermutungen und Anschuldigungen.
„Männer!“, meinte meine Mutter völlig kalt, „Sie sind doch manchmal dumme Geschöpfe! Wenn du nicht ständig unterwürfig angekrochen kommst, machen sie sich lustig über dich, Babes!“
Sie zündete sich eine Zigarette an, lehnte sich in ihrem Stuhl zurück.
„Ist Papa genauso? Hat er Verständnis für deine Erkrankungen?“, wollte ich wissen.
Sie lachte auf.
„Wenn er es nicht hätte, würde er mich kennenlernen, Babes! Ich

würde mir von keinem Mann jemals so etwas vorwerfen lassen!", sagte sie laut und vorwurfsvoll, „Musst du dir das anhören? Nein! Lass` dir das nicht gefallen!"
Ich wusste, dass in der Ehe meiner Eltern meine Mama eindeutig die Hosen anhatte, denn jemand hatte meinen Vater einmal als einen der unterwürfigsten Ehemänner im ganzen Deutschen Reich bezeichnet. Sie war stärker als ich, hatte mehr Selbstvertrauen. Ich mochte mich nicht mit meinem Gemahl streiten, hasste so etwas und verabscheute es noch mehr, wenn ich Härte zeigen sollte.
Ich verbrachte noch etwas Zeit mit ihr, wobei wir uns durchaus gut unterhielten, aber das Thema nicht mehr berührten. Meine Enttäuschung über das Verhalten meines Gemahls mir gegenüber war zu groß, das alles schmerzte zu sehr. Ich fühlte mich von ihm allein und im Stich gelassen.
Es war sehr schlimm für mich einzusehen, dass er mich für eine Lügnerin hielt, eine Hypochonderin, die nur sein Mitgefühl erhaschen wollte, vielleicht auch seine Taschen leerte mit kostspieligen und sinnlosen Operationen und sich in ihr Schicksal ergab, statt sich um ihn zu kümmern, ihm eine gute Gemahlin zu sein.
Ich hätte sofort eingewilligt, einige der anfallenden Arbeiten im Haushalt auf mich zu übertragen statt auf unserer Hausmädchen. Unsere Gerda, die wir in Kassel eingestellt hatten, hätte mir auch zeigen können, wie man einfache Mahlzeiten kocht, ich hätte auch jederzeit mein Bett selbstgemacht und viele andere Dinge. Aber dies war zu jener Zeit bei meinem Stand nicht üblich, aber ich hätte es getan. Schließlich arbeitete ich auch im Garten. Gut, wir hatten natürlich einen Gärtner, umgraben oder Sträucher herausreißen brauchte ich nicht, aber ich pflanzte auch selbst Blumen, hatte mir zeigen lassen, wie man Rosen beschneidet, tat dies alles mit großer Freude und Ausdauer. Und Haz sagte dann oft, wie schön die Blumen seien, die ich gepflanzt hatte. Niemals vorher hatte er mich als faul bezeichnet. Aber innerlich fragte ich mich, ob er schon lange so über mich dachte, und das war dann sehr traurig.
Immer noch wollte ich für ihn schwanger werden, ihm einen Erben schenken, aber das schien alles nicht zu zählen.
Sein erster Brief von der Front erreichte mich auch kurz nach seiner Abreise, aber dieser war so kurz gehalten, dass ich nicht wusste, woran

ich denn nun war:
„Feo,
Verpflegung gut, Kameraden sehr freundlich, man vergnügt sich im Kugelhagel mit Skat spielen, träumt von daheim und versucht auch, das Grauen zu ertragen, wenn Kameraden fallen.
Haz“
Darunter stand eine Feldpostadresse, an die ich schreiben könne, wenn ich wollte, wie er anmerkte - das war alles.
Vielleicht hatte ich es verdient, dass er mich so behandelte, aber ich war im ersten Moment so wütend über seine Zeilen, dass ich den Brief auf meinen Sekretär legte, ihm nicht umgehend antworten wollte. In der Wut und Enttäuschung hätte ich ihm ebenso knapp geantwortet, hatte die Worte schon im Kopf.
„Haz,
In der Heimat alles gut. Ich liege faul herum, wie immer. Denke an Dich, halte durch.
Feo“

Aber natürlich schrieb ich das nicht nieder. Ich wartete einige Tage, um mich zu beruhigen, dann schrieb ich ihm keinen langen Brief, sondern sandte ein Telegramm, in dem ich ihm mitteilte, dass ich in Gedanken bei ihm sei, mehr nicht. In das Post Scriptum schrieb ich, er solle mir mitteilen, wenn ich ihm irgendetwas schicken solle, was er benötige.
Als ich Mama schriftlich davon berichtete, merkte sie in ihrer Antwort an, ich hätte mich perfekt und genau richtig verhalten. Ich müsse ihn spüren lassen, wie gekränkt ich sei. Unter ihre Zeilen setzte sie ein „Ich bin in diesem Moment wirklich einmal stolz auf Dich!“.
Auch wenn es ironisch anmuten mag, ich hatte doch wirklich einmal etwas gefunden, womit ich meine Mutter stolz machen konnte. Bedauerlich, dass dies mein Verhalten in Streitigkeiten mit meinem Gemahl war, aber ich erinnerte mich daran zurück, wie sie ihn einmal geohrfeigt hatte. Und vielleicht, so überlegte ich, hatte mein Vater so auch schon erfahren müssen, wo sein Platz in ihrer Ehe war.

Ich engagierte mich karitativ, weil man dies in jenen Zeiten von Frauen der Oberschicht erwartete, und dies betraf nicht nur

Deutschland. Es war durchaus üblich, dass man Schlösser oder Güter zur Verfügung stellte, um dort Hospitäler für verwundete Generäle oder Offiziere einzurichten, nicht für den gemeinen Soldaten. So sollte die Zarin mit ihren beiden ältesten Töchtern, den Großfürstinnen Olga und Tatjana, Teile ihrer Paläste zur Verfügung stellen und gemeinsam mit den beiden nun jungen Frauen eine Ausbildung zur Krankenschwester machen. Man versuchte auf diesem Weg, Anteil zu nehmen am Schicksal derjenigen, die für ihr Vaterland in diesen Krieg zogen. Alicky sollte allerdings bald einsehen, dass sie die Tätigkeit als Krankenschwester gesundheitlich zu sehr belastete, aber ihre beiden ältesten Töchter engagierten sich weiterhin in den Hospitälern.
Tante Irene begleitete nun Dona zu karitativen Verpflichtungen. Hatten viele Dona für unsicher gehalten, oftmals überreizt, so zeigte sie schon zu Beginn der Julikrise des Jahres 1914 ein gänzlich anderes Verhalten. Sie bot ihm wohl zusehends mehr Halt und Geborgenheit, wurde zu seiner moralischen Stütze. Entgegen aller Vorschriften ließ mein Onkel Willie seine Gemahlin bald auch ins militärische Hauptquartier, das sogenannte Große Hauptquartier, kommen, was damals in Bezug auf die Anwesenheit von Frauen dort mehr als unüblich war. Der militärischen Umgebung dort waren die Besuche Donas mehr als unangenehm, da man dann auf Vorschriften der Etikette und der Hofhaltung achten musste. Man sah aber bald ein, dass mein Onkel diese Besuche zur Beruhigung seiner Nerven brauchte.
Ein anderes Problem lag in der Tatsache, dass Dona im Hauptquartier mit ihrer Entourage Hof hielt, sich in vieles einmischte, was sie eigentlich nichts anging. So zitierte sie den Chef des Militärkabinetts Freiherr Moritz von Lyncker zu sich und in einer rund eineinhalbstündigen Audienz kritisierte sie die inneren Verhältnisse unter den Soldaten, versuchte sich auch, über militärische Vorschriften auszulassen, was ihr nicht gebührte, da sie davon keine Kenntnis besaß.
Man zeigte sich daher auch mehr als fassungslos, als Onkel Willie für einen bevorstehenden Besuch Donas im Hauptquartier in Charlesvilles-Mézières befahl, man möge vorher ein Ehebett aus einem der preußischen Schlösser heranschaffen lassen, damit Dona und er wohlruhen könnten.
Ferner versuchte Dona stets, ihren Gemahl auch öffentlich politisch zu beeinflussen, so als sie ihm vorschlug, er möge doch den

Kriegsminister Erich von Falkenhayn entlassen und durch Paul von Hindenburg ersetzen. Allerdings führte dies zur Verärgerung meines Onkels, denn er schlug mit der Faust auf den Tisch und sagte ihr, dass so etwas ein Frauenzimmer nichts angehe. In der folgenden Nacht konnte er dann aber nicht schlafen und sagte öffentlich zu seinen Generälen, er bedauere sehr, seine Gemahlin so gemaßregelt zu haben.
Dona musste während des Krieges als eine Landesmutter fungieren. So besuchte sie verwundete Soldaten in Hospitälern, ließ welche einrichten, verabschiedete persönlich Soldaten, die an die Front zogen. Und sie zeigte eine Seite, die man ihr sehr hoch im Volke anrechnete. Da sie sich im Rahmen des Deutschen Roten Kreuzes engagierte, besuchte sie im August 1914 auch die Volksspeisehalle in Berlin-Moabit und weigerte sich plötzlich, aus dem Wagen auszusteigen. Der Leiter des Berliner Roten Kreuzes zeigte sich verwirrt, aber sie deutete auf eine entfernt zu sehende Filmkamera und Journalisten. Man wollte sie im Auftrag der Wochenschau filmen, um zu zeigen, wie sie sich engagierte, aber Dona lehnte eine Zurschaustellung ab, da sie, wie sie sagte, das alles als ihre Pflicht sehe und es für sie selbstverständlich sei. So bezeichnete sie es als „patriotische Selbstverständlichkeit". In ihrer Funktion als Schirmherrin des Roten Kreuzes und des Vaterländischen Frauenvereins besuchte sie, oftmals mit Tante Irene im Gefolge, unzählige Lazarette, Volksküchen, Soldatenheime und Lazarettküchen.
Schon bald nach Beginn des Krieges gab sie bekannt, dass man die Schlösser in Wiesbaden, Königsberg, Koblenz und Schwedt an der Oder sowie den Kaiserpalast in Straßburg als Lazarette zur Verfügung stelle. Sie selbst übernahm auch die Schirmherrschaft über das in der westlichen Pflanzenhalle der Orangerie im Park von Sanssouci eingerichtete Lazarett. Sie lud auch leicht verwundete Soldaten dieses Lazaretts in ihren privaten Garten, den Rosengarten, ein und bewirtete sie dort mit reichlich Kaffee und Kuchen. Erst, als die Versorgungslage in den folgenden Monaten schlechter wurde, musste sie von solchen Einladungen absehen.
Dona und Tante Irene reisten bald in alle preußischen Provinzen, um kriegswichtige Einrichtungen kennenzulernen. Dona suchte wie keine Kaiserin vor ihr in diesen Zeiten die Nähe zum Volk. So nahm sie sich auch stets viel Zeit, um mit den Verwundeten zu sprechen, fragte sie nach ihren Familien, Heimatorten und versuchte, ihre Wünsche zu

erfüllen, wenn es um ein Buch oder Ähnliches ging. So stärkte sie die Moral der Verwundeten, wusste um ihre symbolische Wirkung als Landesmutter.
Natürlich sollte sie auch unangenehme Begegnungen machen. Im Sommer des Jahres 1915 sprach sie mit einem Soldaten, dem beide Beine hatten amputiert werden müssen, und fragte ihn nach seinem Wunsch. Er antwortete ihr, dass er sich nur wünsche, ihre Söhne mögen so daliegen wie er. Dona hatte nicht mit so einer Antwort gerechnet, sogleich bekam sie Herzzustände und musste den Besuch abbrechen.

Ich sah es ebenfalls als meine Pflicht an, etwas zu tun, und so half ich ein Lazarett einzurichten, aber als ich meinem Gemahl freudig davon berichtete, nannte er meine Bemühungen eine reine Farce.
Bald darauf konnte ich dieser Verpflichtung auch nicht mehr nachkommen, da ich wieder an ständigen Kopfschmerzen, Depressionen, Lähmungserscheinungen und geistiger Schwäche litt. So begab ich mich wieder in die Klink von Döderlein, aber die Therapie dort zeigte keinen Erfolg.
Ich bekam zum ersten Mal auch Herzschmerzen, der Doktor meinte, es könne an einem schwachen Herzen liegen, aber Haz glaubte ihm und mir kein Wort. Er ging davon aus, dass mein Herz völlig in Ordnung sei, mutmaßte, meine Symptome träten immer dann zu Tage, wenn ich Aufgaben erledigen müsste, die ich nicht wirklich tun wolle. Ich übertreibe es mit meinen Krankheiten, warf er mir vor, damit er und andere völlig unnötige Ängste um mich ausstanden.
Ich konnte seine Vorhaltungen und Vorwürfe kaum noch ertragen. Es war auch keine Freude mehr für mich, wenn er auf Heimaturlaub von der Front kam. Er zeigte keinerlei Verständnis mehr für meine Leiden, überließ mich mir selbst. Wir sprachen auch meist nur das Nötigste miteinander.

Am achtundzwanzigsten Dezember verstarb Haz` Schwester Marie Clementine in Dresden. Sie verschied völlig überraschend und war gerade einmal vierundfünfzig Jahre alt gewesen. Mein Gemahl hatte nun alle seine Geschwister überlebt und der Tod der Schwester traf ihn sehr. Beide hatten ein recht enges Verhältnis zueinander gehabt. Ich bemühte mich, ihm in dieser Zeit der Trauer eine Stütze zu sein, und seltsamerweise nahm er dies an. Marie Clementines Tod schien uns für eine Zeit wieder zu vereinen.

Mama befand sich im Winter des Jahres wieder in Cannes. Sie ließ sich dieses Mal von einer Freundin, Lady Brougham and Vaux, begleiten, allerdings hatte ihr Besuch einen offiziellen Charakter, denn sie begab sich an die Front, besuchte Lazarette und die dort untergebrachten verwundeten Soldaten, von denen auch einige aus Meiningen stammten.
Ich möchte hier anmerken, dass viele männliche Mitglieder unserer Familie in den Krieg zogen. Obwohl er an Hämophilie litt, kam auch Onkel Heinrichs Sohn Waldemar seinen Pflichten nach. Er war seit dem Jahre 1913 Hauptmann im 1. Garde-Regiment zu Fuß. Außerdem unterstand er als Kapitänleutnant à la suite der Kaiserlichen Marine. Man berücksichtigte seine Erkrankung dahingehend, dass er während des Ersten Weltkriegs als Kommandeur des Kaiserlichen Kraftfahrkorps eingesetzt wurde und natürlich nicht an der Front diente.
Auch sein Bruder Sigismund war dem Vorbild des Vaters gefolgt und trat im Herbst 1914 bei der I. Matrosenartillerie-Abteilung im Fort Falckenstein bei Friedrichsort zur Ausbildung bei der Marine an. Im Mai 1915 wurde er dann zur Artillerie in Flandern kommandiert und fuhr bis zum Jahre 1918 als Wachoffizier auf U-Booten. Er sollte bis zum Leutnant zur See aufsteigen und war auch ein Leutnant à la suite des 1. Garde-Regiments zu Fuß.
Mein Onkel Heinrich war immer noch als Generalinspekteur der Kaiserlichen Marine tätig. Allerdings sehnte er sich immer noch danach, ein Kommando zu übernehmen. Bei Beginn des Kriegs erhob er trotz allem bei Onkel Willie Anspruch darauf. Dieser entschied, für seinen Bruder einen Posten zu schaffen, den eines Chefs der Seestreitkräfte in der Ostsee, denn offiziell gab es diesen eigentlich nicht. Der Chef des Admiralsstabs, Admiral von Pohl, warf in einer internen Diskussion die Notwendigkeit der Schaffung eines solchen Postens auf.

Mama mit der Lady in Cannes, Winter 1914

Daher verwies Onkel Willie sofort auf seinen Bruder, auch wenn der Chef des Marinekabinetts, Admiral von Müller, der eigentlich für Vorschläge für Stellenbesetzungen verantwortlich zeichnete, sich zuerst dagegen aussprach, setzte man Onkel Heinrich bereits am dreißigsten Juli als Oberbefehlshaber in der Ostsee ein. Böse Zungen in der Marine hielten ihn nicht fähig genug für solch einen verantwortungsvollen Posten und Onkel Willie stimmte dem zu, aber er sagte, es komme auf dem Ostseeschauplatz nicht so sehr darauf an und man solle ihm einen guten Stab zur Seite stellen.
Man muss aber dazu sagen, dass Onkel Heinrich sich durchaus in seiner für ihn geschaffenen Dienststellung bewähren sollte, denn obwohl die ihm zur Verfügung gestellten Mittel veraltet und denen der russischen Ostseeflotte weit unterlegen waren, gelang es ihm, die russischen Seestreitkräfte bis zum Jahre 1917 weitgehend in die Defensive zu drängen und sie so an Angriffen auf die deutsche Küste zu hindern.
Auch Donas Söhne waren aktiv im Krieg. So kommandierte der Kronprinz Friedrich Wilhelm lange Zeit nominell die 5. Armee, so auch in der Schlacht um Verdun. Aber Onkel Willie schien wenig Vertrauen in die militärischen Fähigkeiten seines ältesten Sohnes zu haben, denn die tatsächliche operative Führung lag bei seinem Stabschef, dem General Konstantin Schmidt von Knobelsdorf bis zum August des Jahres 1916, danach bei General Walther Freiherr von Lüttwitz. Onkel Willie hatte dies ausdrücklich so angeordnet und so hatte sein Sohn mehr eine machtlose Repräsentativstellung, wobei sein Vater ihn ausdrücklich darauf hinwies, dass er ihm das Oberkommando anvertraut habe, aber er sich an die Anweisungen der beiden genannten Generäle zu halten habe.
Oskar zog mit dem Grenadier-Regiment König Wilhelm I. (2. Westpreußisches) Nr. 7 in den Ersten Weltkrieg, Auwi wurde im Jahre 1914 Landrat des Kreises Ruppin mit Amts - und Wohnsitz im Schloss Rheinsberg. Er wurde an der Westfront eingesetzt und später im Osten, stieg zum Ordonnanzoffizier in der Etappe auf, aber brach sich schon kurz darauf während einer Auto-Meldefahrt das Bein und war fortan untauglich.
Adalbert war zuerst Navigationsoffizier auf der SMS Kaiser, kam dann später in den Stab des II. Admirals des IV. Geschwaders und wurde im Mai 1917 Kommandant des Kleinen Kreuzers SMS Danzig

und Eitel Friedrich wurde bei Ausbruch des Ersten Weltkriegs Kommandeur des 1. Garde-Regiments zu Fuß. Er zeichnete sich bei seiner Truppe als Vorbild an persönlicher Tapferkeit aus und wurde mit dem Eisernen Kreuz beider Klassen sowie der höchsten preußischen Tapferkeitsauszeichnung, dem Orden Pour le Mérite mit Eichenlaub, ausgezeichnet.
Daneben war Eitel Friedrich ein Ritter des Militär-St.-Heinrichs-Ordens. Ab dem vierten April 1915 führte er dann die 1. Garde-Division, zuerst an der Westfront und später dann auch an der Ostfront. Als einziger unter den Söhnen Onkel Willies zeigte er vollen Kampfeinsatz und war überaus beliebt bei seiner Truppe. Im weiteren Verlauf des Krieges sollte er noch einige militärische Erfolge erringen.
Wenn Dona sich also durch die bitteren Worte eines Soldaten in einem Lazarett, wie ich es erwähnte, verletzt fühlte, sich um ihre Söhne an der Front sorgte, so war dies in Bezug auf Adalbert und Eitel Friedrich durchaus berechtigt. Und es erging ihr damit wie jeder anderen Mutter im Deutschen Kaiserreich.

Dona hatte mit Beginn des Krieges ihren Schwiegertöchtern die Betreuung von verwundeten Soldaten in Potsdam und Berlin übertragen, aber schon bald musste sie einsehen, dass sich die Gemahlinnen ihrer Söhne mit schöner Regelmäßigkeit solchen Besuchen entzogen. Dann musste sie dies allein absolvieren und das, so fand sie, machte auf die Öffentlichkeit keinen guten Eindruck. Vielmehr bemängelte sie alsbald, dass besonders für die Kronprinzessin Cecilie der Krieg irgendwie nicht wirklich existiere, sie lebe in einer völlig anderen Welt.
Nur einige Monate später beklagte sie sich darüber, wieviel karitativ zu tun sei und sie sich von den Schwiegertöchtern sehr im Stich gelassen fühle. Man hatte sich bereits in der Bevölkerung darüber empört gezeigt, dass die Kronprinzessin im Herbst 1914 für eine lange Zeit nach Westpreußen in die Sommerfrische gereist und die Kaiserin ohne jegliche Unterstützung gewesen sei. Auch für Donas Hofdamen hatten die Schwiegertöchter allesamt keinerlei Pflichtgefühl. Man müsse sie alle regelrecht zwingen, Lazarette zu besuchen. Und Cecilie beklagte sich im Sommer 1915 dann ihrerseits darüber, wie viele Lazarettbesuche sie haben absolvieren müssen und wie völlig übermüdet sie nun sei. Die Oberhofmeisterin, Gabriele von Alvensleben, merkte an, es

seien gerade einmal zwei Besuche gewesen, bei denen sich Cecilie auch gegenüber den Soldaten nicht gerade mitleidsvoll gezeigt, sondern eher kühl mit ihnen gesprochen habe. Sie gebe sich jeden Tag Vergnügungen hin, wie dem Tennisspiel, aber entziehe sich ihren Pflichten als Kronprinzessin. Und so ermahnte sie selbst in einem Schreiben Cecilie, allerdings schwieg diese sich aus, wirkte danach eher pikiert über den Brief und ergab sich wie die anderen Schwiegertöchter in eine, von Dona so bezeichnete, Kriegsmüdigkeit.

Zuerst hofften auch alle, dieser Krieg möge schnell für das Kaiserreich beendet sein und vor allem siegreich für uns enden, aber bald mussten wir einsehen, dass dies nicht der Fall war.
Im Herbst des Jahres 1915 änderte sich durch die Seeblockade der Entente, also Englands, Frankreichs, Russlands und Italiens, die Versorgungslage im Deutschen Kaiserreich dramatisch. So musste man in Deutschland die Nahrungsmittel rationieren. So legte eine Verordnung die Einschränkung des Fleischverbrauchs fest, man führte fleisch- und wurstlose Tage ein. So war es denn auch verwunderlich, dass Dona, wenn Onkel Willie aus dem militärischen Hauptquartier zurückkehrte, die Hofküche anwies, mit sämtlichen Regeln zu brechen und ihm die besten Mahlzeiten zuzubereiten, um ihn aufzufüttern.
Im Frühjahr 1916 wurden dann Kartoffeln und Brot knapp, man musste diese der Bevölkerung zuteilen. Die vorhandenen Lebensmittel wurden zu völlig überhöhten Preisen angeboten. Von alldem merkte man aber nichts an der kaiserlichen Tafel, an der man wohl über die Lebensmittelnot sprach, aber unter anderem Trauben, herrlichen Spargel und schöne, rote Erdbeeren servierte. Es hieß, man decke die Tafel besonders üppig, wenn mein Onkel Willie anwesend sei.
Als im November des Jahres Arbeiter in den Munitionsfabriken im Westen Berlins streikten, weil sie nichts zu essen hatten, ließ sich die Kronprinzessin Cecilie Sekt und Brüsseler Austern im Marmorpalais servieren.
Es war eigentlich eine Schande. Und die Gerüchteküche brodelte. So hörte man, dass Cecilie, die Anfang Januar 1917 das Kronprinzenpalais als Winterwohnsitz bezogen hatte, dort die Schlossküche und die Lebensmittelvorräte inspizierte. Es lagerten dort wohl herrliche Würste, Speckseiten, Unmengen von Konserven und große Kisten mit

Eiern. Der anwesende Koch lobte den dortigen Magistrat, der entgegenkommend sei und ihm alles liefere, was er brauche. In Potsdam sei man demokratischer und mache keine Ausnahmen. Cecilies Oberhofmeisterin, Gabriele von Alvensleben, sagte nur zwei Wochen später, dass die ärmere Berliner Bevölkerung sich hauptsächlich von Kohlrüben ernähren müsse und sie mit schlechtem Gewissen all die schönen Speisen esse.
In der Berliner Hofküche wandte man für die Beschaffung von Nahrungsmitteln oftmals eine List an. So bestellte man beim Landrat des Landkreises Rügen, Hans Jasper von Maltzahn, Eier. Dieser lieferte daraufhin alle Eier von der Insel Rügen, da man ihm sagte, sie würden für die verwundeten Soldaten in den Lazaretten benötigt.
Man hatte aber, und dies merke ich mit einem ironischen Unterton an, zu Beginn des Krieges aufgrund der veränderten Versorgung mit Lebensmitteln die Menüfolge reduziert. Seit dem Jahre 1914 gab es nur noch drei Gänge anstatt der sonst üblichen sechs. Und an einem sogenannten fleischlosen Tag im Jahre 1915 servierte man bei Hofe Kaviar, Karpfen und Apfelküchle, was der Kronprinz wohl etwas widerwillig akzeptierte, da er um die Lebensmittelknappheit wusste, aber seine Gemahlin nicht auf ihren gewohnten Luxus verzichten wollte und der Hunger der Bevölkerung sie anscheinend nicht interessierte.
Es sei jedoch anzumerken, dass Dona sich an fleischlose Tage hielt, auch wenn manch einer nach dem Essen meinte, man sei nicht wirklich satt geworden. Allerdings hielt sie sich nur an diese Regel, wenn mein Onkel Willie an der Front war.

Donas Sohn Joachim heiratete am elften März des Jahres 1916 die Prinzessin Marie Auguste von Anhalt, die man Margussy nannte. Joachim war eine Frühgeburt gewesen, ein stiller Junge, oftmals kränkelnd. Zu Beginn des Ersten Weltkriegs wurde Joachim als Rittmeister in der Schlacht an den Masurischen Seen durch einen Schuss in den Oberschenkel verwundet.
Leider war der Ehe kein Glück beschieden. Eigentlich hatte Joachim die Fürstin Elisabeth von Urach heiraten wollen, aber da diese katholisch war, lehnte Dona diese Verbindung aus konfessionellen Gründen ab. Margussy, erst siebzehn Jahre alt bei der Hochzeit, kam mit dem sehr sensiblen Prinzen nicht zurecht, sie flüchtete sich bald in Affären,

gebar ihm aber dennoch im Dezember desselben Jahres einen Sohn. Donas Wahl der Gemahlin für ihren jüngsten Sohn sollte sich als eine überaus schlechte erweisen.
Wir wurden, wie die Soldaten, alle in diesen Krieg hineingeworfen. Wenn Haz an der Front war, hatte ich, trotz unserer Streitigkeiten, stets Angst um ihn. Ich liebte meinen Gemahl, auch wenn ich mich manchmal das Gefühl beschlich, dass seine Liebe für mich dahinschwand. Ich konsultierte weiterhin Döderlein in München, der mir den Ratschlag gab, das Rauchen einzustellen. Zwar rauchte ich nicht so viele Zigaretten am Tag wie meine Mutter, aber er meinte, es könne sich eventuell auch auf meine Empfängnis auswirken, und der Gesundheit sei es sowieso nicht zuträglich, da ich schon so viele Leiden hätte. Ich schränkte meinen Konsum ein, genoss es aber zu rauchen.
Haz rauchte vornehmlich Zigarren und Pfeife. Er hatte es nie angeprangert, wenn ich eine Zigarette rauchte, dahingehend ließ er mir alle Freiheiten. Es war mittlerweile auch nicht mehr so leicht, Zigaretten zu bekommen, aber man nutzte Beziehungen. Natürlich muss man sagen, dass man mit Geld auch vieles noch kaufen konnte, nur dann eben über Umwege. Das wurde aber in der Zeit des Krieges bald zur völligen Normalität.

Nachdem Italien auch in den Krieg eingetreten war, verlor das Haus Sachsen-Meiningen die Villa Carlotta am Comer See. Auf sogenannte dynastische Befindlichkeiten nahm dieser Krieg keinerlei Rücksicht. Man stellte die Villa zuerst unter staatliche Aufsicht, sie sollte dann im Jahre 1927 gänzlich in den Besitz des italienischen Staates übergehen.
Ellen schmerzte der Verlust der Villa ebenso wie meinen Vater und den Rest der Familie, aber man konnte nichts dagegen tun. Ferner war mein Vater immer noch mehr als verstimmt, da man ihm von Berlin aus kein Truppenkommando zuwies oder ihn einem Stab zuteilte. Er konnte dies einfach nicht verwinden. Allerdings tat er sich schwer damit, Mama alleine zu lassen, um an die Front zu reisen, das Meininger Regiment zu besuchen, denn sie konnte, wie erwähnt, aufgrund ihres immer schlechter werdenden Gesundheitszustands keinerlei Regierungsgeschäfte mehr übernehmen. Nach seiner Rückkehr blieben ihm nun lediglich repräsentative Aufgaben.

Mein Vater hatte die Regentschaft für ein wohlgeordnetes Herzogtum übernommen. Es war zwar in großen Bereichen landwirtschaftlich geprägt, aber im Sonneberger Oberland hatte sich eine kräftige Industrie entwickelt. Die günstige wirtschaftliche Entwicklung stagnierte aber nun mit dem Krieg und ging teilweise sogar zurück. Papa konnte aber auf gute Einnahmen aus Domänen und Forsten zurückgreifen. Die Domänen waren Teile des dem Staat gehörenden landwirtschaftlich genutzten Bodens.

Charlotte
Herzogin von S. Meiningen

Mama im Jahre 1915 in Meiningen

Herzog Bernhard III. von Sachsen-Meiningen,
im Felde.

Papa im Jahre 1915

Das bürgerliche Lager und die Landtagsabgeordneten der SPD mahnten ihn zu Reformen, aber mein Vater lehnte diese ab, ebenso wie eine Überarbeitung des Dreiklassenwahlrechts und die Besteuerung der im Krieg stark angestiegenen Erlöse aus Domänen. Diese Verweigerung von Reformbestrebungen sollte er beibehalten.
Seine Untätigkeit in Regierungsangelegenheiten brachte ihn und seinen Staatsminister Karl Schaller bald in eine Konfrontation mit jenen Bevölkerungsschichten, die während des fortschreitenden Krieges immer mehr Opfer zu beklagen hatten und hungerten.
Mein Vater hätte sofort seine Überschüsse aus den Domänenerlösen abgeben können, um die Bevölkerung zu unterstützen, aber er weigerte sich strikt und der Grund dafür ist mir nicht bekannt. Es wäre ein Leichtes für ihn gewesen.
Umso länger dieser Krieg andauern sollte, umso größer wurde bald die Kriegsmüdigkeit der Truppen, aber auch der Bevölkerung. Zusehends sollte der Mangel an Lebensmitteln und Dingen des täglichen Bedarfs seinen Höhepunkt erreichen. Dies wurde dramatisch, als es bestimmte Dinge einfach nicht mehr gab.
Vor den Geschäften bildeten sich bald lange Schlangen. Es gab nur noch Ersatzkaffee, Ersatzmilchpulver und Ersatzgemüse, welches man „Stacheldrahtverhau“ nannte. Es handelte sich bei letzterem um Litschi-Tomaten, eine Pflanze aus Mittelamerika, die eine sehr dekorative Zimmerpflanze abgibt. Ihre kleinen roten Früchte sind essbar, die Blüten sind groß und weiß, ähneln den Kartoffelblüten. Litschi-Tomaten sind eigentlich keine Tomaten, ihre Früchte schmecken sehr süßlich.
Die Menschen, die Gärten besaßen, schafften Blumen ab, pflanzten dafür Kohl, Kartoffeln und Kraut an.
Es fanden sich auch bald allerhand Tipps in den Tageszeitungen, zum Beispiel, wie man Zwiebeln so aufbewahrte, dass sie keine Samen austrieben. Man warnte vor der Verwendung von Mohnpflanzen als Tabakersatz aufgrund der toxischen Wirkung.
Im weiteren Verlauf des Krieges sollten auch Kartoffeln knapp werden und man musste überlegen, welches andere Streckungsmittel man beim Backen von Brot verwenden konnte.
In Wasungen, einem Ort im Landkreis Schmalkalden-Meiningen, wo man besonders Frühkartoffeln in großen Mengen anbaute, wurden die

Bauern aufgefordert, einen Sack mehr als bisher abzuliefern, und so mussten diese vierzehn Tage vor der nächsten Ernte die Kartoffeln abernten. Das Ausroden begann so verfrüht, was aber die Behörden bald auf das Strengste verboten. Wenn die Kartoffelernte anstand, gab es Hamsterfahrten zu Fuß oder mit der Bahn. Auch das Stoppeln von Kartoffeln nach der Ernte erfreute sich großer Beliebtheit, wobei die Menschen versuchten, noch die letzten Kartoffeln der Erde zu entreißen, die sich vielleicht dort nach dem Ausroden noch versteckten.
Es war eigentlich ein Jammer, denn in den ärmeren Bevölkerungsschichten gab es nicht einmal Kartoffeln zu essen, sondern nur Kohlrüben. Allerdings wurden die Menschen erfinderisch, wenn es darum ging, diese zu verwerten. Man stellte Kohlrübenmarmelade her, verarbeitete diese im Brotteig, als Kaffeeersatz, zu Bier.
Daneben gab es die Steckrübensuppe, Frikadellen und Pudding aus Steckrüben, Koteletts, Klöße und Mehl.
Man muss aber beachten, dass arme Menschen auch zu Friedenszeiten oftmals schon nicht satt geworden waren.
Im Jahre 1916 betrugen die Essensrationen nur noch ein Drittel von dem, was ein normaler Mensch benötigte.

Bucheckern verwendete man als Öllieferant. So zogen bald Städter in die nähere Umgebung und verbanden den sonntäglichen Ausflug mit dem Sammeln von Bucheckern. Man erwog sogar Sonderzüge einzusetzen, da die Vorortzüge an jenen Tagen sehr stark ausgelastet waren. Das Sammeln von Bucheckern war sehr einfach und ich ging diesem einmal mit unserer Haushälterin nach. Sie kletterte in den Baum, um die Bucheckern zu „klopfen". Unter dem Baum legte man Tücher aus. Dann musste man nur die gefallenen Bucheckern auslesen, also taube von gefüllten Hülsen trennen.
Man konnte die gesammelten Bucheckern auch an einer Sammelstelle abgeben. Dort bekam man für jedes Kilo einen Bezugsschein für sechzig Gramm Öl, welches nicht auf die Fettrationen auf den mittlerweile gebräuchlichen Lebensmittelkarten angerechnet wurde. Schnell wurden viele Sammelstellen eingerichtet und meist übernahmen Lehrer im Herzogtum diese Aufgabe. Im Kreis Hildburghausen gab es bald über fünfzig Annahmestellen.
Das Selbstpressen von Bucheckern musste man sich allerdings

genehmigen lassen. Es gab im Kreisgebiet Hildburghausen beispielweise nur zwei Ölmühlen.
Das Öl, welches man aus den Bucheckern gewinnt, hat die mittlere und gute Qualität von Leinöl. Leider wird es aber schnell ranzig, daher muss man es in gut verkorkten Krügen aufbewahren und in einem kühlen und dunklen Keller lagern.
Es kam auch zu einem Mangel an Petroleum für Lampen. Gleichzeitig wurde auch Karbid für die entsprechenden Lampen knapp.
So beschränkte man die Öffnungszeiten der Läden auf sechs Uhr abends, um den Gasverbrauch in Grenzen zu halten. Auf dem Lande kehrte man bald zur traditionellen Kienspanbeleuchtung zurück.

Mama sah sich schon bald nach Papas Regierungsantritt mit der Tatsache konfrontiert, dass sie nicht sonderlich im Herzogtum beliebt war. Daran war zum einen ihr oftmals sehr arrogantes Auftreten schuld, und dann hatte sie sich auch nie lange in Meiningen aufgehalten, also keine Bindungen aufgebaut. Wenn es ihre Gesundheit erlaubte, reiste Mama viel und zudem lag ihr die Rolle einer völkischen Landesmutter so gar nicht. Sie trat zwar als Schirmherrin und Förderin vieler verschiedener Krankeneinrichtungen und Stiftungen auf, aber dies gehörte nun einmal zu ihren Pflichten als Herzogin.
Da ihr Gesundheitszustand sich verschlechterte, sah sie in ihrem Leibarzt, Dr. Ernst Schweninger, und bald auch in seiner Gemahlin, Maria Magdalena, Vertraute, denen sie zur Gänze von ihren Leiden berichten konnte und die sie verstanden. So titulierte sie den Arzt in ihren Briefen mittlerweile als „Liebster Meister“.
Sie führte auch einen sehr intensiven Briefwechsel mit Margot Geyer, eine einstige Bediensteten meiner Mutter. Margot war die Gemahlin von Karl Erich Geyer, einem zeitweiligen Flügeladjutanten meines Vaters. Beide Männer hielten ihrerseits brieflichen Kontakt.

Mein Vater hatte, so kann man es sagen, zu einem schlechten Zeitpunkt die Regierung in Meiningen angetreten. Nicht nur, dass man sich im Krieg befand, sondern er war auch kein junger Mann mehr, sein Tatendrang verflogen und mit seiner preußisch-konservativen Art machte er sich auch keine Freunde im Herzogtum.
Es war eine Crux.

Man konnte in diesen Kriegszeiten auch nicht mehr viel reisen. Eine Reise ins Ausland war bald nahezu unmöglich und die Verwandtenbesuche wurden meist auch schwierig, da sie sich alle karitativ engagierten oder die Männer sich an der Front befanden.
Ich besuchte noch Tante Irene in Hemmelmark. Aber es war nur ein kurzer Besuch. Sie nahm ihre karitativen Verpflichtungen sehr genau, ersetzte Dona die Schwiegertöchter, die diese eigentlich bei Lazarettbesuchen und ähnlichem begleiten sollten.
Tante Irene war noch im Jahre 1914 nach Russland gereist, um ihre Schwestern Elisabeth, Alicky und deren Familie zu besuchen. Während ihres Aufenthalts brach der Krieg aus und sie schaffte es gerade noch, das Land zu verlassen. Sie sorgte sich sehr um Alicky und deren Familie, da die Unruhen in Russland zunahmen. Man schrieb sich Briefe, aber es schmerzte Irene, dass sie ihre Schwester nun nicht mehr besuchen konnte oder diese sie. Hinzu kam, dass man der Zarin in Russland nicht wohlgesonnen war, was sich während des Krieges noch verschärfte, weil sie von Geburt her eine Deutsche war.
Als Nicky dann am fünften September des Jahres 1915 gegen den Rat seiner Minister den Oberbefehl über die Streitkräfte übernahm, sah Onkel Heinrich für Russlands Zukunft sprichwörtlich schwarz. Nicky besaß seiner Meinung nach zu wenig militärische Erfahrung und vorher hatte sein Onkel Nikolaus, der mit wesentlich besserer Erfahrung aufwarten konnte, diese Aufgabe übernommen.
Nicky verließ Petrograd, wie Sankt Petersburg nun hieß, begab sich in das militärische Hauptquartier, welches man in Russland Stawka nennt. Es befand sich in Mogiljew. Dort ernannte er General Michail Alexejew zum neuen Generalstabschef und übertrug ihm die strategische Planung des Krieges. Obwohl Nicky nur selten aktiv in die Arbeit seines Generalstabschefs eingriff, machte man ihn in der Folge für alle weiteren militärischen Fehlschläge während des Krieges verantwortlich.
Während seiner Abwesenheit von der Hauptstadt übernahm Alicky mehr oder weniger die Regierungsgeschäfte. Sie besaß dafür jedoch wenig Begabung. Sie schrieb ihrem Gemahl an die Front, welche Minister er entlassen sollte und welche neuen ernennen, sodass die Regierung bald weder stabil war noch effizient arbeiten konnte. Schon bald resultierte daraus unter anderem die katastrophale

Versorgungslage für Fronttruppen und Zivilbevölkerung. Es war offensichtlich, wer der Zarin die Ratschläge gab, denn sie stand immer mehr unter dem Einfluss Rasputins. Es kursierten in Russland bald Gerüchte und auch pikante Karikaturen in Zeitungen, nach denen man Alicky ein Verhältnis mit Rasputin unterstellte. Schließlich meinte man sogar, sie sei eine deutsche Spionin.
Die Geheimpolizei des Zaren unternahm alles, um diese Gerüchte und Schmähschriften zu unterbinden, aber es gelang ihr nicht.
Auch Elisabeth, Tante Irenes andere Schwester, die als Nonne in Moskau tätig war, befürchtete schon lange, dass Alickys Vertrautheit zu Rasputin einmal sehr schlecht für diese enden könne. Die Schwestern versuchten Alicky gut zuzureden, sich von diesem Mann abzuwenden, aber sie sah in ihm den Wunderheiler, der nur allein in der Lage war, dem bluterkranken Sohn zu helfen.

Von Sossy gab es auch keine guten Nachrichten. Ihr Gemahl hatte sich bei Ausbruch des Krieges dazu entschlossen, dass Griechenland neutral bleiben solle. Aber die Regierung und die Alliierten drängten darauf, sich gegen Deutschland zu stellen. Als Konstantin dies verweigerte, warf man ihm Deutschfreundlichkeit vor und bezichtigte Sossy, die Königin, ihren Onkel Willie zu unterstützen.
Kurz darauf wurde der königliche Palast in Tatoi durch ein Feuer zerstört und man sah dies als Warnung an die königliche Familie. Es handelte sich offensichtlich um Brandstiftung, aber man konnte keine Täter dingfest machen.

Nach einer Blockade der Alliierten und einem Putsch durch das Militär sah sich Sossy mit ihrer Familie gezwungen, in die Schweiz ins Exil zu gehen. So hielt sich die griechische Königsfamilie erst einmal dort für unbestimmte Zeit auf. Andere Angehörige der Familie hatten ebenfalls Griechenland verlassen und waren unter anderem auch in die Schweiz und nach Frankreich geflüchtet. Die Schweiz blieb im Krieg neutral.

Sossy (mittig) mit ihrer Familie in der Schweiz; links Kronprinz Georg, dahinter Elena,(mittig stehend) Paul, neben ihm rechts Irene, vorne auf dem Stuhl Konstantin mit der kleinen Katharina. Auf der Aufnahme fehlt der Sohn Alexander, der in Griechenland verblieb

Tino, Sossys Gemahl, musste am zwölften Juli des Jahres 1917 abdanken. Man gestattete aber seinem erstgeborenen Sohn nicht, den Thron zu besteigen, sondern wählte den zweitgeborenen Alexander für die Thronfolge aus. So bestieg dieser als Alexandros I. den griechischen Thron. Alexander war populärer als sein Vater, da er die Entente unterstützte, verfassungstreu war und sich in Regierungsgeschäften von dem Premierminister Venizelos leiten ließ, der an dem Putsch beteiligt gewesen war. Alexander agierte eigentlich mehr als eine Marionette des Premierministers.
Tante Irenes älteste Schwester Viktoria lebte mit ihrem Gemahl in England. Auch ihre Tochter Alice, die ich schon seit Kindertagen flüchtig kannte, hatte mit ihrer Familie aus Griechenland in die Schweiz flüchten müssen. Irene erzählte mir davon, denn Alice hatte im Jahre 1903 den griechischen Prinzen Andreas geehelicht.

Ich besuchte ab und an Ellen in Meiningen, traf dann auch auf meine Eltern. Ellen vermisste den Großpapa sehr. Zwar hatte sie Elisabeth,

Papas Schwester, die die Liebe zur Musik mit ihr teilte, aber schon allein aufgrund des Krieges waren alle gesellschaftlichen Aspekte verlorengegangen und zudem machte mein Vater nur allzu offen deutlich, dass er Künstler nicht mehr bei Hofe sehen wollte. Das Hoftheater wurde auch nicht mehr genutzt und so musste Ellen sich den neuen Zeiten stellen und lebte sehr zurückgezogen. Sie verstand sich mit Mama, aber mit meinem Vater nur auf einer höflichen Ebene, was ich bereits mehrfach anmerkte. Die anderen Familienmitglieder akzeptierten ihre Anwesenheit, aber eine innige Bindung hatten auch sie nie zu ihr aufgebaut.
Ich besuchte mit Ellen oft das Grab des Großpapas und vielleicht meinte sie, wenn ich ihr anbot, sie bei diesen Besuchen zu begleiten, ich habe auch Sehnsucht nach ihm. Aber dem war leider nicht so, denn dazu kannte ich ihn zu wenig. Er war zwar mein Großpapa gewesen, aber wir hatten nie eine innige Bindung zueinander aufbauen können.

Mein Vater pflegte während des Krieges einen guten Kontakt zu der erstgeborenen Tochter seines gefallenen Halbbruders Friedrich. Feodora hatte im Jahre 1910 den Großherzog Wilhelm Ernst von Sachsen-Weimar und Eisenach geheiratet. Der Großherzog, genannt Welmi, war verwitwet. Seine erste Gemahlin Caroline war eine gebürtige Prinzessin aus der älteren Linie des Hauses Reuss gewesen und 1903 an einer Grippe verstorben. Es hieß, die Ehe sei sehr unglücklich gewesen.
Feo hatte mit ihrem Gemahl drei Kinder - Sophie, Karl August und den im Jahre 1917 geborenen Bernhard. Ihm sollte 1921 noch ein kleiner Junge folgen, den man auf den Namen Georg Wilhelm taufte.
Welmi war seit dem Jahre 1901 Großherzog und er hatte meinem Vater dahingehend voraus, dass er bereits als junger Mann die Thronfolge hatte antreten können. In seinen Ansichten war er aber meinem Papa ebenbürtig, da Welmi auch preußisch-konservativ eingestellt war und dies verband ihn daher wohl auch freundschaftlich mit meinem Vater. Ich hörte nur einmal von seinem sehr aufbrausenden Gemüt und daher verwunderte es mich nicht, dass seine erste Ehe unglücklich verlaufen war, denn man sagte ihm nach, sehr herrisch zu sein. Feodora schien dies hinzunehmen, obwohl es Gerüchte gab, sie habe sich auch bereits aufgrund der ehelichen Situation mit ihrem Gemahl in ein

Sanatorium begeben müssen.

Im Februar 1916 musste ich mich erneut einer Operation unterziehen. Seit einiger Zeit litt ich an sehr starken Bauchkrämpfen und musste mich ständig übergeben. Zuerst glaubte ich, schwanger zu sein, denn Mama sagte mir, dann habe man auch schon manchmal starke Bauchschmerzen und Übelkeit, aber ich bekam Besuch von Madame Becker. Zudem musste ich mich nicht nur morgens, sondern den ganzen Tag erbrechen, konnte kaum noch etwas zu mir nehmen. Die Bauchschmerzen wurden auch so unerträglich, dass ich mich kaum zu bewegen wagte, und sie wurden immer schlimmer.
Mein Gemahl stimmte also einer Operation zu, damit man die Ursache für meine Probleme ausfindig machen konnte. So begab ich mich im Februar in eine Klinik. Man vermutete, es könne sich eventuell um eine Blinddarmentzündung oder auch eine Entzündung des Darms handeln.
Aber während des Eingriffs konnte man die Ursache nicht ergründen. Mein Blinddarm war nicht entzündet, der Darm auch nicht. Man fand nichts, was für diese Art von Schmerzen angemessen gewesen wäre. Ich durfte die Klinik Anfang März wieder verlassen, aber meine Beschwerden besserten sich nur wenig.
Der Befund allerdings bestätigte wieder einmal die Vermutung meines Gemahls und meiner Mutter, dass die Operation unnötig gewesen sei. Mein Gemahl ging sogar so weit, mir sogleich zu unterstellen, dass er damit rechne, es würde mir nun nicht genügen, sondern ich würde bald wieder mit einer Lappalie ankommen, nur, um mich in ein Krankenbett legen zu können. Er sah nichts mehr als normal an.
Ferner machte er mir deutlich klar, wie sehr es ihn treffe, einsehen zu müssen, dass ich sowieso nicht gewillt sei, auf seinen Rat zu hören, und er sich von nun an nicht mehr einmischen werde, wenn ich mich wieder einmal in meinen Leiden erginge, Aufmerksamkeit erhaschen wollte. Seiner Meinung nach sollte ich mich bis zum Ende des Krieges besser in ein Sanatorium begeben, wo sich Ärzte gut um mich kümmern würden, und dann hätte ich auch mentale Stimulation, wie er es nannte, aber ich lehnte dies rundweg ab.
„Dann tue, was du willst“, sagte Haz, „Ich habe keinen Einfluss mehr darauf. Ich überlasse es dir, dich in Scheibchen schneiden zu lassen,

wenn du es unbedingt willst, aber ich werde nicht länger den mitleidsvollen Ehemann spielen, weil du das ja doch nur alles tust, um Mitleid zu erhaschen. Ich muss einsehen, dass dir jedes Mittel recht ist, um im Mittelpunkt zu stehen."
„Das ist nicht wahr!", gab ich barsch zurück, „Wie kannst du so etwas behaupten?"
„Es liegt auf der Hand, Babes. Und nicht nur ich sehe das so, sondern auch deine Mutter und viele andere. Wenn du wüsstest, wie man über dich redet…", meinte er, wandte sich dann ab, „Ich kann das nicht mehr. Reiße dich einfach zusammen und mache nicht aus jedem Wehwehchen so ein Drama!"
Haz` Worte verletzten mich sehr, aber ich musste es akzeptieren. Ich war allein mit meinen Schmerzen und konnte doch nichts dafür. Es war mir egal, wie man über mich redete, denn ich wäre nur allzu gerne völlig gesund gewesen. Das Leben an sich machte wenig Freude, wenn man ständig Schmerzen hatte. Aber das konnte natürlich niemand verstehen, der gesund war. Seine Vorwürfe kränkten mich sehr und wie viele, auch Mama, mich nicht verstanden. Sie litt doch selbst und Papa ertrug dies auch. Ob er darüber irgendwann resignierte, es hinnahm, weiß ich nicht. Mama war stets die Tonangebende in ihrer Ehe und er ordnete sich dem unter. Wahrscheinlich schwieg er, um Streit zu vermeiden.
Aber es schmerzte, wie man mich als eine Simulantin verteufelte. Ich bildete mir das alles nicht ein, sondern wollte nur endlich gesund sein, am Leben teilhaben. Es störte mich auch, wenn Haz gesellschaftliche Verpflichtungen alleine wahrnehmen musste, weil ich wieder einmal krank war, aber er schien das nicht zu begreifen.

Ende März musste ich erneut starke Schmerzen erdulden, als sich meine Nerven im Rücken und das Rippenfell entzündeten. Ich konnte oftmals nicht mehr aufstehen, schrie auf vor Schmerzen. Aber meinen Gemahl ließ dies dieses Mal völlig unberührt, ich hatte unsere Haushaltshilfe mehr an meiner Seite als Haz. Ein Arzt wurde gerufen, dieser stellte die Diagnose. Doch auch das schien das Herz meines Gemahls nicht zu erweichen.
Ich bekam auch noch schlimme Herzkrämpfe, die zwei - oder dreimal am Tag auftraten und mich in Todesangst versetzten, aber niemand

stand mir bei. Ich lag alleine in meinem Zimmer, bekam vom Arzt Digitales verordnet und blieb mir selbst überlassen.
Meine Eltern kamen mich besuchen, aber es war ein sehr unschöner Besuch, denn weder Papa noch Mama zeigten eine Spur von Anteilnahme an meinem Leiden. Ich berichtete es Ellen in einem Brief, schrieb mir meinen Kummer sprichwörtlich von der Seele, dass ich mich von allen im Stich gelassen fühle, Mamas Ablehnung jeglichen Mitgefühls mir gegenüber darauf schob, dass sie sich selbst zu jenem Zeitpunkt nicht wohlfühlte. Daher hätte ich ihr ihren Besuch vielleicht hoch anrechnen müssen, aber ich sah das nicht so. Wie oft hatte sie mich auch als Kind alleingelassen, wenn ich krank war. Ich hatte nur auf die Großmama zählen können, die mich verstand, mich umsorgte. Nun sah man in mir eine Hypochonderin. Manchmal, so glaubte ich, gingen vielleicht auch alle davon aus, dass ich den Arzt bat, eine Diagnose zu stellen, damit ich leidend dastand.
Mama konnte aufgrund ihres schlechten Gesundheitszustands zurzeit auch keine Verwundeten in den Lazaretten besuchen oder dort den Soldaten von ihr signierte Fotografien überreichen, wie es damals üblich war, wenn Adelige Hospitäler besuchten. Ich wusste, dass man dies mit gemischten Gefühlen aufnahm, denn sie schlug die Einladungen aus, stieß damit nicht nur die Verwundeten in den Hospitälern vor den Kopf, sondern auch die Angestellten, denn man glaubte, sie habe schlichtweg kein Interesse.

Ich musste mich erneut aufgrund meiner Beschwerden in eine Klinik begeben, nachdem ich die Herzkrämpfe nicht mehr ausgehalten hatte. Da ich dem dortigen Arzt erzählte, sie hätten sich nach dem Besuch meiner Eltern verschlimmert, vermutete er auch eine psychosomatische Symptomatik hinter diesem Leiden.
So blieb ich erstmal in der Klinik - allein. Erst im Mai entließ man mich, nachdem sich meine Beschwerden gebessert hatten, die Herzkrämpfe nicht mehr auftraten. Man schickte mich nach Hause. Ich glaubte, nun endlich einmal vollständig genesen zu sein, fühlte mich wieder gut und konnte einem geregelten Tagesablauf nachgehen.
Doch dann überkamen mich bald wieder diese Wechsel zwischen Euphorie, Begeisterung und Phasen des Gefühls eines erbärmlichen Elends, Trauer und Hoffnungslosigkeit, da ich immer noch den

Wunsch hegte, schwanger zu werden.
Haz konnte diese Stimmungsschwankungen kaum aushalten, denn sie variierten von begeistert, enthusiastisch bis hin zu einer Deprimiertheit, die mich niederwarf. Es war für ihn zunehmend schwerer, mit mir zu leben, da er nie absehen konnte, in welcher Stimmung ich mich gerade befand.
Seine Vermutung, dass ich eine Simulantin sei, schien er bestätigt zu sehen, als er im Juni von der Front nach Hause kam. Für einige Tage war ich bester Laune, gesund, voller Energie und Lebensdrang. Ich unternahm lange Spaziergänge mit ihm, kletterte auf Hügel und Berge, hatte einen gesegneten Appetit und schlief gut. Es ging meinem Herzen und meinen Nerven gut.
Im Juli reisten Haz und ich mit Ellen in das Chalet in den Bayerischen Bergen. Es ging mir wieder schlecht, ich benahm mich abweisend und wohl auch aus Ellens und seiner Sicht oftmals sehr rücksichtslos ihnen gegenüber.
Dabei taten mir die tägliche frische Luft, die ausgedehnten Spaziergänge durchaus gut, und je mehr wir unternahmen, umso weniger saß ich wohl herum, trübselig und verärgert über meine Beschwerden. Obwohl ich mich zusammenriss, meine gesundheitlichen Probleme beiseiteschob, sahen Ellen und Haz dies wohl ganz anders.
Haz sagte mir auf den Kopf zu, er könne dieses dauernde Lamentieren über meine Beschwerden nicht mehr aushalten, und riet mir abermals mich zusammenzureißen, mich zu bemühen, diesen Aufenthalt zu genießen, ihnen diesen nicht zu ruinieren.
Wir begaben uns danach auf Schloss Neuhof, wo es mir zusehends immer schlechter ging, ich litt an Schüttelfrost und hohem Fieber. Hinzu kamen Schmerzen am ganzen Körper.
Und dann sollte ich über einen Brief Ellens noch erfahren, wie man über mich dachte. Auch Ellen schien nun die Meinung meines Gemahls zu teilen. Auch wenn ich wirklich ersichtlich für jeden krank war, Fieber hatte, ich war in ihrer aller Augen eine Simulantin.
Ich war entsetzt, dass Ellen keinerlei Verständnis für mich zeigte. Mich überkamen Zweifel, ob sie jemals wirkliches Mitgefühl für mich gehabt hatte. In ihr hatte ich eine Vertraute gesehen und musste nun bitter erkennen, dass dem nicht so war.

Uns erreichte die traurige Nachricht, dass Morettas Ehemann, der Prinz Adolf zu Schaumburg-Lippe, am sechsten Juli verstorben war. Er war nur siebenundfünfzig Jahre alt geworden, verstarb nach einer kurzen Krankheit.

Moretta war am Boden zerstört, konnte aber in diesem für sie schweren Moment auf Mama vertrauen, die umgehend zu ihr nach Bonn reiste, ihr zur Seite stand. Sie blieb dort mehrere Wochen, um Moretta beizustehen, und diese bedankte sich später bei mir für das Kondolenzschreiben, welches Haz und ich ihr schickten, erzählte mir, wie Mama ihr damals auch beigestanden habe, als sie ihr Baby verloren habe. Sie und ihr Gemahl hätten sich immer Kinder gewünscht, schrieb sie weiter, aber es sei ihnen nicht vergönnt gewesen und nun sei sie ganz alleine.

Ich war zwar krank, verstand aber meine Tante in ihrem Kummer und sie tat mir sehr leid, denn es war eine sehr glückliche Ehe gewesen, auch wenn sie kinderlos geblieben war. Moretta hatte vieles mit ihrem Gemahl gemeinsam gehabt. So liebten sie beide das Reiten, aber auch die Jagd.

Der Prinz Adolf und seine Brüder jagten gern im Schaumburger Wald, aber auch in Steyerling in Österreich, wo die fürstliche Familie zu Schaumburg-Lippe eine Jagdhütte besaß. Moretta begleitete ihren Gemahl stets dorthin zur Hirsch - und Gämsenjagd im Herbst. Sie scheute sich wohl auch nicht davor, im Gebirge zu klettern, trug dazu schwere Nagelstiefel und lange Röcke, da man Hosen damals nicht als richtige Damenbekleidung zum Bergsteigen ansah.

Da Moretta auch das Tennisspielen liebte, hatte ihr Ehemann ihr einen großen Platz im Garten des Palais Schaumburg anlegen lassen und das Paar hatte ständig Besuch von Freunden und Verwandten in Bonn.

Kurzfristig hatte es auch einmal so ausgesehen, als könnte Adolf die Regentschaft im Fürstentum Lippe antreten. Da die Ehe des Fürsten Woldemar zur Lippe-Detmold kinderlos geblieben und sein Bruder Alexander entmündigt worden war, ergaben sich Schwierigkeiten für die Erbfolge. Woldemar versuchte, die Ereignisse zu präjudizieren. Er war beseelt von dem Wunsch, sein Land einem Mitglied eines regierenden Fürstenhauses zu vererben, und bestimmte so in seinem Testament Adolf zu seinem Nachfolger. Damit entfachte er den lippischen Thronstreit. Bald stritten sich drei verwandte Familien um die

Thronfolge - die fürstliche Linie Schaumburg-Lippe und die beiden gräflichen Linien Lippe-Biesterfeld und Lippe-Weißenfeld.
Durch das Eingreifen Onkel Willies erregte der entstandene Lippische Erbfolgestreit bald das Weltinteresse.
Nach Woldemars Tod im Jahre 1895 kam es zu einer Einigung zwischen dem Landtag und Adolf, wonach sich die streitenden Parteien einer schiedsrichterlichen Entscheidung unterwerfen wollten, bis zu welcher letzterer die Regentschaft führen sollte. Eine Entscheidung wurde am zweiundzwanzigsten Juni 1897 getroffen. Das Schiedsgericht stand unter dem Vorsitz von König Albert I. von Sachsen. Man erkannte das Erbfolgerecht des Grafen Ernst zur Lippe-Biesterfeld an. Dies war für Moretta und ihren Gemahl sehr schmerzlich, denn man war natürlich begeistert gewesen, als die eventuelle Thronfolge für Adolf im Raum gestanden hatte.
Im Krieg hatte Adolf im 8. Armeekorps gedient und Moretta sich karitativen Aufgaben gewidmet. Sie richtete sogar ein kleines Lazarett unter ihrem Patronat ein.
Mama berichtete mir nach ihrer Rückkehr aus Bonn, dass ihre Schwester sehr um ihren Gemahl trauere. Noch im November 1915 hatten die beiden ihre Silberhochzeit begangen, allerdings befand sich Adolf zu dieser Zeit an der Front und ließ seiner Gemahlin ein schönes Halsband aus Diamanten und Perlen übersenden. Sie verbrachte diesen besonderen Tag dann in Friedrichsruh mit Mossy, Mama, Onkel Heinrich und Tante Irene.
Adolf hatte an der Front viel Gewicht verloren, zudem war der Winter des Jahres 1915/16 sehr hart gewesen, ebenso der Frühling sehr kalt. Moretta bemerkte wohl, wie schwach ihr Mann wurde, der eigentlich eine sehr gute Konstitution besaß, da er sich viel an der frischen Luft aufhielt. Da sie ihm gut zuredete und er daraufhin einen Arzt konsultierte, schickte ihn dieser in ein Sanatorium nach Bad Godesberg. Adolf wollte aber so schnell wie möglich an die Front zurückkehren, sah es als seine Pflicht an. Auch sein Hausarzt, der Geheimrat Haumann, riet ihm zu einer längeren Auszeit. Aber Adolf ging es bald zusehends schlechter und er zog sich eine Lungenentzündung zu. Am neunten Juli war sein Zustand bereits hoffnungslos gewesen.
Dem Begräbnis in Bückeburg konnten nicht viele Verwandte beiwohnen, da sich fast alle männlichen an der Front befanden.

Der Krieg stellte uns vor immer größere Prüfungen. Man führte Brotkarten ein, Lebensmittel wurden immer knapper.
Mittels Verordnungen wurde man gezwungen, Kupfergeräte aus der Küche abzugeben, die Glocken verschwanden aus den Kirchen, Metall jeder Art aus den Häusern, sogar Türklinken und Gardinenstangen musste man als kriegswichtiges Material abgeben. Dennoch waren viele Menschen noch bereit zu spenden. So tauschten viele ihre goldenen Eheringe in eiserne, auch Uhrketten aus Silber, ebenso wie anderer Schmuck auch gegen billigeres Material abgegeben wurde.
Die Straßenbeleuchtungen wurden schwächer, besonders im Rheinland musste man sie abschwächen, da feindliche Flieger dort immer häufiger erschienen.
Bei einem Angriff auf Karlsruhe starben viele Kinder auf einer Festwiese, als feindliche Bomben dort einschlugen. Es war ein sehr trauriger Tag für ganz Deutschland.

Mama, der es eigentlich gesundheitlich nicht so gut ging, versuchte sich dennoch aufzuraffen und einige repräsentative Verpflichtungen wahrzunehmen. Es fiel ihr sehr schwer, aber sie musste diesen als Herzogin nachkommen, konnte sich nicht immer wieder entschuldigen lassen. Wie ich bereits anmerkte, nahm man es ihr sehr übel, wenn sie sich nicht zeigte oder Einladungen ausschlug. Man konnte sich natürlich sicher einmal entschuldigen, wenn man krank war, aber nicht ständig. Es wurde dann schnell als Desinteresse gedeutet und dies war dann nicht von Vorteil, da sie ohnehin nicht sehr beliebt war bei den Meiningern.

Mein Vater ließ in seiner Funktion als Herzog unter anderem auch eine Schule in Römhild, einer Kleinstadt im Landkreis Hildburghausen, bauen. Man begann im Jahre 1914, vor Kriegsbeginn, mit der Grundsteinlegung und im Jahre 1916 konnte die „Herzog-Bernhard-Schule“ feierlich eingeweiht werden.

Papa bei der Grundsteinlegung für die Augenheilanstalt in Bad Liebenstein, einer Kleinstadt im Wartburgkreis in Thüringen

Eine weitere Aufnahme der Grundsteinlegung. Papa steht vorne in Uniform, Mama hinten links neben der Dame mit dem weißen Hut.

Die Schule in Römhild

Papa versuchte also durchaus, noch etwas für die Bürger in seinem Herzogtum zu erreichen, obwohl er natürlich nicht an den Großpapa anschließen konnte, zumal er auch gänzlich andere Interessen hegte.

Das Weihnachtsfest des Jahres 1916 begingen wir in gewohnter Tradition, allerdings gab es kein großes Festmenü. Kurz danach brach ich mit Ellen. Ich weiß nicht wirklich, was ich ihr getan hatte. Ob es etwas gewesen war, was ich geschrieben, gesagt oder getan hatte - sie mied mich und antwortete mir auch nicht mehr auf Briefe. Ellen war für mich nach über zwanzig Jahren so etwas wie eine zweite Mutter geworden, die stets Mitgefühl gezeigt, mir Beistand geleistet hatte. Ich hatte schon längere Zeit vermutet, dass sie meine Leiden mittlerweile ebenso skeptisch sah wie Haz und vielleicht hatte dieser auch mit ihr über meine Stimmungsschwankungen gesprochen.
Es verlangte mich aber nicht danach, Ellen zu fragen, was ich falsch

gemacht hatte. Man kann mich vielleicht bockig nennen, wie ein kleines Mädchen, aber ich verstand einfach nicht, warum sie mich nun einfach mied, sich mir gegenüber auch sehr kühl verhielt. Ich nahm es so hin, begegnete ihr ebenso. Doch ich bedauerte sehr, dass wir uns nicht mehr schrieben und auch nur noch höfliche Floskeln miteinander wechselten.

Haz wollte ich dazu auch nicht befragen, da mein Gemahl mir nahelegte, ich solle mich in die Hände eines Psychiaters begeben, da ich vielleicht schizophren sei. Er überreichte mir ein medizinisches Fachmagazin, in dem darüber berichtet wurde, aber man konnte in jenen Jahren diese Erkrankung noch nicht wirklich ergründen. Der deutsche Psychiater Emil Kraepelin beschäftigte sich damit, erforschte endogene Psychosen. Er teilte diese in schizophrene, manisch-depressive, affektive und genuin epileptische Psychosen ein, beschäftigte sich aber auch mit der vorzeitigen Demenz.

In München hatte er bereits vor dem Krieg mit dem Gedanken gespielt, eine Forschungsstätte für Psychiatrie zu gründen. Mithilfe einer großzügigen Finanzierung durch den US-Amerikaner James Loeb, einem Bankier, Altphilologen, Kunstsammler und Philanthropen, gelang ihm 1917 die Gründung der Deutschen Forschungsanstalt für Psychiatrie, des Kaiser-Wilhelm-Instituts, in München.

Kraepelin wandte in der Behandlung psychischer Störungen die zu jener Zeit bekannten Therapien an und setzte dabei auf Opium, Hyoscin und Brom.

Für mich war das, was Kraepelin in dem Artikel schrieb, vergleichbar mit Schwachsinn. Ich sah mich nicht als eine Verrückte, die man in eine geschlossene Anstalt einweisen müsste. Es erzürnte mich daher sehr, dass mein Gemahl es überhaupt wagte, mir so etwas zu präsentieren. Ich war ganz sicher nicht so psychisch krank. Dies sagte ich auch meinen Gatten, wies ihn darauf hin, wie sehr mich der Kinderwunsch belaste, und er könne nicht verstehen, wie das für eine Frau sei. Es erfüllte ihr Dasein, Kinder zu bekommen. Und für mich ging es auch darum, einem Kind die Liebe zu schenken, die ich nie von meinen Eltern erhalten hatte. Ich sehnte mich so sehr danach, einem kleinen Wesen das Leben zu schenken. Wie sollte man als Frau da nicht verzweifeln, wenn man darauf hoffte, jeden Monat erneut, und dann wieder enttäuscht wurde? Ich wollte einfach nur einmal diese

Gefühl erleben, wie ein kleines Menschlein in mir heranwächst.
Wenn wir in einer Stadt spazieren gingen, vor dem Krieg, als die Geschäfte noch gut gefüllt gewesen waren, ich Spielzeuge sah, Kinderkleidung, malte ich mir immer aus, wie mein Kind sich über diese Dinge freute. Vor meinem geistigen Auge sah ich ein kleines Mädchen in einem wunderschönen Kleidchen im Garten mit unseren Hunden herumtoben, einen kleinen Jungen mit ausgebreiteten Ärmchen auf mich zulaufen, nach mir rufen. Mutter zu sein - es war mein größter Wunsch.
Und aus meiner Sicht war es doch nur verständlich, wenn ich bei dem Anblick von schönen Kleidchen oder Matrosenanzügen zu weinen begann. Einem Manne entzog sich da gänzlich das Verständnis.
Ferner musste ich mit all diesen Leiden leben, nicht er. Wer litt unter den Schmerzen? Nicht Haz, sondern ich, und es bereitete mir kein Vergnügen, verleidete mir mein Dasein.
Wenn sich also nur der kleinste Hauch an Freude in mein Leben schlich, durfte ich dann nicht diesen genießen? Glücklich sein, dass ich einmal keine Schmerzen hatte? Mich an kleinsten Dingen erfreuen?
Niemand auf dieser Welt ist immer der gleichen Stimmung. Manchmal hasste ich meine Umwelt für ihr Unverständnis, diese Vorwürfe und Anfeindungen gegen mich…und an Intimität mit meinem Gemahl war in dieser Zeit nicht zu denken, da wir in getrennten Betten schliefen, wenn er nicht an der Front war.

Haz konnte einfach nicht verstehen, wie man einmal glücklich, fast euphorisch, und dann zu Tode betrübt sein konnte. Meine Mutter litt zwar auch an Depressionen, aber er konnte dafür keinerlei Verständnis aufbringen. Es war ihm eher unheimlich, wie er mir gestand, wenn ich einmal aus vollem Herzen über einen nichtigen Scherz lachen konnte und mich kurz darauf in Weinkrämpfen erging, mit meinem Schicksal und der Welt haderte.
Und Mama, die selbst so sehr litt, konnte mir ebenfalls kein Mitgefühl oder Verständnis zeigen. Vielmehr verstand ich bald die Personen um mich herum nicht mehr. Diese Ablehnung meinerseits war auch nicht gerade hilfreich für mein seelisches Wohlbefinden. Aber das schien niemanden zu interessieren. So musste ich still und leise leiden. Und

nun hatte ich auch noch Ellen verloren, obwohl ich mir keiner Schuld in dieser Hinsicht bewusst war.

Mama war zu Beginn des Jahres 1917 selbst in ihren gesundheitlichen Problemen gefangen. Sie litt unter sehr starken Schmerzen aufgrund von geschwollenen Beinen und Füßen, hatte Nierenprobleme, Probleme mit den inneren Organen und am ganzen Körper chronische Schmerzen. Sie begab sich wieder in Sanatorien, konsultierte Fachärzte, doch es brachte ihr keine Erleichterung. Mama hatte alle möglichen Medikamente ausprobiert, aber nur Morphium schien ihr noch zu helfen, die Schmerzen auszuhalten.
Selbst Groddeck, in dessen Sanatorium sie sich immer wieder aufhielt, konnte ihr nicht helfen.
Doch ich konnte sie nicht bedauern, denn sie schenkte mir auch kein Mitgefühl.

Ich besuchte Tante Irene in Hemmelmark. Die Nachrichten aus Russland ließen sie in großer Sorge sein. Zuerst hatte ihr ihre Schwester Alicky berichtet, dass Alexei und Olga sich beim Spielen mit einem jungen Kadetten im Januar mit Masern infiziert und kurz darauf die anderen drei Schwestern angesteckt hatten. Alicky hatte alle Hände voll zu tun, um ihre Kinder, die teilweise sehr schwer erkrankten, zu pflegen, da Nicky sich im militärischen Hauptquartier befand.
Im Dezember des Jahres 1916 hatten Verwandte des Zaren Rasputin ermordet und Alicky hatte mit ihren beiden ältesten Töchtern ein Begräbnis für ihn organisiert. Man hatte wohl versucht, den angeblichen Wunderheiler zu vergiften, als er jedoch keinerlei Reaktion auf das Gift zeigte, schoss man mit einem Revolver auf ihn, malträtierte ihn mit Schlagen und Tritten. Man glaubte ihn tot, warf ihn in die eiskalte Newa. Doch Rasputin lebte noch. Er ertrank.
Die Zarin litt schrecklich, bat ihren Gemahl, die Mörder hart zu bestrafen, so wurden sie vom Hofe verbannt und innerhalb des Landes weit fortgeschickt. Irene las auch aus den Briefen ihrer Schwester heraus, dass sie den Tod der Mörder wünschte, denn nun hatte sie niemanden mehr, der Alexei helfen könnte, falls dieser wieder eine schwere Attacke der Hämophilie erlitt.
Anfang des Jahres 1917 glich Russland einem Pulverfass. Die Moral

der Truppen an der Front war wegen militärischer Misserfolge, hoher Verlustzahlen und mangelhafter Versorgung äußerst schlecht. Auch in der Heimat spitzte sich die Lage zu, da die schlechte Versorgung mit Lebensmitteln und fehlende Reformen die Stimmung gegen den Zaren aufheizten. Es kam fast täglich zu Massenprotesten, Demonstrationen, Hungermärschen und Streiks. Aufgrund der Abwesenheit des Zaren entstand in Petrograd ein Machtvakuum, Russland drohte unregierbar zu werden.

Nicky lehnte die Forderung des Duma-Präsidenten Michail Rodsjanko ab, eine Regierung mit Mehrheit der Duma zu ernennen. Hierauf bildeten die bürgerlichen Parteien der Duma ein Komitee unter Fürst Georgi Lwow, aus dem eine provisorische Regierung hervorgehen sollte. Der Zar aber verkannte die Brisanz der Situation, verfügte die Auflösung der Duma und erließ am elften März einen Schießbefehl gegen die Aufständischen. Doch die Polizei und das Militär konnten die öffentliche Ordnung nicht wiederherstellen, sondern verweigerten ihren Offizieren vielmehr den Gehorsam, meuterten und liefen tausendfach zu den Demonstranten über. Ein Regiment nach dem anderen verweigerte dem Zaren die Gefolgschaft und lief über. Der Druck dieser sich anbahnenden Revolution wurde zu groß.

Als Nicky nun nach Petrograd zurückkehren wollte, fuhr man seinen Privatzug auf ein Nebengleis und zwang ihn dort zur Abdankung. Auf Anraten der Generalität entsagte er am fünfzehnten März zugunsten seines Bruders, dem Großfürsten Michail, dem Thron. Gleichzeitig verzichtete er auch für seinen Sohn auf sämtliche Herrschaftsansprüche, da sein Leibarzt ihm versichert hatte, dass Alexei aufgrund seiner schweren Form der Hämophilie keine zwanzig Jahre alt werden werde.

Doch Nickys Bruder lehnte die Krone ab, er sah keine Möglichkeit, das Land als neuer Zar noch unter Kontrolle zu bekommen.

Als auch Michail die Krone ablehnte, waren dreihundert Jahre Romanow-Herrschaft in Russland beendet und Geschichte.

Nicky kehrte in seinem Privatzug nach Petrograd zurück, wo ihn die provisorische Regierung mitsamt seiner Familie im Alexanderpalast unter Hausarrest stellte.

Die Familie durfte noch Briefe an die Verwandten, auch im Ausland,

schreiben, allerdings befürchteten sowohl Alicky als auch Irene, dass man diese zensieren werde. Dennoch konnten sie unter dem Hausarrest eigentlich ein normales Familienleben führen und die Bewacher waren wohl recht freundlich gesinnt, da es eben jene waren, die generell den Palast bewacht hatten, die Familie gut kannten. Nur selten ersetzte man sie wohl durch andere.
Alicky berichtete, wie gelöst ihr Gemahl wirke, denn eine Bürde schien von seinen Schultern gefallen zu sein, als er abdankte.
Doch im August des Jahres mussten Alicky und ihre Familie Petrograd verlassen und ins Exil nach Tobolsk gehen, wo man sie in einem ehemaligen Gouverneurshaus unterbrachte.
Irene stand weiterhin mit ihnen brieflich in Kontakt, sorgte sich aber um das Schicksal ihrer Lieben und war nur erleichtert, dass es ihrer Schwester Ella in Moskau noch gut ging. Man ließ sie weiterhin ihre karitativen Tätigkeiten verrichten, vielleicht, weil sie eine Nonne war, aber gleichzeitig war sie auch eine Romanow, also durch ihre Heirat eine Verwandte der Zarenfamilie. Meine Tante hoffte, dies werde keine große Rolle spielen, da Ella den armen Menschen in Moskau half. Ihre guten Taten könnten sie vor einem schlimmen Schicksal bewahren, glaubte sie.
Mit dem Ende der Zarenherrschaft schied Russland aus dem Krieg aus.

Mein Vater blieb während des Krieges der Fliegerei verbunden, auch wenn sich die Flugstützpunkte im Kaiserreich als wenig nützlich herausstellten. Im Jahre 1916 vereinigte sich der Deutsche Flugverband mit dem Deutschen Luftflotten-Verein. Papa gehörte zu den einzigen drei mitteldeutschen Bundesfürsten, die sich dem neugegründeten Verein anschlossen.

Im Dezember des Jahres 1917 verschlechterte sich Mamas Gesundheitszustand sehr. Sie konnte kaum noch gehen und konnte nur noch in ihren Gemächern auf Krücken herumhumpeln. Aber dies auch nur für kurze Zeit, dann war sie wieder so geschwächt, dass sie sich ins Bett legen musste. Sie konnte so kaum noch aktiv am Leben außerhalb teilnehmen.

Tante Irene hatte mir bereits mitgeteilt, dass sich nach dem Sieg der Bolschewiki in der Oktoberrevolution des Jahres 1917 in Russland die Situation für Alicky und ihre Familie grundlegend geändert habe.
Die Familie galt nun als Gefangene und wurde auch nicht mehr mit ihren Titeln angesprochen, sondern als Bürger und mit dem Nachnamen Romanow.
Im Frühjahr 1918 verbrachte man sie nach Jekaterinburg in Sibirien, wo sie in der Villa Ipatjew interniert wurden. Als Tante Irene 1914 aus Russland ausreiste, musste sie eine Route über Jekaterinburg nehmen und in der Stadt ging sie an eben jenem Haus vorüber, in dem man nun ihre Schwester und deren Familie gefangen hielt. Sie bekam noch Briefe von ihnen, schickte ihnen ihrerseits welche, Pakete mit Lebensmitteln, denn man rationierte die der Familie. Sie erhielten nur noch dieselbe Verpflegung wie die Soldaten, die sie bewachten. Alexei ging es schlecht, denn er hatte in Tobolsk einen Unfall gehabt, wonach sein Knie angeschwollen war. Der Junge war nicht mehr fähig zu laufen. Doch man ersetzte auch die zarentreuen Bewacher durch Bolschewiki und diese terrorisierten die Familie immerzu, wobei sie wohl auch die Tür zur Toilette entfernten, in der Nähe stehenblieben, wenn jemand diese benutzte.
Die Bediensteten, die der Familie ins erste Exil gefolgt waren, wie Alexeis Hauslehrer, waren von ihnen bei der Ankunft in Jekaterinburg getrennt worden. Man errichtete einen hohen Zaun um das Haus, sie waren völlig von der Außenwelt abgeschnitten und Briefe wurden noch stärker zensiert.
Mama fühlte mit Irene. Sie kannte Alicky besser als ich, denn sie war ihre Cousine, ebenso wie Ella.
Ich möchte an dieser Stelle nicht auf die genauen Details eingehen, die jedem hinlänglich in Gänze oder ansatzweise bekannt sein dürften, aber zu Beginn des Jahres 1918 zeichnete sich bereits ab, dass Deutschland den Krieg nicht gewinnen würde.
Was für eine einschneidende Zäsur sich allerdings daraus ergäbe, das konnte niemand von uns absehen.
Die ganze Welt befand sich im Krieg, auch die Vereinigten Staaten von Amerika waren in diesen eingetreten. Am sechsten April des Jahres 1917 hatten sie dem Deutschen Reich den Krieg erklärt.

Unsere Familie traf noch ein besonders tragischer Schicksalsschlag. In der Nacht vom siebzehnten auf den achtzehnten Juli wurden Alicky und ihre Familie nebst den letzten verbliebenen Bediensteten, dem Leibarzt Dr. Botkin, der Kammerfrau Demidowa und dem Kammerdiener Trupp, erschossen. Auch Ella musste nur kurze Zeit später ihr Leben lassen, wie noch viele weitere Mitglieder der russischen Zarenfamilie, so auch der Bruder Nickys, Michail.
In den russischen Zeitungen sprach man nur von der Ermordung des Zaren, ließ die Bevölkerung glauben, seine Familie sei in Sicherheit.
Tante Irene, ihre Schwester Viktoria in England und andere Freunde und Vertraute, wunderten sich bald, dass Briefe nicht mehr beantwortet wurden. Als die Nachricht aus Russland publik wurde, brach für uns alle eine Welt zusammen.
Was Alicky und ihrer Familie wirklich widerfahren war, erfuhren Irene und Viktoria erst Anfang der zwanziger Jahre, als die Freundin und Kammerfrau Alickys, Sophie, „Isa", von Buxhoeveden, nach England fliehen konnte. Sie war mit den weißen Truppen, die den Zaren und seine Familie in Jekaterinburg befreien wollten, im Ipatjew-Haus gewesen, hatte den Kellerraum mit seinen vielen Einschusslöchern gesehen, die Sachen der Familie in den Räumen, den Hund Alexeis, Joy, der fast verhungert war. Was man aber mit den Leichen gemacht hatte, blieb ungewiss.
Nur Ellas Überreste und die der Menschen, die mit ihr in den Tod gehen mussten, fand man kurz nach dem Mord.
Es war schrecklich. Mama weinte bitterlich, als sie die Nachricht von Irene erfuhr. Niemand konnte es begreifen.
Selbst mein Vater hatte Tränen in den Augen, wollte dann aber etwas anmerken, was sich gegen Nicky richtete, da er Reformen stets abgelehnt hatte und Mama herrschte ihn an, er solle still sein. Das zähle doch jetzt alles nicht mehr. Es sei auch kein Grund, eine ganze Familie hinzurichten.
Mein Vater schwieg, nickte stumm, verließ den Raum.

Im Winter 1916/17 hatte bereits eine wetterbedingt besonders schlechte Ernste zum sogenannten Steckrübenwinter geführt. Das verzerrte Preisgefüge brachte es mit sich, dass es für Produzenten profitabler war, Kartoffeln und Brotgetreide als Futtermittel zu verwenden oder an Brennereien zu verkaufen. Im Februar war dann die durchschnittliche Tagesration auf eintausend Kilokalorien pro Tag bei einem normalen Durchschnittsbedarf eines Erwachsenen von zweitausendvierhundertzehn Kilokalorien gesunken. Die Schwierigkeiten in der Nahrungsmittelversorgung eskalierten immer mehr. Der Steckrübenwinter verursachte auch einen tiefen Einschnitt in der kollektiven Wahrnehmung der gesellschaftlichen Solidarität von Produzenten gegen Konsumenten und der Fähigkeiten des Staates bei der Ernährungsversorgung.

Bis zum Beginn des Krieges importierte das Deutsche Reich etwa ein Drittel seiner Lebensmittel. Es war damals weltweit der größte Importeur von Agrarprodukten. Großbritannien hatte nach Kriegsbeginn im Jahre 1914 ein Handelsembargo gegen Deutschland erlassen und eine zunehmend wirksame Handelsblockade zur See errichtet, die erst 1919 aufgehoben werden sollte. Ebenso fehlten die Importe aus Russland, was vor allem Getreide betraf. Im Januar 1917 stoppten schließlich auch die USA den heimlichen Handel mit Deutschland über neutrale Staaten.

Der deutschen Landwirtschaft mangelte es zudem an Arbeitskräften, Zugtieren und Kunstdünger, hinzu kamen Transportprobleme.

Der Schwarzmarkt spielte bald eine immer größere Rolle, wie auch die erwähnten Hamsterfahrten, an deren Organisation sich auch bald die Kommunen beteiligten. Die Menschen nahmen in Kauf, dass diese Fahrten massenhaft Verstöße gegen staatliche Bestimmungen mit sich brachten.

Lebensmittelsurrogate, also Ersatzstoffe, wurden immer populärer. Kaffeeersatz aus Getreide, allerdings ohne Koffein, nannte man „Muckefuck". Es gab das sogenannte Hungerbrot, was man aufgrund der Mehlknappheit mit anderen vorhanden Getreidesorten streckte. Formfleisch, wenn erhältlich, wurde aus Fleischresten gepresst.

Lebensmittelersatzstoffe waren auch schon vor dem Krieg bekannt gewesen, aber nicht in einem solchen Umfang.

Statt Butter gab es Margarine, allerdings hatte man auch hier für die Produktion bald nicht mehr die nötigen Rohstoffe. Große Bedeutung erlangten auch Kunsthonig aus Saccharose, Suppenwürfel, Puddingpulver oder alkoholfreie Getränke. Zum Süßen verwendete man unter anderem nun Saccharin, wenn man es bekam.

Die Forschung bemühte sich außerdem, blockadebedingte Ausfälle künstlich herzustellen. Dazu gehörte auch die Entwicklung von künstlichen Gewürzen wie Pfefferersatz.
Im April des Jahres 1917 gab das Kriegsernährungsamt eine Liste mit eintausendvierhundert Ersatzmitteln heraus und in den letzten Monaten des Krieges gab es allein achthundertsiebenunddreißig Ersatzprodukte für Wurstwaren.
Die Qualität dieser Lebensmittelersatzstoffe war allerdings meist nicht sehr gut, sie sahen nur wie die richtigen Lebensmittel aus.
Im Auftrag der Reichsstelle für Obst und Gemüse wurde Kriegsmus als Ersatz für Marmelade hergestellt, welches überwiegend aus Rüben bestand. Es war nicht sehr gut und eigentlich kein adäquater Ersatz.
Zudem wurde bald bekannt, dass bei dem Herstellungsprozess durch die Reichsstelle generell bereits verfaulte Äpfel und weitere verdorbene Zutaten verwandt wurden. Viele Kommunen weigerten sich dann, derartige Produkte abzunehmen. Aber sie wurden nicht vernichtet, sondern noch einmal aufgekocht und wieder in Umlauf gebracht.
Viele Ersatzlebensmittel lösten leider eher Ekel und Abscheu bei den Menschen aus, da man auch nie genau wusste, was wirklich für deren Herstellung verwendet worden war.

In den Jahren von 1914 bis 1918 starben im Deutschen Reich fast achthunderttausend Menschen an den Folgen einer Unterernährung. Auch traten viele gesundheitliche Mängel auf, weil man sich nicht mehr richtig waschen konnte. Pro Kopf erhielt man nur fünfzig Gramm Seife im Monat, die lediglich maximal zwanzig Prozent Fettgehalt aufwies, Füllstoffe wie Ton und Speckstein enthielt und nur über Seifenkarten zu beziehen war.
Man muss nicht denken, dass wir aufgrund unseres Standes vielleicht viel besser dastanden als die anderen Menschen. Was es nicht mehr gab, konnten auch wir nicht bekommen. Obwohl meine Eltern und Verwandte noch einen gewissen Lebensstandard halten konnten, da sie unter anderem auf Einnahmen aus Liegenschaften zurückgriffen. So wie mein Papa aus den Domänen, wobei er sich aber weiterhin weigerte diese Überschüsse abzutreten. Dahingehend verstand ich ihn nicht, denn es ging um die Bevölkerung in seinem Herzogtum und damit die Menschen, die auch seine Popularität sicherten. Er hätte diese

sicher stärken können, indem er die Überschüsse abgegeben hätte. Etwas anderes sollte aber die Kriegszeiten noch schlimmer machen. Es kam eine Grippewelle auf, die bald viele Länder erreichen sollte. Man bezeichnete diese als „Spanische Grippe“, nachdem die ersten Nachrichten über die Seuche aus Spanien gekommen waren. Spanien war ein neutrales Land im Krieg und hatte eine relativ liberale Zensur, sodass dort im Unterschied zu anderen betroffenen Ländern Berichte über das Ausmaß der Seuche nicht unterdrückt wurden.
Am siebenundzwanzigsten Mai des Jahres 1918 meldete die die Nachrichtenagentur Reuters, dass der spanische König Alfons XIII. erkrankt sei. Zu diesem Zeitpunkt gab man die Nachricht nach London weiter, wo dann aber nur von einer Epidemie in Madrid berichtet wurde, die einen milden Verlauf habe, und es gebe auch keine Toten. Der Begriff „Spanischen Grippe“ verfestigte sich vollends, als am neunundzwanzigsten Juni der spanische Gesundheitsdirektor Martín Salazar verkündete, ihm lägen keine Berichte über eine vergleichbare Krankheit im übrigen Europa vor. Die internationale Presse gebrauchte ab Ende Juni zunehmend die Bezeichnung „Spanische Grippe“, was zudem von einigen kriegführenden Regierungen gefördert wurde, um die tatsächliche Verbreitung zu vertuschen.
Man spekulierte aber auch darüber, dass der Erreger aus Frankreich eingeschleppt worden sei, da im Winter 1917/18 etwa vierundzwanzigtausend Spanier in Frankreich arbeiteten, von denen bis zum Ausbruch der Epidemie neuntausend zurückgekehrt waren.
Manche Wissenschaftler nahmen auch an, dass die Pandemie ihren Ursprung in den USA habe, was jedoch deren Namensgebung nicht mehr beeinflusste.
Die Vereinigten Staaten waren 1918 in einem massiven Aufrüstungsprozess ihres vor dem Kriegseintritts kleinen Heeres. Eines dieser Ausbildungslager befand sich in Fort Riley in Kansas. Fünfzehntausend Mann waren dort zur militärischen Ausbildung stationiert. Es war der Ort, an dem am vierten März ein Soldat mit Fieber auf die Krankenstation gebracht wurde. Innerhalb weniger Stunden erkrankten mehr als einhundert weitere Soldaten mit ähnlichen Symptomen. In den darauffolgenden Wochen stiegen die Fallzahlen weiter. Im April trafen weitere amerikanische Truppenkontingente in Europa ein und brachten so, vermutete man, das Virus mit sich. Die erste Welle der

Pandemie erreichte Europa.
Zu jener Zeit gab es noch eine atypische, kriegsbedingte erhöhte Mobilität und diese begünstigte so die weltweite Ausbreitung. Die Soldaten aus den USA nannten sie „three-day fever“, also Drei-Tage-Fieber oder auch „purple death“, aufgrund der Hautverfärbungen, britische Soldaten bezeichneten sie als „flu“, sprich Grippe, oder „flandrische Grippe“ wegen der Ansteckung in den Schützengräben Flanderns.
In Deutschland durfte die Presse zwar nicht über Erkrankungen an den Fronten berichten, doch ab Anfang Juni 1918, so auch auf den ersten Seiten der Zeitungen, über die zivilen Opfer. In Deutschland nannte man die Grippe auch „Blitzkatarrh“ oder „Flandern-Fieber“. Manche betitelten sie auch als „Spanische Krankheit“.
Die Erkrankung begann plötzlich. Man fühlte sich schnell krank am ganzen Körper, hatte unter anderem Kopfschmerzen, Rückenschmerzen, bekam Schüttelfrost, einen trockenen, quälenden Husten, der auch mit Krämpfen verbunden sein konnte, litt an sehr starken Hals - und Rachenschmerzen. Dann setzte zumeist das Fieber ein, welches sich über einen oder zwei Tage hielt, und die Temperatur stieg schnell auf vierzig Grad Celsius.
Im Durchschnitt erkrankten die Menschen drei, seltener fünf oder mehr Tage, aber es konnten sich Komplikationen einstellen, wie eine Lungenentzündung, Zyanosen der Haut, mit eben der charakteristischen Verfärbung aufgrund des Mangels an Sauerstoff. Die Menschen starben in der Regel am achten oder neunten Krankheitstag, die Ursache war zumeist eine bakterielle Sekundärinfektion.
Es war bei Krankheitsbeginn schwierig, eine genaue Diagnose zu stellen, da die beobachteten Symptome abwichen. So litten manche Patienten vor allem unter Gliederschmerzen. Aufgrund der starken Schüttelfröste vieler Patienten vermuteten spanische Ärzte zunächst eine Malariaerkrankung oder einen Typhus abdominalis.
Überlebende dieser Grippe waren oft Wochen von starker Müdigkeit und chronischer Erschöpfung gezeichnet, nicht selten traten auch Depressionen als Folgeerscheinung auf. Wer eine Lungenentzündung überlebte, dem stand nicht selten eine langwierige und mühsame Rekonvaleszenzzeit bevor. Viele Menschen litten auch als Folge für den Rest ihres Lebens an neurologischen Funktionsstörungen, wie einer Form der Gehirnentzündung, die Lethargie und unkontrollierte

Schlafanfälle auslöste.
Jeder hatte Angst sich anzustecken. Man versuchte, sich mit einem Schal vor Mund und Nase vor einer Ansteckung zu schützen, mied Personenansammlungen und gesellschaftliche Verpflichtungen. Es hieß, das Virus übertrage sich über die Schleimhäute, Nase, Mund und Augen sowie über die Atemwege.
Die erste Welle dieser Grippe erreichte das Herzogtum Sachsen-Meiningen im Juni/Juli des Jahres 1918. In Südthüringen kam im Oktober und November noch eine zweite Welle auf.
Diese Wellen hinterließen viele Tote und dies nicht nur unter Alten und Kindern, sondern vor allem unter den Menschen im Alter zwischen zwanzig und vierzig Jahren. Die Grippeerkrankung verlief ungewöhnlich schnell.
So starben in Camburg beispielweise ein dreiunddreißigjähriger Mann, ein siebzehnjähriges Mädchen und ein siebenjähriger Junge innerhalb eines Tages. Sie erkrankten und die Grippe raffte sie dahin. Eine Witwe aus Nordhausen verlor innerhalb von fünf Tagen alle ihre Töchter.
Bald betrafen die Erkrankungen auch die Behörden, die nicht mehr arbeiten konnten, da ihre Angestellten sich in großer Zahl im Krankenstand befanden. Die Ortskrankenkassen hatten erhebliche Mehrausgaben, da zahlreiche ihrer Mitglieder erkrankten, Krankengeld, Apothekenkosten, Krankenhausgeld und Sterbegeld stark anstiegen. Man überlegte, die Beiträge zu erhöhen, um die anfallenden Kosten noch decken zu können.
Als die Betriebskrankenkasse in Katzhütte, einer Gemeinde im Landkreis Saalfeld-Rudolstadt, die Beiträge um ein Vielfaches erhöhte, wurde dies als Verstoß gegen die Reichsversicherungsverordnung kritisiert. Es gab dort, im Schwarzatal, auch nur einen Arzt. Der eigentlich zuständige Arzt musste erst aus einem nahegelegenen Ort anreisen und war nicht in der Lage, alle Kranken zu behandeln. Man war einfach völlig überlastet.
In Meiningen rief man bald dazu auf, dass sich geprüfte Rotkreuzhelferinnen zur Unterstützung der Ärzte melden sollten. Die Erkrankungen waren dort so schnell angestiegen, die Verläufe so heftig, dass man die Schulen schließen musste, um eine Ausbreitung zu verhindern.

Es wurden Quarantänemaßnahmen getroffen. So gaben die Zeitungen bekannt, dass Lesehallen, Leihbibliotheken und Lesezirkel für vier Wochen geschlossen wurden. Auch Lichtspielkinos wurden auf Anordnung des herzoglichen Staatsministerium aufgefordert, ihren Betrieb einzustellen.

Es gab allerdings kein wirksames Medikament gegen die Grippe. Man griff daher auf Hausmittel zurück, wie Bettruhe im warmen Zimmer, aber bei frischer Luftzufuhr, Schwitzbäder, Wärmflaschen an Händen und Füßen, den sogenannten „Kruken", heißen Fliedertee, Halswickel, Dampfinhalation, Kamillentee. Von der Verwendung fiebersenkender Mittel riet man aber ab.

Im Herbst und Winter des Jahres 1918 sollten weltweit zwischen zwanzig und fünfzig Millionen Menschen an Grippe versterben, man vermutete später, es seien sogar hundert Millionen gewesen.
Weit nach Ende des Krieges stellte man fest, dass die Grippe mehr Opfer gefordert habe als der Krieg, in dem siebzehn Millionen Menschen ihr Leben gelassen hatten.

Man empfahl, Mund, Haut und Kleider immer reinlich zu halten und die Fenster möglichst viel geöffnet zu lassen. Wenn man zu Fuß unterwegs war, sollte man sich kühl halten, und warm, wenn man fuhr oder schlief. Die Hände sollten vor dem Essen gewaschen und das Essen gut gekaut werden. Eine Ansammlung von Verdauungsprodukten im Körper sollte vermieden werden, nach dem Aufstehen sollte man direkt ein oder zwei Gläser Wasser trinken.
Auch Handtücher, Servietten und Besteck, das von anderen benutzt wurde, sollte man meiden. Ebenso sollte man auf zu enge Kleidung, Schuhe oder Handschuhe verzichten.
In Großstädten stellte man das Spucken auf der Straße unter Strafe oder ordnete das Tragen eines Mundschutzes an. Wer dagegen verstieß, dem drohte eine Geldstrafe.
Die „Spanische Grippe" sollte auch prominente Opfer fordern, wie

den österreichischen Maler Egon Schiele und seine Gemahlin Edith sowie Mehmed V., den Sultan und damit das Staatsoberhaupt des Osmanischen Reiches.
Es ist nur allzu verständlich, dass ich mich sehr um Haz sorgte, wenn er an der Front war, denn man hörte davon, wie verwundete Soldaten in schmutzigen Laken liegen mussten, sich oft auch ansteckten, bevor man sie überhaupt in die Heimat zurücktransportieren konnte. Auch wenn ich mich mit meinem Gemahl in jener Zeit nicht besonders gut verstand, er war mein Ehemann. Ich wollte ihn nicht an dieser schrecklichen Krankheit sterben sehen und natürlich auch nicht im Schützengraben.
Und ebenso traute ich mich auch kaum noch vor die Tür, ebenso wie Mama. Wir beide hatten schon genug Leiden zu ertragen. Die Grippe hätten wir beide sicher nicht überstanden.

Dieser Krieg laugte die Menschen sprichwörtlich aus und die Kriegsmüdigkeit nahm zu, je länger er dauerte.
Zu Beginn dieses Krieges zeigten die Menschen noch ein breites Spektrum an ganz unterschiedlichen Reaktionen, die von Protest und Verweigerungshaltung über Ratlosigkeit und Erschütterung bis zum patriotischen Überschwang und Hysterie reichten. Es gab keine allgemeine Kriegsbegeisterung noch standen die proletarischen und bäuerlichen Schichten dem Krieg geschlossen und konsequent ablehnend gegenüber. Große Teile der bürgerlich-akademischen Schichten begrüßten den Krieg. So reagierte das konservative Bürgertum auf das Ultimatum und die Kriegserklärung Österreich-Ungarns an Serbien mit patriotischen Umzügen, wie etwa in Berlin-Mitte am fünfundzwanzigsten Juli 1914. Diese Umzüge hatten seinerzeit rund dreißigtausend Teilnehmer gehabt.
Allerdings verhielt es sich anders in den kleineren Städten und vor allem in den ländlichen Regionen. Die Menschen waren eher ausgesprochen niedergeschlagen, nachdenklich und pessimistischer Stimmung. Auch die Arbeiterschaft in den Industriezentren des Landes hatte sich eher besorgt gezeigt, als der Krieg begann.
So hatte es aber in keinem der vom Kriegsausbruch betroffenen Länder eine „rauschhafte“, sämtliche Bevölkerungsschichten ergreifende Kriegsbegeisterung gegeben.

In Deutschland fanden damals, so wie in Großbritannien und Frankreich, Ende Juli Antikriegsdemonstrationen statt. Obwohl der Magistrat der Stadt es verboten hatte, marschierten mehr als hunderttausend Menschen in Berlin-Mitte auf.
Ein kleiner Wendepunkt war die Nachricht von der russischen Teilmobilmachung am achtundzwanzigsten Juli gewesen. Die Sozialdemokraten schlossen sich, ähnlich wie die Arbeiterbewegung in anderen Ländern, der politischen Einheitsfront an, obwohl sie sich nur wenige Tage zuvor gegen die „Kriegstreiberei“ der eigenen Regierung gewandt hatten.
Am ersten August des Jahres 1914 versammelten sich vor dem Berliner Stadtschloss zwischen vierzigtausend und fünfzigtausend Menschen zur zweiten Balkonrede meines Onkels Willie, in der er verkündete, er kenne „keine Parteien und auch keine Konfessionen mehr“.
Papa meinte, der Reichskanzler Bethmann Hollweg habe es zu jenem Zeitpunkt geschickt verstanden, Russland als vermeintlichen Aggressor darzustellen.
Der SPD-Parteivorstand Hugo Haase, der zahlreiche Antikriegskundgebungen organisiert und noch bis zum dritten August innerparteilich gegen die Annahme der Kriegskredite gekämpft hatte, erklärte für die SPD tags darauf, dass man in der Stunde der Gefahr das eigene Vaterland nicht im Stich lasse.
Man musste diesen Krieg akzeptieren, aber nach der ganzen Zeit, den vielen verwundeten, toten Soldaten, der Lebensmittelknappheit und der „Spanischen Grippe“, hofften die Menschen, dass er bald zu Ende sei. Die Propagandameldungen in den Tageszeitungen konnte man nicht mehr für wahr halten, es waren mehr Durchhalteparolen für ein geschundenes Volk, dessen Unmut sich immer mehr gegen die Regierung und damit auch gegen Onkel Willie richtete.

Am neunundzwanzigsten September des Jahres 1918 forderte der General und Politiker Erich Ludendorff einen Waffenstillstand. Ludendorff hatte sich als Erster Generalquartiermeister und Stellvertreter Paul von Hindenburgs, des Chefs der Dritten Obersten Heeresleitung, einen Namen gemacht und übte einen bedeutenden Einfluss auf die deutsche Kriegführung und Politik aus. Er war unter anderem verantwortlich für den Sieg Deutschlands in der Schlacht bei Tannenberg in

Ostpreußen zwischen deutschen und russischen Truppen gewesen.
Nur einen Tag nach Ludendorffs Forderung hatte der Admiral Reinhard Scheer, der Leiter der im August gebildeten Seekriegsleitung, die Hochseeflotte ohne Angaben von Gründen auf Reede bei Schillig nahe Wilhelmshaven zusammengezogen. Dem Flottenkommando wurde signalisiert, dass einer Forderung auf Auslieferung der deutschen Flotte nachgekommen werden müsse. So entwickelte der Konteradmiral Adolf von Trotha daraufhin auf der Basis vorausgegangener, im Frühjahr 1917 und im April 1918 aufgestellter Planungen, einen Angriffsplan auf die mehr als doppelt so starke englische Flotte, die sogenannte „Grand Fleet“. Dieser Operationsplan sah für den dreißigsten Oktober einen Nachtvorstoß der gesamten Flotte in die Hoofden vor. Bei Tagesanbruch wollte man die flandrische Küste und die Themsemündung angreifen.
Da man davon ausging, dass die britische Flotte mit großer Wahrscheinlichkeit den Rückzug zur Deutschen Bucht abschneiden würde, erwartete die Marineführung am Spätnachmittag des zweiten Operationstages die große Seeschlacht bei Terschelling. Die Admiräle sahen eine gewisse Siegeschance. Man plante also nicht von vorneherein eine „Todesfahrt“ für achtzigtausend Seeleute, nahm allerdings eine solche als sehr wahrscheinliche Variante durchaus billigend in Kauf. Man informierte weder Onkel Willie noch den Reichskanzler, aber sehr wohl Ludendorff.
Die Motive des Flottenvorstoßes lagen bedauerlicherweise in Ehren - und Existenzfragen der Admiräle, denn man glaubte, ohne einen letzten Einsatz sei der kommende Wiederaufbau der Flotte gefährdet.
Nach dem entsprechenden Flottenbefehl vom vierundzwanzigsten Oktober kam es nur drei Tage später zu Befehlsverweigerungen auf einigen der größten Schiffe.
So stellte der Admiral Franz von Hipper am neunundzwanzigsten Oktober den Befehl zum Auslaufen zurück und beorderte die Flottengeschwader zu ihren jeweiligen Standorten. Das besonders unruhige III. Flottengeschwader lief am ersten November in Kiel ein, wo nun siebenundvierzig Matrosen, die als Haupträdelsführer galten, in Haft genommen wurden. Es kam zu Protestaktionen gegen diese Maßnahme, bei denen am dritten November sieben demonstrierende Arbeiter und Soldaten erschossen wurden. Aus diesen erwuchs der später so

bezeichnete Kieler Matrosenaufstand.
Die nun beginnende Novemberrevolution erfasste in rascher Folge Stadt um Stadt - sie war nicht mehr aufzuhalten. Im ganzen Reich bildeten sich Arbeiter - und Soldatenräte, die bereits am sechsten November in Hamburg und am siebten in München die Macht übernahmen.

Mein Onkel Willie befand sich seit dem neunundzwanzigsten Oktober im Großen Hauptquartier im belgischen Spa. Nun sah er sich am ersten November nach einer öffentlichen Forderung des US-Präsidenten Wilson erstmals mit der Forderung nach seiner Abdankung konfrontiert.
Nach einer Befragung von neununddreißig Kommandeuren an der Westfront erhielt er am neunten November die Antwort, dass die Truppen bei einem Einsatz gegen die Revolution den Befehl überwiegend verweigern würden. Sein Thron wackelte bedenklich.
Die Mehrheitssozialdemokratische Partei Deutschlands, kurz MSPD, die seit dem Jahre 1917 geltende informelle Bezeichnung für die SPD, forderte den Reichskanzler bereits am siebten November auf, Onkel Willie zur Abdankung zu bewegen. Sie drohte ansonsten mit einem Austritt aus der Regierung. Ohne eine Abdankung meines Onkels befürchtete man, die Revolution nicht mehr aufhalten zu können.
Aber es kam nur eine vage Zusage meines Onkels, die konkrete Abdankung erfolgte nicht. Und so gingen am neunten November die Berliner Großbetriebe in den Generalstreik, bald zogen große Menschenmassen mit roten Fahnen in Berlin durch die Straßen, die auch auf vielen öffentlichen Gebäuden, wie dem Brandenburger Tor, gehisst wurden.
Die MSPD trat um neun Uhr morgens aus der Regierung aus, der Reichskanzler Max von Baden gab dann eigenmächtig die Abdankung meines Onkels und den Thronverzicht des Kronprinzen bekannt und übergab zeitgleich sein Amt an Friedrich Ebert. Dies alles geschah ohne Rücksprache mit Onkel Willie, sein Zögern konnte seinen Machtanspruch nicht mehr bewahren.
Am selben Tag rief Philipp Scheidemann, allerdings ohne Abstimmung mit Friedrich Ebert, um vierzehn Uhr die Deutsche Republik aus. Ebert sollte sich im Folgenden darüber sehr verärgert zeigen.

Friedrich Ebert war seit dem Jahre 1917 Vorsitzender der SPD, Scheidemann war Publizist und Mitglied der Partei.
Ein weiteres Mitglied der SPD, Karl Liebknecht, der als strikter Antimilitarist bekannt war, proklamierte nur zwei Stunden später die freie sozialistische Republik Deutschland.

Mein Onkel, der nun befürchtete, er könne ebenso enden wie sein Cousin Nicky in Russland mit seiner Familie, flüchtete am selben Tag noch von Spa aus in die Niederlande, die neutral waren, wo er erst am achtundzwanzigsten November förmlich und wie es hieß, „für alle Zukunft“ auf die Krone Preußens und die deutsche Kaiserkrone verzichtete.
Der Kaiser verließ das Land ohne Dankesworte an das Volk und die Truppen, die in seinem Namen gekämpft hatten, noch gedachte er der Gefallenen. Man empfand seine Flucht ins Exil, ohne eine vorherige Abdankung, als reine Fahnenflucht.
Kurz darauf fand vom neunundzwanzigsten Oktober bis zum vierten November in Paris eine
Konferenz der alliierten Kriegskoalition statt, in der über die Waffenstillstandsbedingungen beraten wurde. Die deutsche Kombination von Friedensangebot und Waffenstillstandsersuchen wurde dabei als Eingeständnis der Niederlage gedeutet.
Der Waffenstillstand wurde besiegelt, war aber zunächst auf sechsunddreißig Tage begrenzt. Doch er beendete damit faktisch den Krieg.

Mein Onkel Willie sollte in den Niederlanden verbleiben, niemals wieder nach Deutschland zurückkehren. Ab dem Jahre 1920 lebte er im Haus Doorn, einem kleinen Schloss in Doorn, einem Ort in der niederländischen Gemeinde Utrechtse Heuvelrug.
Die Monarchie hatte sich selbst abgeschafft.
Der US-Präsident Wilson wollte mit der Forderung nach einer Abdankung Onkel Willies dem deutschen Volk erträgliche Friedensbedingungen ermöglichen.
Dona allerdings hatte sich mit aller Entschiedenheit dafür eingesetzt, ihren Gemahl auf dem Thron zu halten. So drohte sie am ersten November dem Reichskanzler Prinz Max von Baden telefonisch, sie würde seine Homosexualität öffentlich machen, wenn er ihren Gemahl

zur Abdankung zwänge. Der Prinz erlitt daraufhin einen Nervenzusammenbruch und musste mit einem opiumhaltigen Medikament in einen mehrtägigen Dauerschlaf versetzt werden.

Im Zuge der Novemberrevolution folgte sie dann Ende November, nach einem kurzzeitigem Aufenthalt in der Villa Ingenheim ihres Sohnes Eitel Friedrich, ihrem Mann in das niederländische Exil und bezog mit ihm gemeinsam im Jahre 1920 das Haus Doorn.
Dona brach der Umsturz buchstäblich das Herz. Sie sollte auch den Verlust der Heimat nie mehr verwinden können, war voller Schmerz und gramgebeugt. Von diesem Tag an alterte sie zusehends und konnte den körperlichen Leiden nicht mehr die frühere Widerstandskraft entgegenstellen. Es begann für sie ein qualvolles Siechtum. Aber am schwersten traf sie das Heimweh nach Deutschland. Dennoch versuchte sie, ihrem Gemahl eine Stütze zu sein.
Auch für ihre Kinder verhielt es sich oftmals nicht viel besser. Nachdem man ihrem Sohn Friedrich Wilhelm den Wunsch abgeschlagen hatte, seine Truppen in die Heimat zu führen oder wenigstens als Privatmann auf sein Schloss in Schlesien zurückkehren zu dürfen, überschritt er am zwölften November mit einem gefälschten niederländischen Ausweis die Grenze. Die Regierung von Ministerpräsident Charles Ruijs de Beerenbrouck brachte ihn in einem ehemaligen Pfarrhaus auf der Insel Wieringen unter, die er nur zu Besuchen der Eltern in Doorn verlassen durfte. Auch seine Gemahlin Cecilie und die gemeinsamen Kinder folgten ihm dorthin. Am ersten Dezember unterschrieb Friedrich Wilhelm seine Abdankungserklärung und verzichtete damit auf den deutschen Thron.
Adalbert verletzte die Tatsache tief, dass ausgerechnet die Aufstände der Hochseeflotte im November zum Sturz der Monarchie geführt hatten. Er wurde aber erst im November des folgenden Jahres aus der Marine verabschiedet.
Im Sommer 1919 verließ Adalbert gemeinsam mit seiner Familie Kiel und bezog eine Villa in Bad Homburg.
Auwi und seine Gemahlin gingen nach Kriegsende getrennte Wege, sie ließen sich bald darauf scheiden.
Für Viktoria Luises Gemahl endete mit seiner Abdankung am achten November die Monarchie im Herzogtum Braunschweig-

Lüneburg. Die Familie flüchtete aus Braunschweig, fand Exil in Schloss Cumberland nahe dem oberösterreichischen Gmunden.
Auch Eitel Friedrichs Ehe war zerrüttet, man blieb zwar in Deutschland und hielt den Schein nach außen aufrecht, aber in der Presse kursierten Gerüchte über die Liebesaffären seiner Gemahlin.
Joachims Gemahlin betrog ihn ebenfalls regelmäßig, zuletzt auch mit einem mehr als windigen Hochstapler, und er verfiel zusehends in Depressionen, bat seinen Vater um die Zustimmung zur Scheidung, was dieser aber aufgrund der hauseigenen Regeln ablehnte. Auch Joachim blieb in Deutschland.

Papa, gesundheitlich angeschlagen, war schon bei dem Regierungsantritt in Meiningen verbittert gewesen, denn er musste wie auch Mamas Vater lange auf den Thron warten. Er hatte sich zu Lebzeiten seines Vaters nie durch eine Beteiligung an der Machtausübung als künftiger Herzog profilieren können. Dann hatte auch noch der Kriegsbeginn verhindert, dass er sich als Regent in irgendeiner Art und Weise hatte hervortun können.
Seine stets, auch öffentlich geäußerten, bissigen Kommentare über die Sozialdemokratie hatten dazu geführt, dass die sozialdemokratisch gesinnte Bevölkerung ihn nicht gerade mochte. Zudem war er unachtsam mit Kritik an anderen, sparte nicht damit, gab sich grob. Es wirkte sich alles negativ auf seine Popularität aus.
Er war schon früh der Auffassung gewesen, Deutschland könne den Krieg nicht gewinnen. Vielleicht resultierte dies aus seiner Verbitterung darüber, dass man ihm wichtige militärische Aufgaben im Krieg vorenthalten hatte, denn als pensionierter Generaloberst mit dem Rang eines Generalfeldmarschalls sah er sich dafür mehr als prädestiniert an. Doch es war wohl mehr sein Alter und vor allem seine stets offene Kritik an Missständen gewesen, die dafür sorgten, dass man ihn nicht berücksichtigte. Er musste sich mit Truppenbesichtigungen an der Front und der Besichtigung von militärischen Einrichtungen zufriedengeben.
Seine Ansichten bezüglich des Krieges äußerte er auch bereitwillig öffentlich. So nannte er Ludendorff einen gefährlichen Irren und Massenmörder.
Einmal sprach er offen vor hohen Militärs aus, dass er meine, man

befinde sich nach der verlorenen Marneschlacht im Jahre 1918 nun auf dem Misthaufen der Geschichte.
Manchmal tat er mir leid, weil er sich wohl wie auf dem sprichwörtlichen Abstellgleis fühlte und seiner Verbitterung nur Luft machen wollte.
Und nun war der Krieg verloren, so wie mein Vater es stets befürchtet hatte.

Als in den ersten Novembertagen in Meiningen Gerüchte über die Meutereien bei der Marine kursierten, aber die Tageszeitungen aufgrund der Zensur nur vage darüber berichteten, packte meinen Vater eine dunkle Vorahnung. Es interessierte ihn gar nicht mehr, was aus Onkel Willie wurde, denn er und Mama gehörten schon lange nicht mehr zum engen Kreis der Familie.
Bald sprach man von seltsamen Elementen in der Stadt, die sich herumtummelten, Menschmassen, die sich sammelten.
Zwar hatte man die kritische Haltung meiner Eltern gegenüber dem Kaiserhaus stets mit Wohlwollen in Meiningen aufgenommen, aber der Unmut der Menschen richtete sich nun gegen den Adel in seiner Gesamtheit.
Am zehnten November drangen revolutionäre Matrosen und Soldaten des Meininger Arbeiter - und Soldatenrates gewaltsam in das Schloss Elisabethenburg ein. Sie legten meinem Vater eine Thronverzichtserklärung vor, die er ohne zu zögern unter dem Druck unterzeichnete. Sein anwesender Halbbruder Ernst unterzeichnete seine nur zwei Tage später. Damit war auch in Meiningen die Monarchie beendet und das Herzogtum ging in dem neu gegründeten Freistaat Sachsen-Meiningen auf.
In der Nacht, die auf seine Abdankung folgte, flohen mein Vater und meine Mutter recht kopflos auf Nebenwegen in einem Automobil nach Bad Liebenstein. Allerdings kehrten sie, nachdem sie erkannt hatten, dass ihnen keinerlei Gefahr für Leib und Leben drohte, nach einigen Tagen in die immer noch revolutionäre Hauptstadt zurück.
Ihre Flucht war durch einen Garnisonskommandanten organisiert worden. Mein Vater hatte sich sogar noch auf Anweisung des Arbeiter - und Soldatenrates die Schulterklappen vom Waffenrock abtrennen lassen. Meine Eltern wurden von ihrem Fahrer begleitet und einem

Unteroffizier. Mama hätte um ein Haar ihren Schmuck im Salon liegen lassen, beide waren völlig überfordert mit der Situation gewesen. Allerdings hatten sie nicht bedacht, dass sie bei ihrer Flucht keinen Halt machen durften, denn Mama hatte den wertvollen Schmuck bei sich, die beiden Hunde mussten auch mitreisen und man hatte kein Geld. Ein Herzog pflegte damals kein Geld mit sich zu führen, dafür hatte man den Hofmarschall oder einen Flügeladjutanten.
Es war in Meiningen kaum zu Ausschreitungen gekommen, es auch kaum geplündert, es gab nur Unruhen und Drohungen, ein paar Schüsse fielen. Niemand kam ernsthaft zu Schaden. Die Novemberrevolution verlief eher unspektakulär.

Am fünfzehnten November hatte der liberal gesinnte Straßen - und Wasserbaumeister, Architekt und Kunstschriftsteller, Oberbaurat Eduard Fritze, der auch Präsident des letzten herzoglichen Landtags von Sachsen-Meiningen war, in der Schlusssitzung nur lobende Worte für meine Eltern übrig. Vielmehr dankte man ihnen für ihr vielfältiges Wirken zum Wohle der Meininger Bevölkerung.
Die Abdankungen betrafen alle Fürsten Deutschlands und so bezeichnete Fritze diese als letzte Strahlen einer untergehenden Sonne, die Deutschland auf seiner höchsten Höhe gesehen und vergoldet habe.
Nachdem auch Ernst abgedankt hatte, sprach der Meininger Landtag ihm am zwölften November ohne Gegenstimme eine großzügig bemessene Entschädigungssumme zu, die sich als Ausgleich für den großzügig geleisteten Verzicht auf die sich im Staatseigentum befindlichen Domänen bezog. Diese und die daraus erzielten Einnahmen gingen nun in staatliche Hand über. Man hielt Ernst für feinsinniger als meinen Vater, bedauerte eher, dass auch seine Position als Erbprinz dem Ganzen zum Opfer fiel und aus diesem Grund wollte man ihn entschädigen.
Mein Onkel war stets der Lieblingssohn des Großpapas gewesen, vielleicht, weil er mit ihm die Liebe zur Kunst geteilt hatte. Zudem hatte er im Krieg zwei Söhne verloren. Ernst sollte von da an als Repräsentant des Hauses Sachsen-Meiningen fungieren. Meinem Vater war jegliches in dieser Hinsicht, wie er es nannte, gründlich verleidet.
Eigentlich hätte diese Rolle meinem Vater zufallen müssen, aber er engagierte sich dahingehend nun eher wenig.

Im Zuge der Novemberrevolution setzte man auch den König von Bayern ab, Ernie in Hessen, Papas Freund Welmi. Wir alle hatten noch unsere Titel, aber sie zählten nichts mehr. Der Krieg hatte das alte Herrschaftssystem hinweggefegt.

Für Mama erwiesen sich die Erlebnisse der letzten Tage mehr als dramatisch. Sie hatte sich zu Tode gefürchtet, als vierzig Revolutionäre ins Schloss kamen, Reden hielten, die aus ihrer Sicht sehr frech anmuteten. Einige Jungen, die sich dem Trupp angeschlossen hatten, rissen die Fahnen des Hauses am Eingangsbereich des Schlosses herunter und hissten, wie sie es nannte, einen roten Lappen, den man aber nach zwei Tagen durch den Soldatenrat wieder entfernen ließ.
Es traf sie sehr tief, dass mein Vater abdanken musste. Sie sah die roten Fahnen, auch am Meininger Rathaus, wobei man aus einer anderen Fahne einfach einen roten Streifen herausgetrennt hatte.
Mama konnte keinen klaren Gedanken mehr fassen. Sämtliche Behörden unterstellten sich in den Folgetagen dem Arbeiter - und Soldatenrat. Allerdings betonte man, dass diese Räte zwar nach dem Vorbild der Sowjets gegründet worden waren, aber alle Geschäfte von ihren bisherigen Eigentümern fortgeführt werden sollten. Man forderte auch in Meiningen Ruhe und Gelassenheit von der Bevölkerung.
Personen, die keine sogenannten „Ehrenstrafen“ begangen hatten, wurden aus der Haft entlassen. Ausgenommen waren also Betrüger oder mehrfache Diebe, Mörder. Man wollte damit aber vor allem Personen freilassen, die aus politischen Gründen oder wegen Disziplinarverfahren inhaftiert worden waren.

Für meine Eltern war es auch ein sehr schwerer Schlag, dass sie auf vieles, was ihr Vermögen betraf, verzichten mussten. Ich weiß nicht, ob mein Vater es seinem Halbbruder übel nahm, dass man ihn großzügig entschädigt hatte. Aber er musste auf die Domänen, deren Erlöse und auch auf andere Einkommensquellen verzichten. Man bewilligte ihm keinerlei Entschädigung dafür und ging darauf auch gar nicht ein. Mamas Depressionen verstärkten sich in dieser Zeit verständlicherweise.
Da mein Gemahl kein Regent eines Hauses war, behielten wir unseren

Besitz, wie das Schloss Neuhof. In Kriegszeiten war es zu einem Lazarett umgewandelt worden, aber wir lebten dennoch zeitweise darin und hielten uns dann in den oberen Räumen auf.
Ellen, die sich mir gegenüber weiterhin abweisend verhielt, verbrachte ab dem Jahre 1914 viel Zeit auf ihrem Landsitz, der Veste Heldburg. Nach dem Ende des Krieges bezog sie das Palais „Helenenstift“ in Meiningen, welches noch von meinem Großpapa in den Jahren 1891/92 als Witwensitz für sie errichtet worden war.

Marie Elisabeth, Papas Schwester, pendelte zwischen Meiningen und Obersendling in München. Sie versuchte weiterhin, begabte Sängerinnen zu fördern, ihnen die Ausbildung zu finanzieren. Im Jahre 1918 komponierte sie ein reines Orchesterwerk, eine Phantasie, welche den Titel „Aus der großen eisernen Zeit“ trug und sich natürlich auf den Krieg bezog. Sie widmete es dem Andenken ihres gefallenen Halbbruders Friedrich und den drei Neffen, die ebenfalls im Krieg ihr Leben lassen mussten.

Onkel Heinrich hatte sich während des Krieges oftmals von seiner Kommandostelle in Kiel entfernt, um bei Onkel Willie im Hauptquartier zu sein. Man hatte dies bei der kaiserlichen Marine stark kritisiert. Vielmehr sagte man, es würde auf Dauer seinem Ansehen in der Marine schaden, wenn er immer so lange fortbliebe.
Nachdem der deutsch-russische Friedensvertrag am dritten März 1918 unterzeichnet worden war, gab es keine Kampfhandlungen mehr in der Ostsee und man löste die Dienststelle Onkel Heinrichs als Oberbefehlshaber der Ostsee kurzerhand auf. Da er nun keine eigene Tätigkeit mehr hatte, unternahm er mehrere Besuche an die Westfront, wobei er aber mehr als stiller Beobachter fungierte.
Tante Irene hatte sich um Lazarette in Kiel gekümmert. Wie für alle Familienmitglieder bedeutete der Krieg, dass man die Verwandten in England nicht mehr sehen konnte. Über die russische Verwandtschaft und ihr tragisches Schicksal hatte ich bereits berichtet.
Irenes Schwester Viktoria in England sah sich dann auch mit der Tatsache konfrontiert, dass man den Familiennamen Battenberg in eine englische Version umbenennen musste. Dies geschah auf Geheiß des englischen Königs im Jahre 1917, weil man sich eben mit Deutschland

im Krieg befand und Viktorias Gemahl in der englischen Marine diente. So musste man den Nachnamen Mountbatten annehmen.
Man muss sagen, dass mein Onkel Heinrich, ebenso wie Tante Irene, sich während des ganzen Krieges nie gegen Onkel Willie stellten. Sie meinten zwar oftmals nicht alle seine Entscheidungen gutzuheißen, aber sprachen dies nie öffentlich aus. Sie kritisierten auch keine leitenden Köpfe. Gegenüber dem Kronprinzen sagte Onkel Heinrich sogar einmal, er halte seinen älteren Bruder nach wie vor für einen großen Mann und einen großen Charakter.
Bis zum vierten November des Jahres 1918 lebten Tante Irene und Onkel Heinrich nebst ihrem Hofstaat im Kieler Schloss. Mein Onkel begann erst dann um seine Familie zu fürchten, als die Meutereien auf den im Hafen liegenden Schiffen der Schlachtflotte begannen, diese auf die Garnison und die doch recht beträchtliche Arbeiterschaft in der Stadt übergriffen.
Man sprach meinem Onkel eine gewisse Mitschuld an allem zu, denn, so hieß es, man könne mit Flottenparaden, Kieler Wochen und ähnlichem keine Seelen und Herzen der Leute gewinnen. Ob mein Onkel wirklich so unbeliebt bei der Mannschaft war, sei dahingestellt. Ich möchte dies aber bezweifeln.
Man riet meinem Onkel sich also umgehend, mit seiner Familie nach Hemmelmark zu begeben, um so in Sicherheit zu sein. Er wollte nicht abwarten, was die meuternden Matrosen, Soldaten und Arbeiter eigentlich forderten. Natürlich konnte er auch nicht wissen, dass die Unruhen nicht in einem großen Blutvergießen enden würden.
Er beflaggte also sein Automobil zeitweise mit einer roten Flagge und setzte sich mit seiner Familie ab. Viele Bürger in Kiel sahen es als einen Mangel an Standhaftigkeit an, dass die Familie floh.
Man gelangte unversehrt nach Hemmelmark, obwohl der Wagen einmal zwischendurch, bei der Levensauer Hochbrücke am Nord-Ostsee-Kanal, von aufständischen Matrosen kontrolliert wurde. Mein Onkel zog es dann allerdings vor, mit seiner Familie zum Schloss Grünholz zu fliehen, welches sich im Besitz des Herzogs Friedrich zu Schleswig-Holstein-Glücksburg befand. Dort wartete man acht Tage ab, fuhr dann wieder zurück nach Hemmelmark. Das Gut sollte nun der ständige Wohnsitz der Familie meines Onkels werden. Erwähnenswert ist auch, dass sie alle unbehelligt blieben. Ferner gestattete man sogar,

dass privates Inventar aus dem Kieler Schloss geholt werden durfte.
Erst am zehnten August des Jahres 1919 enthob man ihn auf eigenen Antrag hin vom Posten des Generalinspekteurs der Marine und er schied damit endgültig aus dieser aus.
Die finanzielle Lage der Familie war allerdings nun schwierig, da das Gut nicht profitabel war. Man hatte die Landwirtschaft seit langem verpachtet. Hinzu kam die Zeichnung von Kriegsanleihen und die meinem Onkel gehörenden Burgen Rheinstein bei Bingen und Schloss Paretz bei Potsdam waren im Unterhalt sehr kostspielig, da man sie nur museal nutzte. Und seine Fideikommiss Opatow-Swiba in Polen war durch die deutsche Niederlage im Krieg verloren.
Onkel Heinrich sorgte sich um das Schicksal Onkel Willies, denn die Siegermächte versuchten kurzzeitig, eine Auslieferung zu erreichen, damit man ihn vor ein Kriegstribunal stellen konnte. Auch mein Onkel Heinrich stand auf einer von der Entente zusammengestellten Liste von Kriegsverbrechern. Alle dort aufgeführten Personen sollten vor einen alliierten Gerichtshof zitiert werden.
So appellierte Onkel Heinrich dann im August des Jahres 1919 in einem offenen Brief an König George V. in England, man möge doch von einer Auslieferung und Vorgerichtstellung seines Bruders absehen.
Glücklicherweise lehnte aber die niederländische Regierung das Auslieferungsbegehren für Onkel Willie seitens der Alliierten ab.
Es kam durchaus dann in der Folge zu Prozessen gegen sogenannte Kriegsverbrecher vor dem Leipziger Reichsgericht, aber diese verliefen alle buchstäblich im Sande. Langsam beruhigte sich die Lage wieder.
Onkel Heinrich sollte Onkel Willie später mehrmals im Jahr in Doorn in den Niederlanden besuchen, blieb dann für einige Wochen und widmete sich mit ihm der Gartenarbeit.

Zwischen meinen Eltern kam es nach Papas Abdankung zu durchaus tiefgreifenden Eheproblemen. Anfang des Jahres 1919 sprachen beide sich für eine Trennung oder gar eine Scheidung aus. Obwohl man meinen Papa stets als einen der nachsichtigsten und devotesten Ehemänner im Kaiserreich bezeichnet hatte, konnte er sich wohl nun nicht länger so verhalten.

Man muss verstehen, dass ihn seine Abdankung sehr traf. Ebenso wie das Ende der Monarchie, denn mein Vater war durch und durch Preuße. Zudem war es für ihn schwer, sich auf die neue Situation einzustellen. Das galt aber für alle Menschen: Die Zukunft war ungewiss. Hinzu kam die Tatsache, dass es Mama immer schlechter ging, er sich mit seinen nun achtundsechzig Jahren auch nicht mehr so belastbar fühlte. Ihn plagten auch schon einige Leiden des Alters, wenn sie auch eher unbedeutend schienen im Gegensatz zu den Unpässlichkeiten meiner Mutter.
Auf mich wirkte er niedergeschlagen, ermüdet und hilflos.
Doch in meiner Ehe kriselte es ebenso. Haz und ich hatten uns schon etwas auseinandergelebt, seit er eben der festen Überzeugung war, dass ich meine Leiden nur vorgab, mich in mein Simulantentum hineinsteigerte.
Ich wurde im Mai des Jahres vierzig Jahre alt, beging diesen Tag jedoch nicht mit einer großen Feier, da es mich nicht danach verlangte. Die Hoffnung, nun noch schwanger zu werden, musste ich schweren Herzens aufgeben. Ich glaubte nicht mehr an ein Wunder.
Es ist auch anzumerken, dass es nun keine bis dahin vom Kaiserhaus verordnete Notwendigkeit mehr gab, den Anschein eines untadeligen Ehe - und Familienlebens aufrechtzuerhalten. Und gerade in der Familie Onkel Willies, der gemeinsam mit Dona immer so darauf bedacht gewesen war, den monarchischen Nimbus zu wahren, sich strikt gegen Scheidungen innerhalb der Familie aussprach, kam es auch zu den von mir bereits erwähnten Scheidungen und Trennungen.

Mama verbrachte immer mehr Zeit im Bett. Hinzu kamen bei ihr nun auch Herzprobleme.
Anfang des Jahres 1919 litt sie an einer schweren und sehr schmerzhaften Infektion des Darms, mit Krämpfen in den Verdauungsorganen, die ihr auch noch auf das Herz schlugen. Sie wurde so schwach, dass sie bald gar nicht mehr aufstehen konnte, aber an Schlaf war auch nicht zu denken, da die Schmerzen so unerträglich für sie waren. Das Morphium brachte ihr nur noch wenig Linderung.
Im Juli schrieb sie an ihren Leibarzt Dr. Schweninger, sie habe nachts nur im Bett gelegen, sich hin und her gewälzt, fand bis vier Uhr morgens keine Ruhe, obwohl man ihr Massagen verabreichte, ihr warme

Kompressen auf den Bauch legte, aber alles half nur für eine sehr kurze Zeit. Sie war eine starke Frau, raffte sich tagsüber immer wieder auf, versuchte mittels eines Stocks im Park spazieren zu gehen, verwendete dann keinerlei Medikamente oder Morphium.
Dennoch hoffte sie sehr, dass sich ihre Gesundheit wieder bessern würde. Doch wir waren in großer Sorge, auch mein Vater. Mama wirkte stark gealtert durch die Beschwerden, aber ich verstand sie und irgendwie hatte ich das Gefühl, wir näherten uns einander endlich an. Wenn ich sie und Papa besuchte, war sie sanftmütig, freundlich, verhielt sich wie eine Mutter, denn sie fragte, wie es mir ginge, wollte alles wissen, nahm Anteil an meinem Leben. Auch meinte Mama einmal, sie habe die Hoffnung, dass ich als ihre Tochter niemals die zahlreichen Leiden teilen müsse. Es erschien mir seltsam, denn bisher hatte sie meine Leiden immer als Unfug abgetan. Und daher beunruhigten mich ihre Worte sehr, denn sie wirkte so völlig verändert.

Am elften Juli heiratete Onkel Heinrichs Sohn Sigismund auf Hemmermark seine Cousine zweiten Grades, die Prinzessin Charlotte Agnes von Sachsen-Altenburg, die älteste Tochter des letzten Herzogs Ernst II. und der Prinzessin Adelheid zu Schaumburg-Lippe.
Und am vierzehnten August heiratete sein Bruder Waldemar die Prinzessin Calixta Agnes Adelheid zur Lippe-Biesterfeld aus Potsdam. Sie war Tochter des im Jahre 1914 gefallenen Generalmajors Prinz Friedrich Wilhelm zur Lippe.
Die beiden Hochzeiten waren Lichtblicke im Leben von Onkel Heinrich und Tante Irene, zudem beide Paare aus Liebe heirateten und die Ehen sollten auch sehr glücklich werden.

Im Herbst begab sich Mama in das Sanatorium nach Baden-Baden, wo sie sich Linderung besonders für ihre Herzbeschwerden erhoffte. Aber von dort schrieb sie, dass ihr nichts zu helfen schien, was der dortige Arzt Groddeck ihr verordnete.
Am ersten Oktober starb meine Mutter an einem Herzanfall, während Groddeck anwesend war. Nach all diesen Jahren des Leidens und der vielen Schmerzen wurde sie im Alter von neunundfünfzig Jahren erlöst.
Groddeck berichtete uns, es sei schnell gegangen und er sei die ganze

Zeit bei ihr gewesen. Dennoch traf es uns alle unerwartet.
Meine Eltern wollten einmal nicht in der Krypta in Meiningen beigesetzt werden, sondern bei Schloss Altenstein bei Bad Liebenstein, etwa dreißig Kilometer nördlich von Meiningen. So beerdigten wir Mama in einer von Papa geschaffenen Grablege im Park des Schlosses. Ihr Grab lag auf einem Hügel, von dem aus man einen schönen Blick auf das Schloss hatte, welches meine Eltern stets so liebten.
Kurz nach Mamas Tod zog sich mein Vater auf das Schloss zurück und sollte dies als seinen nun festen Wohnsitz wahrnehmen.
Ihr Tod traf ihn sehr und obwohl er Anfang des Jahres noch mit ihr über eine Trennung oder Scheidung nachdachte, war er nun ein trauernder Witwer, dem sie fehlte. Er gestand mir, dass er es vermissen werde, nicht mehr von ihr getadelt zu werden, wobei er lächelte, was mein Vater überaus selten tat.
Ich wusste, dass *er* ihre Leiden niemals ein Einbildung oder Hypochondrie abgetan hatte. Aber oftmals konnte er nicht viel Verständnis dafür aufbringen, wenn sie sich in Stimmungsschwankungen erging, die, wie ich annehme, auch durch ihren schlechten Gesundheitszustand verursacht wurden. Die Schmerzen ließen sie dann verbittert und rüde werden, auch wenn sie dies vielleicht nicht immer so wollte. Das war aber etwas, was man verstehen konnte.
Viele, wie unter anderem Beatrice, Baby, in England, schrieben uns in ihrer Kondolenz, dass sie gar nicht wussten, wie krank Mama wirklich gewesen war. Anscheinend war sie sehr sparsam mit Informationen darüber umgegangen, je nachdem, um wen es sich handelte in der Familie. Aber auch ihre Schwester Mossy in Hessen hatte nicht gewusst, wie schlimm es wirklich um sie gestanden hatte, denn meine Mutter war noch voller Pläne gewesen, was aus ihren Briefen an Mossy hervorging. Ich vermisste meine Mutter und betrauerte ihren Verlust, da wir uns in der letzten Zeit durchaus gut verstanden hatten. Bei allem, was zwischen uns gewesen war, blieb sie doch meine Mutter und Haz verstand mich. Für eine Weile spendete er mir Trost und gab mir Kraft. Natürlich versprach ich meinem Vater auch, mich um ihn zu kümmern. Er versank schon bald in Einsamkeit, vergrub sich in seine Bücher, machte Spaziergänge im Park, traf sich auch mit Freunden und Verwandten, aber bei allem war es für jeden klar ersichtlich, dass ihm meine Mutter sehr fehlte.

Eine der letzten Fotografien meiner Mutter auf Schloss Altenstein, September 1919.

Die Bevölkerung Meiningens hatte nach wie vor Interesse am Schicksal meines Vaters, aber er wusste dies nicht zu schätzen. Er empfand es eher so, als habe man zuerst die Monarchie abgeschafft, fände aber jetzt Vergnügen daran, ihn auszukundschaften und gleich einem

wilden Tier hinter Gittern anzustarren.
Er nahm Onkel Willie die Flucht in die Niederlande sehr übel. So stellte er auch bald fest, niemand wolle den Kaiser wiederhaben und dies käme nicht einmal dem blaublütigsten Konservativen in den Sinn. Seine öffentlich geäußerten Worte stießen in Doorn sicher nicht auf große Zustimmung, aber so war mein Papa eben. Wenn ihn etwas störte, sprach er jeden Gedanken offen aus und scherte sich nicht darum, was andere dachten. Darin war er meiner Mama sehr ähnlich.

Mamas Schwester Moretta war auch sehr niedergeschlagen nach dem Tod meiner Mutter, hatte diese ihr doch in der Zeit der Trauer nach dem Tod Adolfs so viel Beistand geleistet. Zudem war Mama ein gerngesehener Gast in Bonn gewesen.
Moretta kam auch aber nur sehr schwer mit den sich ändernden Begebenheiten nach dem Ende des Krieges zurecht. Sofort nach Kriegsende, im Jahre 1918, beschlagnahmte man das Palais Schaumburg, in dem sie lebte. Zuerst kamen kanadische Soldaten, dann englische und schließlich französische. Das Palais war eigentlich ihr Besitz gewesen, aber nun durfte sie nur noch in einem Flügel wohnen, fühlte sich wie eine Gefangene in ihrem eigenen Haus.
Man muss anmerken, dass sie politisch eher desinteressiert war und daraus resultierte eine gewisse Naivität. Als sie im Januar 1919 den Prinzen Albert traf, den zweitgeborenen Sohn von König George V., wunderte sich dieser sehr über ihre Worte bezüglich des Krieges und, dass sie ihm gegenüber den Wunsch äußerte, man könne doch mit dem König und seiner Familie nun, nach dem Ende desselben, wieder befreundet sein. Albert entgegnete ihr höflich, dass er aufgrund der politischen Gegebenheiten für eine Freundschaft die nächsten Jahre keine Möglichkeit sehe.
Das englische Königshaus schloss damit auch Familienmitglieder aus, die keine wesentliche Schuld am Krieg trugen und durchaus als anglophil bekannt waren.
Moretta traf dies sehr, denn sie liebte England und fühlte sich dem englischen Königshaus sehr verbunden. Allerdings war auch sie sich, wie Onkel Heinrich, darin einig, dass Onkel Willie kein blutdürstiger Tyrann gewesen sei, den man nun aus ihm in der Presse zu machen gedachte.

Meine Tante veränderte sich in der folgenden Zeit zusehends, wurde extravaganter und investierte viel Geld in teure Kleider, ein dem Zeitgeist angepasstes Aussehen. Es gab für sie niemanden mehr, der ihr vorschreiben konnte, wie sie sich zu kleiden oder zu verhalten hatte.
Mamas Schwester Sossy lebte noch im Exil in der Schweiz. Die Familie durfte allerdings nur im deutschsprachigen Teil wohnen, so verfügte es die Regierung. Sie hatten Griechenland seinerzeit überstürzt und mit wenig Geldmitteln verlassen, jedoch den engeren Hofstaat mitgenommen. Sossy sah sich immerzu mit finanziellen Nöten konfrontiert und die Bevölkerung begegnete ihnen nicht gerade freundlich oder gar wohlgesonnen.
Während des Krieges forderte das britische Konsulat sogar die englischen Kindermädchen der Familie auf, nicht mehr für so eine verräterische Familie zu arbeiten. Man wollte den sogenannten Nannys die Pässe entziehen. Aber dann durften sie doch weiterhin für Sossy und Tino arbeiten.
Tino war durch den Verlust des Thrones und der Heimat verbittert. Im Jahre 1918 erkrankte er an der „Spanischen Grippe“ und man musste das Schlimmste befürchten, aber glücklicherweise erholte er sich wieder.
Man hatte Sossy von jeglichen Nachrichten, auch über ihren Sohn Alexander, der nun auf dem Thron saß, abgeschnitten, der Kontakt, auch brieflich, war untersagt. So erfuhr sie alles nur aus den Zeitungen, wenn diese meinten, etwas berichten zu müssen.
Schon Ende Juli 1918 hatte Sossy ihre schlechte finanzielle Lage an Mossys Gemahl in Hessen, den Prinzen Friedrich Karl, weitergegeben. Dieser wandte sich in einem langen Brief an Friedrich Wilhelm von Berg, den Chef des kaiserlichen Zivilkabinetts. Der Prinz wies daraufhin, dass Tino kein Privatvermögen außerhalb der Schweiz besitze. Und so zeigte sich Onkel Willie bis zu einem gewissen Grad bereit, seine Schwester und ihre Familie finanziell zu unterstützen. Eine Sicherheit für vorgestreckte Gelder konnte die Familie nicht geben, also musste man darauf hoffen, dass Tino bald wieder als König in Griechenland eingesetzt würde oder die Familie in ihre Heimat zurückreisen dürfe.
Dies war aber zu jenem Zeitpunkt ausgeschlossen, zumal Tino durch die Grippe eine schwere Blutvergiftung erlitten hatte und sich davon

erst einmal erholen musste.
Sossy, die auch darunter litt, dass man sie und ihren Sohn in Griechenland voneinander entfremdete, betrauerte dann umso mehr die Tatsache, als dieser im November 1919 Aspasia Manos heiratete, die zwar aus einer vornehmen griechischen Familie stammte, aber ihm standesgemäß nicht ebenbürtig war. Dies führte auch im Volk zu Unmut. Und als Alexander dann einmal nach Paris reiste, hoffte sie, ihren Sohn endlich wiedersehen zu dürfen, doch man unterbrach selbst eine telefonische Verbindung ins Hotel Ritz, in dem er sich aufhielt. Wochenlang sollte sie dies nicht verwinden. Alexander durfte seiner Mutter nicht einmal ein Telegramm in die Schweiz senden.

Mossy lebte mit ihrer Familie weiterhin in Kronberg im Taunus auf Schloss Friedrichshof. Ihr Gemahl Friedrich Karl hatte sich im Laufe der Jahre, also seit dem März 1893, immerzu von seinen militärischen Pflichten entbinden lassen. Ihm behagte der zu jener Zeit übliche Lebensstil der Gardeoffiziere nicht, bei dem es vor allem um Trinkrituale und Glücksspiele ging. Die Großmama hatte ihn damals dafür in den höchsten Tönen gelobt, zumal er auch mehr wissenschaftlich und künstlerisch interessiert war. Er konnte sich dadurch mehr seinen Studien widmen, auch wenn Onkel Willie es lieber gesehen hätte, dass er seinen militärischen Dienst versähe, um ein Gegengewicht zu seinen philosophischen Studien zu haben, die mein Onkel mit einer „weltschmerzlichen Richtung“ abtat.
Eine Zeitlang lebte die Familie in Frankfurt, als Friedrich Karl im Jahre 1899 zum Militär zurückkehrte, was die ganze Familie und Freunde verwunderte. Er diente beim Infanterieregiment Landgraf Friedrich I. von Hessen-Kassel Nr. 81. Im Jahre 1911 nahm er seinen Abschied, nachdem es zu ernsten Differenzen mit dem kommandierenden General Emil von Eichhorn gekommen war. Es ging dabei um die Dienstmoral Friedrich Karls, die er nicht so genau nahm. Man beförderte ihn dennoch zum Generalmajor.
Während Mossy immer die ruhige und gelassene Person war, verlor Friedrich Karl auch schnell einmal die Beherrschung. Die Ehe galt als sehr glücklich, aber das aufbrausende Temperament ihres Gemahls führte dazu, dass man auch schnell einmal aneinandergeriet.
Mossy war immer durch und durch englisch gewesen. Sie liebte den

Lebensstil, das Land und die Leute, reiste gerne zu den Verwandten nach England und ihre Söhne wurden alle von englischen Nannys erzogen.
Niemand in der Familie kreidete Mossy jemals an, dass sie das Schloss und Landgut in Kronberg von der Großmama erbte. Zu dem Erbe gehörte damals auch ein Kapitalstock von über einer Million Mark sowie die umfangreiche Kunstsammlung der Großmama und sämtliche Privatpapiere. Die Großmama war mit der Erbschaft an ihre jüngste Tochter davon ausgegangen, dass diese und ihr kunstinteressierter Gemahl alles am besten zu würdigen wüssten.
Doch die Erhaltung des Schlosses war sehr kostspielig, die Zinsen aus dem Kapitalstock deckten die Unkosten bald nicht mehr und so musste Mossy Onkel Willie um finanzielle Hilfe bitten.
Friedrich Karl war damals nicht begeistert gewesen, den kaiserlichen Schwager um Hilfe zu bitten. Ferner musste man das familieneigene Schloss Rumpenheim aufgeben, nach Kronberg ziehen und es war damals sehr ungewöhnlich für einen Ehemann, im Haus seiner Frau zu leben.
Mossy wollte Friedrichshof so erhalten, wie es die Großmama ihr hinterlassen hatte, und alsbald musste man Grundstücke, die außerhalb des Parks lagen, veräußern, ebenso wie einige wertvolle Objekte aus der Kunstsammlung.
Mossy war bei Ausbruch des Krieges in England gewesen. Sie sah in der Ermordung des österreichisch-ungarischen Thronfolgerpaares in Sarajewo keinen Grund für einen Krieg und traf sich daher noch mit ihrer Schwester Sossy in Eastbourne, einem Seebad am Ärmelkanal in der Grafschaft East Sussex. Man wollte gemeinsam die Sommerferien verbringen. Erst, als Onkel Heinrich auf Onkel Willies Veranlassung eingriff, ein Gespräch mit König George V. führte und daraufhin den beiden zur umgehenden Abreise riet, trat man die Rückreise an.
Mossy kehrte mit einem der letzten Schiffe, die England verließen, Ende Juli 1914 mit ihren Söhnen nach Deutschland zurück.
Mamas Schwester war davon ausgegangen, dass unter den europäischen Häusern sehr gute Beziehungen bestanden, da man auch verwandtschaftlich verbunden war und noch zur Hochzeit Viktoria Luises im Jahre 1913 hatte sie dafür das beste Beispiel gesehen. Da man das englische Königspaar damals sehr freundlich in Berlin empfing,

gab sie sich der naiven Vorstellung hin, man berufe sich eben auf die gute, auch freundschaftliche Verbundenheit und dies würde zu einer Entspannung der Lage beitragen.
Friedrich Karl, bei Kriegsbeginn patriotisch orientiert, ließ sich umgehend reaktivieren und kehrte als Kommandeur zu seinem alten Regiment zurück. Allerdings erlitt er schon im zweiten Kriegsmonat während der Marneschlacht eine so schwere Verletzung durch Granatsplitter, dass man ihn für kriegsuntauglich erklären musste. Die Splitter hatten seinen Darm verletzt, er erlitt eine Sepsis und musste immer wieder operiert werden.
Man verlegte Friedrich Karl so schnell als möglich vom Feldlazarett in ein Frankfurter Krankenhaus, wo sich Mossy nicht nur um ihn, sondern auch um ihren schwerverletzten Sohn Friedrich Wilhelm kümmerte. Letzterer konnte allerdings an die Front zurückkehren, wurde nochmals verwundet und fiel dann, wie von mir bereits erwähnt, im Jahre 1916 in Rumänien.
Mossy schmerzte es sehr, dass ihre ältesten Söhne alle in den Krieg zogen. Friedrich Wilhelm, Maximilian und Wolfgang hatten bis Kriegsausbruch die Hauptkadettenanstalt in Berlin-Lichterfelde besucht. Philipp, ihr Drittgeborener, meldete sich freiwillig.
Als Maximilian im Jahre 1914 fiel, wovon ich auch bereits berichtete, traf sie sein Tod tief, denn er war immer ihr Liebling gewesen, und dennoch versuchte sie tapfer zu sein für ihren Gemahl, der aufgrund der Blutvergiftung selbst mit dem Tode rang. Sie wollte sich vor ihm nichts anmerken lassen, versuchte den Verlust allein zu verkraften.
Nach dem Tod Friedrich Wilhelms ordnete mein Onkel Willie an, dass Mossys Söhne Philipp und Wolfgang im Krieg keiner Gefahr mehr ausgesetzt werden dürften.
Es war für Mossy eine gewisse Erleichterung, auch wenn sie sehr um den Verlust ihrer beiden Söhne trauerte. Sie sah auch erst wieder einen kleinen Hoffnungsschimmer, als es ihrem Gemahl wieder besserging. Für diesen ergab sich bald eine völlig neue Lebensperspektive. Finnland, welches bis zur Oktoberrevolution in Russland ein Großfürstentum desselben gewesen war, erklärte am sechsten Dezember des Jahres 1917 seine Unabhängigkeit. Die nun in Russland herrschenden Bolschewiki unter Lenin erkannten diese am vierten Januar 1918 an. Nach einem Bürgerkrieg entbrannte in Finnland ein heftiger Streit

über die künftige Staatsform des Landes.
Das Parlament wählte schließlich am neunten Oktober 1918, unter Ausschluss der Sozialdemokraten, Friedrich Karl zum König.
Zu jenem Zeitpunkt amtierte Pehr Evind Svinhufvud, ein finnischer Politiker, als Reichsverweser. Man führte die Legitimität der Wahl auf die schwedische Verfassung König Gustavs III. aus dem Jahre 1772 zurück, auf deren Grundlage auch die russischen Zaren als Großfürsten Finnlands geherrscht hatten.
Zu jenem Zeitpunkt der Königswahl war allerdings umstritten, ob ein solcher Vorgang auf Basis dieser Verfassung auch legitim war. Die betreffenden Paragraphen regelten das Wahlverfahren für den Fall, dass der König starb, ohne einen amtsfähigen Nachfolger zu hinterlassen. Sie sahen aber keine explizite Regelung für den Fall vor, wenn mit dem Tod des Herrschers, also in diesem Falle Zar Nikolaus II., zeitgleich auch die Monarchie endete.
Man sah in der Wahl eines deutschen Prinzen eine Verstärkung der Bindungen an das Deutsche Reich, welches Finnland und auch dessen antibolschewistischen Kräfte während des Bürgerkriegs in Finnland durch Waffenlieferungen und der Invasion mit Einnahme Helsinkis unterstützt hatte.
So lag die Entwicklung Finnlands zu einem deutschen Protektorat im Bereich des Möglichen. Eine ähnliche Entwicklung fand seinerzeit auch im Baltikum mit der Wahl des deutschen Herzogs Wilhelm Karl von Urach zum König Mindaugas II. von Litauen und der Gründung eines deutsch dominierten Vereinigten Baltischen Herzogtums, das aus Estland und Lettland bestand, statt.
Friedrich Karl nahm die Wahl jedoch nicht endgültig an. Er reagierte auf eine entsprechende Bitte aus Finnland hin mit einem Schreiben, in dem er höflich um Aufschub bis zu einer endgültigen Entscheidung bat.
Doch die Niederlage Deutschlands im Ersten Weltkrieg und die Abdankung Onkel Willies nach der Novemberrevolution ließen einen deutschen Landgrafen auf dem finnischen Thron nicht mehr angebracht erscheinen. Dann verstärkten Großbritannien und Frankreich ihren Druck auf Finnland, um das Land zu zwingen, von dem Plan einer Restauration der Monarchie Abstand zu nehmen.
Da Friedrich Karl am vierzehnten Dezember 1918 auf seinen Thron

verzichten musste, veränderte sich die Lage. Pehr Evind Svinhufvud trat zeitgleich vom Amt des Reichsverwesers zurück, und Gustaf Mannerheim, ein finnlandschwedischer Offizier, wurde sein Nachfolger. Dieser war bis zum Jahre 1917 General in der Armee des russischen Zaren gewesen. Er vollzog dann 1918/19 als Reichsverweser die Kehrtwende in Finnland von der Monarchie zur Republik.

Die Aussicht auf ein vollkommen neues Leben in Finnland, verbunden mit der Königswürde für ihren Gemahl, ließ Mossy aufblühen. Friedrich Karl hatte wie alle Fürsten Deutschlands natürlich stets den Wunsch gehegt, in seiner Position aufzusteigen. Er selbst hatte Onkel Willie noch im Jahre 1915 darauf angesprochen, dass er durchaus bereit sei, einen Thron zu besteigen, wenn sich diese Möglichkeit im baltischen Raum ergeben sollte. Auch appellierte er an das Mitgefühl meines Onkels, indem er darauf verwies, dass Mossy einen Sohn dem Vaterland geopfert und auch fast ihren Gemahl für dieses verloren habe.

Damit hatte er nicht Unrecht, denn Mossy litt zeitweise sehr, in Kronberg erinnerte sie natürlich alles an ihre Söhne. Und Maximilians Tod dann, der ihr so nahestand, traf sie umso tiefer.

Nachdem sich aber die Hoffnung auf den Königsthron zerschlug, deprimierte Mossy dies sehr. Doch noch schlimmer war für sie die Tatsache, dass man während der Novemberrevolution in Deutschland sogar damit drohte, sie und ihre Familie zu töten. Man entschied sich aber gegen eine Flucht aus Kronberg, brachte nur Wertsachen und wichtige Papiere in Sicherheit.

Mit der beginnenden französischen Besatzung ab dem Jahre 1918 sahen sich Mossy und ihr Gemahl mit in Friedrichshof einquartierten Soldaten konfrontiert. Der Unterhalt des Schlosses war aufgrund des rapiden Geldverfalls nach Kriegsende noch schwieriger geworden und die Familie zog kurzerhand in das Cottage des Hofmarschalls im Schlosspark.

Mossy, die Onkel Willie nie sehr nahegestanden hatte, besuchte ihn bald regelmäßig in Doorn. Auch ihr Gemahl und die Söhne reisten oft in die Niederlande.

Onkel Willie erwog sogar zeitweise, Mossy ganz zu sich zu holen, damit sie als seine Ehrendame bei ihm lebe, aber sie war der Heimat

verbunden. Doch beide Geschwister fanden erst in den Niederlanden richtig zueinander.
Für Mossys überlebende Söhne gestaltete sich das neue Leben aus als schwierig, weil sie nicht mehr die von ihnen anvisierte traditionelle Offizierslaufbahn antreten konnten. Sie mussten sich beruflich neu orientieren.
Philipp begann ein Studium der Kunstgeschichte, zunächst in Berlin, später dann in Rom, Wolfgang begann eine Lehre als Bankkaufmann, Richard, erst siebzehnjährig bei Kriegsende, knüpfte den Kontakt zu Frank Buchman einem amerikanischen evangelischen Prediger und geistigen Führer der Oxford-Gruppe die sich für die sogenannte „Moralische Aufrüstung“ einsetzte.
Sein Zwillingsbruder Christoph lernte in der Kadettenanstalt bereits Hermann Göring kennen, die beiden sollte bald eine enge Freundschaft verbinden. Obwohl Göring acht Jahre älter war als Christoph, imponierte dem Jüngeren vielleicht, dass Göring im Jahre 1911 das Fähnrichsexamen mit Auszeichnung und dem Prädikat „vorzüglich“ erhalten hatte.
Seit dem März des Jahres 1912 war Göring dann Fähnrich im 4. Badischen Infanterie-Regiment „Prinz Wilhelm“ Nr. 112 gewesen und hatte im Januar 1913 das Abitur bestanden. Danach absolvierte er einen achtmonatigen Kriegsschulkurs, den er mit dem Offiziersexamen abschloss. Er brillierte als Flieger im Ersten Weltkrieg, machte aber nach Kriegsende bald seine überzeugte Ablehnung der möglichen Gründung einer Republik in Deutschland öffentlich.

Haz, dessen militärische Karriere mit Kriegsende nun ebenfalls beendet war, widmete sich der Verwaltung unserer Güter. Unsere Titel waren nichts mehr wert, auch wenn mein Mann nun das Haus Reuss-Köstritz repräsentierte. Doch auch sein Herz hatte immer für das Militär geschlagen und nun wirkte er eine Zeitlang ebenso deprimiert wie mein Vater. Sicher, wir mussten uns alle neu orientieren, zudem wir nicht wirklich reich waren und der Adel durchaus auch angefeindet wurde. Es brach eine gänzlich neue Zeit an und Deutschland musste sich erst einmal von diesem Krieg erholen.

Ich kümmerte mich viel um meinen Vater, besuchte Verwandte wie

Tante Irene und Onkel Heinrich, Moretta und Mossy. Wir wären auch gerne nach England gereist, aber das war nach dem verlorenen Krieg nicht möglich.
Ich schrieb durchaus Briefe mit Baby, aber ansonsten bestand nicht viel Kontakt.
Es ging mir gesundheitlich eigentlich ganz gut. Dennoch litt ich zeitweise unter Stimmungsschwankungen, mich belastete einfach vieles. Ich konnte nicht verwinden, dass ich kein Kind hatte, der Streit mit Ellen, wobei ich immer noch keine Schuld dafür bei mir sah.

Die neue Weimarer Republik war im Zuge der Novemberrevolution entstanden. Ihr Name begründete sich auf den ersten Tagungsort der Verfassunggebenden Nationalversammlung, die Stadt Weimar. Man behielt den Staatsnamen Deutsches Reich bei.
Zuerst hatte ein Rat von Volksbeauftragten die Regierungsgewalt ausgeübt. Nun war auf Beschluss des Reichsrätekongresses am neunzehnten Januar 1919 die Wahl zur Deutschen Nationalversammlung abgehalten worden. Am elften Februar hatte die Nationalversammlung Friedrich Ebert zum Reichspräsidenten gewählt. Dieser ernannte am dreizehnten Februar das Kabinett Scheidemann. Die Weimarer Reichsverfassung trat dann am vierzehnten August 1919 in Kraft.
Diese konstituierte das Deutsche Reich als eine föderative Republik. Das Staatsoberhaupt war der für eine Amtszeit von sieben Jahren direkt vom Volk gewählte Reichspräsident, der als Teil der Exekutive über weitreichende Befugnisse verfügte. Die Regierung führte der vom Reichspräsidenten zu ernennende und zu entlassende Reichskanzler, der dem Deutschen Reichstag gegenüber verantwortlich war. Als Volksvertretung mit umfassenden Gesetzgebungs-, Budget - und Kontrollrechten wurde der Reichstag für eine Legislaturperiode von vier Jahren nach dem Verhältniswahlrecht gewählt. Die Länder vertrat der Reichsrat. Die Parlamente auf Landesebene nannten sich nun Landtage.
Die noch junge Republik hatte mehrere Strukturprobleme aus der Kaiserzeit geerbt, wie die Wirtschafts- und Sozialordnung sowie die konfessionell geprägte Schulpolitik. Hinzu kamen Probleme, die die neue Demokratie direkt beeinflussten, denn Krieg hinterließ schwere ökonomische und soziale Lasten. Besonders die nach dem Versailler

Vertrag geforderten Reparationen erwiesen sich als Belastung und wurden dann von den Gegnern der Republik für ihre Agitation gegen die „Erfüllungspolitik“ genutzt.

Da die demokratischen Politiker im Kaiserreich stets von der Führung der Staatsgeschäfte ausgeschlossen gewesen waren, stützten diese sich in Militär, Verwaltung und Justiz weiterhin auf das bereits vorhandene Personal, welches aber die republikanische Staatsform und die Demokratie weitgehend ablehnte. Nur in Preußen fand eine grundlegende Demokratisierung der Beamtenschaft statt. Dies zeichnete sich dann im weiteren Verlauf bei den vielfach politisch motivierten Urteilen der Justiz ab, denn rechte Straftäter wurden oft mit wesentlich milderen Urteilen belegt als linke.

Ebenso lehnten große Teile der Bevölkerung bürgerliche Demokratie und die Republik ab, denn Konservative und Rechtsextreme verbreiteten die sogenannte Dolchstoßlegende, nach der nicht die kaiserliche, sondern die neue demokratische Regierung für die Kriegsniederlage und den als demütigend empfundenen Friedensvertrag von Versailles verantwortlich gewesen sei. Für die Linken hatten die Kämpfe während der Novemberrevolution zu einer unversöhnlichen Haltung der Kommunisten gegenüber den Sozialdemokraten geführt, die sie von einem gemeinsamen Vorgehen gegen die Feinde der Republik abhielten.

Man sah die Weimarer Verfassung durchaus als eine der fortschrittlichsten jener Zeit an. Sie war nach der Märzrevolution von 1848 der zweite, aber erste erfolgreiche Versuch, eine liberale Demokratie in Deutschland zu etablieren.

Bald jedoch gab es böse Zungen, die die These verbreiteten, dass der Staat von Weimar eine „Demokratie ohne Demokraten“ sei.

Haz meinte, es käme daher, dass es keinen tragfähigen Verfassungskonsens gab, der alle Teile des politischen Spektrums von rechts bis links einband.

Es kam auch bald zu vielen politischen Attentaten und Morden. In Bayern ermordete man bereits im Jahre 1919 den provisorischen Ministerpräsidenten Kurt Eisner.

Die überwiegenden politischen Parteien hatten ihre ideologische Ausrichtung von ihren unmittelbaren Vorgängern im Kaiserreich übernommen und vertraten weitgehend auch die Interessen ihrer

jeweiligen Klientel. Man verurteilte eine Aufteilung nach Interessengruppen und Sozialmilieus wie der Arbeiterbewegung oder Katholiken als Partikularismus.
So waren im Reichstag, dem Parlament, zeitweise bis zu siebzehn und selten weniger als elf verschiedene Parteien vertreten. Es sollte in den folgenden Jahren auch ständig zu Kabinettswechseln kommen.
Ferner waren elf Minderheitenkabinette von der Duldung durch Parteien abhängig, die nicht zur Regierungskoalition gehörten.

Ich muss gestehen, dass ich an Politik nie besonders interessiert gewesen war und eigentlich war das auch nicht wirklich wichtig, denn ich wurde geboren mit einem Kaiser, wuchs auf mit einem Kaiser und nun gab es keine Monarchie mehr. Damit möchte ich sagen, dass es vielen Menschen, die schon älter waren, schwerfiel, sich an das neue System zu gewöhnen, auch wenn das alte in einem Krieg versagt hatte.
Mein Vater schien jegliches Interesse an Allem verloren zu haben, zudem es ihn seinen Thron gekostet hatte, auf den er so lange warten musste. Er konnte es einfach nicht verwinden oder auch nur ansatzweise für eine gewisse Zeit vergessen. Manchmal tat er mir leid, weil er alles, woran er einmal glaubte, verloren hatte. Und nun war auch noch allein. Es gab natürlich seine Schwester und seinen Halbbruder, seine Stiefmutter Ellen, aber er wirkte oft so, als habe er sich aufgegeben.
Wir näherten uns auch nicht wirklich einander an, kamen aber miteinander aus. Ich bemühte mich, Interesse an den Dingen zu zeigen, die ihm noch etwas Freude bereiteten, aber eigentlich langweilte mich die Archäologie und alles andere, was sein Dasein noch erfüllte.

Ich hatte noch Kontakt zu Mamas Freundin Marie, die nun mittlerweile in Zürich in der Schweiz lebte.
Marie hatte nie verwinden können, dass Carl Eduard den Thron in Gotha bestiegen hatte, aber
am neunten November des Jahres 1918 hatte auch er unter dem Druck des Arbeiter - und Soldatenrates in Coburg abdanken müssen.
Marie war viel gereist in den letzten Jahren, vor allem nach Russland. Dabei wurde sie oft von Ducky begleitet und im Mai des Jahres 1914 hatte man dort noch einmal Verwandte besucht.

Als der Krieg ausbrach, befand sich Marie in Coburg. Sie war gerade aus England zurückgekehrt, wo sie noch den König im Buckingham Palast besucht hatte. Man war Marie gegenüber in Deutschland während des Krieges oftmals sehr feindselig begegnet, da sie eben russische und englische Verwandtschaft besaß. Dies bezog sich aber auch bald auf die gesamte herzogliche Familie in Coburg.
Als sich die Ablehnung gegenüber allem Russischen steigerte, verließ Marie Coburg, verblieb in ihrer Villa am Tegernsee in Bayern. Einmal, als sie mit ihren beiden jüngeren Töchtern am Tegernsee einen Ausflug im Automobil unternahm, stoppte ein wütender Mob ihren Wagen, da man sie erkannte, und sie wurde auf das Übelste für ihre russischen Wurzeln beleidigt. Die herbeigerufene Polizei brauchte über eine Stunde, um den Mob zu beruhigen und Marie und ihre Töchter in Sicherheit zu bringen.
Dieses Erlebnis ließ sie traumatisiert zurück und so begab sie sich in die Schweiz, nach Walhaus, einem Anbau des Dolder Grand Hotels in Zürich.
Sie sah sich noch als eine recht rüstige Person an, war bei Kriegsende vierundsechzig Jahre alt. Doch Marie fand sich nur schwer mit der neuen Situation ab, da sie die Ereignisse in Deutschland nicht wirklich verstehen wollte. Das Ende der Monarchie traf auch sie tief, vor allem in Russland, erfuhr sie doch, dass fast ihre gesamte Verwandtschaft durch die Hände der Bolschewiki ermordet worden war. Der Zar war ihr Neffe gewesen und sie verlor auch ihren einzigen noch lebenden Bruder, den Großfürsten Paul.
Mit dem Ende der Zarenherrschaft in Russland verlor Marie auch einen Großteil ihres Vermögens, welches dort angelegt war und vom Staat konfisziert wurde.
In England hatte sie nur wenig Geld angelegt, doch davon sollte sie nach Kriegsende auch nichts mehr haben und so musste sie viele ihrer wertvollen Juwelen verkaufen, um Rechnungen bezahlen zu können.
Sie betrauerte den Verlust ihrer geliebten Heimat Russland, Deutschlands und war gramgebeugt über den nahenden Ruin. Bald erfasste besonders ihre Hände ein so starkes Zittern, dass sie kaum noch einen Brief schreiben konnte und sie verlor viel Gewicht. Zeit ihres Lebens war Marie immer übergewichtig gewesen, aber nun war sie sehr schmal geworden. Hinzu kamen bald ständige Magenbeschwerden

und als sie von Mamas Tod erfuhr, war das ein erneuter schwerer Schlag für sie.
Am fünfundzwanzigsten Oktober des Jahres 1920 starb sie an einer Herzattacke. Ihr Tod kam unerwartet, aber es hieß später, sie habe einen Brief erhalten und gelesen, in dem man sie als „Frau Coburg" titulierte und aufs Ärgste beleidigte. Die Zeilen sollen sie dann so getroffen haben, dass sie an dem Schock darüber starb.
Man überführte ihren Leichnam nach Coburg und sie wurde neben ihrem Ehemann und Sohn im herzoglichen Mausoleum am Friedhof am Glockenberg beigesetzt.

Ich musste viel an meine Mutter denken. Besonders, als ich diesen Satz las: „Urteile nie über einen Menschen nach dem, was er im Augenblick des Schmerzes sagt."
Vieles von dem, was sie gesagt hatte, mich verletzte, war vielleicht auch negativ behaftet gewesen, weil sie immerzu an Schmerzen litt. Ich wollte das einfach glauben, konnte mir nicht vorstellen, dass sie mich nie wirklich geliebt hatte. Und Maries Tod rief die Trauer um meine Mutter wieder in mir wach. Ich vermisste sie.

Am selben Tag als Marie starb, verstarb auch Sossys Sohn Alexander in Griechenland. Er wurde nur siebenundzwanzig Jahre alt.
Seine morganatische Ehe mit Aspasia Manos wurde nicht nur von seinen Eltern, sondern auch von der Bevölkerung in Griechenland abgelehnt und so weilte Aspasia überwiegend im Exil in Frankreich. Man verwehrte ihr den Titel einer Königin und sie wurde stattdessen nur mit „Frau Manos" angesprochen.
Alexander war bei einem Spaziergang im Garten des Schlosses Tatoi von einem Affenmännchen gebissen worden, nachdem sein Schäferhund Fritz, dessen Weibchen angebellt hatte. Das Affenmännchen hatte zuerst Aspasia angegriffen, aber als Alexander ihr helfen wollte, biss der Affe zu und die Wunde entzündete sich rasch. Einen Monat nach dem Biss starb Alexander an einer Blutvergiftung. Es kamen später Gerüchte auf, dass die Wunde nicht angemessen behandelt worden war. Zudem habe man die Affen im Garten des Schlosses, die einst ein Geschenk an das Königshaus waren, über das Futter wild gemacht, damit sie aggressiv wurden.

Sossy, die ihren Sohn lange Zeit nicht sehen oder mit ihm kommunizieren durfte, traf sein Tod wie ein Schlag. Dennoch war dieser damit verbunden, dass man nun die Möglichkeit hatte, nach Griechenland zurückzukehren. Tino konnte als König Konstantin I. ein zweites Mal die Regentschaft antreten.
Dies war möglich, weil die Partei des liberalen Ministerpräsidenten Eleftherios Venizelos am vierzehnten November überraschend die Parlamentswahlen verlor. Venizelos verließ daraufhin Griechenland. Sein Nachfolger wurde am neunzehnten November Dimitrios Rallis. Nach einem Plebiszit, in dem sich die Mehrheit der Wähler sowie die royalistischen Parteien für seine Rückkehr aussprachen, konnte Tino mit seiner Familie nach Griechenland zurückkehren.
Am neunzehnten Dezember des Jahres 1920 war er offiziell wieder König. Das Land befand sich aber nach Ende des Weltkriegs weiterhin im Krieg und kämpfte in Kleinasien gegen die Türkei im sogenannten Griechisch-Türkischen Krieg. Konstantin übernahm umgehend den Oberbefehl über die Streitkräfte und begab sich an die Front nach Kleinasien.
Aspasia gebar fünf Monate nach Alexanders Tod die Tochter Alexandra. Erst im September des Jahres 1922 sollte Tino der Witwe seines Sohnes den Titel einer Prinzessin von Griechenland und Dänemark mit der Anrede „königliche Hoheit“ verleihen.

Sossys Sohn Georg sollte Ende Februar des Jahres 1921 die rumänische Prinzessin Elisabeth heiraten, eine Tochter von Missy, der Königin von Rumänien, und Georgs Schwester Helena ehelichte den Kronprinzen Carol im März desselben Jahres. Doch beide Ehen sollten leider nicht glücklich werden.
In Deutschland kam es immer wieder zu Unruhen. Bereits am dreizehnten Januar hatte es ein Blutbad vor dem Reichstagsgebäude in Berlin gegeben, als Demonstranten gegen die Verabschiedung des Betriebsrätegesetzes protestierten. Die Sicherheitswehr erschoss zweiundvierzig Demonstranten und hundertfünf wurden verwundet.
Das Betriebsrätegesetz wurde dann am vierten Februar erlassen. Damit gab es für Betriebe ab einer Größe von zwanzig Beschäftigten die Verpflichtung, Betriebsräte wählen zu lassen.

Die betrieblichen Interessenvertretungen und die freien Angestelltengewerkschaften versagten dem Gesetz ihre Unterstützung, da aus ihrer Sicht wirtschaftliche Mitbestimmungsrechte der Beschäftigten fehlten. Ein daraufhin überarbeiteter zweiter Entwurf versuchte den Konflikt zu beseitigen, in dem zwei Vertreter der Arbeiterschaft in die Aufsichtsorgane großer Kapitalgesellschaften einrücken sollten. Doch diesem Plan widersetzten sich dann die Arbeitgeber, weil eine Einsicht in den Aufsichtsrat angeblich einer Einsicht in Betriebsgeheimnisse gleiche.
So geriet in das verabschiedete Gesetz dann der Kompromiss, dass zwar zwei Arbeitnehmervertreter in das Aufsichtsorgan zu entsenden waren, ihre Mitwirkungsrechte aber auf soziale Belange beschränkt wurden. Dies erzeugte natürlich Unmut unter den Arbeitnehmern, da ihre Rechte nicht wirklich berücksichtigt worden waren.

Ende Februar hatte der Reichswehrminister Gustav Noske die Marinebrigade Ehrhardt und das Freikorps Loewenfeld aufgelöst. Dadurch sollte es dann zum so genannten „Kapp-Putsch" gegen die Weimarer Republik kommen. Am zwölften März marschierten am späten Abend und in der Nacht meuternde Reichswehr-Offiziere mit ihren Leuten nach Berlin. General Walther von Lüttwitz, den man abgesetzte hatte, steuerte die Operation, die den Auftakt zum Putsch bildete. So kam es dann vom dreizehnten bis zum siebzehnten März zum Putschversuch des Generallandschaftsdirektors Wolfgang Kapp, der mit seiner „Brigade Ehrhardt", einem ehemaligen Freikorps, und einigen Truppenteilen der Reichswehr Berlin besetzte und die Regierung zur Flucht zwingen wollte.
Am fünfzehnten März kam es als Reaktion auf den „Kapp-Putsch" zu einem der größten Generalstreiks. So folgten dann zwölf Millionen Menschen einem Aufruf verschiedener Organisationen und Parteien. Im Westen brach der Ruhraufstand aus. Es war eine Art Gegenbewegung gegen den Putschversuch in Berlin. Dieser sogenannte Ruhraufstand im Ruhrgebiet wurde zunächst von einem breiten Spektrum politischer Gruppen getragen. Die Rote Ruhrarmee umfasste binnen kurzer Zeit rund fünfzigtausend Bewaffnete.
Der deutsche Reichswehrminister des Kabinetts Bauer, Gustav Noske, musste dann infolge des „Kapp-Putsches" noch im März zurücktreten,

weil ihm die Unterstützung der Konterrevolution vorgeworfen wurde. Doch nur wenige Tage später ermordeten Verbindungsstudenten aus Marburg in der Nähe der thüringischen Stadt Mechterstädt fünfzehn Arbeiter, die sie zuvor wegen „Widerstands gegen den Kapp-Putsch" verhaftet hatten. Man sprach aber die Täter noch im gleichen Jahr wegen der Morde frei.
Am zweiten April marschierten dann Einheiten der Reichswehr im Ruhrgebiet ein, um den kommunistischen Ruhraufstand niederzuschlagen.

Wir verstanden die Welt nicht mehr. Mein Vater las die Nachrichten in den Tageszeitungen und zeigte sich fassungslos darüber, wie die Menschen ihre neu gewonnene Freiheit für ein in seinen Augen sinnloses Blutvergießen missbrauchten. Er, der durchaus immer für eine liberale Monarchie nach englischem Vorbild gewesen war, sah sich jetzt mit etwas konfrontiert, einem Aufruhr in Deutschland, der ihm nicht geheuer war. Papa war nicht nur ein Adeliger, den man seines Titels und Herzogtums beraubt hatte, sondern er war auch gefangen in den alten Traditionen. Das Neue interessierte ihn nicht mehr wirklich. Für ihn war die Weimarer Republik auch kein wirklicher Fortschritt. Vielleicht lag es aber auch daran, dass ihm der Kommunismus fremd war, dieses ganze Aufrührerische, welches eben nur auf Gewalt abzielte.
„Wohin hat es in Russland geführt? Sie haben den Zaren ermordet, andere Adelige und alles muss immer in Blut getränkt sein!", stellte mein Vater mürrisch fest, während er an seinem Schreibtisch saß, die Zeitung zerknüllte, sie dann in den Papierkorb warf, „Das Land ist nicht mehr mein Land!"
„Paps," begann ich, „Ich weiß, du bist unglücklich, wie alles gekommen ist und dann Mamas Tod…"
Er hob die Hand, winkte ab.
„Ach, Feo! Was verstehst du schon von Politik?", meinte er abwertend, „Du liest das alles und sagst, es ist schlimm, aber im Grunde genommen, hast du es gleich beim Aufschlagen des nächsten Modejournals wieder vergessen. Es wird schon alles werden, so denkst du."
„So, so", seufzte ich, „Sei doch ehrlich zu mir, ich kann eben Mama dahingehend nicht das Wasser reichen. Es ist aber nicht schlimm,

wenn mich Politik nicht so sehr interessiert. Aber Haz spricht auch mit mir darüber, wenn wir uns morgens beim Frühstück unterhalten."
Ich erhob mich von meinem Stuhl am Teetisch, mir war die Lust auf Tee und Gebäck vergangen, zudem mein Vater Tage hatte, an denen konnte man einfach nicht zu ihm vordringen. Und so einer schien heute zu sein. Er ließ mich damit aber auch spüren, wie gering er mich schätzte.
„Was willst du tun, Papa? Eine kleine eigene Revolution von Altenstein aus anzetteln? Dann kannst du versuchen, die alten Kameraden anzuschreiben. Vielleicht möchte man sich für einen Augenblick nochmals groß fühlen!", schlug ich ihm voller bitterer Ironie vor, schickte mich an, zu gehen.
„Der Gedanke ist nicht einmal so schlecht", sagte er voller Ernst, „Aber dennoch kann auch so etwas nur einer Frau einfallen."
Er nahm sich eine andere Tageszeitung vom Stapel auf dem Schreibtisch, schlug sie auf, begann zu lesen und ignorierte mich, indem er begann, beim Lesen vor sich hinzumurmeln.
„Haz und ich würden dich gerne einmal ins Theater einladen oder zum Essen, aber anscheinend möchtest du lieber in deiner kleinen Welt hier versinken und den alten Zeiten nachtrauern", stellte ich fest, machte auf dem Absatz kehrt und ging.
Er war ein alter Sturkopf, aber dennoch allein. Ich musste mich um ihn kümmern. Aber seine Bitterkeit, sein nicht abschließen können mit dem angeblichen Unrecht, welches ihm widerfahren war…dabei hatte er seinerzeit als Herzog zuerst die Überschüsse aus den Domänen nicht abtreten wollen, dies war nur eine Sache. Es reichte nichts aus, als Herzog Schulen zu bauen oder Hospitäler zu eröffnen. Sicher, seine Regierungszeit war zu kurz gewesen, aber sich deshalb in egoistischem Selbstmitleid zu ergehen, tagein und tagaus, das war schwer erträglich.
Verständnis hatte ich natürlich in jeder Hinsicht dafür, dass er Mama vermisste. Aber ich konnte weder das eine noch das andere ändern. Und mein Verhältnis zu ihm war eher schwierig. Uns verband nicht viel.
Zwischenzeitlich widmete er sich aber gerne der Gartenarbeit im Park und dahingehend konnte ich ihn wenigstens unterstützen.

Mein Vater im Jahre 1920

Mein Vater war aber dennoch von einer Bitterkeit beseelt, wie es seine Schwester Marie Elisabeth nannte, die ihresgleichen suchte. Aber sie fand noch Zugang zu ihm, wenngleich sie ihn manchmal auch nicht verstehen konnte, wenn er eben all das Neue so sehr ablehnte.
Er pflegte noch weitere Kontakte, meist auf brieflicher Ebene und verstand sich mit seinem Halbbruder Ernst, dennoch konnte er nicht aufhören, mit sich und der neuen Zeit zu hadern.
Meine Mutter hatte nach der Novemberrevolution eher gedacht, dass er sich besser auf die neuen Verhältnisse einstellen konnte als sie. Wenn man es genau betrachtete, war es auch positiv gewesen, dass Mama sich nicht mehr auf die veränderten Umstände einstellen musste. Sie, die Schwester des Kaisers, Tochter des Kronprinzenpaares, wirkte eingeschüchtert durch die neuen Verhältnisse und sie litt sicher mehr darunter, als sie nach außen zeigte. Ich schob ihren frühen Tod auch darauf. Es hatte sie auch sehr getroffen, dass sie und Papa Pferde verkaufen mussten, um noch finanzielle Mittel zu haben, aber eigentlich war das nicht so tragisch. Sie behielten ihr Wohnrecht im Schloss, dagegen wog der Verkauf einiger Pferde sicher nicht so viel für die meisten Menschen, aber Mama hing an den Tieren und zudem bedeutete es, dass ihr Lebensstandard, den sie bisher gewohnt gewesen war, sich änderte.
Sie selbst merkte gegenüber einer Freundin an, sie fühle sich hinweggefegt von den Veränderungen. Das erfuhr ich aber erst später nach ihrem Tod.
Und mein Vater hatte einen großen Fehler begangen, als er erst am ersten November des Jahres 1918 im „Werra-Boten“, einer lokalen Zeitung in Südthüringen bekanntgeben ließ, dass er doch gewillt sei, von seinen gestiegenen Domänenerlösen etwas abzugeben. Es war zehn Tage vor seiner Abdankung und zu spät. So quittierte dann auch das Saalfelder Volksblatt diese eigentlich großzügige Spende nur wenige Tage später mit dem bissigen Kommentar, er habe den Anschluss verpasst, sei weltfremd und die große Tat hätte weitaus früher erfolgen müssen. Nun aber lese es sich wie ein Scherz.
Am neunzehnten Oktober war im Meininger Regierungsblatt eine Bekanntmachung Papas veröffentlich worden, nach der er auf Ersuchen des Landtags hin eine Million Mark für Kriegswohlfahrtszwecke, vor allem für den Bau von Kleinwohnungen und Kriegerheimstätten

überweisen lassen wollte. Daraufhin bat mein Vater den Präsidenten des Landtags Fritze und einige Abgeordnete des Landtags zu sich, um eben die Forderungen der verschiedenen Volkskreise zu erfahren. Die Ereignisse der Novemberrevolution verhinderten diese Einladung.
Papa hatte Fehler gemacht, die nicht mehr wiedergutzumachen gewesen wären, wäre er an der Macht geblieben. So erregte das alles kein weiteres Aufsehen mehr, die Menschen vergaßen es, denn er war nicht mehr ihr regierender Landesherr. Die Menschen im Herzogtum hatten aber auch nie wirklich eine Bindung zu ihm aufbauen können, denn, wie ich es bereits erwähnte, waren Mama und er eher selten in Meiningen zugegen gewesen. Sie hätten beide mehr Präsenz zeigen müssen, um eine gewisse Popularität genießen zu können.
Über seiner kurzen Regentschaft hatte zudem auch die blühende seines Vaters geschwebt. Man verehrte den Großpapa immer noch im ehemaligen Herzogtum. Es schmerzte meinen Papa, als der Landtag des neuen Freistaates Sachsen-Meiningen verfügte, dass man alle Bilder von ihm aus den öffentlichen Amtsstuben entfernen sollte, aber die meines Großpapas hängenbleiben durften.
Mein Vater war aus meiner Sicht zu sehr in seinem dynastischen Verständnis gefangen, denn nicht nur einmal merkte er an, dass er in der Parlamentarisierung nur ein notwendiges Übel sah. Er war seit dem deutsch-französischen Krieg nationalistisch geprägt, wobei auch der ständige Umgang mit den national-konservativ bis reaktionär gesinnten preußischen Offizieren und Berliner Kreisen mit hineinspielte, die seine steife Weltanschauung untermauerten. Und er war noch nie jemand gewesen, der neue oder ihm fremde Anschauungen tolerierte.
Daher machten ihm die neuen politischen Machtverhältnisse auch sehr zu schaffen, wobei natürlich auch sein fortgeschrittenes Alter hinzukam.

Am zwanzigsten Februar des Jahres 1920 hatte sich die NSDAP durch Umbenennung der Deutschen Arbeiterpartei, der DAP, gegründet. Man gab die Umbenennung vier Tage später im Münchener Hofbräuhaus bekannt. Dabei präsentierte ihr Sprecher, Adolf Hitler, auch das unter anderem auf die Schaffung eines totalitären, großdeutschen Reiches, den Ausschluss von Juden aus der Gesellschaft und die Pressezensur abzielende 25-Punkte-Programm vor.

Als ich im Mai des Jahres in München noch einmal den Gynäkologen Döderlein konsultierte, sah ich bereits die ersten Werbeplakate der NSDAP.
Später erzählte ich Haz davon und er meinte, so etwas könne sich niemals durchsetzen, es handele sich um „Spinner", wie er es ausdrückte. Wir hatten bei nie irgendwelche Vorbehalte gegenüber jüdischen Mitbürgern gehabt, viele von Haz` Freunden waren Juden und hatten mit ihm im Krieg für ihr Vaterland gekämpft. Er sah keinen Grund, sie aus der Gesellschaft auszuschließen.
Eine Pressezensur hatte es auch unter Onkel Willie gegeben und das sahen sowohl mein Gemahl als auch ich als etwas absolut Schlechtes an.
„Die Menschen sind in dieser unruhigen Zeit auf der Suche nach einem Halt und da nehmen sie alles auf, was so dahergeredet wird, ohne sich im ersten Moment über die Konsequenzen einen Gedanken zu machen", sagte Haz und ich stimmte ihm darin durchaus zu.
Bald hörten wir dann zum ersten Mal das Lied der Arbeiterbewegung „Brüder, zur Sonne, zur Freiheit" auf den Straßen.

Am sechsten Juni fand die erste reguläre Reichstagswahl der Weimarer Republik statt, die republikstützende Weimarer Koalition aus SPD, Zentrumspartei und Deutscher Demokratischer Partei verlor dabei ihre Mehrheit. Es gab starke Gewinne für die USPD, die Unabhängige Sozialdemokratische Partei Deutschlands und die Rechtsparteien, wie die DNVP, die Deutschnationale Volkspartei, deren Programm Nationalismus, Nationalliberalismus, Antisemitismus, kaiserlich-monarchistischen Konservatismus sowie völkische Elemente enthielt.
Nach der Wahl trat der Reichstag erstmals am vierundzwanzigsten Juni zusammen. Doch die unklaren politischen Verhältnisse führten zu langwierigen Verhandlungen über eine Regierungsbildung. Letztendlich kam ein bürgerliches Minderheitskabinett aus DDP, der Deutschen Demokratischen Partei, der DVP, der Deutschen Volkspartei und dem Zentrum zustande, aber erst nachdem die DVP zugesichert hatte, auf dem Boden der Weimarer Reichsverfassung zu agieren. Die SPD lehnte eine Regierungsbeteiligung ab, tolerierte jedoch die Regierung. Der Reichspräsident Friedrich Ebert ernannte Constantin Fehrenbach vom Zentrum zum neuen Reichskanzler.

Was meinem Vater dann aber endgültig den Boden unter den Füßen wegzog, war das am dreiundzwanzigsten Juni verabschiedete Preußische Gesetz über die Aufhebung der Standesvorrechte des Adels und die Auflösung des Hausvermögens. Damit schaffte man die Adelsprivilegien endgültig und auch offiziell ab. Ebenso wurden die Erstgeburtstitel aufgehoben, Adelstitel galten nur noch als Namensbestandteile. Das Gesetz wurde in ähnlicher Form auch von den anderen Ländern des Deutschen Reiches übernommen.

Am achtzehnten Juli starb Onkel Willies Sohn Joachim. Er war neunundzwanzig Jahre alt. Nachdem ihn seine Gemahlin Margussy ständig betrogen, er seinen Vater im niederländischen Exil mehrfach darum gebeten hatte, in eine Scheidung einzuwilligen, was dieser aber ablehnte, sah Joachim keinen anderen Ausweg mehr. Seine psychischen Probleme waren wohl auch sehr schlimm und, obwohl man einen gemeinsamen Sohn hatte, schien ihn dies nicht an seiner Entscheidung zu hindern.
Einen Tag vor seinem Tod hatte er noch ein Fest besucht, welches sein Cousin Friedrich Sigismund im Schloss Glienicke gab. Nach der Rückkehr in die Villa Liegnitz, die sich noch im Besitz der Hohenzollern befand, versuchte Joachim sich mit einem Armeerevolver zu erschießen. Sein Bruder Auwi fand ihn schwerverletzt und man brachte ihn sofort in das nahegelegene St. Joseph Krankenhaus. Aber man konnte ihm dort nicht mehr helfen, er starb einen Tag später.
Für Dona war der Tod ihres jüngsten Sohnes sehr schlimm. Da sie gesundheitlich bereits nicht mehr wohlauf war, traf es sie umso mehr. Ich weiß nicht, ob sie nach Joachims Tod erstmals Zweifel an dem hauseigenen Comment hatte, nachdem eine Scheidung unmöglich war. Mir ist nur bekannt, dass Onkel Willie nicht begreifen konnte, warum Joachim ihnen dies antat.
Dona, die nur noch einen Lebenssinn darin sah, ihren Gemahl nicht alleine zu lassen, wurde immer fragiler. So bat sie aber Onkel Willie, sich im Falle ihre Ablebens wiederzuverheiraten.
Am elften April des Jahres 1921 verstarb Dona in Doorn. Man spekulierte nach ihrem Tod darüber, dass es ihr gebrochenes Herz gewesen sei, welches zu ihrem Ableben führte. Sie war dreiundsechzig Jahre alt geworden und es gab in Deutschland durchaus noch Anhänger der

ehemaligen Landesmutter, die ihren Tod auch öffentlich sehr betrauerten. Man berichtete auch in den deutschen Zeitungen darüber.
Donas Wunsch, irgendwann in die Heimat zurückzukehren, wurde ihr nach ihrem Tode erfüllt. Auch wenn weder Onkel Willie noch der ehemalige Kronprinz an ihrer Beisetzung teilnehmen durften, überführte man ihren Leichnam nach Deutschland. Sie wurde im Antikentempel des Parks von Schloss Sanssouci in Potsdam beigesetzt. Dem Trauerzug folgten tausende Menschen. Man erwies ihr somit noch die letzte Ehre.

Ich konsultierte Döderlein nur noch zweimal. Es ging mir dabei nicht mehr um den Kinderwunsch, da ich diesen Wunsch endgültig begraben musste. Mittlerweile befand ich mich nicht mehr in einem Alter, in dem man noch leicht ein Kind empfangen und austragen konnte. Schweren Herzens musste ich einsehen, dass meine Hoffnung sich dahingehend nie mehr erfüllen würde.
Aber ich litt seit einiger Zeit wieder an starken Unterleibsschmerzen und Döderlein untersuchte mich, stellte fest, dass ich an Myomen litt. Es waren aber gutartige Verwachsungen, daher lehnte er auch eine Operation ab.

Wir besuchten Tante Irene und Onkel Heinrich in Hemmelmark, die dort ein recht beschauliches Leben führten. Sigismund, der inzwischen Vater geworden war, besuchte mit seiner Familie oft seine Eltern auf dem Gut. Die kleine Tochter Barbara war bald der ganze Stolz meines Onkels und der Tante. Inzwischen arbeitete Sigismund in Hamburg als Kaufmann. Waldemar, sein Bruder, lebte in Schleswig, er war für die Regierung tätig.
Haz und ich genossen die Zeit auf Hemmelmark und wollte eigentlich meinen Vater dorthin mitnehmen, aber er verspürte keine große Lust zu reisen.
Ich freute mich auch sehr, die kleine Barbara kennenzulernen und es war schön, dass Irenes Söhne glückliche Ehen führten.
Mein Onkel Heinrich ging mittlerweile in der Gartenarbeit auf und stolz zeigte mir Irene eine Rosen-Pergola, die er eigenhändig gebaut und bepflanzt hatte sowie das neue Häuschen für die Gartengeräte. Er plante für die Zukunft auch die Anlage eines japanischen Gartens.

Mein Onkel hatte auch an der neu ins Leben gerufenen Kieler Woche bei Ausgleichswettfahrten teilgenommen, engagierte sich wieder im Segelsport. Auch der Flug - und Automobilsport war für ihn wieder interessant. Man hatte oft Gäste auf dem Gut, wie auch Sossy oder Mossy. Und Heinrich selbst ging auch wieder gerne auf Reisen. Wie ich bereits anmerkte, besuchte er Onkel Willie oft in Doorn. Auch traf er sich bald mit Sossy in Florenz. Allerdings waren die finanziellen Mittel von Onkel Heinrich und Tante Irene nicht ausreichend, und so unterstützte Onkel Willie die Reisen durch Zuschüsse, sodass man eigentlich nicht in günstigen Pensionen hätte unterkommen müssen, aber Onkel Heinrich war dahingehend sehr bescheiden. Er zeigte sich stets durchaus dankbar für die Hilfe aus Doorn.
Auf mich wirkten sowohl Heinrich als auch Irene sehr zufrieden.

Im Winter litt ich wieder an einer schweren Grippe, bekam Fieberschübe mit hoher Temperatur und es stellte sich auch nach Wochen keine wirkliche Besserung ein, denn ich hatte noch lange mit immer wiederkehrenden Halsschmerzen, Kopfweh und Schmerzen in den Augen und der Stirnhöhle zu kämpfen.
Da Haz aber auch dieses Mal die Diagnose durch einen Arzt erhielt, mein Leiden offensichtlich für jeden war, machte er keine bösen Bemerkungen darüber, er kümmerte sich jedoch nicht wirklich aufopferungsvoll um mich. Meine Ehe war durchaus noch in Ordnung, eben dahingehend, dass wir eher wie zwei alte Freunde miteinander verkehrten, nicht mehr wie ein verliebtes Paar. Ich liebte meinen Gemahl nach wie vor, aber ich denke, seine Liebe und Zuneigung für mich waren etwas erkaltet. Zudem ließ er mich unterschwellig spüren, wie sehr er es verabscheute, wenn ich ihn nicht zu Einladungen begleiten konnte, weil es mir eben nicht gutging. Er merkte dann eben kurz an, dass es nun aber doch einmal wieder gehen müsse, da ich den ganzen Tag im Bett verbrächte und er erst wieder gelesen habe, dass frische Luft auch bei Krankheit sehr heilsam sei. Ich ging nicht mehr darauf ein, gab dann nur zurück, er solle alleine gehen, sich gut amüsieren. Und dann ließ er mich auch alleine.
Wir hatten eine Haushälterin auf dem Gut und im Schloss, es war also jemand da, um mich zu versorgen, wenn ich kaum aufstehen konnte, dennoch erwartete man eigentlich, dass der Ehemann dies auch

zeitweise übernähme.
Als ich ihn einmal zur Rede stellte, ob er mir gram sei, weil ich eben unfähig wäre, ihm ein Kind zu schenken, verneinte er dies auf das Äußerste. So versicherte er mir, er sei so auch zufrieden und ich könne nichts dafür. Hierbei gestand er mir aber zu, dass dies schon sehr schwer für mich sei und er dies auch wirklich aus tiefstem Herzen verstünde, wenn eine Frau deswegen bedrückt oder niedergeschlagen sei. Natürlich war das für mich eine gewisse Erleichterung, aber es tröstete mich dennoch nicht darüber hinweg, dass meine ständigen Kränkeleien ihn nervten. Ob er dies nun zeigte oder nur dachte: Ich wusste es.

Am sechzehnten Januar des Jahres 1921 wurde mein Vater siebzig Jahre alt. Wir begingen diesen runden Geburtstag mit einem kleinen Fest auf Schloss Altenstein. Ich fühlte mich noch nicht wirklich wohl an diesem Tag, aber es war ein besonderer Tag für meinen Vater und wir wollten diesen gebührend begegnen, auch wenn er nur wenige Gäste sehen wollte. Er schien sich aber dann doch über Gesellschaft zu freuen, den Tag zu genießen.
Die wirtschaftliche Situation in Deutschland war nicht positiv.
Am achten März des Jahres 1921 besetzten französische und belgische Truppen die Städte Duisburg und Düsseldorf und sicherten sich diese als Pfand für die Zahlung der Reparationen nach dem verlorenen Krieg.
Am zehnten Mai wurde Joseph Wirth, der bis dahin Finanzminister gewesen war, nach dem Rücktritt des Kabinetts Constantin Fehrenbachs aufgrund des Londoner Ultimatums in der Frage der ausstehenden Reparationszahlungen neuer Reichskanzler der Weimarer Republik. Aufgrund der Besetzung der beiden Städte im Ruhrgebiet, sah sich die deutsche Reichsregierung nur einen Tag später gezwungen, dem Ultimatum der Alliierten zuzustimmen.
Die deutschen Reparationszahlungen wurden auf einhundertzweiunddreißig Milliarden Goldmark festgesetzt. Dies war auf einer Konferenz in London von den Siegern gegen starken deutschen Protest festgelegt worden.
So wurde unter anderem auch der Zeppelin LZ 120 Bodensee am dritten Juli als Reparation an Italien überführt. Dies hatten die Alliierten gefordert.

Haz und ich reisten im April nach Berlin. Wir besuchten die Uraufführung der Stummfilm-Groteske in vier Akten „Die Bergkatze" von Ernst Lubitsch am Ufa-Palast am Zoo. Das Stück war kurz vor der Uraufführung von der Zensur mit einem Jugendverbot belegt worden, da es darin einige doch recht frivole Szenen gab, wie die Figur des Leutnants Alexis, den man auf eine Festung strafversetzt und der als Frauenschwarm bekannt ist. Bevor Alexis zur Festung reist, trauern ihm schon viele Frauen und potentielle Kinder hinterher.
Mein Gemahl und ich amüsierten uns aber köstlich, aber ich musste kurzzeitig an die prüde Dona denken. Ihr hätte so ein Film sicher nicht gefallen und sie hätte ein vollkommenes Verbot begrüßt.
Die Menschen sehnten sich aber nach den Kriegsjahren nach solcher Unterhaltung. Man wollte wenigstens für eine kurze Zeit wieder unbeschwert sein, denn vor der Tür des Kinos warteten für viele die Sorgen und dies bezog sich nicht nur auf finanzielle Probleme. Viele Frauen waren verwitwet, mussten sich und ihre Kinder mit kleinen Arbeitsstellen durchschlagen, verdingten sich als Wäscherinnen oder Näherinnen.
Überall sah man Kriegsversehrte betteln und die neue Regierung war auch nicht stabil.
Ich muss einwenden, dass mein Gemahl und ich uns nicht abwandten, wenn jemand uns um etwas Geld bat, der im Krieg ein Bein oder ein anderes Körperteil eingebüßt hatte. Haz war froh, dass er heil und gesund zurückgekehrt war, daher scheute er sich nicht, dem ein oder anderen etwas Geld zu geben. Allerdings hatte die Mehrheit der Menschen eben nicht das Geld, um es auch noch mit anderen Bedürftigen zu teilen.
Mein Gemahl bemühte sich, mir den Aufenthalt in Berlin so angenehm wie möglich zu machen und so unternahmen wir eine Fahrt auf der Spree, gingen essen, besuchten den Zoo sowie die Operette „Der Vetter aus Dingsda" von Eduard Künneke am Theater am Nollendorfplatz in Schöneberg. Es gab darin einige schöne Lieder, wie „Ich hab an sie nur stets gedacht".
Ich fühlte mich sehr wohl an der Seite meines Gemahls und es ging mir wieder recht gut. Ab und an verspürte ich leichte Kopfschmerzen, aber ich sagte Haz nichts davon. Es war schön, einfach mal wieder die Zeit zusammen zu genießen. Es war fast so wie früher zwischen uns.

Am neunundzwanzigsten Juli wurde Adolf Hitler durch eine Mitgliederversammlung zum Parteivorsitzenden der NSDAP gewählt. Er erhielt diktatorische Macht und propagierte die Durchsetzung politischer Ziele mitunter auch mit Gewalt. Mein Gemahl fand das sehr beunruhigend.
Papa hingegen wetterte gegen jede Form der Politik und Regierung. So sagte er, dass ein Volk, welches sich der Sozialdemokratie ergebe und sich auch noch von ihr regieren lasse, Selbstmord begehe. Er gab nur zynisch-verbitterte Einschätzungen von sich. Eigentlich hätte ihn die NSDAP mit ihrem Programm durchaus fesseln können, denn er machte keinen Hehl daraus, was er unter anderem von Juden in der Politik hielt, aber andererseits verurteilte er es, wenn man einer Regierung wie ein braves Hündchen hinterherlief.

Ende August wurde der Reichsfinanzminister Matthias Erzberger bei Bad Griesbach im Schwarzwald Opfer eines politisch motivierten Mordes. Es hatte bereits mehrere Mordanschläge auf ihn gegeben.
Erzberger war seit dem einundzwanzigsten Juni des Jahres 1919 Reichsminister der Finanzen unter dem damaligen Reichskanzler Gustav Bauer, dem Kabinett Bauer gewesen. Seine Reformmaßnahmen von 1919 und 1920 umfassten sechzehn Finanz - und Steuergesetze und waren das bisher umfangreichste Reformwerk der deutschen Steuer - und Finanzgeschichte, um die Wirtschaft nach dem Krieg zu sanieren. Darunter fielen auch die Zusammenfassung der fünfundzwanzig Steuerverwaltungen der Bundesstaaten des ehemaligen Kaiserreichs, der Neuaufbau einer Reichsfinanzverwaltung und die Ersetzung der unterschiedlichen Rechtsordnungen der Länder durch ein reichseinheitliches Steuerrecht.
Diese Maßnahmen brachten eine wesentliche Erhöhung der Steuerquote wie auch eine deutliche Vereinheitlichung und Systematik des Steuerrechts. Die eigentlichen Kernstücke der Reformen waren die Reichsabgabenordnung, das Umsatzsteuergesetz, das Körperschaftssteuergesetz, das Gesetz über die Reichsfinanzverwaltung und das Landessteuergesetz, das den Finanzausgleich zwischen Reich,

Ländern und Gemeinden zentralisierte. So strukturierte Erzberger die Steuerverwaltung komplett neu und führte den direkten Lohnsteuerabzug ein.
Aber diese Zentralisierung der Steuereinnahmen und die Erhebung einer Reichsnotopferabgabe auf Vermögen, um die Reichsfinanzen zu sanieren, machte Erzberger zur Zielscheibe und Hassfigur rechter Propaganda, die von den vermögenden Kreisen unterstützt wurden. So verschärfte der DNVP-Abgeordnete Karl Helfferich, einstiger Deutsche-Bank-Direktor und Staatssekretär des Inneren, seine Hetzkampagne gegen Erzberger. In einer Broschüre warf ihm Helfferich eine unsaubere Vermischung politischer Tätigkeit und eigener Geldinteressen vor. Diese Broschüre erschien 1919 und trug den Titel „Fort mit Erzberger". Dieser sah sich daraufhin gezwungen, Helfferich wegen Beleidigung anzuzeigen.
Bei dem Prozess, der gleichzeitig mit den schwierigen Reichstagsverhandlungen um die Finanzreform stattfand, musste Erzberger als Zeuge aussagen und wurde von Helfferichs Anwälten in mehrere Kreuzverhöre genommen, die sich um Details aus der Zeit des Weltkriegs drehten. Die deutschnationale Presse nutzte dann diese Verhöre, um Erzberger als den Angeklagten darzustellen.
Am zwölften März 1920 verurteilte das Gericht Helfferich zu einer nur geringfügen Geldstrafe und billigte ihm in der Begründung sogar sogenannte „vaterländische Motive" zu. Die Richter bestätigten ausdrücklich mehrere Beschuldigungen, die Helfferich gegen Erzberger geäußert hatten, darunter den Vorwurf mehrfachen Meineids. Erzberger trat noch am Tag des Urteils als Reichsfinanzminister zurück.
Es war sehr bedauerlich, dass man ihn ermordete, denn soweit ich es verstand, waren seine Reformbestrebungen durchaus positiv gewesen. Unter dem Druck der Reparationszahlungen konnte Deutschland nur schwerlich wieder wirtschaftlich erstarken. Soviel verstand auch ich von Politik.
Mein Gemahl quittierte das Urteil seinerzeit nur damit, dass sich für ihn zu vielen Richter auf die rechte Seite stellten.

Ich wäre auch durchaus gerne einmal in dieser Zeit mit Haz nach England gereist, aber es war schwierig. Nach dem Krieg musste man sich erst einmal wieder annähern, auch wenn es verwandtschaftliche

Beziehungen gab und so wagte ich nicht, bei den Verwandten dort anzufragen, ob ich sie einmal besuchen könne. Haz meinte, man solle sich die Lage erst einmal entspannen lassen. Es war bedauerlich, denn zu jener Zeit ging es mir eigentlich gesundheitlich recht gut, so hätte ich also reisen können.

Wir verbrachten das Weihnachtsfest des Jahres 1921 in Meiningen. Mein Vater schien die Gesellschaft zu genießen, er verstand sich auch mit Haz recht gut. Ellen war mir gegenüber immer noch sehr reserviert, dennoch besuchten wir gemeinsam das Grab des Großvaters. Wir wechselten aber nur höfliche Worte miteinander und waren nicht so vertraut wie einst im Umgang. Ich beließ es dabei, da sie die Ältere von uns beiden war, ich sie auch nicht in einen Streit darüber verwickeln wollte, wer nun welchen Fehler gemacht hatte.
Papas Schwester Marie Elisabeth war achtundsechzig Jahre alt. Ich verstand mich immer noch sehr gut mit ihr, aber nicht so innig wie es mit Ellen einst gewesen war. Für meinen Vater war seine Schwester aber stets eine große Stütze, auch wenn sie nicht immer in Meiningen war, sondern auch viel Zeit in Obersendling, einem Stadtteil von München, verbrachte. Als Onkel Ernst noch mit seiner Familie in München lebte, verbrachte sie viel Zeit mit ihrem kunstbegeisterten Halbbruder.

Marie Elisabeth hatte sich in Berchtesgaden schon im Jahre 1887 eine Villa erbauen lassen, in jenem Jahr war der Grundstein gelegt worden. Am dreiundzwanzigsten Juni 1888 war die von ihr so benannte „Villa Felicitas“ in der Stanggaß in Bischofswiesen bezugsfertig gewesen. Wie ihr Vater liebte auch Papas Schwester das Berchtesgadener Land und der Hausname war von ihr mit Bedacht gewählt worden, weil sie einen Ort haben wollte, an dem sie glücklich sein konnte. Das äußere Symbol der Villa ist der Engel Felicitas. Marie Elisabeth empfing dort stets Gäste, die ebenso musikalisch begabt oder interessiert waren wie sie. Bekannte Künstler wie Johannes Brahms gaben gar Sommerkonzerte, die sehr beliebt waren bei der Bevölkerung.
Papas Schwester genoss das Klima in Berchtesgaden, denn auch sie hatte oftmals eine sehr fragile Gesundheit. Im Krieg hatte sie sich als Schirmherrin des Bayerischen Roten Kreuzes in Berchtesgaden engagiert.

Papas Schwester Marie Elisabeth, um 1921

Auch Ellen und der Großpapa waren gern bei Marie Elisabeth in der Villa zu Gast gewesen, obwohl Großpapa noch eine Almhütte auf der Landenge zwischen Königs - und Obersee besaß, die von den Einwohnern als „Herzoghaus“ bezeichnet wurde. Die Almhütte schenkte er dann Ellen. Dort konnte sie vor allem ganz sie selbst sein und niemand ächtete sie aufgrund ihrer Herkunft. Vielmehr wurden sie und mein

Großpapa für ihr Engagement in Bezug auf das Theater und die Musik gewürdigt.
Interessant war nur die Tatsache, dass es in der Almhütte kein Klavier gab. Wenn Musiker wie Brahms anreisten, so widmete man sich lieber der imposanten Natur, unternahm Spaziergänge. Musikalisch nahm man abends mit einer Triangel oder einer Mundharmonika vorlieb.

Nach dem Krieg, im Jahre 1918, wurde es Ernst aber dann zu unruhig in der Stadt und er zog mit seiner Familie nach Haubinda, einem Ortsteil der Gemeinde Westhausen im Landkreis Hildburghausen in Thüringen. Haubinda war einmal ein Rittergut gewesen, welches man dann in ein Landerziehungsheim umwandelte. Mein Onkel hatte eine Freundschaft zu Hermann Lietz gepflegt. Lietz, ein deutscher Reformpädagoge und Gründer der Landerziehungsheime in Deutschland, sah seine Schulgründungen als einen Beitrag zur Sozialreform und zum sozialen Ausgleich an. Dabei sollte Kindern nicht-privilegierter Herkunft die Möglichkeit individueller Persönlichkeitsbildung eröffnet werden. Er befand, dass dieses Ziel in der Stadt nicht zu erreichen sei. Nur auf dem Lande, in natürlicher und gesunder Umgebung, konnte er die Umsetzung seiner erzieherischen Vorstellungen verwirklichen. Lietz verstarb am zwölften Juni 1919. Seinerzeit hatte er das freistehende Rittergut für zweihundertfünfzigtausend Mark gekauft, im Jahre 1901 war er dort mit sechzig Jungen eingezogen.
Die Schule wurde im Jahre 1919, im Rahmen der Gründung einer Stiftung durch Lietz, noch kurz vor dessen Tod, unter die Trägerschaft der „Hermann-Lietz-Stiftung“ gestellt. Man führte die Schule auch während des Krieges weiter und es folgte nach Lietz` Tod die Gründung weiterer Schulen dieser Art, unter anderem dann auf der Insel Spiekeroog. . Gemeinsam mit Adolf von Hildebrand, einem der führenden Bildhauer jener Zeit, und dem Architekten Karl Behlert gestaltete Onkel Ernst im Jahre 1920 die Grabanlage für den Meiniger Großpapa und auch für Ellen, die einmal neben ihm bestattet werden sollte, auf dem Parkfriedhof in Meiningen.
1921 bezog er in Haubinda sein eigenes neuerbautes Haus und arbeitete als Zeichenlehrer am Landschulheim. Er widmete sich erst ein Jahr später wieder der Malerei von eigenen Werken. Mein Onkel und seine Gemahlin Katharina, die wir Käthe riefen, hatten noch vier

lebende Kinder - Elisabeth, Sven, Ralf und Heinrich, genannt Enzio. Den Tod der zwei Söhne im Krieg konnten mein Onkel und seine Gemahlin nur schwer verwinden.
Genauso betrauerte unsere Familie aber auch den Tod von Papas Halbbruder Friedrich und seines Sohnes Ernst. Nach dem Krieg benannte man die Friedrichstraße im Meiniger Stadtteil Ost nach Friedrich.
Man pflegte auch einen guten Kontakt zu seiner Witwe Adelheid und ihren Kindern. Die ältesten Drei waren bereits alle verheiratet. Ich hatte bereits erwähnt, dass Feodora Welmi von Sachsen-Weimar und Eisenach ehelichte, Adelheid den Prinzen Adalbert, einen Sohn Onkel Willies, und Georg hatte im Februar des Jahres 1919 die Gräfin Klara Marie von Korff geheiratet. Georg studierte Jura und lebte mit seiner Familie in Hildburghausen, sie hatten zwei kleine Söhne.

Mein Onkel Ernst brachte mich in dieser Zeit aber wieder zum Malen und Zeichnen. Ich war zwar nicht so gut darin wie er, aber es bereitete mir dennoch durchaus Vergnügen und bot mir Ablenkung und Zerstreuung.

Vom sechsten bis zum dreizehnten Januar des Jahres 1922 fand in Cannes eine Konferenz zwischen Vertretern der Siegermächte des Krieges und Deutschland statt, bei der es um die Reparationsfragen ging.
Unsere Reichsregierung sah sich nicht in der Lage, die vorgesehenen Reparationsleistungen in Höhe von zwei Milliarden Goldmark pro Jahr zu leisten. Man erreichte durch den Außenminister Walther Rathenau einen Aufschub der Zahlungen. Der britische Premierminister David Lloyd George schlug auf der Konferenz dann ein umfassendes auch die französischen Sicherheitsinteressen berücksichtigendes politisches Abkommen für Europa vor. Leider kam man aber nicht zu einer Einigung, da in Frankreich Aristide Briand am fünfzehnten Januar durch den unnachgiebigen Raymond Poincaré als Ministerpräsident abgelöst wurde.
Vom zehnten bis zum neunzehnten Mai folgte dann eine Konferenz in Genua, an der vierunddreißig Staaten teilnahmen. Es handelt sich um alle Teilnehmer des Krieges, bis auf die USA.
Die Konferenz befasste sich mit der Wiederherstellung der durch den

Krieg zerrütteten internationalen Finanz - und Wirtschaftssysteme. Man strebte eine Reorganisation des internationalen Finanzsystems durch eine teilweise Rückkehr zum Goldstandard an. Diesen hatte man während des Kriegs aufgegeben, um durch Geldmengenerweiterung mittels Druck von Banknoten die Kriegsausgaben zu finanzieren. Allerdings kam es dabei zu negativen Auswirkungen - einer daraus resultierenden Inflation.

Bereits am zwölften Januar wurde Adolf Hitler in München wegen Landfriedensbruchs zu drei Monaten Gefängnis verurteilt, weil er im Vorjahr Otto Ballerstedt, einen Rivalen, gewaltvoll daran gehindert hatte, im Löwenbräukeller in München eine Rede zu halten. Dabei wurde dieser schwer verletzt. Gemeinsam mit Hitler wurden seine Gesinnungsgenossen Hermann Esser und Oskar Körner verurteilt. Im Juni trat Hitler seine Strafe an.
Haz hatte das Urteil positiv bewertet, sah es aber als zu gering an. Ballerstedt, seines Zeichens Schriftsteller, Politiker und Ingenieur, war der Führer des Bayernbundes. Dieser stand für eine regionale Eigenständigkeit und die regionalen Eigenheiten betonende politische Organisation, die eine Neuorganisation des Deutschen Reiches auf „streng föderalistischer Grundlage" anstrebte. Nach der Vorstellung von Ballerstedt – „weiß-blau" und monarchistisch gesinnt – sollte die Reichseinheit zwar gewahrt bleiben, die innere Autonomie und Selbständigkeit der einzelnen Bundesstaaten jedoch deutlich gestärkt werden. Das stand in Gegensatz zu Hitlers Bestreben und mehrfach war es bereits zu Angriffen von Seiten Hitlers und seiner Schergen auf Ballerstedt gekommen.
Marie Elisabeth, die sich, wie erwähnt, oft in München aufhielt, bekam dies vor Ort mit und es machte sie sehr betroffen. Sie, genau wie die meisten in unserer Familie, sahen Hitler durchaus als eine sehr kritische Persönlichkeit an.
Die Zeiten waren unruhig, sehr unruhig.

Der deutsche Reichsaußenminister Walther Rathenau wurde am vierundzwanzigsten Juni von dem Studenten Erwin Kern und dem Maschinenbauingenieur Hermann Fischer ermordet.
Allerdings stellte die Polizei schnell einen Zusammenhang mit den

vorangegangenen Attentaten auf Matthias Erzberger und Philipp Scheidemann her, und noch am Tag der Ermordung Rathenaus ordnete der Kasseler Oberstaatsanwalt die Festnahme von Funktionären der nationalistischen und antisemitischen Organisation Consul an, worunter sich Karl Tillessen, Hartmut Plaas und Friedrich Wilhelm Heinz befanden. Die Attentäter waren allesamt Mitglieder dieser Organisation. Diese Organisation war eine nationalistisch ausgerichtete und antisemitisch gesinnte terroristische Vereinigung, die von Hermann Ehrhardt unter dem Decknamen „Consul Eichmann“ geführt wurde. Paramilitärisch organisiert war sie als ein regional gegliederter Geheimbund aufgebaut. Man verübte politische Morde mit dem Ziel, das demokratische System der jungen Republik zu destabilisieren, um eine Militärdiktatur zu errichten und die Ergebnisse des Krieges, insbesondere den Friedensvertrag von Versailles, zu revidieren.
Nur zwei Tage nach dem Mord an Rathenau wurde der Student Willi Günther verhaftet, der an der Vorbereitung der Tat beteiligt gewesen war und sich auch öffentlich der Mittäterschaft gerühmt hatte. Nachdem Günther die Tat rückhaltlos gestand, verhaftete man weitere Tatbeteiligte. Zwei Attentäter kamen beim Versuch einer Verhaftung am siebzehnten Juli auf der Burg Saaleck ums Leben.
Es folgte ein Prozess vom dritten bis zum vierzehnten Oktober vor dem neugebildeten Staatsgerichtshof zum Schutze der Republik. Es wurden gegen dreizehn Personen verhandelt. Dieses Verfahren endete mit zehn Verurteilungen und vergleichsweise drastischen Strafen, wobei der Hauptangeklagte Ernst Werner Techow allerdings der Todesstrafe entging.
Zum Zeitpunkt des Attentats auf Rathenau waren die politischen Reaktionen enorm. Kaum war die Todesnachricht im Reichstag bekannt geworden, kam es zu Tumulten, bei denen vor allem der deutschnationale Abgeordnete Karl Helfferich, der nur einen Tag zuvor noch Rathenaus Erfüllungspolitik scharf angegriffen hatte, mit „Mörder, Mörder“-Rufen bedrängt. Dem Reichstagspräsident Paul Löbe gelang es erst nach fast zwanzig Minuten, die Ruhe im Saal wiederherzustellen, um seinen Nachruf auf Rathenau zu halten.
Man verbot den „Deutschvölkischen Schutz - und Trutzbund“ wegen seiner Verwicklung in das Attentat auf der Grundlage eines am einundzwanzigsten Juli erlassenen Republikschutzgesetzes in den

meisten Ländern des Deutschen Reichs.
Millionen Menschen demonstrieren in Protestkundgebungen und Trauerzügen gegen den konterrevolutionären Terror, aber der von den Terroristen angestrebte Bürgerkrieg blieb aus. Während der Beerdigung Rathenaus, drei Tage nach seiner Ermordung, legten selbst die Mitarbeiter aller Verkehrsbetriebe am Nachmittag die Arbeit nieder.
Der vierundzwanzigste Juni blieb von jenem Jahr an vorerst ein Tag des öffentlichen Gedenkens, wobei Rathenau überwiegend von der Arbeiterbewegung geehrt wurde. Sein Tod wurde bald als ein Opfer für die Demokratie deklariert.

Am elften August bestimmte der Reichspräsident Friedrich Ebert das „Lied der Deutschen“ zur neuen Nationalhymne des Deutschen Reiches. Man verabschiedete sich damit endgültig von der Kaiserhymne „Heil dir im Siegerkranz“.

Für Tino in Griechenland sollte seine zurückgewonnene Herrschaft auf dem Thron nur von kurzer Dauer sein. Am neunten September kam es im Zuge des Griechisch-Türkischen Krieges zur sogenannten „Kleinasiatischen Katastrophe“. Die Türken eroberten die kleinasiatische Stadt Smyrna, türkisch Izmir. Es kam zu einem mehrtägigen Brand der Stadt sowie zu Massakern an den christlichen Einwohnern, wobei Zehntausende umkamen und große Teile der Stadt zerstört wurden. Die überlebenden griechischen und armenischen Bewohner wurden auf Schiffen evakuiert, wie auch die geschlagene griechische Expeditionsarmee. In der Folge kam es zu weiteren Vertreibungen von Griechen aus Kleinasien.
Tino war der nominelle Oberbefehlshaber des griechischen Militärs und maßgeblich beteiligt gewesen. Man beschuldigte ihn allein für das Scheitern und die großen militärischen Verluste.
Nur drei Tage später kam es zu einem Militärputsch in Griechenland gegen den König und Sossy sah sich abermals gezwungen, mit ihrer Familie ins Exil zu gehen. Zwar hatte sie sich während des Krieges karitativ sehr engagiert, auch viel Zeit in Hospitälern verbracht, aber das alles spielte keine Rolle mehr. Und ihr Gemahl prägte mit Bitternis die Aussage, dass ein griechischer König immer einen gepackten Koffer haben sollte.

Es ging nicht nur um die vernichtende Niederlage Griechenlands in diesem Krieg, sondern auch um die darauf folgende humanitäre Katastrophe in Smyrna. Die griechischen Truppen hatte sich zu Ausschreitungen gegen die türkischen Einwohner hinreißen lassen, daher übten die Türken bei der Rückeroberung der Stadt grausame Vergeltung. Es setzte ein großer Flüchtlingsstrom nach Griechenland ein, der dort für soziale Probleme sorgte. Aber im Gegenzug mussten Türken aus Griechenland fliehen.
Tino war gesundheitlich bereits sehr angeschlagen und als der Putsch des Oberst Nikolaos Plastiras gelang, dankte er Ende September ab. Sossy, Tino und die Töchter Irene und Katharina verließen das Land per Schiff Richtung Italien. Ihnen folgte auch Alice mit ihrer Familie, die Tochter von Irenes Schwester Viktoria.
Man wählte Sossys Sohn Georg zum neuen König von Griechenland. Er regierte nun als neuer König Georg II. das Land. Tino, so erfuhr ich über Mossy, wirke wohl um Jahre gealtert und er zeige keinerlei Interesse mehr daran, noch einmal den Königsthron in Griechenland zu besteigen. Die Familie ließ sich in Palermo nieder.
Aber bald darauf besuchte Sossy Mossy in Kronberg im Taunus und diese Besuche sollte ihr bald zu einer lieben Gewohnheit werden, ebenso pflegte sie den Kontakt zu der Witwe ihres Sohnes Alexander, Aspasia und der kleinen Alexandra. Das kleine Mädchen wuchs ihr bald sehr ans Herz, da sie Sossy an ihren Sohn erinnerte, dass sie sie nach Strich und Faden verwöhnte und über alles liebhatte.
Sossy hatte große Sehnsucht nach Deutschland, aber es war ihr verwehrt, wieder in die alte Heimat zu ziehen.

Von Moretta hörte man nicht viel Positives. Sie ging so sehr in dem bewegten Gesellschaftsleben der Zeit nach dem Krieg auf, in welchem es die Menschen nach Zerstreuung dürstete, dass sie oft ins Kino ging, zum Tanzen und es gab Gerüchte über Affären zu jüngeren Männern. Ihr Lebensstil war bald alles andere als konventionell und sie wirkte stets auf der Suche nach dem Glück, welches sie mit dem Tod ihres Gemahls verloren hatte.
Da Moretta aber nie finanzielle Sorgen hatte erleben müssen, verfuhr sie nun auch in diesen Dingen relativ sorglos. Sie war einfach nicht daran gewöhnt, mit Geld hauszuhalten und so verlor sie schnell den

Überblick und verschuldete sich. Leider war meine Tante auch nicht bereit, dies einzusehen oder sich finanziell einzuschränken. Es war abzusehen, dass dies nicht lange gutgehen würde.

Mein Onkel Willie heiratete am fünften November des Jahres 1922 in Doorn die verwitwete Prinzessin Hermine zu Schönaich-Carolath, die bei der Eheschließung fünfunddreißig Jahre alt war. Onkel Willie war achtundzwanzig Jahre älter als sie. Hermine war eine Schwester der ersten Gemahlin von Papas Freund Welmi, Caroline. Hermo, wie man sie nannte, hatte fünf Kinder und war seit zwei Jahren Witwe. Seit frühester Kindheit verehrte sie meinen Onkel und als Dona starb, schrieb ihr jüngster Sohn ihm ein Beileidsschreiben unter ihrer Anleitung, woraufhin mein Onkel sie dann nach Doorn einlud. Hermos jüngste Tochter durfte mit in Doorn leben.
Allerdings hieß die Verwandtschaft, vor allem Onkel Willies Kinder, die Eheschließung nicht wirklich gut. Vor allem seine Tochter Viktoria Luise fühlte das Andenken ihrer Mutter verletzt.
Mein Onkel Heinrich billigte allerdings die Vermählung, zumal das Verhältnis zwischen den beiden weitaus inniger war, als das zwischen Dona und Onkel Willie. So reiste Onkel Heinrich auch zur Hochzeit nach Doorn und gehörte zu den wenigen geladenen und vor allem anwesenden Gästen. Mein Onkel sprach die Braut beim Hochzeitsessen sogar als „Ihre Majestät, die Kaiserin und Königin" an, was viele nicht gerade wohlwollend aufnahmen. Hermo freute dies, auch wenn es gar keinen Kaiser und somit auch keine Kaiserin mehr gab. Aber mein Onkel Heinrich glaubte auch in dieser Zeit auch immer noch daran, dass sein Bruder wieder an die Macht kommen könne, da er ihm gegenüber zutiefst loyal war und auch Hermine lebte noch in vergangenen Zeiten, wünschte sich ausdrücklich die Anrede als „Kaiserin". So bestärkte sie auch Onkel Willie bald in seinem Wunsch, wieder an die Macht zu gelangen in Deutschland und hielt es für durchaus realistisch angesichts der unruhigen politischen Lage. Ein Kaiser, also mein Onkel Willie, würde da schon wieder Ordnung schaffen, dachte sie. Aus Sicht Hermines war nie ein Fürst grundloser und falscher beurteilt worden, als mein Onkel. Sie sagte Onkel Heinrich, sie betrachte es daher als ihre Aufgabe, ihn für diesen, wie sie es nannte, „Gesichtsverlust" zu entschädigen. Man kann aber eher sagen, dass sie selbst

sich nur allzu gerne in den Hermelinmantel der Macht gehüllt hätte.
Für Onkel Willie war es zudem ein schwerer Schlag gewesen, dass man im November des Jahres 1918 alle kaiserlichen Besitztümer hatte beschlagnahmen lassen. Allerdings hatte die Regierung in Berlin ihm und Dona seinerzeit einen ersten Abschlag von mehr als einer halben Million Reichsmark überwiesen. Damit wollte man einerseits öffentlich aufzeigen, dass man ein Rechtsstaat war, andererseits hoffte man auch, so die durchaus noch zahlreichen Anhänger des Kaisers zu befriedigen.
Es folgten noch weitere Zahlungen im Jahre 1919, teils ohne eine Gegenleistung und teils als Entschädigung für einige der vom Staat übernommenen Schlösser. Preußen überwies meinem Onkel in diesem Jahr alleine die Summe von sechsundsechzig Millionen Reichsmark. Zudem erhielt er in den folgenden Jahren vierundsechzig Waggons mit kaiserlichem Hausrat für sein neues Domizil in Doorn.
Mein Onkel Willie ließ aber über sein Hofmarschallamt in Doorn der niederländischen Regierung in Den Haag mitteilen, dass sein Vermögen in Holland dennoch nicht ausreiche, um davon einen angemessenen Hofstaat zu unterhalten.
Hermine war gänzlich anders als Dona, denn sie besaß einen energischen politischen Aktivismus und bot nicht die Häuslichkeit der ersten Gemahlin meines Onkels. Hermo ließ stets die neuesten politischen Bücher anschaffen, las sie zuerst selbst und ordnete dann an, man möge sie ihrem Gemahl vorlesen. Das Selbstlesen fiel ihm mittlerweile schwer, aber sie wollte sein politisches Interesse wachhalten, er sollte so stets auf dem neuesten Stand sein.
Und im Gegensatz zu meinem Onkel, durfte sie das Land verlassen, reiste oft nach Deutschland, vor allem zu ihrem Schloss Saabor in Niederschlesien. Sie musste dort ihre Besitzungen verwalten, nutzte aber die Gelegenheit jedes Mal, um nicht nur dort, sondern auch in Deutschland Freunde und Bekannte zu treffen, knüpfte bald Kontakte zu Personen im rechten Milieu, was ihr das Hausministerium in Doorn vermittelte, wenn sie dies wünschte. Der Grund hierfür war einzig und allein, meinen Onkel irgendwie wieder an die Macht zu bringen. Bald sollten auch die Nationalsozialisten in dieser Hinsicht ihr Interesse wecken.
Eigentlich war es den meisten Menschen in Deutschland wohl eher

gleich, was Onkel Willie tat, denn er lebte im Exil, war nicht mehr präsent und die Monarchie abgeschafft. So erschien die Meldung über die Hochzeit zwar in allen Tageszeitungen, aber man nahm es eher wie eine Randnotiz auf, denn es gab Wichtigeres.

Haz und ich besuchten am neunundzwanzigsten Dezember die Uraufführung des Spielfilms „Nathan der Weise“ im Berliner Alhambra. Im Vorfeld hatten Rechtsradikale im November versucht, das Filmnegativ zu vernichten.

Der Film erhielt sehr gute Kritiken, fiel aber schon bald danach der antijüdischen Propaganda zum Opfer. Es handelte sich um eine Verfilmung des gleichnamigen Stückes von Gotthold Ephraim Lessing.

Mir und Haz gefiel der Film, wir hatten da auch keinerlei Ressentiments, eher waren wir beide sehr betroffen, wie man gegen den Film hetzte.

Berlin war in den zwanziger Jahren auf dem Weg zur Weltstadt. An der Gedächtniskirche und am Kurfürstendamm entstanden am Ende der Stummfilmzeit die neuen Großkinos, wie das Marmorhaus, Capitol und Ufa-Palast, alle noch mit siebzigköpfigem Symphonieorchester in braunen Samtjacken. Sie machten den sogenannten „Floh-Kinos“ bald Konkurrenz.

Gerade vielen jungen Menschen boten die neuen Großkinos Abwechslung.

Schon vor dem Krieg hatte es in Deutschland sehr viele Lichtspielhäuser, in denen Stummfilme gezeigt wurden, gegeben. Aber nun etablierte sich der Film als ein Massenmedium, wodurch die Lichtspielhäuser einen rasanten Aufstieg erfuhren. Deutschland war bald der europäische Staat mit den meisten Kinos, deren Anzahl stetig anwuchs. Täglich gingen bald zwei Millionen Menschen in die Kinos. Für das Eintrittsgeld bekam man neben dem Hauptfilm kurze Vorfilme, gelegentlich Natur - oder Reisefilme und auch stets die Wochenschau zu sehen.

Deutschland produzierte ab den 1920er Jahren bald mehr Filme als alle anderen europäischen Staaten zusammen.

Man spazierte in Berlin wieder Unter den Linden, wo Klappstühle für fünf Pfennig aus der Allee bald eine Kurpromenade machten, residierte im vornehmen Hotel Adlon.

Der Straßenzug zwischen dem Nollendorfplatz und dem Olivaer Platz wurde bald zum Berliner Laufsteg für einen neuen Schick, denn dort eröffneten die Warenhäuser, die modisch alles Neue boten, was gerade en vogue war. Und dann flanierten dort die Damen und Herren entlang, führten die neueste Mode vor.
Es entstanden elegante neue Theater am Kurfürstendamm, eingerahmt von der bekannten „Tribüne“ und dem Renaissance-Theater.
Man verglich Berlin bald stellenweise mit dem Broadway in New York, denn es eröffneten Bars, Nachtclubs, Weindielen, russische Teestuben, neue Ballhäuser wie das „Ambassadeur“ oder die „Barberina“, sowie die kleinere „Königin“ oder das demimondäne „Riorita“, in denen man nicht nur tanzen, sondern auch soupieren konnte und dazu Kleinkunst geboten bekam.
Es kamen neue Tänze auf, wie der Charleston. Der neue Jazz galt noch als umstritten In vielen Bars und Nachtclubs verdingten sich ehemalige Offiziere, die nun arbeitslos waren, als Eintänzer. Hierbei handelte es sich um professionelle Tänzer und Tänzerinnen, die bei Tanzveranstaltungen die gegengeschlechtlichen Gäste zum Tanz aufforderten. Diese Eintänzer wurden engagiert und bezahlt von Tanzschulen oder den jeweiligen Veranstaltern.
Der Alexanderplatz und der Potsdamer Platz wurden zum Inbegriff der lebhaft pulsierenden Weltstadt Berlin. Viele der den Alexanderplatz begrenzenden Gebäude und Bahnbrücken trugen nun große Leuchtreklametafeln, die die Nacht zum Tag machten.
Ich hätte gerne einmal Charleston getanzt, aber Haz fand es zu frivol. Ebenso fand er, dass ein moderner „Bubikopf“ mir nicht stünde, denn er liebe meine langen Haare so wie sie waren. Mein Gemahl war zu traditionell für die neue Zeit. Aber ich nahm es hin, fand es aber aufregend die neue Mode zu bewundern. Es war eine neue Freiheit nach dem Krieg und die Menschen sehnten sich nach Vergnügungen.
Gerade die neue Damenmode bot Accessoires, bei denen es nicht auf den Wert, sondern auf die schockierende Wirkung ankam. Man wollte provozieren. Auch gerade deswegen war die „endlose“ Zigarettenspitze sehr beliebt, denn sie gab den Damen einen leicht mondänen Anstrich.
Zur neuen Abendgarderobe gehörten auch lange Perlenketten, Boas, Stirnbänder und Handtaschen.

Böse Zungen meinten, die Frisuren der Damen wirkten aggressiv, denn gerade der modische „Bubikopf" löste gegen hartnäckigen Widerstand der Elterngeneration die altmodischen Schnecken mit den Haarnadeln ab.
Hatte man im Jahre 1919 die Männer noch im Gehrock mit Zylinder gesehen, so war die neue Herrenmode nun klassisch, dunkel und korrekt.
Um die Jahrhundertwende war die Form des Sakkos noch recht breit, mit gepolsterten Schultern. Dadurch wurde die Brust verstärkt, um der männlichen Silhouette einen muskulöseren Eindruck zu verleihen. Doch diese Jackenform änderte sich nun in leger, war leicht tailliert und weniger gepolstert.
So ging der Tagesanzug dann auf den Namen des späteren deutschen Reichskanzlers Gustav Stresemann zurück. Man trug ihn auch gerne zu Festlichkeiten.
Bei den Frisuren trugen die Herren ihre Haare streng nach hinten gekämmt, häufig mit einem Seitenscheitel versehen. Die Schuhe wurden leicht und ließen die Stiefel des Weltkriegs hinter sich.
Haz entsagte auch der neuen Mode, aber er wandte nichts ein, als ich zum Rauchen eine der neuartigen Zigarettenspitzen benutzte.
Wir genossen unsere Aufenthalte in Berlin jedes Mal, auch wenn mein Gemahl mir oftmals etwas rückständig erschien, wenn er die Aufmachung einer vorbeigehenden Dame kritisierte, die eben nach der neuesten Mode gekleidet war.
Ich schob es auf sein Alter, denn Haz war achtundfünfzig Jahre alt. Er war nicht bereit, sein Äußeres der Zeit anzupassen, was ich durchaus verstand. Es war eben seine Sicht der Dinge und ich war da vielleicht offener, obwohl ich mir auch nie zugetraut hätte, einen der neuen Flapper-Dresses zu tragen. Ich hätte aber niemals von meinem Ehemann verlangt, sich zu verändern, um sich eben anzupassen. Das überließen wir den jungen Leuten.

Die Weihnachtsfeiertage hatten wir noch in Meiningen verbracht und ein recht schönes Familienfest genossen. Leider konnten wir nicht ahnen, was uns alles im nächsten Jahr bevorstehen würde.

Am elften Januar des neuen Jahres 1923 starb Sossys Gemahl Tino in

Palermo an den Folgen einer Gehirnblutung. Er wurde nur vierundfünfzig Jahre alt. Die italienische Regierung ordnete in Neapel zu Ehren Tinos eine große Trauerfeier mit allen militärischen Ehren an. Man konnte von Seiten der griechischen Regierung nicht mit einem ihm angemessenen Begräbnis rechnen, daher wurde Tinos Sarg feierlich in die griechisch-orthodoxe Kirche von Florenz überführt.
Sossy sollte nach seinem Tod ihre Trauerkleidung, zu der ein herabwallender schwarzer Schleier gehörte, nie mehr ablegen. Sie wusste, wie wir alle, dass die Ereignisse in Griechenland den Lebenswillen ihres Gemahls gebrochen hatten.

Nur kurz darauf, am zweiundzwanzigsten Februar, verstarb Papas Schwester Marie Elisabeth in Obersendling in München. Sie wäre in diesem Jahr siebzig geworden und ihr Tod, der völlig überraschend kam, traf uns alle sehr. Ihre Beerdigung fand in Meiningen statt, sie wurde auf dem Parkfriedhof beigesetzt.
Sie war eine sehr talentierte Frau gewesen und vor allem auch sehr gütig und freundlich. Unser Verhältnis konnte man zwar nicht als innig bezeichnen, dennoch hatten wir uns gut verstanden, wenn wir uns in Meiningen sahen. Besonders nach dem Tod des Großpapas befand sie sich aber kaum noch dort, sondern Bayern.
Mein Vater war sehr geschockt über ihr Ableben. Von jeher hatte er ein sehr gutes Verhältnis zu seiner Schwester gehabt, auch wenn ihre Interessen unterschiedlich waren. Papas Schwester ließ nie verlauten, was sie von meiner Mutter hielt. Ich kann mich nicht daran erinnern, dass sie jemals etwas an ihr kritisiert oder ein negatives Wort über sie hatte fallenlassen. Auch nach Mamas Tod bedauerte sie eher, wie sehr sie leiden musste, bedauerte aber auch gleichzeitig, dass meinen Eltern als Herzogspaar keine lange Regierungszeit vergönnt gewesen war.

Politisch gesehen blieb Deutschland weiterhin ein Pulverfass. Am zweiten Januar 1923 hatte es eine erneute Konferenz wegen der ausstehenden Reparationszahlungen gegeben. Und am elften Januar begannen französische und belgische Truppen das Ruhrgebiet zu besetzen.

Sossy in Trauerkleidung

Die Weimarer Republik war durch den Versailler Vertrag aus dem Jahre 1919 eigentlich verpflichtet, Reparationen an die Siegermächte des Krieges zu leisten.

Besonders der französische Ministerpräsident Poincaré, der auch gleichzeitig amtierender Außenminister war, bestand im wirtschafts-

und sicherheitspolitischen Interesse Frankreichs auf einer kompromisslosen Erfüllung der Bestimmungen des Versailler Vertrags. Aber aufgrund von Verzögerungen bei den Lieferungen rückten dann mehrfach französische Truppen in unbesetztes Gebiet vor. Schon im März des Jahres 1921 besetzten französische und belgische Truppen in der gemäß Friedensvertrag entmilitarisierten Zone des Rheinlands die Städte Duisburg und Düsseldorf, was ich bereits erwähnte. Somit schuf sich aber Frankreich eine Ausgangsbasis für eine mögliche Besetzung des gesamten rheinisch-westfälischen Industriegebiets. Zudem ermöglichte die Kontrolle der Duisburg-Ruhrorter Häfen eine strenge Kontrolle des gesamten Exports von Kohle, Stahl und Fertigprodukten aus dem Ruhrgebiet.
Das Londoner Ultimatum vom fünften Mai 1921, mit dem die alliierten Siegermächte ihren Zahlungsplan für die deutschen Reparationen in Höhe von hundertzweiunddreißig Milliarden Goldmark gegenüber Deutschland durchsetzen wollten, war mit der Drohung verbunden worden, im Falle einer deutschen Weigerung das Ruhrgebiet zu besetzen.
Da sich aber im Deutschen Reich die wirtschaftlichen Probleme zusehends verschärften, verzichteten die Alliierten im Jahre 1922 schon auf Reparationszahlungen in Form von Geld, forderten aber stattdessen Sachleistungen wie Stahl, Holz und Kohle ein.
Ende des Jahres 1922 stellte die alliierte Reparationskommission dann einstimmig fest, dass Deutschland mit den Reparationslieferungen im Rückstand war. Die Reparationskommission unterstellte am neunten Januar 1923, dass die Weimarer Republik absichtlich Lieferungen zurückhalte, denn es waren nur über elf Millionen Tonnen Kohle statt der geforderten über dreizehn Millionen und nur fünfundsechzigtausend statt zweihunderttausend Telegraphenmasten geliefert worden. Frankreich nahm dies nun zum Anlass, in das Ruhrgebiet einzumarschieren.

So besetzten dann zwischen dem elften und dem sechzehnten Januar des Jahres 1923 unter dem Befehl des französischen Generals Jean-Marie Degoutte französische und belgische Truppen in einer Stärke von zuerst sechzigtausend, dann hunderttausend Mann das gesamte Ruhrgebiet bis einschließlich Dortmund.

Im Frühjahr und Sommer desselben Jahres sollten dann auch vorübergehend Teile des bergischen Industriegebiets von französischen Verbänden besetzt werden, wie Remscheid und Lennep sowie kurzzeitig auch Barmen.
Das Ziel dieser Besatzung war es, die dortige Kohle - und Koksproduktion als „produktives Pfand" zur Erfüllung der deutschen Reparationsverpflichtungen zu sichern. Man argumentierte, dass Deutschland während des Krieges die Hälfte der französischen Kohleförderungs-Kapazität zerstört habe, was aber umstritten war.
Zudem gab es Gerüchte, dass es dem französischen Premier Poincaré nicht auch um mehr ging als um die Beibringung von Reparationsleistungen, denn so sagte man, er strebe wohl eher eine mit dem Status des Saargebiets vergleichbare Sonderstellung des Rheinlands und des Ruhrgebiets an, bei der die Zugehörigkeit zum Deutschen Reich nur mehr formal gewesen wäre und stattdessen Frankreich eben die bestimmende Position eingenommen hätte.
In Großbritannien verurteilte man die Ruhrbesetzung auf das Äußerste und stufte sie als eine illegale Handlung ein.

Natürlich nahm man im Deutschen Reich die Besetzung nicht einfach so hin. Die Menschen zeigten sich sehr empört. So rief dann auch die Reichsregierung unter dem parteilosen Kanzler Wilhelm Cuno die Bevölkerung zum „passiven Widerstand" auf.
Man stoppte sofort die Zahlung von Reparationen an Frankreich und Belgien, die Industrie, die Verwaltung und der Verkehr wurden mit Generalstreiks teilweise lahmgelegt.
Sogar Betriebe und Behörden leisteten teilweise den Anordnungen der Besatzer nicht Folge. So verweigerten die Beamten und Arbeiter der Deutschen Reichsbahn den Dienst und verließen einfach ihre Dienstposten, wobei sie oftmals alle dienstlichen Unterlagen und Informationen mitnahmen. In vielen Bahnhöfen und Stellwerken demontierte man die Beschriftungen, Lokomotiven und Wagen wurden umgehend in unbesetztes Gebiet abgefahren.
Die Besatzungstruppen reagierten darauf mit der Übernahme der Reichsbahn in den eigenen Regiebetrieb. Dies erforderte aber in erheblichem Umfang den Einsatz französischer und belgischer Eisenbahner. Da vielfach die technischen Dokumentationen fehlten und die

Fahrzeug - und Sicherungstechnik der Reichsbahn von den französischen und belgischen Standards deutlich abwich, führte dies zunächst zu erheblichen Problemen wie Unfällen und natürlich deutlichen Einschränkungen im Eisenbahnbetrieb.
Die Besatzungstruppen reagierten auf den passiven Widerstand mit über hunderttausend verhängten Strafen, die neben Gefängnisstrafen auch vor allem bei Eisenbahnern die Ausweisung aus dem besetzten Gebiet bedeuteten.
Aber inzwischen begingen ehemalige Freikorpsmitglieder sowie auch Kommunisten Sabotageakte und Anschläge gegen die Besatzungstruppen. Die politische Rechte feierte diese Sabotageakte.
So zerstörte man den Emscher-Durchlass des Rhein-Herne-Kanals bei Henrichenburg durch eine Sprengung. Die Besatzungsmacht aber reagierte mit Sühnemaßnahmen, die Situation eskalierte und forderte über hundert Tote. Man verurteilte Albert Leo Schlageter zur Abschreckung wegen Spionage und Sabotage zum Tode, was den Aktivisten und Freikorpsmitglied in der deutschen Öffentlichkeit zu einem Märtyrer machte. Schlageter war aber auch Mitglied der NSDAP-Tarnorganisation Großdeutsche Arbeiterpartei gewesen.
Im weiteren Verlauf kam es zum „Essener Blutsamstag", als sich Arbeiter und Werksleitung der Firma Krupp der Beschlagnahme ihrer Lastkraftwagen durch französische Soldaten widersetzen, woraufhin diese wahllos in die Menge schossen und dreizehn Arbeiter töteten. Die französischen Besatzer verurteilten dann Gustav Krupp in einem Schauprozess zu fünfzehn Jahren Gefängnis.
In Dortmund wurden sechs unbeteiligte Zivilisten erschossen, als man von Seiten der Besatzer der Bevölkerung eine Lektion erteilen wollte, nachdem zwei Besatzer von deutschen Partisanen getötet worden waren.
Schon im Verlauf des Ruhrkampfes wollte man sich auch im passiven Widerstand sprachlich von Frankreich abgrenzen. Im Deutschen bis dahin gebräuchliche französische Lehnwörter wurden durch deutsche Begriffe ersetzt, beispielsweise Kasino durch Werksgasthaus, Perron durch Bahnsteig, Telefon durch Fernsprecher, Trottoir durch Gehweg, Billet durch Ticket, ein Coupé im Zug durch Abteil oder automatisch durch selbsttätig.
Während des passiven Widerstands wurden die Löhne von etwa zwei

Millionen Arbeitern im Ruhrgebiet vom Staat übernommen, was diesen täglich rund vierzig Millionen Mark kostete. Daher ließ die Regierung unter Reichskanzler Cuno immer mehr Geld drucken. Dieses Vorgehen konnte jedoch nicht längere Zeit durchgehalten werden, weil sich die Wirtschaftskrise verstärkte und Hyperinflation sowie Produktions- und Steuerausfälle den reichsdeutschen Haushalt belasteten. Wir schlitterten auf eine Katastrophe zu.

Am vierundzwanzigsten März verstarb Ellen in ihrem Palais Helenenstift in Meiningen. Sie war fast vierundachtzig Jahre alt und wurde neben dem Großpapa in der gemeinsamen Grabanlage auf dem Meininger Parkfriedhof bestattet.
Ich bedauerte sehr, dass wir uns einander vor ihrem Tod nicht mehr angenähert hatten.
Mein Vater schien ihr Ableben schon leidzutun, aber es verkam für ihn eher zu einer Randnotiz, da er ihr bis zu jenem Tag die Eheschließung mit seinem Vater nicht vergeben konnte. Er war auch nun nicht dazu bereit, ihr zu verzeihen oder gar seinem Vater. Ich hatte aber auch nicht das Gefühl, dass nun eine unliebsame Person endlich tot war, denn mein Vater war kein böser Mensch in diesem Sinne, aber es tangierte ihn eben nicht so sehr, dass er sie groß betrauerte.
Das Helenstift hatte bereits teilweise als Waisenhaus von Ellens Heldburgstiftung fungiert, sie benutzte nur einen Teil des Anwesens. Nun bekam das Waisenhaus mehr Räumlichkeiten, Ellens Nachlass ging in das Hausarchiv über.
Die Veste Heldburg gelangte in den Besitz von Georg, dem Sohn von Papas verstorbenem Bruder Friedrich.
Die Almhütte in Berchtesgaden erbte Feodora, Welmis zweite Gemahlin und Tochter von Friedrich. Sie würde dann dort öfter im September weilen.

Ich weiß, dass Ellen Marie Elisabeths Tod sehr getroffen hatte, denn die beiden verband die Liebe zur Musik und anders als Papa verstanden sich Ellen und seine Schwester sehr gut. Man traf sich auch in späteren Jahren oft in Berchtesgaden, verbrachte Zeit miteinander. Obwohl Ellen in einem hohen Alter gewesen war, denke ich, sie war sehr einsam, hatte auch nicht mehr viel Lebenslust nach dem Tod des

Großpapas, weil sie sich auch nicht mehr wirklich willkommen in Meiningen fühlte, nachdem mein Vater die Regierung angetreten hatte.
Leider war unser Verhältnis zerrüttet, ich wusste immer noch nicht warum, hatte Ellen durchaus als Freundin und Vertraute vermisst in den letzten Jahren, aber ich nahm es so hin. Sie machte auch keine Anstalten den Konflikt zu bereinigen, vielleicht war auch ich zu stolz gewesen und bereute es nun.

Mein Vater litt zusehends mehr unter gesundheitlichen Problemen und ich nehme an, dass er sich daher auch nicht mit vielen anderen Dingen auseinandersetzen wollte. Mit ihm konnte ich auch über vieles nicht sprechen, wie eben den Konflikt mit Ellen. Ich konnte ihm sagen, dass ich um sie trauerte und er nickte nur, widmete sich aber sofort wieder etwas anderem.
Ich besuchte Tante Irene und Onkel Heinrich in Hemmelmark. Beide waren sehr traurig, denn ihr Sohn Sigismund hatte Ende des Jahres 1922 bereits seinen Hausstand aufgelöst und zog für seine Firma als Kaufmann nach Guatemala, wo er die Leitung einer Kaffeeplantage übernahm. Seine Gemahlin und die kleine Tochter zogen mit ihm fort und Tante Irene bedauerte es sehr, wenn sie die Kleine dann nicht mehr sehen würde. Zudem hing sie sehr an ihrem Sohn, verstand sich gut mit seiner Gemahlin. Sigismund sah für sich keine Zukunft mehr in Deutschland.
In Berlin war eine junge Frau aufgetaucht, die nach einem Selbstmordversuch in einem Sanatorium weilte, der Anstalt Dalldorf. Diese behauptete, die Großfürstin Anastasia zu sein und den Mord in Jekaterinburg als einzige überlebt zu haben.
Meine Tante hatte ihre Nichte zum letzten Mal im Jahre 1913 gesehen, als Anastasia zwölf Jahre alt war. Sie besuchte die Dame in Dalldorf, aber kam sofort zu der Überzeugung, dass es sich nicht um ihre Nichte handelte. Sie sagte mir, die Dame habe nicht dasselbe Gesicht und ein Gesicht verändere sich nicht so sehr. Aus ihrer Sicht hatte sie etwas Ähnlichkeit mit ihrer Nichte Tatjana, aber das Ganze regte sie so sehr auf, dass Onkel Heinrich schließlich anordnete, man möge das Thema nicht mehr berühren.
Zudem erreichte sie dann aus England auch die Nachricht, dass ihre

Schwester Viktoria Isa von Buxhoeveden die Hofdame der Zarin getroffen habe. Isa war nach dem Mord in dem Haus in Jekaterinburg gewesen und sie sah die Einschusslöcher im Keller mit eigenen Augen, die zurückgelassenen Koffer und Habseligkeiten der Zarenfamilie sowie den Hund Alexeis. Es war nur nicht bekannt, was mit den Leichen geschehen war und man kann verstehen, wie sehr Irene und ihre Schwester Viktoria sowie der Bruder Ernie in Darmstadt unter der Ungewissheit über deren Verbleib litten.
Die Dame in Dalldorf nannte sich alsbald Anna Anderson, und viele noch lebende Verwandte und Freunde der Zarenfamilie besuchten sie, ihre Geschichte stand in sämtlichen Journalen und Zeitungen. Aber auch der Französischlehrer der Kinder, Pierre Gilliard, besuchte die Dame. Er stellte ebenso wie Irene fest, dass es sich definitiv bei der Dame nicht um Anastasia handelte. Und Gilliard hatte die Mädchen zuletzt im Jahre 1918 gesehen.
Mein Onkel Heinrich meinte bitter, es spiele wohl mehr eine Rolle für bestimmte Kreise, womit er die Exilrussen in Frankreich meinte, dass man mit einer angeblichen Thronfolgerin Ansprüche in Russland erheben könne.

Haz und ich hatten eigentlich viel Zeit füreinander. Er hatte auch nichts dagegen, wenn ich oft in Meiningen bei meinem Vater war. Wenn Haz sich nicht damit beschäftigte, unseren Besitz zu verwalten, traf er sich gern mit seinen alten Kameraden und Freunden. Durch das Gut Jänkendorf hatten wir noch einen recht guten finanziellen Stand, dennoch war aber die wirtschaftliche Situation im Deutschen Reich besorgniserregend.

Nach dem Krieg hatte der Vertrag von Versailles mit den als zu hart empfundenen Reparationen und Gebietsverlusten viele Deutsche schlichtweg erschüttert. Es herrschten immer noch Hungersnot und eine hohe Arbeitslosigkeit. Bettelei diente unter anderem verkrüppelten Heimkehrern aus dem Krieg als einzige Existenzsicherung. Mit vierzehn Prozent hatte Deutschland die höchste Säuglingssterblichkeit in Europa, es herrschten Rachitis-Epidemien durch Vitaminmangel und die Attentate auf führende Politiker wie Matthias Erzberger und Walther Rathenau, hervorgerufen durch Hasspredigten, prägten das

politische Klima.
Seit dem Jahre 1914 war die Inflation vorangeschritten und es kam nun, im Jahre 1923, zu einer Hyperinflation.
Die Inflation war natürlich eine Spätfolge des Krieges, die fünf Jahre nach der Kapitulation nicht mehr zu verhindern war.
Ein Krieg kostet Geld, viel Geld. Geld, das ein Staat für Waffen, Munition, Soldaten, Verpflegung, Transport und Logistik ausgeben muss und dieser Krieg hatte enorme finanzielle Ressourcen verschlungen. Es ging um Geld, welches das Deutsche Reich nicht besaß. Die Rücklagen des Staates reichten im Sommer des Jahres 1914 gerade für zwei Tage, die unerhört kostspielige Kriegsunterhaltung verschlang alles, der Krieg sollte aber mehr als vier Jahre dauern.
So forderten die Materialschlachten des Krieges nicht nur Millionen von Menschenleben in den Schützengräben, sondern sie bedeuteten auch eine immense Kapitalvernichtung in Europa.
„Es ist Geld, welches buchstäblich in Rauch aufging“, meinte Haz.
Und er verurteilte es, wie die deutsche Reichsleitung davon überzeugt gewesen war, diesen Krieg zu gewinnen.
„Es ist nur verständlich, dass die Zeche des Krieges der besiegte Gegner zahlen muss, aber es ist doch absehbar, dass diese Rechnung nicht aufgehen kann, wenn ein Land wirtschaftlich am Boden liegt!“, fügte er dann sichtlich erregt hinzu.
Ich kommentierte das nicht, denn ich verstand, worauf er hinauswollte und ich war eigentlich politisch nie sehr interessiert gewesen, was ich bereits anmerkte, denn Politik machten aus meiner Sicht die da oben, aber natürlich übersah ich die Situation auch nicht. Und mir machte es auch Sorgen, dass immer mehr Geld bald immer weniger wert war, die Preise und Löhne förmlich explodierten.
Das Geld wurde bald zum Spielgeld für Kinder. Wer seinen Lohn nicht gleich nach Erhalt wieder ausgab, konnte sich schon Tage, manchmal Stunden später, kaum noch etwas davon kaufen. Und schlimm war es für diejenigen, die ihren Lohn am Monatsende erhielten, denn dann war man buchstäblich mittellos.
Doch am härtesten traf die Inflation so Staatsbedienstete und Beamte. Sie waren unmittelbar von der Inflation betroffen, wie alle, deren fixe Einnahmen nicht entsprechend schnell an die Inflation angepasst werden konnten. Bei Arbeitnehmern wurde der Lohn generell schnell

wöchentlich an die galoppierende Inflation angepasst. Aber dies geschah nicht beim Sold der Staatsbediensteten und Beamten. Wenn ein Arbeitnehmer fünfzig Reichsmark in der Woche verdiente, bei einer Inflationsrate von tausend Prozent, dann passte man das Gehalt an und er erhielt dann kurze Zeit darauf fünfhundert Reichsmark ausbezahlt. Allerdings konnte er für dieses Geld dann nicht mehr kaufen als für das vorherige Gehalt von fünfzig Reichsmark. Man muss anmerken, dass dies für die Unternehmen keine Belastung war, denn sie bekamen für ihre Waren, sofern sie überhaupt noch etwas verkauften, das Geld in der Inflationshöhe.
Ein Beamter erhielt aber weiterhin erst einmal fünfzig Reichsmark, wofür er dann allerdings nichts mehr kaufen konnte, da eben der Staat als Arbeitgeber den Sold einfach nicht oder nicht schnell genug anpasste. Leider galt dies auch für Rentenbezieher, da diese auch ihre Rente vom Staat erhielten.

Auch viele Läden bunkerten ihre Bestände und Vorräte und entzogen sie dem unkontrollierbaren Warenverkehr, an dem sie eben nicht mehr verdienen konnten.
Am neunten Juni kostete ein Ei in Berlin achthundert Mark, ein Liter Milch eintausendvierhundertvierzig Mark, eine Straßenbahnfahrt sechshundert Mark.
Man rechnete bald in Bündeln anstatt in Scheinen. So wurde das Geld in Schubkarren transportiert, die Bündel auch als Heizmaterial zweckentfremdet, oder man benutzte die Rückseite als Schmierpapier. Gerne verwendete man die Banknoten auch als Tapete, weil sie günstiger waren als eine echte.
Quasi über Nacht waren bald alle, oft vom Munde abgesparten Rücklagen, weggeschmolzen.

Mit dem Beginn der Zwanziger Jahre stand das Deutsche Reich nicht nur bei den Siegermächten lapidar ausgedrückt „in der Kreide“, sondern auch in besonderem Maße bei der eigenen Bevölkerung. Mit den sogenannten Kriegsanleihen hatte der einfache Mann auf der Straße dem Staat millionenfach Geld für die Kriegskosten vorgestreckt.
Doch die Wechsel für die Kriegsanleihen an den Staat waren nun wertlos. Zweifelsohne war es die deutsche Bevölkerung, die die Lasten und

Schulden des Krieges schließlich zu bezahlen hatte.
Es profitierten eigentlich nur die Schuldner. Wer sich um das Jahr 1921 für ein Haus oder anderweitigen Grundbesitz verschuldet hatte, der war über Nacht seine Schulden los.
Das Deutsche Reich stand alsbald wirtschaftlich mit dem Rücken zur Wand. Man musste nicht nur das kriegsgeschüttelte Land wieder aufrichten, die Kriegsanleihen an die eigene Bevölkerung zurückzahlen, sondern auch noch das Geld für die Reparationsleistungen aufbringen. Vor allem während der Besetzung des Ruhrgebiets verschärfte sich die Lage. Einerseits rief man zu einem passiven Widerstand auf, andererseits zahlte man aber die Löhne an die Streikenden weiter.

Am neunten Juni starb Großmamas Schwester Lenchen in Schomberg House, einem Herrenhaus in London, welches in der Pall Mall 77-78 liegt. Ihr Gemahl, Prinz Christian von Schleswig-Holstein-Sonderburg-Augustenburg, war bereits im Jahre 1917 verstorben und Lenchen lebte in dem Haus gemeinsam mit ihren beiden Töchtern, Helene Victoria, die man Thora rief, und mit Marie Louise. Thora war unverheiratet, Marie Louise hatte im Jahre 1891 den Prinzen Aribert von Anhalt geheiratet, aber die Ehe war bereits 1900 wieder geschieden worden.
Lenchen war im Frühjahr des Jahres 1923 an einer Grippe erkrankt, von der sie sich nicht mehr wirklich erholte. Sie erlitt Ende Mai einen schweren Herzanfall. Ihre beiden Töchter kümmerten sich rührend um sie, aber es bestand keine Aussicht mehr auf Besserung.
Die Trauerfeier fand in der St. George's Chapel auf dem Gelände von Windsor Castle statt. Man setzte Lenchen neben ihrem Ehemann in der Albert Memorial Chapel bei. Lenchen war siebenundsiebzig Jahre alt geworden.
Ich hatte ihre vielen Talente stets bewundert. Sie konnte sehr gut malen, spielte hervorragend Klavier, begeisterte sich für Naturkunde und Technik, war eine sehr passionierte Reiterin und segelte auch gerne. Ferner war sie sehr begabt, was Handarbeiten betraf und richtete stets Essen für bedürftige Kinder und Arbeitslose aus.
Genau wie Baby, hatte auch Lenchen stets der Urgroßmama zu Seite gestanden, Korrespondenz für sie erledigt. Es war in der Familie bekannt, dass Lenchens Gesundheit sehr fragil war und sie konsumierte

bald täglich Opium und Laudanum. Meine Urgroßmama hatte ihre Tochter stets als eine Hypochonderin bezeichnet, doch in ihrem späteren Leben diagnostizierten die Ärzte bei Lenchen Rheuma und damit verbundene chronische Entzündungen in ihren Gelenken. Hinzu kamen auch bald Probleme mit ihren Augen.
Es tat mir sehr leid, dass ich nicht zur Beisetzung von Lenchen reisen konnte und dies lag nicht an den finanziellen Mitteln, sondern immer noch an den angespannten Beziehungen zwischen Großbritannien und dem Deutschen Reich.

Am zwölften August wurde der Reichskanzler Wilhelm Cuno mit seinem Kabinett Cuno gestürzt. Gustav Stresemann von der DVP wurde einen Tag später zum neuen Reichskanzler mit dem Kabinett Stresemann ernannt.
Er sah sich am sechsundzwanzigsten September schließlich gezwungen, den Abbruch des passiven Widerstands im Ruhrgebiet zu verkünden.
Der volkswirtschaftliche Gesamtschaden der Ruhrbesetzung wurde mit etwa vier bis fünf Milliarden Goldmark beziffert. Aber das Ende des Ruhrkampfs ermöglichte dann eine Währungsreform, die auch gleichzeitig eine Bedingung für eine Neuverhandlung bezüglich der Reparationen war.
Auf dem Höhepunkt der Inflation schuf man dann im November eine neue Währung - die Rentenmark, die dann ab Oktober 1924 schließlich in die Reichsmark umgewandelt wurde.
Die Alliierten mussten einsehen, dass nur ein wirtschaftlich starkes Deutschland umfassende Reparationszahlungen leisten konnte.
Besonders durch die Hilfe der Amerikaner konnte dann die neue Währung stabilisiert werden. Charles Dawes, ein US-amerikanischer Bankier und Politiker, war in diesem Jahr zur alliierten Reparationskommission versetzt worden und erarbeitete dort den dann nach ihm benannten Dawes-Plan. Gemeinsam mit Owen D. Young, einem US-amerikanischen Industriellen, Geschäftsmann, Anwalt und Diplomaten sowie Mitglied des Internationalen Deutschen Entschädigungskomitees, sollte er ein Konzept entwickeln, das einer finanziellen Entspannung der Situation in Europa dienen sollte. Mit Hilfe dieses Plans sollte Deutschland dann seine Reparationszahlungen leisten können

sowie eine Stabilisierung der deutschen Währung erreicht werden. Das Konzept lag dann im April 1924 vor und sah eine Finanzierung über amerikanische Anleihen vor. Die Siegermächte wiederum sollten so ihre Kriegskredite an die USA zurückzahlen können.
Der Plan sollte dann am ersten September des folgenden Jahres in Kraft treten.
Die gesamten Kriegsschulden des deutschen Staates in Höhe von hundertvierundfünfzig Milliarden Mark beliefen sich kurioserweise, als am fünfzehnten November 1923 die neue Währung der Rentenmark eingeführt wurde, auf gerade einmal fünfzehn Reichsmark und vier Pfennige.

Anfang November besetzte Adolf Hitler mit Erich Ludendorff, Hermann Göring und anderen Nationalsozialisten den Bürgerbräukeller in München. Er verkündete, dass die „nationale Revolution" ausgebrochen sei und erklärte die Reichsregierung der Weimarer Republik als abgesetzt. Nur einen Tag später versuchten Hitler und seine Anhänger einen Sturm auf die Feldherrnhalle in München. Doch dieser Marsch wurde von der Landespolizei gestoppt, wobei sechzehn Putschisten, ein Zivilist und vier Polizisten ums Leben kamen.
Hitler konnte fliehen, versteckte sich in Uffing am Staffelsee im Landhaus von seinem Freund Ernst Hanfstaengl wurde dort jedoch am elften November in Haft genommen.
Im November wurden die NSDAP, die KPD und die Deutschvölkische Freiheitspartei aufgrund der Aufstandsversuche dann im ganzen Deutschen Reich verboten.
Im nächsten Frühjahr stellte man Hitler dann vor dem Volksgericht in München unter Hochverratsanklage. Doch durch seine exzellenten rhetorischen Fähigkeiten schaffte es Hitler, sich von einem Angeklagten zu einem Ankläger zu wandeln, stellte die Niederlage Deutschlands im Krieg als einen eigentlichen Hochverrat dar und seine Worte ließen alle sehr beeindruckt zurück, denn man sagte ihm einen rein vaterländischen Geist nach, edelsten Willen und alsbald ließ sich so das Motiv des Verrats nicht mehr aufrechterhalten. Das Gericht lehnte es dann ab, Hitler aus Deutschland auszuweisen. Als Österreicher galt er nach Verbüßung seiner Haftstrafe als verurteilter Ausländer, der nach dem Paragraphen 9 des Republikschutzgesetzes hätte

ausgewiesen werden müssen.
Aber man verurteilte ihn zu fünf Jahren Festungshaft in Landsberg, wobei man ihm die Möglichkeit einer vorzeitigen Entlassung nach sechs Monaten einräumte.
Die Haftzeit sollte Hitler dann nutzen, um den ersten Band seines Buches „Mein Kampf" zu verfassen und nach neun Monaten war er, unter Auflagen, wieder auf freiem Fuß.

Mein Vater nahm die politischen Umbrüche nur nebenbei wahr. Er freute sich vielmehr über die Tatsache, dass der britische Ägyptologe Howard Carter Anfang November im Tal der Könige in West-Theben den Eingang zum Grab des Pharaos Tutanchamun entdeckt hatte. Er verfolgte gespannt jede Neuigkeit darüber und wäre wohl selbst gerne dorthin gereist, aber seine Gesundheit ließ dies nicht zu. Seit einiger Zeit litt er an Herzbeschwerden und einer damit verbundenen zeitweisen Atemnot. Mein Papa musste sich oft ausruhen, aber schien sich sehr darüber zu freuen, wenn ich alleine oder mit Haz zu Besuch kam. Wenn es ihm nicht gutging, kümmerte ich mich um seine Korrespondenz.
Sein guter Freund Welmi war im April des Jahres verstorben. Nach seiner Abdankung hatte sich Welmi auf seinen Schloss Heinrichau in Schlesien zurückgezogen, wo er dann auch verstarb. Er wurde im dortigen Park bestattet.
Zu dem Schloss gehörte die Herrschaft Heinrichau mit dreißig Gütern, einem großen Verwaltungsbetrieb. Man unterhielt dort sogar eine Fasanerie und ein eigenes Laboratorium.
Welmi hatte mit Feodora vier Kinder, ein Mädchen und drei Jungen, der kleine Georg Wilhelm war bei Welmis Tod gerade zwei Jahre alt.
Mein Vater bedauerte, nicht bei Welmis Beisetzung anwesend gewesen zu sein, aber seine Gesundheit verhinderte auch diese Reise nach Schlesien.
Papa bestand darauf, den Kontakt zu Feodora weiterhin aufrechtzuerhalten und ich fand es durchaus positiv.
Wie meinen Vater, hatte auch Welmi die Abdankung im Jahre 1918 sehr getroffen, denn er war sogar bereit gewesen, die Regierung in andere Hände zu geben und die Weimarer Bürger waren ihm durchaus wohlgesonnen. Viele wollten ihren Großherzog behalten und lehnten

ein parlamentarisches System ab.
Ich hatte Welmi kennengelernt, er war meinem Vater sehr ähnlich, in seinen durch und durch preußischen Ansichten, der Liebe zum Militär.

Haz und ich feierten am vierundzwanzigsten September unsere Silberhochzeit, aber nur in einem wirklich kleinen Rahmen mit meinem Vater und einigen Freunden auf unserem Schloss.

Im November bekamen wir auch wieder einen neuen Reichskanzler. Stresemann wurde Ende des Monats abgesetzt, an seine Stelle trat Wilhelm Marx, der Mitglied der Zentrumspartei war, mit dem Kabinett Marx.

Sossys Sohn Georg musste im Dezember als König in Griechenland abdanken. In dem Land herrschten inzwischen bürgerkriegsähnliche Zustände. So floh er mit seiner Gemahlin Elisabeth nach Bukarest, in die Heimat der gebürtigen rumänischen Prinzessin.
Im März des folgenden Jahres proklamierte die griechische Nationalversammlung in Athen die Republik, welches im April per Referendum bestätigt wurde und dies wurde ab dem ersten Mai dann offiziell. Man untersagte den Mitgliedern der königlichen Familie den Aufenthalt in Griechenland und erkannte ihnen die griechische Nationalität ab.

Mossy und ihre Familie schienen Hitler und die NSDAP sehr zu begrüßen. Vielleicht lag es daran, dass Mossys Sohn Christoph mit Göring befreundet war. Auch ihr Sohn Philipp zeigte schon bald eine große Begeisterung für Hitler.
Mossys Familie konnte sich nur schwer für die Weimarer Republik begeistern. Einmal, weil es dieser nicht gelang, für Recht und Ordnung zu sorgen, zweitens konnte man kein großes Verständnis für eine demokratische Staatsform aufbringen. Dagegen erweckte der Nationalsozialismus aber für Mossy und ihre Familie eine Hoffnung, dass man die Monarchie restaurieren würde.
Mossy sah in der Hitlerbewegung das einzig wirkungsvolle gegen den Kommunismus und den Sozialismus. Es mutete seltsam an, dass gerade sie, als ein Kind der Großmama, die sich so sehr gegen den

Antisemitismus und für liberale und parlamentarische Bestrebungen einsetzte, sich von Hitler und der NSDAP derart vereinnahmen ließ.
Ich hatte meine Großmama stets für ihre Ansichten geschätzt, die sie trotz ihrer privilegierten Stellung pflegte, aber mein Vater meinte, Mossys Begeisterung für den Nationalsozialismus könne durchaus aus dem Trauma resultieren, welches der Krieg bei ihr hinterließ. Der Krieg hatte ihr zwei Söhne geraubt und sie suchte wahrscheinlich nach einem Halt in diesen politisch unsicheren Zeiten.
Ich fand es mehr als bedauerlich, dass meine von mir geschätzte Tante Mossy sich in diese Richtung entwickelte.

Im November dieses Jahres war Kronprinz Friedrich Wilhelm nach Schlesien zurückgekehrt. Er lebte nun mit seiner Familie auf Schloss Oels, welches sich im Familienbesitz befand. Diese Rückkehr wurde unter Mitwirkung des Reichskanzlers Stresemann ermöglicht, allerdings nur unter der Bedingung, dass er sich in Deutschland nicht politisch betätigte.
Auch der Kronprinz hatte auf der Liste der vermeintlichen Kriegsverbrecher gestanden, die ich bereits erwähnte. Die Alliierten verlangten auch seine Auslieferung, aber es kam nicht dazu, da Deutschland dies ablehnte. Man wollte sich schließlich mit einer Aburteilung vor einem deutschen Gericht begnügen. Diese Aussage traf man im Februar des Jahres 1920.
Der Kronprinz und seine Gemahlin Cecilie hatten sechs Kinder, vier Jungen und zwei Mädchen, die kleine Alexandrine, acht Jahre alt, genannt Adini, litt am Down Syndrom, man ging in der Familie damit aber völlig selbstverständlich um und Adini wuchs gemeinsam mit ihren Geschwistern auf. Die jüngste Tochter Cecilie war fünf Jahre alt.
Allerdings führten der Kronprinz und Cecilie keine glückliche Ehe mehr, man hatte sich in den Jahren nach dem Krieg voneinander entfremdet, der Kronprinz leistete sich zahlreiche außereheliche Affären und es hieß, Cecilie sei dem Alkohol sehr zugetan. Man schob dies auf ihren Kummer über die gescheiterte Ehe.
Bald sollte der Kronprinz nur noch zur Jagdsaison auf Schloss Oels weilen, während Cecilie dort gänzlich verblieb.
Kurz nach der Novemberrevolution im Jahre 1918 beschlagnahmte man das Vermögen der Hohenzollern, es wurde danach vom

preußischen Finanzministerium verwaltet. Der Kronprinz verhandelte aufgrund der Fürstenenteignung über seine Anwälte mit dem Freistaat Preußen. Zu einer Einigung sollte es aber vorerst nicht kommen.

Am zweiten Dezember des Jahres 1923 kostete ein Ei dreihundertzwanzig Milliarden Mark, ein Kilogramm Kartoffeln neunzig Milliarden Mark und eine Straßenbahnfahrt in Berlin fünfzig Milliarden Mark.
Haz scherzte darüber, dass man mit den Scheinen mittlerweile auch ruhigen Gewissens seine Zigarre anzünden könne. Man habe ja genug Geld. Darüber musste ich auch lachen.
Unsere Haushälterin erzählte mir, sie habe beim Arztbesuch ein Brikett mitbringen müssen zum Heizen der Praxis. Es gab Ärzte, die dies als Bezahlung akzeptierten und auf Schildern in den Praxen wurde auch ausdrücklich darauf hingewiesen, bitte pro Patient ein Brikett mitzubringen. Wir lebten in kuriosen Zeiten und waren alle froh, als der Spuk dann vorbei war, sich die wirtschaftliche Situation im folgenden Jahr langsam zu entspannen begann.

Mein Onkel Willie hatte im Exil in den Niederlande begonnen, seine Memoiren zu verfassen. So erschien im Jahre 1922 sein Buch „Ereignisse und Gestalten aus den Jahren 1878–1918 und dann im Jahre 1924 seine „Erinnerungen an Korfu“. Die Bücher verkauften sich durchaus gut.
Mein Onkel lud bald Gelehrte zu kulturhistorischen Studien nach Doorn ein, den sogenannten „Doorner Arbeitskreis“ und glaubte weiterhin an eine Restauration der Monarchie.
Besonders nach dem Hitlerputsch im Jahre 1923 meinte er, dass einzig und allein ein Monarch wieder Ruhe und Ordnung im Deutschen Reich garantieren könne. Viele taten diese Hoffnungen aber als Unsinn ab, so auch einige seiner Vertrauten.
Und viele ehemalige Fürsten sprachen offen aus, dass weder mein Onkel noch einer seiner Söhne ernsthaft als Thronprätendent in Betracht kämen.
Besonders der Kronprinz hatte sich durch seine Flucht in die Niederlande und seinen unsteten Lebenswandel seit dem Jahre 1919 mehr als unbeliebt in der Bevölkerung gemacht.

Er pflichtete meinem Onkel bei, als dieser dann die Auffassung vertrat, dass nur ein Diktator den Karren sprichwörtlich aus dem Dreck ziehen könne.
So nannte mein Onkel Willie offen gegenüber seinem Bruder Heinrich die Weimarer Republik eine „Saurepublik".
Mein Vater bezeichnete das Verhalten seines Schwagers als lächerlich und konnte nicht verstehen, wie der greise alte Mann sich immer noch an eine Hoffnung klammerte, die völliger Unsinn sei.
„Deine Mutter hat nicht nur einmal seinen Geisteszustand kritisiert", stellte mein Vater fest, „Und ich habe daran auch nie gezweifelt. Ich ergehe mich doch auch nicht in ständigem Lamentieren, wie gern ich wieder Herzog wäre!"
„Onkel Willie war Kaiser, Paps", warf ich ein, „Von Gottes Gnaden."
„Gottes Wege sind auch manchmal seltsam", meinte Paps und er lächelte kurz, wurde dann wieder ernst, „Man muss einsehen, wenn etwas vorbei ist. Aber der alte Tattergreis kann dies einfach nicht. Und dann mokiert er sich noch über die Abfindungen, die er vom Staat erhalten hat…ich frage mich, was für eine Hofhaltung der feine Herr denn betreiben möchte. Es regt mich nur auf, wenn ich an ihn denke."
„Ich weiß. Es gibt wichtigeres."
„Wäre er zur Beisetzung deiner Mutter erschienen, hätte er mir das auch noch verdorben, von meiner Frau in Ruhe Abschied zu nehmen!", ereiferte er sich, „Und sein Kondolenzschreiben war sicher nicht aus seiner persönlichen Hand, dabei war sie seine Schwester, egal, was war!"
Ich erinnerte mich an die Karte, die eher unpersönlich verfasst gewesen war.
„Ach, Paps, rege dich nicht auf! Die Zeit wird ihm schon begrifflich machen, dass seine vorbei ist. Und daran ändert auch seine neue Ehefrau nichts", meinte ich beschwichtigend.
„Die interessiert mich umso weniger!", verkündete mein Vater, „Lass` uns von etwas anderem reden und in den Park gehen."
Im Park zeigte mir Papa die Blumen, die er eigenhändig gepflanzt hatte, aber dann kam er wieder auf die Politik zurück, wie sehr ihm das alles zuwider war. Dahingehend teilte er fast die Meinung Onkel Willies, denn er sah in der Weimarer Republik auch nicht wirklich etwas Gutes.

„Die experimentieren doch nur herum“, meckerte er, „Und was kommt dabei raus? Nicht wirklich viel.“
Ich seufzte.
„Sage jetzt noch, dass du das Frauenwahlrecht auch nicht befürwortest…“, begann ich.
„Unsinn!“, winkte er ab, „Frauen können genauso wählen wie Männer. Daran ist nun nichts auszusetzen, auch wenn ich unterstellen möchte, dass ohne eine korrekte und ausgiebige Beratung des Ehemannes, also in politischer Hinsicht, das Kreuzchen irgendwo landet und eben nicht an der richtigen Stelle.“
Mir wurde wieder einmal schmerzlich bewusst, dass mein Paps immer noch an den alten Rollenverteilungen festhing. Auch in Bezug auf diese Tatsache, würde er sich nicht mehr ändern. Das lag auf der Hand. Allerdings war meine Mutter die treibende Kraft in der Ehe gewesen, und ich denke, wenn er so mit ihr gesprochen hätte, wäre ihm nicht nur ein Tag zur Hölle gemacht worden.
Ich fand es sehr positiv, dass es seit dem zwölften November des Jahres 1918 ein Wahlrecht für Frauen ab zwanzig Jahren gab. Allerdings muss ich gestehen, dass ich nicht wählen ging. Nicht etwa, weil mein Haz dies nicht wollte, sondern schlichtweg, weil es mich nicht interessierte. Politik machten die da oben, aber ich beschäftigte mich nicht groß mit Parteien.
Ich lenkte das Gespräch auf die Blumen, die neue Ligusterhecke am Rand des Parks, um nicht weiter mit meinem Vater über Dinge zu diskutieren, die mich langweilten.
Vielleicht hätte ich die neue Zeit nutzen sollen, mich als Frau politisch interessieren sollen, aber wenn Haz nur davon begann, sich ähnlich wie mein Vater über Politik ausließ, hörte ich kaum zu.
Mich interessierte aber nicht nur die neueste Mode, sondern auch Filme, die entsprechenden Filmstars, Literatur, ich zeichnete gerne, malte, liebte das Reiten, meine Tiere…das war doch auch etwas. Wenn meinen Gemahl langweilte, wenn ich über einen neuen Filmstar erzählte, den neuesten Klatsch berichtete, hörte er mir auch nur mit einem halben Ohr zu.
Männer diskutierten Politik mit Männern, Frauen hatten andere Interessen. Man kann mich dahingehend gerne altmodisch nennen, aber so sah ich es eben.

Und ich muss gestehen, dass mich Hitler und seine Schergen eher beunruhigten als begeisterten. Den von ihnen propagierten Antisemitismus fand ich grauenvoll, menschenverachtend. Mir war da auch zu viel Gewalt im Spiel, um politische Ziele durchzusetzen.
Da man die NSDAP verboten hatte, gründete sich am ersten Januar des Jahres 1924 die Großdeutsche Volksgemeinschaft als Ersatzorganisation.
Bei der Reichstagswahl am vierten Mai errangen die republikfeindlichen Parteien, die Nationalsozialisten und die Kommunisten, deutliche Gewinne.

Am vierundzwanzigsten Mai beging man in Halle den „Deutschen Tag".
Diese Großveranstaltungen fanden jährlich seit dem Jahre 1920 statt. Sie wurden im Großen und Ganzen vom „Deutschvölkischen Schutz - und Trutzbund", kurz DVSTB, ausgerichtet. Im Februar 1919 gegründet, war der DVSTB einer der einflussreichsten Verbände in Deutschland, der den Antisemitismus propagierte. Seine Losung war „Deutschland den Deutschen". Gleichzeitig war der Verband der vielleicht wichtigste und größte Vertreter der völkischen Vereinigungen. Ein demokratisch-parlamentarisches System lehnte man radikal ab und stellte sich damit offen gegen die Weimarer Republik.
Zum Anlass für das Treffen im Mai nahm man die Enthüllung eines neuen Moltkedenkmals, da das alte im Jahr zuvor durch vier jugendliche Lehrlinge in die Luft gesprengt worden war. Als Drahtzieher hatte man seinerzeit einen jungen Arbeiter ausgemacht, der den Sprengstoff beschafft hatte, eigenmächtig handelte, obwohl er in kommunistischen Organisationen tätig gewesen war. Aus diesen hatte man ihn aber schon vor der Tat ausgeschlossen.
Im Oktober des Jahres 1922 war der „Deutsche Tag" in Coburg veranstaltet worden, dort trat zum ersten Mal die Sturmabteilung, kurz SA, der NSDAP öffentlich in Massen in Erscheinung. Es kam dort zu Straßenschlachten mit linken Gegnern, da Coburg zu jener Zeit eine sozialistische Hochburg war.
Bei dem „Deutschen Tag" nun im Mai in Halle, befand sich Hitler noch in Festungshaft, daher hielten sich die Nationalsozialisten und die Völkischen im Hintergrund. Daher stand der „Stahlhelm", der

Bund der Frontsoldaten, gegründet im Dezember 1918, im Vordergrund. Ihm gehörten viele namhafte Persönlichkeiten an, wie auch Onkel Willies Söhne, der Kronprinz, Eitel Friedrich, Auwi und Oskar. Nur Prinz Adalbert hielt sich generell aus dem politischen Geschehen in Deutschland heraus.
Der Veteranenverband präsentierte sich überparteilich, aber genaugenommen war man republikfeindlich, gegen die Demokratie, propagierte auch Antisemitismus und Rassismus. Der zweite Vorsitzende des „Stahlhelms", Theodor Duesterberg, war im Kriegsministerium als Leiter der Abteilung Verbündete Heere tätig gewesen, man beförderte ihn letztendlich zum Oberstleutnant. Der eigentliche Gründer und erste Vorsitzender war der Reserveoffizier Franz Seldte.
In seiner Rede auf dem „Deutschen Tag" unterstrich Duesterberg nun die Wichtigkeit des Kampfes gegen den „roten Terror" durch „nationale Kreise".
An dem Treffen in Halle nahmen etwa hunderttausend Menschen teil. Unter diesen Teilnehmern befand sich auch eine Abteilung der Reichswehr, also der deutschen Berufsarmee, was man den Behörden vorher nicht mitteilte. Es kam eigentlich nicht zu Zwischenfällen.
Doch die KPD veranstaltete einen Gegenaufmarsch. Man befand sich zwar in der zahlenmäßigen Unterzahl, da sich weniger als zehntausend Menschen versammelten, aber es kam zu Feuergefechten zwischen der Polizei und den Demonstranten. Es gab Tote, Verletzte und über vierhundert Menschen wurden festgenommen. Im Nachhinein nannte man diesen Tag dann auch den „Blutsonntag von Halle".

Weder mein Gemahl, noch mein Vater waren Mitglieder im „Stahlhelmbund", auch nicht Onkel Heinrich. Ich fand es erschreckend, wie man in so einem Verband, der offen antisemitisch und gegen den Staat war, Mitglied sein konnte, aber Haz meinte, Onkel Willies Söhne wollten mitmischen, sich zeigen, in der steten Hoffnung, man würde wieder an Einfluss gewinnen.
Angeblich hatten auch Menschen bei einer Rundfahrt des Kronprinzen durch Ostpreußen ständig „Wiederkommen!" gerufen. Wir hielten dies alles für eine Mär.
Auch Cecilie trat irgendwann an der Seite des Kronprinzen wieder öffentlich in Erscheinung. Sie sah dabei aber sehr aufgedunsen und

rundlich aus, sodass mein Gemahl witzelte, es habe sicher Ewigkeiten gebraucht, um sie „ausgehfein“ zu bekommen, denn ihre Alkoholsucht war ein offenes Geheimnis in der Familie.

Nachdem im Februar des Jahres der erste Reichspräsident, der SPD-Politiker Friedrich Ebert verstorben war, wählte man im April mit Paul von Hindenburg einen konservativen Nachfolger, der der republikanischen Staatsform betont kritisch gegenüberstand. Hindenburg war bereits siebenundsiebzig Jahre alt, im Range eines Generalfeldmarschalls aus dem militärischen Dienst ausgetreten, aber immer noch politisch aktiv.
Im Ausland nahm man die Wahl mit gemischten Gefühlen auf. So argumentierte Frankreich, dass ein ehemaliger Armeeführer gewählt worden sei, was zum Ausdruck bringe, dass Deutschland sich seine Niederlage im Krieg nicht eingestehen wolle.
Hindenburg war zwar Monarchist, schwor aber seinen Eid auf die Weimarer Reichsverfassung und fühlte sich an diese gebunden. Er sollte auch in den Kabinetten konservative Politiker bevorzugen.

Meinem Vater ging es gesundheitlich zusehends schlechter. Haz und ich besuchten ihn entweder gemeinsam oder ich reiste allein zu ihm. Er mühte sich, seinen Tagesablauf noch einigermaßen zu gestalten, aber oftmals fühlte er sich so schwach, dass er die meiste Zeit des Tages ruhte. Ich begann in dieser Zeit teilweise seine Korrespondenz zu übernehmen.
Gerne hätte ich ihn auch einmal zu uns eingeladen, nach Schloss Neuhof oder auf das Gut, aber er zog die Einsamkeit auf Schloss Altenstein vor.
Zwar hatte er auch Besuch, unter anderem von seinem Halbbruder Ernst, aber die meiste Zeit war er allein mit den Hausangestellten.

Am zwanzigsten November verstarb Tante Alix in ihrem Haus in Sandringham in Norfolk, einer Grafschaft im Osten von England. Ich hörte, dass sie vor allem in ihren letzten Lebensjahren eine große Abneigung gegenüber Deutschland entwickelt habe, was zum einem am Krieg lag, dann hatte sie nie die Niederlage ihres Vaters im Deutsch-Dänischen Krieg von 1864 verwinden können, bei der König Christian

IX. von Dänemark Schleswig-Holstein verloren hatte.
Ich hatte Tante Alix immer für ihre Schönheit bewundert, allerdings benutzte sie sehr viel Schminke und manch eine böse Zunge meinte, sie habe damit ausgesehen wie lackiert. Sie war schwerhörig und litt an Rheuma.
Man bestattete sie in Windsor, leider konnte ich auch bei ihrer Beisetzung nicht zugegen sein.
Ihre Tochter Thoria, die ihr ganzes Leben nach der Mutter ausrichten musste, konnte nun aber endlich selbstbestimmt leben. So zog sie bald in das Coppins House in Iver in der Grafschaft Buckinghamshire. Dort sollte sie sich gut in das Dorfleben integrieren und dies genießen.
Am zweiten Dezember wurde in Berlin die erste Funkausstellung eröffnet. Ich wäre sehr gerne hingefahren, aber Haz war nicht so interessiert wie ich. So verfolgte ich die Berichte in den Zeitungen darüber, wollte alles wissen über Röhrenempfänger, Detektoren und Kopfhörer.
Ich fand das alles sehr aufregend, denn schon im Januar hatte die BBC das erste Hörspiel überhaupt ausgestrahlt.
Im Juni dann nahm im Deutschen Reich der erste Radiosender Ostpreußens seinen Betrieb auf, die Ostmarken Rundfunk AG in Königsberg, und auch in Bayern strahlte im März die private Gesellschaft Deutsche Stunde die erste Sendung aus.
Der erste offizielle Rundfunkteilnehmer im Deutschen Reich war der Berliner Zigarettenhändler Wilhelm Kollhoff.
Man brauchte aber eine Lizenz, um Radio hören zu können, diese kostete sechzig Goldmark oder siebenhundertachtzig Milliarden Papiermark.
Daher war dies auch für viele Menschen unerschwinglich. Es wurde ein Empfangsgerät benötigt, wie ein Detektorengerät mit Kopfhörer.
So hatte es im Jahre 1923 für die Funk-Stunde Berlin nicht einen einzigen zahlenden Hörer gegeben.
Ich schwärmte Haz von einem Detektorengerät vor, aber er winkte ab. „Die Technik ist noch nicht ausgereift und die Lizenz viel zu teuer. Für eine Sendung am Tag brauchen wir das nicht. Es ist Geldverschwendung.“
Als ich enttäuscht schmollte, meinte er, ich solle mich nicht wie ein kleines Kind verhalten. Es gäbe wahrlich wichtigere Dinge im Leben,

als der neuesten Technik nachzulaufen und sein Geld zu verschwenden, wo man gerade wieder in halbwegs sicheren Zeiten lebe.
Ich hätte gerne auf anderes verzichtet, um ein Detektorengerät zu besitzen, aber mein Gemahl ließ sich nicht erweichen.

So kaufte ich mir stattdessen den Skandalroman „Den Teufel im Leibe“ von dem französischen Autoren Raymond Radiguet. Er starb kurz nach der Veröffentlichung im Jahre 1923 an Typhus, aber der Roman war ein großer Erfolg.
Zur Zeit des Krieges verliebt sich ein junger Mann in eine ältere Frau, deren Ehemann an der Front kämpft und skandalös war dahingehend für die Franzosen besonders die Tatsache, dass die Frau mit dem minderjährigen Schüler ein Verhältnis eingeht, während ihr Ehemann an der Front sein Leben für sein Vaterland riskiert. Es beleidigte alle ehemaligen Soldaten, sagte man. Ferner bricht die Beziehung der beiden Hauptdarsteller viele Tabus. Ich wollte das Buch aber unbedingt einmal lesen, wenn ich schon ein Buch las und es gefiel mir, fesselte mich. So ließ ich es absichtlich auch in der guten Stube auf dem Tisch liegen und Haz zeigte sich natürlich alles andere als begeistert.
„Was soll dieser Schund in meinem Haus?“, fragte er entrüstet, wollte das Buch greifen, aber ich war schneller, nahm es, setzte mich auf das Sofa, schlug es auf.
„Es ist unser Haus“, stellte ich fest, begann zu lesen.
Über den Rand des Buches hinweg sah ich, wie mein Gemahl sich aufbaute.
„Babes, ich bitte dich, lies` doch einfach etwas normales, was Frauen eben so lesen!“
„Nein“, entgegnete ich süßlich, benetzte meinen Finger, um die Seite umzublättern.
„Du bist unverbesserlich!“, stellte er fest, ließ sich in seinen Sessel fallen, griff sich die Zeitung, „Es gefällt dir, mich zu provozieren. Ist es wegen des Detektorengeräts?“
„Das Buch war günstiger als ein Radioempfänger“, meinte ich, wandte mich dem Buch zu, „Ich würde nun gerne weiterlesen.“
Er murrte, schlug die Zeitung auf, vergrub sich darin.
Ich sah nicht mehr ein, mir etwas von ihm gefallen zu lassen. Er musste einsehen, dass wir nun in anderen Zeiten lebten.

Zu Beginn des Jahres 1926 ging es meinem Vater zusehends schlechter. Ich übernahm seine Korrespondenz, verbrachte viel Zeit bei ihm. Viele der Menschen mit denen er schrieb, kannte ich nicht mehr wirklich, erinnerte mich nur noch schemenhaft an sie. Das Ehepaar Geyer war mir wohlbekannt, beide hatte ich in guter Erinnerung. Papa hatte sich mit Herrn Geyer geschrieben, Mama mit seiner Gemahlin, aber nun lief die gesamte Korrespondenz über Herrn Geyer.

Die Lunge meines Vaters war geschwächt, sie arbeitete nicht mehr richtig. Er kurierte auch gerade eine Lungenentzündung aus. Paps konnte kaum noch ohne Sauerstoff auskommen und zeitweise war es so schlimm, dass er alle fünf Minuten welchen brauchte.

Einmal musste ich ihm nachts einundvierzig Mal Sauerstoff zuführen, weil er kaum noch Luft bekam.

Die Ärzte sagten mir, es sei nur eine Frage der Zeit, wie lange er noch leben würde. Zeitweise war ich vierzehn Tage tagsüber und des Nachts an seiner Seite, kam kaum zur Ruhe, da ich immer wieder aufstehen musste, um ihm Sauerstoff zu reichen, sein Kissen zu richten, ihm ein zweites unterzuschieben, damit er halb aufrecht schlafen und mehr Luft bekommen konnte. Das Atmen fiel ihm dann leichter.

Ich bekam oftmals große Angst um meinen Vater, wenn er husten musste, nach Luft rang, ich ihn mit meinem Körper zu stützen versuchte, ihn im Bett aufrichtete und er dann in meinen Armen zusammensank, das Bewusstsein verlor.

Es war schier unerträglich, ihn so leiden zu sehen.

Für Haz war es selbstverständlich, dass ich bei meinem Paps war. Er kam auch zu Besuch, aber es strengte meinen Vater sehr an zu sprechen und oftmals schlief er einfach ein. Man sagte mir, es läge am Sauerstoffmangel.

Wenn es ihm halbwegs gut ging, konnte er noch kurze Wege mit einem Stock machen, aber war bald wieder müde, musste sich auf einen Stuhl setzen und sich ausruhen. Ich allein wäre nicht in der Lage gewesen, ihm aufzuhelfen, denn er war großgewachsen, zwar nun hager geworden, aber ich hatte nicht die Kraft.

Zum Glück ging es mir gesundheitlich gut, aber bald war ich sehr erschöpft durch die Pflege, doch übergab diese nur ungern und schweren Herzens an zwei Krankenschwestern, die wir engagiert hatten.

Ich las Paps aus der Zeitung vor, manchmal auch aus Journalen über

archäologische Funde. Das interessierte ihn mehr als die momentane politische Lage. Er war sehr traurig darüber, dass er nicht mehr reisen, nicht selbst die Funde vor Ort sehen, keine Museen mehr besuchen konnte, aber es hätte ihn zu sehr angestrengt.
Ich freute mich, wenn wir einmal zusammen eine Kutschfahrt im Park machten, wo er mich dann bat, vorher einen Blumenstrauß für Mamas Grab pflücken zu lassen.
Ich wagte aber nie, ihn in ein Gespräch über meine Kindheit zu verwickeln, ihm Vorwürfe zu machen, weil er und Mama mich so oft alleingelassen hatten, mich der Großmama übergaben, um ein freieres Leben zu führen. Es hätte ihn und mich nur aufgeregt. Verzeihen konnte ich es nicht, auch nie verstehen, aber ich hatte gelernt, damit zu leben.
Bei meinem eigenen Kind wollte ich es besser machen als sie, aber Gott verwehrte mir diese Möglichkeit.

Da ich so oft bei meinem Vater war, entfremdeten Haz und ich uns immer mehr. Er traf seine alten Freunde, auch Veteranen, und kümmerte sich um das Schloss, unser Gut. Mein Gemahl war mir treu, aber seit wir nicht mehr intim miteinander waren, jeder seiner Wege ging und wir nur selten zusammen verreisten, führten wir überwiegend getrennte Leben.
Ich liebte Haz nach wie vor, aber ich musste nun an meinen Vater denken. Ich fühlte mich dazu verpflichtet.

Einmal reisten wir nach Hemmelmark, um Tante Irene und Onkel Heinrich zu besuchen. Im Herbst des Jahres 1926 wollte mein Onkel nach Südamerika reisen, um dort seinen Sohn Sigismund und dessen Familie zu besuchen. Er freute sich sehr darauf, die Kaffeeplantage in Guatemala zu sehen, ebenso wie seine Enkelkinder.
Natürlich vermissten mein Onkel und meine Tante ihren Sohn sehr. Tante Irene wollte aber nicht mitreisen, ihr war das zu weit weg.

Meine Tante Moretta informierte mich darüber, dass die Besatzungstruppen nun endlich ihr Palais in Bonn verlassen hatten. Sie nahm den Flügel in Augenschein, der solange belegt gewesen war und erschrak. Die Teppiche und Vorhänge waren ruiniert, man hatte ihr kleine

Silbergegenstände aus dem Salon gestohlen sowie sich Porzellans bedient, welches nun entweder beschädigt oder gänzlich zerbrochen war. Sie hatte nicht mehr die finanziellen Mittel, um alles zu ersetzen, jammerte jedoch darüber, denn man hatte früher stets ihr Heim für die Sauberkeit und Ordnung gelobt.
Immerhin besaß sie noch zwei Reitpferde, einen Groom, einen englischen Stallburschen, und ritt täglich aus. Auch Tennis konnte sie auf dem Platz am Palais spielen und sie hatte noch die Mittel, ihre Gesangsstunden fortzusetzen.
Der Tod ihres Kammerherrn, eines gewissen Herrn von Salviati, der ihre finanziellen Angelegenheiten geregelt hatte, machte ihr zu schaffen, denn sie sah sich außerstande, diese eigenhändig zu regeln. Sie musste einen vertrauenswürdigen Ersatz finden, so nahm sie sich zuerst einen Rechnungsführer.
Weiter jammerte sie über die Unordnung, in die nun durch das Ableben Salviatis alles geriet, nannte es eine sehr schlimme und traurige Erfahrung und genau in dieser Zeit lernte sie einen Mann kennen, der sie auf Anhieb zu fesseln verstand.
Alexander Anatolewitsch Zoubkoff war ein russischer Emigrant, fünfunddreißig Jahre jünger als meine Tante. Er gab sich Moretta gegenüber als Baron aus, der alles durch die Revolution verloren hatte. Sie lernte ihn über einen befreundeten Grafen kennen und der Baron schien ihr gutzutun, sie schwärmte von gemeinsamen Ausflügen, den gleichen Interessen, wie dem Reiten und er berichtete ihr von der grauenvollen Revolution in Russland, was seine Familie alles hatte durchmachen müssen.
Zwar weihte er Moretta ein, dass er gerne spielte, sagte aber, er sei dabei so sehr betrogen worden, dass er nun mittellos sei. Und sie bewunderte seinen Mut, sich nun irgendwie anders durchschlagen zu wollen. Wie sie in ihrem Schreiben erwähnte, habe der arme Mann nun letztendlich auch seinen Pelzmantel verkaufen müssen.
Noch in ihren letzten Zeilen des sehr langen Schreibens ließ sie von ihm grüßen, nannte ihn „Sascha“.

Ich las den Brief Morettas meinem Vater vor und er zeigte sich skeptisch, was diesen Herrn betraf. Zudem fand er, meine Tante nörgele ein wenig zu viel über ihr Leben, denn sie habe nun wahrlich kein

schlechtes und es sei nicht untypisch, dass sie als Frau sich nicht selbst um ihre Finanzen kümmern konnte, denn sie kam aus einer Zeit, in der dies die Ehemänner übernommen hatten.
Ich war auch skeptisch, was diesen Mann betraf, dem sie anscheinend sehr viel Vertrauen schenkte. Und als ich Mossy besuchte, zeigte sich diese ebenso entsetzt über das Verhalten ihrer Schwester. Sie wollte versuchen auf diese einzuwirken, aber machte sich keine großen Hoffnungen, denn Moretta hatte ihr gegenüber angedeutet, verliebt in den Mann zu sein.

Es ging mittlerweile das Gerücht in der Familie um, der Kronprinz erwäge ernsthaft, sich nach dem Tode Hindenburgs als Präsident aufstellen zu lassen. Cecilie habe ihm wohl beigepflichtet, dass dies eine sehr gute Idee sei und vorgeschlagen, er solle sich erst zum Führer eines Truppenteils machen, dann zum Regenten. Sie hegte wohl sehr große Hoffnungen für ihren Gemahl, dass er doch eines Tages den Thron wieder besteigen könne.
Auch Ulrich von Sell, politischer Kopf in der Berliner Generalverwaltung des ehemals Königlichen Hauses, also dem früheren Hausministerium der Hohenzollern, stellte auch fest, dass der Kronprinz sich als zukünftiger Monarch Deutschlands sah und Kontakt zu verschiedenen einflussreichen Persönlichkeiten aufnahm. Von Sell fiel auf, wie Cecilie ihren Gemahl dahingehend unterstützte, seine Hoffnungen nährte. Daher versuchten auch beide stets bei öffentlichen Auftritten sehr freundlich und offen zu wirken, Volksnähe zu zeigen.
Ich fand es befremdlich, wie man sich an diese Hoffnung klammerte, einmal wieder an der Spitze Deutschlands zu stehen. Haz nannte es rückständig und uneinsichtig.
Mir war schon sauer aufgestoßen, wie ein Teil der Verwandtschaft diesem Hitler und seiner Partei hinterherrannte. Aber auch hier dürfte eben ein Grund gewesen sein, dass sie sich alle wieder ein gewisses politisches Mitspracherecht erhofften. Man wollte wieder „wer“ sein, wie man so landläufig sagt und mir wäre es nie in den Sinn gekommen, jemanden zu unterstützen, der offen den Antisemitismus propagierte, mit seiner Partei für ein gewisses Gewaltpotential stand, um Forderungen durchzudrücken oder sich populär zu machen. Es war eher abstoßend.

Im Jahre 1926 sollte es zu einer Entscheidung bezüglich des Vermögens der deutschen Fürsten kommen. Mit der Novemberrevolution nach dem Krieg im Jahre 1918 hatte man zwar die fürstlichen Besitztümer beschlagnahmt, aber die Fürsten waren nicht enteignet worden, als ihnen, wie auch meinem Vater und Onkel Willie, die politische Vorrangstellung entzogen wurde.

Dies lag daran, dass der monarchistische Staat an sich keine Trennung zwischen dem Privatvermögen eines Herrschers und dem des Staates kannte. Der Monarch galt als die Verkörperung des Staates, was auch den größten und politisch bedeutendsten deutschen Teilstaat Preußen einbezog. Viele Jahrhunderte hatten die Hohenzollern sehr umfangreiche Ländereien, Schlösser, Kunstschätze und andere Eigentümer ihr Eigen nennen können.

Mit dem sogenannten „Allgemeinen Landrecht“ aus dem Jahre 1794 hatte man im Deutschen Reich versucht, eine Trennung zu erreichen, indem man das Eigentum an Domänen dem Staat zusprach, die Erträge aber dem jeweiligen Landesoberhaupt. Dies war aber von wenig Erfolg gekrönt, denn teilweise wurden Besitztümer des Herrscherhauses in dessen Privateigentum übertragen und damit auch teilweise dem Herrscher und dessen Familie zur Nutzung in der Funktion als eben herrschende Dynastie überlassen.

Ich muss anmerken, dass das Haus Hohenzollern eigentlich in dieser Hinsicht keinen Klärungsbedarf wünschte, also keine Trennung an sich, so verschob man im Laufe der Jahrzehnte dann auch immer wieder Eigentumstitel zwischen dem Staat, sich selbst oder einzelnen Familienmitgliedern. Das war natürlich auch nicht immer rechtskonform.

Hinzu kamen die diversen Ausgestaltungen der Eigentumsformen, wie unter anderem der Familienfideikommiss, der eine freie Verfügung über ein ererbtes Vermögen beschränkte, aber parallel dazu gab es das Dominalgut, welches dem Staat gehörte, aber dem Herrscherhaus zur Nutzung zu Verfügung stand. Oder Kammergüter, die Privateigentum des jeweiligen Landesherrn waren.

Man stellte auch gleichzeitig Ansprüche auf regelmäßige Zahlungen oder einmalige Abfindungen aus dem Staatshaushalt. Es war dies nur schwer zu beziffern, da es sich auch für Güter oftmals um ein veraltetes Lehnsrecht handelte, was es schwierig machte, zwischen privatem und öffentlichem Recht zu entscheiden. Ferner waren die Angaben über den korrekten Wert der Güter oder deren jährlichen Erträgen nicht wirklich genau kalkulierbar. Hierbei muss man einwenden, dass Schätzungen oftmals interessengeleitet waren und auch die Zeit ließ sie starken Schwankungen unterworfen sein.

Um 1913 belief sich das gesamte Vermögen der Hohenzollern auf mehrere hundert Millionen Mark. Bis zur Novemberrevolution hatten neben dem Kaiser noch weitere einundzwanzig Könige, Großherzöge, Herzöge und Fürsten im Deutschen Reich regiert. Nur die Hansestädte Bremen, Hamburg und Lübeck, die republikanisch verfasst waren, sowie das Reichsland Elsass-Lothringen hatten keinen eigenen Monarchen gehabt. Das damalige Deutsche Reich war somit verfassungsrechtlich ein föderaler Fürstenbund, und in jeder der Herrschaften verfügte ein regierender Fürst über sein Vermögen, was dann ähnlich komplex strukturiert war wie das der Hohenzollern.
Da die Revolutionäre im Jahre 1918 nun auch das preußische Finanzministerium übernommen hatten, gaben sie sogleich die Anordnung heraus, weite Teile des Vermögens der Hohenzollern zu beschlagnahmen. Dies wurde der staatlichen Verwaltung übergeben. Aber hier zeigte sich wieder, dass eine Trennung zwischen privatem und staatlichem Vermögen aus den bereits genannten Gründen schwierig war.
So wurde zudem überlegt, ob man das Vermögen nur zeitweise beschlagnahmen sollte, um es später zwischen dem Staat und dem ehemaligen Herrscherhauses aufzuteilen oder es generell einzubehalten, entschädigungslos zugunsten der Länder zu enteignen.
Seinerzeit plädierte die Mehrheit der SPD-Politiker für die erste Wahl, die radikalere Seite der Unabhängigen Sozialdemokratischen Partei Deutschlands, kurz USPD, forderte die zweite Variante. Der Grund dafür war, dass die SPD die Revolution politisch bald in geordneten Verhältnissen sehen wollte, weswegen man Eingriffe in das Eigentumsrecht vorerst vermied. Zugleich sicherte man sich so die Zustimmung der späteren Partner der Weimarer Koalition, der liberalen Deutschen Demokratischen Partei, kurz DDP, und des katholischen Zentrums.
Von Seiten der USPD argumentierte man, eine rein politische Revolution ohne eine gezielte Veränderung der wirtschaftlichen Strukturen

würde ihr eigentliches Ziel verfehlen, daher seien Enteignungen zwingend erforderlich, wenn diese zugunsten der Allgemeinheit seien. Vorrangig bezog sich diese Denkweise auf eine mögliche flächendeckende Verstaatlichung von Privatunternehmen, bezog aber dabei auch die erheblichen Fürstenvermögen mit ein.
Nachdem die USPD im Jahre 1919 aus der Regierung ausschied, lagen alle weiteren Entscheidungen diesbezüglich bei der SPD. Sie kooperierte jedoch mit den bürgerlichen Mittelparteien und so kam es vorerst zu keiner rechtseinheitlichen Regelung, sodass eine Enteignung unterblieb.
Im August desselben Jahres trat die republikanische Verfassung in Kraft und diese garantierte im Artikel 153 das Recht am Eigentum. Eine rasche Lösung, die Frage um die Fürstenvermögen zu klären, schied während der Revolutionszeit, also im Zuge der Umbrüche, aus. Die fürstlichen Besitztümer verblieben also zuerst unter der Aufsicht der Finanzverwaltung der Länder, während man die Grundsatzfrage des zukünftigen Eigentums zwischen den jeweiligen Herrscherhäusern und den Regierungen verhandelte.
In den folgenden Jahren 1920, 1924 und 1925 gab es drei Versuche zu einer Einigung zu kommen, vor allem bezüglich des Vermögens der Hohenzollern. Es zeigten sich aber gewisse Probleme. Im Jahre 1919 hatte der preußische Staat die unmittelbare Verwaltung des Hohenzollernvermögens der damals noch existenten alten Hofbürokratie übertragen und sich mit einer gewissen Aufsicht zufriedengestellt, formal an der Beschlagnahmung festzuhalten. Dies bot der kaiserlichen Familie natürlich weitreichende Möglichkeiten finanzieller Art und somit eine für die Hohenzollern sehr günstige Ausgangslage.
Dann sollte eine Kommission, die zu gleichen Teilen aus Vertretern des republikanischen Preußens und des Hauses besetzt war, eine Bestandsaufnahme durchführen und damit einen Vergleichsentwurf erstellen. Man wollte die Vermögensverteilung mit einem Vertrag gütlich lösen.
Natürlich waren viele Kommissionsmitglieder schon vor der Revolution im Staatsdienst tätig gewesen, wie der Vorsitzende der Kommission, der ehemalige Hofbeamte Ernst von Kübler. Diese waren dann in der Mehrheit loyal gegenüber den Hohenzollern, wie auch die Vertreter des Hauses selbst.

Man hatte von Seiten der jungen Republik versäumt, die Personen, die eben loyal gegenüber dem Kaiserhaus waren, auszuschließen. Sie spielten auch in der Regierung oftmals eine große Rolle, die Demokratie war ihnen somit eher ein Dorn im Auge. Dadurch entsprachen die Regelungen des Vertrages dann auch eher den Wünschen der Hohenzollern. Der Staat sollte unter anderem die Schlösser und Gärten erhalten, die sehr kostspielig im Unterhalt waren und die Versorgung des Hofpersonals übernehmen. Die rentablen Wälder aus den Besitzungen, landwirtschaftlich genutzte Flächen sowie eine überaus großzügige Barabfindung in Höhe von hundert Millionen Mark sollten dem Haus Hohenzollern zugestanden werden.
Die Öffentlichkeit reagierte zurecht mit Protest auf den Entwurf dieses Vertrages und so begannen erneut Verhandlungen.
Im Jahre 1924 scheiterten diese, da das Haus Hohenzollern in der zweiten Gesprächsrunde forderte, man solle mehrere Hunderttausend Morgen Land aus der zu verhandelnden Masse ausschließen und dem Haus sofort zueignen. Das eigentlich geplante Schiedsgericht, dass sich mit den dann noch übrigbleibenden Besitztümern befassen sollte, berief man gar nicht erst ein.
Dann folgte im Jahre 1925 der letzte Versuch einer gütlichen Einigung. Ein neuer Vertragsentwurf war günstiger für den Staat, aber immer noch sollten knapp drei Viertel des Landbesitzes der Hohenzollern und eine Abfindung von dreißig Millionen Mark an sie fallen.
Mein Vater hatte zu jener Zeit schon kritisiert, wie sich das Haus in kostspieligen Gerichtsverhandlungen erging, neben anderen Herrscherhäusern, die allesamt gegen den Staat klagten. Man wollte so die Herausgabe der beschlagnahmten Güter erzwingen.
Paps, der noch Besitzungen hatte, wie unter anderem Schloss Altenstein, nahm seinem Halbbruder Ernst nicht übel, dass dieser eine groß zügige Abfindung erhalten hatte, wie ich es bereits erwähnte, aber er wusste, wieviel Onkel Willie bereits zugestanden worden war, sowohl materiell als auch finanziell, und verabscheute dessen Geldgier und die seiner Familie.
Das durchaus umfangreiche Domäneneigentum des Hauses Sachsen-Meiningen war in den Staatsbesitz des seit dem Jahre 1920 bestehenden Staates Thüringen übergegangen. Es war eine Abfindung gezahlt worden, aber mein Vater sah sich trotz seines schlechten

Gesundheitszustands gezwungen, auch vor dem Reichsgericht zu klagen, damit man ihm sein Eigentum zurückgäbe oder zumindest die durch die Inflation entwertete Rente aufwertete.
Ende des Jahres 1925 liefen etwa 100 Gerichtsverfahren von ehemaligen Fürsten oder deren Erben.
Einige Gerichte hatten durchaus im Sinne von klagenden Fürsten entschieden, womit sich der Druck auf die staatlichen Stellen um eine vernünftige Einigung erhöhte. Ironischerweise stammten auch oftmals die Richter noch aus der Zeit der Monarchie, fühlten sich dieser immer noch verpflichtet und daher kamen sie oft einem klagenden Fürstenhaus in seinen Ansprüche entgegen. Man verkannte die Verstrickung von privatem und öffentlichem Eigentum, das war eine Tatsache, unterlief aber so die Bemühungen der jungen Demokratie. Dies verstand selbst ich.
In Österreich wurden im Jahre 1919 die abgesetzten Habsburger per Gesetz enteignet. Ihnen blieb etwas Privatvermögen. Die Besitztümer kamen jedoch den Kriegsversehrten und Kriegsopfern zugute. Die Regierung schaffte per Gesetz die Vorrechte des Adels ab und schuf auch gleichzeitig eine klare Neuordnung.
Mein Paps ereiferte sich darüber. Bei seiner Abdankung war ihm durchaus bewusst gewesen, welche Tragweite das haben sollte. Ihm war nur geblieben die ihm vorgelegte Abdankungsurkunde zu unterzeichnen und den Satz „Gott segne das Land Meiningen" hinzuzufügen.
Noch immer verstand er aber nicht wirklich, warum man ihn so ohne einen Protest von Seiten der Bevölkerung des Herzogtums abgesetzt hatte. Paps war genau wie Mama, davon ausgegangen, beim Volk beliebt zu sein. Dies fußte auf der unabhängigen Haltung der beiden gegenüber dem Kaiserhaus in Berlin und Paps glaubte stets, man habe seine Einmischung bezüglich des preußischen Militarismus, der eine strenge Behandlung der Soldaten und Offiziere beinhaltete, geschätzt. Er befand sich in dem Irrglauben, die Menschen würden mit ihm sympathisieren, weil er konservativ eingestellt war. Aber mein Paps hatte stets verkannt, wie sein schroffes Temperament und sein oftmals ungezügeltes Wesen, seiner Beliebtheit schadete. Mama neigte zu Extravaganz, überbetonte oft ihre preußische Herkunft und beide, was ich schon erwähnte, waren einfach zu selten vor Ort im Herzogtum

gewesen. Sie hätten noch zu Lebzeiten des Großvaters mehr Interesse am Land und den Menschen zeigen sollen. Doch ich wollte ihm keine Vorwürfe machen, schwieg, wenn er sich wieder in seiner Resigniertheit erging.
Er war einsam, krank und eigentlich fehlte ihm der Enthusiasmus, sich noch gegen irgendetwas aufzulehnen. Natürlich ging es ihm materiell nicht wirklich gut.
Man muss bedenken, dass meine Eltern immer einen gewissen finanziellen Standard hatten wahren können, der nun nicht mehr vorhanden war. Paps konnte sich aber kaum noch damit auseinandersetzen, wenn Geld benötigt wurde. Er musste sich einschränken, sich den neuen Gegebenheiten anpassen und war dennoch in der alten Welt gefangen. Es mag auch an seinem fortgeschrittenen Alter gelegen haben, dass er sich nicht mehr umstellen konnte.

Da die Gerichtsprozesse für die Länder zumeist ungünstig verliefen, was auf den bereits genannten Tatsachen und Loyalitäten, beruhte, kam es im November des Jahres 1925 zu erneuten Diskussionen über die Enteignung der ehemaligen Fürsten.
Die liberale Deutsche Demokratische Partei und die KPD brachten ausgearbeitete Gesetzesentwürfe in den Reichstag ein. Die DDP schlug vor, den Ländern eine Möglichkeit einzuräumen, die Vermögensauseinandersetzung unter Ausschluss des Rechtsweges per Gesetz zu ermöglichen. Das Verfahren stand damit einer Entschädigung im Grundsatz nicht entgegen, wenngleich diese auch weitaus geringer ausfallen sollte, als man es bei Gerichtsurteilen zu erwarten hätte. Daher wollte man auch den Klageweg ausschließen.
Ein Sprecher der DDP bekräftigte in seiner Rede im Reichstag, es gehe mehr um eine politische Frage, womit man betonte, dass die Weltgeschichte nicht von Gerichten nachträglich korrigiert werden sollte. Es handelte sich also letztendlich um eine Kompromisslösung. Damit wollte man sowohl die Interessen der Fürstenhäuser als auch die der Allgemeinheit abdecken.
Die KPD forderte in ihrem Entwurf eine entschädigungslose Enteignung. So sollten die Vermögenswerte den Kriegsgeschädigten, Kleinbauern, Wohnungslosen und armen Rentnern zugutekommen. Das Argument für diese Entscheidung war durchaus plausibel. Denn so

würden die Millionenwerte nicht ehemaligen Fürsten überlassen, während man gleichzeitig die Opfer des von ihnen begonnenen Krieges unbeachtet ließe. Ferner verwies die Partei darauf, dass es um eine bedeutende Frage ginge, die doch letztlich das Volk entscheiden müsse. Sie zielte damit auf einen eventuellen Volksentscheid ab.

Die anderen Parteien des Reichstags mussten durch die Vorlagen nun Position beziehen. Die SPD stellte sich hinter die DDP, das Zentrum und die rechtsliberale Volkspartei, die DVP, ließen durchaus eine gewisse Kompromissbereitschaft erkennen. Dagegen betonten die rechten Fraktionen der Bayerischen Volkspartei, kurz BVP, der Deutschnationalen Volkspartei, kurz DNVP, des Völkischen Blocks und der Wirtschaftspartei, kurz WP, den doch hohen Wert des Eigentums und lehnten jedwede gesetzliche Regelung strikt ab. Aus ihrer Sicht handelte es sich um eine zivilrechtliche Klage, die eben die Gerichte zu klären hätten.

Der radikale Vorstoß der Kommunisten fand daher auch wenig Anklang bei den anderen Parlamentariern. Die beiden Entwürfe wurden nun anschließend im Rechtsausschuss weiter behandelt. Damit man die Arbeit des Parlaments nicht zusätzlich belastete, stimmten fast alle Parteien für den Entwurf der Kommunisten, demzufolge dann auch alle anhängigen Gerichtsprozesse bis zum Sommer des Jahres 1926 erstmal ausgesetzt wurden.

Die KPD wollte umgehend einen Volkentscheid herbeiführen. Das Zentralkomitee der Partei publizierte zu diesem Zweck einen offenen Brief an die Leitungsgremien der linken Gewerkschaftsverbände, an die Veteranenorganisationen von SPD und KPD, das Reichsbanner und den Rotfrontkämpferbund. Die Kommunisten boten in diesem Schreiben die Bildung eines Bündnisses an, damit man so den Volksentscheid gemeinsam zu einem Erfolg führen könne.

Am dreizehnten Dezember des Jahres 1925 startete man die Kampagne mit einer Massenkundgebung in Berlin, bei der mehrere Zehntausend Menschen für eine entschädigungslose Enteignung der ehemaligen Fürsten demonstrierten. Gleichzeitig bildete sich zur Unterstützung des Ganzen ein Ausschuss, bestehend aus verschiedenen zivilrechtlichen Gruppen, wie auch aus der Friedensbewegung. Dieser stand der deutsche Ökonom und Demograph Robert René Kuczynski voran. Er war nie Mitglied einer Partei gewesen, wählte aber nach eigener Aussage seit 1920 stets die KPD, da er diese Partei für die aus seiner Sicht am wenigsten unerträgliche hielt. Im Jahre 1926 avancierte er dann zum Leiter des Ausschusses, der das Volksbegehren für die Fürstenteignung organisierte. Den Antrag hierfür stellte er dann gemeinsam mit Ernst Thälmann, einem Politiker der KPD, und Otto Wels, einem Politiker der SPD.

Der Ausschuss, zur Durchsetzung des Volksbegehrens, sollte zuerst einmal als organisatorisches Dach fungieren und den Gesetzesentwurf für den Volksentscheid ausarbeiten. Dieser Entwurf sollte sich im Wesentlichen am Vorschlag der KPD orientieren. Es gründeten sich bald auf lokaler Ebene weitere Ausschüsse, die eigentliche Arbeit verblieb aber bei der KPD, bald auch bei der SPD und den Gewerkschaften.

Ein Plakat für den Volksentscheid bezüglich der Fürstenenteignung

Die Gewerkschaften und die Basis der SPD hießen die Enteignungsparole überaus willkommen, so stellten sich die Sozialdemokraten mit einem Beschluss ihres Vorstands am sechzehnten Januar des Jahres 1926 hinter die Initiative. Dabei betonten sie aber ihre organisatorische Eigenständigkeit, daher traten sie auch dem Ausschuss von Kuczynski nicht bei.

Die Akteure einigten sich allesamt mittels Vermittlung der Gewerkschaften auf einen einheitlichen Gesetzestext, den man dann beim

Reichsministerium des Inneren vorlegte. Damit leitete man die erste Stufe für das Volksbegehren ein.
Dieser Text stimmte inhaltlich bezüglich der zentralen Punkte mit dem Entwurf der KPD überein und zielte somit auf eine entschädigungslose Enteignung des gesamten Vermögens aller ehemaligen Fürsten und ihrer Familien ab. Man suchte damit dem Wohl der Allgemeinheit nach Artikel 153 der Reichsverfassung zu entsprechen. Ferner beinhaltete der Gesetzestext, dass das so enteignete Vermögen zugunsten der Erwerbslosen, Kriegsbeschädigten, ihrer Hinterbliebenen, der Kleinrentner, Opfern der Inflation und Landarbeitern zu verwenden sei. Besitztümer, wie Immobilien, sollten dem Wohl von Wohlfahrts-, Kultur - und Erziehungszwecken zur Verfügung gestellt werden.
Obwohl die KPD dies alles angestoßen hatte, sympathisierten auch viele Sozialdemokraten und Gewerkschafter damit. Die KPD konnte den Volksentscheid auch nicht alleine zum Erfolg führen. So arrangierte man sich, auch wenn man gegenseitig eigentlich Aversionen hegte. Einzelne Organisationen beschritten auf dem Weg zu einem gemeinsamen Ziel getrennte Wege.
Am siebenundzwanzigsten Januar 1926 demonstrierten so einmal Sozialdemokraten und einmal Kommunisten in Berlin. Man hatte diesen Termin aufgrund seiner Symbolträchtigkeit gewählt, denn es war der Geburtstag meines Onkels Willie. Zehntausende Menschen gingen auf die Straße, die Veranstaltungen fanden an verschiedenen Plätzen in der Stadt statt. Auch in anderen Städten kam es zu mehreren getrennten Kundgebungen an diesem Tag.
In den folgenden Wochen verteilte die SPD dann fünfunddreißig Millionen Flugblätter im gesamten Deutschen Reich, organisierte zwölftausend Versammlungen.
Die KPD setzte auf Straßentheater und agitative Gruppen. Es gab Schauspieler, die als Adelige verkleidet, die ehemaligen Fürsten verballhornten. Auch bekannte Persönlichkeiten bezogen Stellung zu dem Ganzen, wie etwa Albert Einstein und Heinrich Zille.

Damit man aber einen Volksentscheid durchsetzen konnte, musste man nach der Weimarer Reichsverfassung und dem Gesetz über den

Volksentscheid zunächst ein Volksbegehren initiieren. Denn wenn dabei zehn Prozent oder knapp vier Millionen Wahlberechtigte ihre Unterstützung bestätigten und der Reichstag im Folgenden den Gesetzesentwurf ablehnte, konnte es zu einem verbindlichen Volksentscheid kommen.

Die Gemeindeverwaltungen sollten auf lokaler Ebene Listen bereitstellen, in die sich Unterstützer vom vierten bis zum siebzehnten März des Jahres 1926 namentlich eintragen sollten. Aber viele Verwaltungen weigerten sich, diese Listen auszulegen. In Ostpreußen betraf dies mehr als hundert Guts - und Gemeindevorsteher. Auch schickten manche von ihnen die Unterlagen zurück, versahen sie aber vorher noch mit bissigen Kommentaren, die auch verbal entgleisten. Man bezeichnete die Listen beispielweise als Toilettenpapier.

Gutsbesitzer übten auf dem Land auch einen starken Druck auf ihre Beschäftigten aus, wenn diese die Listen, die man öffentlich unterzeichnen musste, nur ansahen. So drohte man unter anderem mit Kündigung.

Hinzu kamen die Enteignungsgegner im Deutschen Reich:

Die DNVP, die monarchistisch-konservativ war, machte publik, dass aus ihrer Sicht das Vorhaben nur dazu diene, dass die Kirche, Landbesitz, die Banken und letztendlich jedes private Eigentum zu enteignen sei. Die Kirchen standen dem ebenso kritisch gegenüber, denn sie argumentierten, dass das siebte Gebot Diebstahl verbot und beriefen sich auf ein allgemein göttliches Sittengesetz.

Die Interessenorganisation der Großgrundbesitzer, der Reichslandbund, pflichtete den Gegnern bei und von Seiten der Industrie floss viel Geld in eine Gegenkampagne.

Die Mittelparteien, die DDP und das Zentrum lehnten eigentlich die Enteignung ab, dennoch gab es in ihren Reihen aber Befürworter.

Trotz allem war das Volksbegehren erfolgreich, denn bis zum Stichtag wurden über zwölf Millionen Stimmen abgegeben. Es waren somit nicht nur drei Mal so viele wie erforderlich, sondern auch zwei Millionen mehr Stimmen, als die SPD und KPD gemeinsam bei der letzten Reichstagswahl im Dezember des Jahres 1924 erreichen konnten. Dies

bedeutete, dass viele Wähler der bürgerlichen Parteien sich für eine Enteignung aussprachen. Vor allem in den großen Städten wie Berlin, erlangte man eine überdurchschnittlich hohe Zustimmung.
In den ländlicheren Regionen, wie beispielsweise in Ostpreußen und weiten Teilen Bayerns, fanden sich weniger Unterstützer.
Währenddessen gingen die parlamentarischen Beratungen in Bezug auf den Kompromiss-Entwurf der DDP voran.
Reichspräsident Paul von Hindenburg, der ein ehemaliger Heerführer im Krieg gewesen war und sich eindeutig zur Monarchie bekannte, befand, dass das Ganze eigentlich einen verfassungsändernden Charakter habe. Dieser Meinung schloss sich die Reichsregierung an. So hätte dem Entwurf zwei Drittel des Reichstags zustimmen müssen. Man konnte aber nicht mit den Stimmen der Opposition, der SPD und der DNVP rechnen, somit war der Vorschlag politisch gesehen erledigt. Man vertagte daraufhin die Beratungen im Rechtsausschuss.
Damit ging es nun nur noch um den Gesetzesentwurf der Befürworter der Enteignung.
Wieder betonten Hindenburg und die Reichsregierung den verfassungsändernden Charakter. So musste man dafür erst ein eigenes Gesetz schaffen. Doch dies wurde am sechsten Mai 1926, wenngleich auch gegen die Stimmen der Linksparteien im Reichstag, abgelehnt.
Aufgrund eben dieses verfassungsändernden Charakters benötigte man nun die Zustimmung von rund zwanzig Millionen Bürgern. Zu jenen des Volksbegehrens musste man so also noch knapp acht Millionen Wähler mobilisieren.
Der Tag der Abstimmung wurde auf den zwanzigsten Juni des Jahres festgesetzt.
Gegner und Befürworter der Enteignung begannen mit großen Kampagnen. Dabei blieben die zentralen Argumente dieselben. So betonten die Sozialdemokraten gemeinsam mit den ihnen verbundenen Gewerkschaften, dass es sich um eine Entscheidung zwischen dem demokratischen Deutschland und den alten, sich wieder aufrichtenden Mächten der Vergangenheit handele. Man verglich ferner die durchaus immensen Zahlungen an die Fürstenhäuser mit den geringen Einkommen von Rentnern, Invaliden und Arbeitslosen.
Die KPD nannte es den „Hass gegen die gekrönten Häupter", gar einen Klassenhass gegen den Kapitalismus und sein „Sklavensystem". Die

KPD hoffte mit diesen Aussagen auch die Mittelschichten für sich zu gewinnen, um ihr politisches Gewicht zu erhöhen.
Die DNVP argumentierte eher antirepublikanisch rechts, dass es um den Bestand von Haus, Hof, Nation und Reich gehe, bezogen sich also auf die Ängste der Bürger.
Es liegt auf der Hand, dass die Adelsverbände allesamt gegen die Enteignung protestierten, sie beriefen sich wie die katholische Kirche, auf ein christliches Sittengesetz. Selbst der Vatikan stimmte diesem zu, wenngleich auch indirekt. Die evangelischen Kirchen sprachen sich dagegen aus, sagten, es widerspräche dem Evangelium.
Der reaktionäre ehemalige Hofprediger meines Onkels Willie, Bruno Doehring, empfand den Volksentscheid als ein modernes Pendant zur Forderung der Volksmenge an Pontius Pilatus, Jesus zu kreuzigen.
Im Zentrum und in der DDP gab es ebenso viele Befürworter wie Gegner. Es war schwierig für beide Parteien, da sie an der Regierung beteiligt waren und diese Position nicht verlieren wollten.
Das Ganze wurde langsam zu einer politischen Farce. Die Mehrheiten in den Parteien waren für die Enteignung, andere Strömungen schlossen sich diesem an, Teile der Jugendorganisation des Zentrums stimmten zu, wenngleich auch der katholische Klerus dagegen war und in der DDP verließen einige Mitglieder gar die Partei.
Wie schon beim Volksbegehren zuvor, versuchten die lokalen Behörden und der Reichslandbund mit Drohungen gegen die Landarbeiter das Ganze zu sabotieren.
Eine rechtliche Ausgestaltung des Volksentscheides sah vor, dass man bei verfassungsändernden Gesetzen eine Mehrheit von fünfzig Prozent der stimmberechtigten Mitglieder eines Gremiums benötigte. Somit hatten Enthaltungen die gleiche Wirkung wie die von Nein-Stimmen. Und genau an diesem Punkt setzte dann die Strategie der Enteignungsgegner an, denn sie riefen nun zu einer Enthaltung bei der Abstimmung auf.
Für Menschen auf dem Land und in kleineren Orten bedeutete eine Teilnahme an der Abstimmung, dass sich Personen öffentlich als Befürworter zu erkennen gaben. So rief der Landbund seine Mitglieder dazu auf, an den Wahllokalen jeweils einen Beobachter zu positionieren, der dann genauestens sagen konnte, wer eben an der Abstimmung teilnahm, um diesen dann hinterher dafür zur Rechenschaft ziehen zu

können. Hier spielte die soziale Kontrolle beispielsweise in einem Dorf eine große Rolle.

Einzelne Gemeinden organisierten sogar Freibierfeste, um die potentiellen Wähler von der Abstimmung fernzuhalten.

Als man nach dem zwanzigsten Juni des Jahres 1926 dann die Wahlzettel auszählte, war schnell klar, dass der Volksentscheid gescheitert war. Es hatten über fünfzehn Millionen Bürger an der Abstimmung teilgenommen, über vierzehn Millionen hatten mit Ja gestimmt, was mein Onkel Willie aus dem Exil mit den Worten kommentierte, dass es de facto also vierzehn Millionen Schweinehunde in Deutschland gäbe.

Man hätte allerdings die Zustimmung von fast zwanzig Millionen Wählern benötigt.

Die Ergebnisse wurden analysiert und es zeigte sich, dass beispielweise in Berlin mehr als fünfzig Prozent der Stimmberechtigten mit Ja gestimmt hatten, auch im Ruhrgebiet lag die Zustimmung bei über vierzig Prozent, also in hochgradig urbanisierten und industriellen Regionen, in denen sich auch die Hochburgen der linken Parteien befanden, aber in dünn besiedelten Gebieten, die zumeist von der Agrarwirtschaft lebten, wie in Niederbayern und Pommern, waren die Zahlen am niedrigsten.

Auch der wirtschaftlich angeschlagene Mittelstand und die Verlierer der Inflation hatten mit Ja gestimmt. Allerdings mutmaßte man, dass durchaus mehr Menschen überhaupt abgestimmt hätten, wenn es nicht zu Drohungen seitens der Gegner gekommen wäre oder die lokalen Verwaltungen korrekt gehandelt hätten.

Dennoch zeigte die Abstimmung im Ganzen, dass die Menschen im Deutschen Reich mit der ehemaligen Obrigkeit abgeschlossen hatten. Zudem hatte das so vehemente Ringen um Vermögenswerte und Besitzansprüche die antimonarchistische Stimmung im Land eher noch verstärkt, die Ressentiments gegenüber dem Adel nun endgültig gefestigt.

Die Monarchie an sich war zu einer nostalgischen Erinnerung verkommen, zu einer Staatsform, die sich selbst überlebt hatte.

Haz und ich hatten in dem Machtgefüge der großen Herrscherhäuser eine zu kleine Rolle gespielt, daher betraf uns die ganze Auseinandersetzung nicht. Wir verfolgten es, aber nahmen das alles lediglich zur

Kenntnis.
Am sechsundzwanzigsten Oktober desselben Jahres wurde dann das „Gesetz über die Vermögensauseinandersetzung zwischen dem preußischen Staat und den Mitgliedern des vormals regierenden preußischen Königshauses“ verabschiedet.
Der Vergleich fiel für den Staat Preußen nun dennoch deutlich günstiger aus. Das Haus Hohenzollern erhielt nun anstatt von über dreihunderttausend Morgen Land und dreißig Millionen Reichsmark nur zweihundertfünzigtausend Morgen Land und fünfzehn Millionen Reichsmark. Auch die Ansprüche der Nebenlinien des Hauses wurden erheblich verringert und der Staat schien durch den gescheiterten Volksentscheid dennoch eine bessere Verhandlungsposition zu besitzen.
Mit dem Gesetz traten alle Beschlagnahmeverordnungen aus der Revolutionszeit außer Kraft, die laufenden Gerichtsprozesse wurden eingestellt. Auch wenn die KPD versuchte zu intervenieren, scheiterte sie im Folgenden.
Der Staat Preußen erhielt fünfundsiebzig Schlösser, wobei dann die kulturhistorisch bedeutendsten ab dem Jahre 1927 der neu gegründeten „Verwaltung der Staatlichen Schlösser und Gärten“ unterstehen sollten.
Dem Haus Hohenzollern überließ man neununddreißig Gebäude sowie etliche landwirtschaftliche Güter, darunter auch Schloss Cecilienhof und das Schloss Oels in Niederschlesien, welches die ehemalige kronprinzliche Familie weiterhin als Landsitz nutzte, ferner das Kaiser-Wilhelm-Palais und Schloss Monbijou in Berlin und das Schloss Rheinsberg. Alle diese Gebäude blieben aber auch weiterhin teilweise der Öffentlichkeit zugänglich. Das frühere königliche Hausministerium amtierte nun als private „Generalverwaltung des vormals regierenden preußischen Königshauses“ im Niederländischen Palais in Berlin.
Auch Kunstsammlungen und andere Vermögenswerte fielen dem Staat zu.
Das Haus Hohenzollern konnte dennoch, gerade in materieller Hinsicht, zur einer gewissen Normalität zurückkehren.

In anderen Ländern des Deutschen Reiches kam es teilweise zu

einvernehmlichen Lösungen, aber auch zu langwierigen Verhandlungen und auch wieder zu Gerichtsprozessen und daran anschließende Verträge, wie im Fall des ehemaligen Königshauses in Bayern, den Wittelsbachern. Allerorten erhielten die Fürsten dennoch ganz erhebliche Vermögenswerte zugesprochen und nur in Gotha kam es zu einer entschädigungslosen Einigung. Der ehemalige Herzog Carl Eduard begnügte sich mit einer Barabfindung, dem Besitz von Schloss Callenberg bei Coburg und eines auf drei Generationen geltendes Wohnrecht im Fürstenhaus der Veste Coburg. Dafür verzichtete er auf seine Güter, trat sonstige Liegenschaften und Kunstsammlungen an den bayerischen Staat ab, der die „Coburger Landesstiftung" gründete, die aus dem Stiftungsvermögen erwirtschafteten Erträge für die regionale Kunstförderung verwendete, ebenso wie für die Wissenschaftspflege. Allerdings spielte bei der gütlichen Einigung auch die Tatsache eine große Rolle, dass der Herzog, der aufgrund einer Gehbehinderung oftmals unbeholfen wirkte und hochmütig war, sich im Glanze seiner Gemahlin Victoria Adelheid sonnen konnte, denn diese war sehr beliebt beim Volk. Man sah in ihr eine Landesmutter, und es war wohl ihre Volksverbundenheit, die dafür sorgte, dass man die herzogliche Familie auch noch nach der Novemberrevolution im Volk sehr schätzte.
Allerdings zeigte sich Carl Eduard auch sehr engagiert in Bezug auf den aufkommenden Nationalsozialismus. Er sympathisierte mit den einstmaligen Gothaer Revolutionären und wandte sich bald völkischen Verbänden zu, unterstützte Adolf Hitler und half so mit, den Nationalsozialismus früh in Coburg zu verankern.
Ernie in Darmstadt hatte nach seiner Abdankung stets betont, dass er nie für sich oder seine Nachkommen offiziell abgedankt habe, dennoch erfreuten er und seine Familie sich weiterhin einer großen Beliebtheit im Volk. Man schätzte vor allem seine künstlerischen Fähigkeiten, seine Förderung von Kunst und Kultur.
Er lebte mit Onor und den beiden Söhnen weiterhin im Neuen Palais in Darmstadt, behielt auch seine Sommerresidenz Schloss Wolfsgarten nach langen Verhandlungen, die sich von 1919 bis zum Jahre 1928 hinziehen sollten.
Vor allem aber engagierten sich Ernie und Onor weiterhin in Darmstadt und Umgebung für kulturelle Bereiche, förderten finanziell auch karitative und soziale Unternehmungen.

Onor veranstaltete regelmäßig Vorträge und Jahrestagungen, zu denen auch zahlreiche international renommierte Geistes - und Kulturwissenschaftler nach Darmstadt eingeladen wurden.
Bewundernswert war, dass Ernie sich dazu bekannte, die großen Fehler der früheren Zeit längst erkannt zu haben, aber damals machtlos war, diese aufgrund der Verhältnisse im Deutschen Reich zu ändern. Man rechnete ihm dieses Eingeständnis von Seiten der Darmstädter sehr hoch an.

Paps Freund Welmi war, wie erwähnt, im Jahre 1923 verstorben, seine Witwe Feodora, eine Nichte meines Vaters, leitete das Gut Heinrichau weiterhin und machte es zu einem landwirtschaftlichen Großbetrieb.
Welmi hatte noch vor seinem Tod im Jahre 1921 eine Einigung mit der Regierung des ein Jahr zuvor gebildeten Landes Thüringen getroffen. Die fürstliche Familie trat die großherzoglichen Sammlungen und Kunstgegenstände gegen eine finanzielle Abfindung ab, erhielt dafür jährliche Rentenzahlungen, durfte einige Schlösser behalten sowie das Weimarer Goethe - und Schillerarchiv.
Man revanchierte sich für dieses Entgegenkommen seitens der Regierung, indem das ehemalige Großherzogliche Haus unter anderem kulturelle Einrichtungen, wohltätige Stiftungen und Stipendien finanziell unterstützte.
Im Fürstentum Schaumburg-Lippe, dem Moretta durch ihre Ehe mit dem Prinzen Adolf verbunden war, gab es gegen den Fürsten Adolf II. Anfang November des Jahres 1918 keinerlei Missstimmung. Selbst die heimischen Sozialdemokraten wiesen Forderungen nach seiner Abdankung zurück. Nur durch die Einmischung landfremder Bielefelder Genossen wurden die lokalen Arbeitervertreter auf einen Thronverzicht des Landesherrn eingestimmt. Aus Bielefeld drohten die Sozialdemokraten den Fürsten für den Fall der Verweigerung einer Abdankung mit einer gewaltvollen Absetzung und Schutzhaft.
So entschied sich der Fürst am fünfzehnten November in seinem Namen und für seine
Angehörigen abzudanken. Die Bevölkerung nahm diese Abdankung allerdings mit gemischten Gefühlen auf, denn die fürstliche Familie hatte sich landespflegerisch stets sehr engagiert. Vor allem aber wollte man in Schaumburg-Lippe eigenständig bleiben und so kam es im

Jahre 1926 schon zu einer Abstimmung der Bürger gegen einen Anschluss an Preußen.
Der Fürst heiratete im Jahre 1920 die geschiedene bürgerliche Schauspielerin Elisabeth Franziska Bischoff-Korthaus, was zu Auseinandersetzungen, auch gerichtlicher Art, mit seinen Geschwistern führte. Daraufhin zog der Fürst mit seiner Gemahlin nach Höllriegelskreuth bei München und lebte auch zeitweise in Oberösterreich. Später ließ sich das Paar auf der kroatischen Insel Brioni nieder. Da der Fürst sich auch öffentlich gegen den Nationalsozialismus bekannte, wurde er dort dann von Mitgliedern der Gestapo überwacht und bespitzelt.

Haz und mich betraf das Ganze eigentlich nur peripher, meinen Vater jedoch umso mehr. Er behielt seine Schlösser, den Grund und Boden, aber deren Unterhaltung war sehr kostenintensiv. Mein Gemahl und ich waren auch nicht reich, aber wir kamen aus, wie man so sagt, konnten gut mit unseren finanziellen Mitteln haushalten.
Mein Vater hatte aber keinerlei Verständnis für den verschwenderischen Lebenswandel Onkel Willies und dessen Familie, denen man so vieles zusprach. Es kränkte ihn vielmehr, dass die Hohenzollern noch ein sehr gutes Auskommen genossen. Zusätzlich belastete ihn dies gesundheitlich sehr, er sollte jedwede Aufregung vermeiden, aber es nagte an ihm. Paps konnte es einfach nicht akzeptieren und jede Äußerung meines Onkels aus dem Exil verärgerte ihn umso mehr. Es schien ihm einfach unbegreiflich, wie dieser nicht einfach mal seine Meinung zurückhalten wollte, sich besinnen. Aus der Sicht meines Vater war er eben ein alter Sturkopf, herrisch und cholerisch bis ins Mark.
„Niemanden interessiert die Meinung dieses Debus! Er ist immer noch wütend darüber, dass ihn keiner mehr haben will in Deutschland!“, stellte er fest und bezeichnete meinen Onkel auf Thüringisch als einen „Dummkopf“.
Ich war des Thüringischen nicht wirklich mächtig, aber einige Ausdrücke, die mein Vater oft gebrauchte waren mir durchaus vertraut. So wandte ich ein, der Onkel sei ein „aaler Harnochse“, ein alter Hornochse eben.
„A Backfieve braucht er“, ergänzte mein Paps.
Mein Vater lächelte. Es schien ihm zu gefallen, dass ich auf seine

Schimpferei einging.
Ich begann zu lachen und er fiel mit ein.
Dann sagte er, er habe Hunger auf Aschkuchn, einen thüringischen Napfkuchen aus Hefe mit Sultaninen.
„Ich werde der Küchenmamsell sagen, sie soll dir einen backen, Paps."
Er nickte. Dann bat er mich, ihm zum Lehnstuhl zu helfen, damit er sich setzen und etwas die Zeitung lesen konnte. Es fiel mir schwer, aber ich gab mir die größte Mühe. Mein Vater benutzte seinen Stock, machte aber nur kleine Schritte und war größer als ich. Er hatte kaum noch Kraft und ich fürchtete stets, er könne stürzen, mich vielleicht mit zu Boden reißen. Daher war ich meist dankbar, wenn eine der Schwestern mir half, die ihn pflegten.
Es bedrückte mich sehr, meinen Vater so krank zu sehen, er alterte rapide und verfiel zusehends körperlich.
Eigentlich war es mir in der letzten Zeit recht gut gegangen, nur ab und an litt ich an Migräne und Hitzewallungen aufgrund meiner einsetzenden Menopause, doch nun bekam ich von Zeit zu Zeit wieder starke Magenschmerzen, manchmal auch Rückenschmerzen, doch ich riss mich zusammen, wollte für meinen Vater da sein und zudem Haz auch nichts vorjammern. Vielleicht, weil ich innerlich seine Ablehnung fürchtete, weil wir uns momentan ganz gut verstanden. Zwar waren wir nicht mehr so innig miteinander verbunden, aber dennoch existierte noch ein feines Band zwischen uns. Die große Liebe aber, die wir beide einst füreinander empfanden, war verflogen. Ich sehnte mich oft dahin zurück, nach seiner Aufmerksamkeit, Zärtlichkeit, aber es blieb meist bei einem flüchtigen Kuss, einer kurzen Umarmung. Liebevolle Worte waren zwischen uns rar geworden. Manchmal, so dachte ich insgeheim, lebten wir nur noch miteinander, weil wir es uns dereinst versprochen hatten, eine Scheidung für keinen von uns in Frage kam, eine räumliche Trennung ebenso wenig. Wenn ich bei meinem Vater in Meiningen war, waren wir getrennt voneinander, daher bedurfte es einer „auf Zeit" nicht.
Haz kam auch nach Meiningen, um meinen Vater zu besuchen, aber seine Besuche waren eher von seltener Natur. Es mag daran gelegen haben, dass mein Paps sein oftmals noch aufbrausendes Wesen nicht ablegen konnte.

Am zweiten April 1926 beging man den hundertsten Geburtstag meines Großvaters feierlich. Die Menschen in Meiningen fühlten sich dem „Theaterherzog" immer noch verbunden und das Land Thüringen richtete nun die Feierlichkeiten aus, lud meinen Vater ein, bei den Vorbereitungen zu helfen. Doch er weigerte sich strikt, schlug auch die Einladung aus, und so übernahm sein Halbbruder Ernst dann diese Aufgabe.
Paps konnte in diesem Fall einfach nicht verzeihen, dass nach der Novemberrevolution alle seine Bildnisse aus den Amtsstuben verschwinden mussten, aber die seines Vaters nicht, wie ich es bereits erwähnte. Dieser Kränkung begegnete er dann eben mit der Ausschlagung der Einladung zu den Feierlichkeiten. Zudem er wahrscheinlich auch nicht einsah, dass man den runden Geburtstag seines verstorbenen Vaters noch in so großer Form begehen musste.

Anfang des Jahres 1927 verbrachten Haz und ich wieder einige Tage in Berlin. Am zehnten Januar besuchten wir im Berliner Ufa-Palast am Zoo die Premiere von Fritz Langs futuristischem Film „Metropolis". Der Film beruht auf dem gleichnamigen Roman von Thea von Harbou aus dem Jahre 1925. Von Harbou war eine deutsche Theaterschauspielerin, Drehbuchautorin, Regisseurin und Schriftstellerin und schrieb die Drehbücher zu einigen der bekanntesten deutschen Stummfilme, wie eben jenem von Fritz Lang.
Die etwa zweieinhalbstündige Premierenfassung fiel bei Kritikern durch und war auch beim Publikum kein großer Erfolg. Daher kürzte man den Film auf knapp zwei Stunden und zeigte ihn in dieser Version am fünfundzwanzigsten August desselben Jahres dann nochmals in einer Premiere.
Haz und ich fanden die Handlung des Films auch eher gewöhnungsbedürftig, denn es geht um die gigantische Stadt Metropolis, in der zwei voneinander klar getrennte Gesellschaften leben - eine Oberschicht in absolutem Luxus, in paradiesischen Verhältnissen, und eine Arbeiterklasse, die an riesigen Maschinen für den Gewinn der Reichen schuftet. Diese lebt unter der Oberschicht. Dazwischen, aber eben unter der Erde, befinden sich die für beide Klassen unentbehrlichen Maschinen. Irgendwann erscheinen Kinder mit einer Frau aus der Unterstadt, die diesen zeigt, wie die Brüder oben leben. Es verliebt sich ein

Mann aus der Oberschicht in die Frau aus der Unterschicht, folgt ihr in ihre Welt und erlebt die Maschinen als menschenverschlingende Objekte. Natürlich gibt es auch eine „Herz-Maschine".
Haz und ich waren leider sehr schnell gelangweilt von der Handlung, auch wenn sie vielleicht modern sein mochte, zeitgemäß, aber sie fesselte uns nicht. Wir blieben dennoch bis zum Ende des Films im Kinosaal. Andere Besucher verließen diesen weitaus früher. Der Film war auch einfach viel zu lang, man konnte bald der Handlung nicht mehr aufmerksam folgen.
Haz ärgerte sich später sehr, dass er sich so sehr bemüht hatte, Karten für die Vorführung zu bekommen.
Die Produktionskosten des Films lagen bei rund fünf Millionen Reichsmark, womit der Film einer der teuersten der Filmgeschichte war, aber dies sagt natürlich nie etwas über die Qualität aus.
Wir verbrachten noch einige Tage in Berlin, die wir sehr genossen. Danach reiste ich sogleich wieder zurück zu meinem Vater.
Der gesundheitliche Zustand meines Paps schwankte sehr. Es gab Phasen, da konnte er auch wieder kleine Spaziergänge im Park von Schloss Altenstein machen, aber auch jene, in denen er zumeist lag oder in seinem Sessel saß, weil ihn jede Bewegung sehr anstrengte.
Im Winter hatte er eine leichte Grippe gehabt, aber der Infekt warf ihn wieder nieder und er brauchte wieder öfter Sauerstoff.
Trotz seiner Lungenprobleme rauchte er. Zwar nicht mehr so viel wie vor seiner Erkrankung, aber eigentlich hätte er es ganz aufgeben müssen. Da die Ärzte mir aber sagten, dass ihm nicht mehr viel Zeit auf Erden bliebe, ließ ich ihn rauchen, verbot es ihm nicht, denn sein Leben war ohnehin schon sehr trostlos. Paps konnte nicht mehr reisen, war eigentlich nur noch in Altenstein, gefangen im Schloss und dem angrenzenden Park. Er wartete jeden Tag auf die Zeitung, Post oder Besuch, vergrub sich, wenn es ihm einigermaßen gut ging in seinen Büchern, aber zumeist war er allein, nur umgeben von Bediensteten.
Seine Halbbruder Ernst kam ihn besuchen, manchmal einer der alten Freunde und ich. Sonst hatte er niemanden mehr.
Er vermisste meine Mutter, wie auch seine Schwester. Manchmal sprach er von ihnen, wollte die Gräber besuchen, war aber dann doch zu schwach, sodass er mich anwies, hinzugehen, Blumen dort niederzulegen, nach dem Rechten zu sehen. Und so erfüllte ich ihm diesen

Wunsch.
Auch zu Ellens Grab ging ich, aber davon erzählte ich ihm nicht.
Einmal, als ich bei Paps war, bekam er plötzlich hohes Fieber und ich sorgte mich sehr um ihn, da er mich im Delirium für seine Stiefmutter Feodora hielt, die er so sehr geliebt hatte. Dann rief er nach seinem toten Halbbruder Friedrich und auch nach Mama.
Er erholte sich wieder, aber dennoch hatte ich stets Angst, besonders wenn ich ihn wieder verließ, zu Haz zurückkehrte. Ich befürchtete immer, mich könne ein Telegramm erreichen, welches mir sein Ableben berichtete.
Ich bat die ihn pflegenden Schwestern und die Ärzte, dass man mich sofort benachrichtigen solle, wenn es ihm schlechter ging oder gar sein Ende bevorstand. Man versprach es mir.
Es fiel mir jedes Mal schwer, wieder abzureisen und ich nahm immer auch Korrespondenz für ihn mit, um diese dann noch zu erledigen. Manchmal war er so schwach, dass er mir nicht einmal mehr einen Brief diktieren konnte, hatte kaum Stimme, konnte keine Worte formen, weil es ihn so sehr anstrengte.
Wenn draußen die Temperaturen wieder anstiegen, ging es ihm zumeist etwas besser. Wärme tat seinen Atemwegen gut, außer wenn es zu warm wurde im Sommer, dann konnte er sich auch nicht im Freien aufhalten. Mir bekamen Hitze und anhaltender Sonnenschein auch nicht wirklich gut, ich hatte dann Schmerzen auf der Haut, dort, wo kein Stoff diese bedeckte. Daher bevorzugte ich dann einen Platz im Schatten oder verblieb im Haus.
Ich hätte meinen Vater gerne zu einer Kur geschickt, vielleicht an die See, was Haz anregte, aber Paps konnte nicht mehr reisen, war einfach zu schwach dafür.
Es gab mittlerweile auch Tage, an denen er kaum noch Appetit hatte und manchmal nahm er nur Suppe zu sich. Ich fragte ihn oft, was er am liebsten äße, worauf er Hunger habe, aber es wechselte. Auch wenn die Küchenmamsell nachfragen ließ, was sie kochen solle, lehnte er es oft ab oder sagte, er wolle nur Suppe essen. Sie kochte gute nahrhafte Suppen mit Fleisch und Gemüse, aber es diente nicht seiner körperlichen Stärkung.
So trug ich stets die Sorge um das Wohl meines Vaters mit mir und Haz verstand meine Besorgnis. Manchmal merkte er an, mein Vater

habe keinen Lebenswillen mehr, das müsse ich verstehen, aber dann wieder zeigte er sich erfreut, wie gut ich mich mit meinem Vater endlich verstand, wir uns einander annäherten.
„Leider kommt das ein bisschen zu spät, Babes", stellte mein Gemahl fest, „Jetzt, wo er dich braucht, bist du da. Aber bedenke, dass deine Eltern all die Jahre nie wirklich für dich da waren, auch nicht, als du krank warst."
„Das stimmt", entgegnete ich, „Aber ich kann meinem Vater das jetzt nicht vorwerfen. Das liegt mir einfach fern in seiner Situation."
„Ihr hättet eben viel früher darüber sprechen müssen", merkte Haz an und ich nickte zustimmend.
„Ich kann das nicht mehr ändern", resignierte ich, fügte hinzu, „Ich verzeihe es beiden auch nicht wirklich, aber ich habe gelernt damit zu leben, dass es eben so war."
„Dennoch musst du dich jetzt nicht für ihn aufreiben. Ich möchte nicht, dass es dir bald wieder schlechter geht, weil dich das so sehr belastet. Und wir haben für deinen Vater zwei gute Krankenschwestern engagiert, auch seine Ärzte bemühen sich."
„Ich kann ihn nicht sich selbst überlassen…", begann ich, doch Haz winkte sogleich ab.
„Das musst du auch nicht. Aber denke bitte auch an dich. Und du musst seine Korrespondenz nicht sofort beantworten. Alle, die ihm nahestehen, wissen um seinen Zustand. Überschlage dich nicht!"
„Du hast wirklich recht. Irgendwie fühle ich mich aber verpflichtet. Er ist mein Vater, egal, was war und ist. Und er hat nur noch mich."
„Ernst könnte sich auch mehr um ihn kümmern oder andere Verwandte…", warf Haz ein, doch ich schüttelte den Kopf.
„Nein, ich bin sein Kind. Es ist hauptsächlich meine Pflicht."
Haz schwieg, sah ein, was ich meinte. Dennoch glaube ich nicht, dass er es wirklich begreifen konnte, wie sehr ich mich eben um meinen Vater bemühte. Seine Sorge um mich empfand ich als ein gutes Zeichen dafür, dass er durchaus noch etwas für mich empfand.

Wir hörten davon, dass der Kronprinz mit seiner Gattin Cecilie im Juli des Jahres Onkel Willie in Doorn besuchte. Beide zeigten sich sehr entsetzt darüber, wie vehement mein Onkel noch an eine Rückkehr nach Deutschland glaubte, sich immer noch Hoffnungen auf den

Thron machte. Es mag an Hermo gelegen haben, dass er von dem Gedanken nicht Abschied nehmen konnte, da diese ihn wohl stets darin bestärkte, Kontakte knüpfte, um die Restauration der Monarchie möglich zu machen. Ob dies mehr aus reinem Selbstzweck geschah, kann ich nicht sagen, aber viele glaubten, sie wolle sich selber nur allzu gerne als Kaiserin an seiner Seite in Deutschland sehen.
Der Kronprinz scheute sich aber wohl, ebenso sehr wie Cecilie, es seinem Vater auf den Kopf zuzusagen, wie er über dessen Hoffnung dachte.
Man muss aber dazu anmerken, wie sehr sich auch der Kronprinz darauf versteifte, selbst einmal an die Macht zu gelangen. Dabei war, realistisch gesehen, nicht nur für meinen Onkel Willie die Zeit der Herrschaft unwiederbringlich vorüber, sondern auch für seinen Sohn die Chance eher gering, den Thron in Deutschland zu besteigen. Was der Kronprinz für seinen Vater als Unfug abtat, ließ ihn selbst hoffen. Doch ein wirklich beherztes Greifen nach der Macht lag dem Kronprinzen fern. Er hätte sich nicht nur der öffentlichen Kritik, sondern auch der des Vaters und der Stiefmutter aussetzen müssen, doch dafür fehlte ihm wohl der Mut. Er war schon so nicht imstande seinem Vater einmal zu widersprechen.

Meine Tante Moretta hielt weiterhin die Beziehung zu Alexander Zoubkoff aufrecht. Sie genoss die Ausfahrten als Sozius mit ihm auf seinem Motorrad durch die rheinischen Lande, versteifte sich auf die Hoffnung auf ein spätes Glück. Bald sagte sie, er sei sein Teil ihres Lebens geworden.
Ihre Freundin, die Fürstin Daisy von Pless, merkte an, dass meine Tante nach dem Tod ihres Gemahls sehr einsam gewesen sei und keine verständigen Freunde um sich habe, die ihre Einsamkeit mit ihr hätten teilen können.
Als Moretta nun von Heirat sprach, zeigten sich nicht nur ihre Schwestern Mossy und Sossy entrüstet, da sie Zoubkoff für einen obskuren Mann hielten. Auch Onkel Heinrich versuchte zu intervenieren, da ihn Onkel Willie darum bat. Doch Moretta schlug alle Warnungen in den Wind.
Ende des Jahres 1919 hatte sie das Palais Schaumburg an den Fürsten Adolf II. von Schaumburg-Lippe verkauft, den Neffen ihres

verstorbenen Gemahls. Gleichzeitig sicherte sie sich das lebenslange Wohn - und Nutzungsrecht im Palais.
So sprach Robert Stuker, der Kammerherr ihres verstorbenen Schwiegervaters in Bückeburg, öffentlich aus, dass man meine Tante, welche er ein „dummes Luder“ nannte, tüchtig verhauen und danach endgültig einsperren solle, weil sie sich in ihrem Liebestaumel in etwas verrannte.
Aber Moretta und Zoubkoff heirateten im November des Jahres 1927 standesamtlich im Bonner Rathaus. Die Menschen versammelten sich davor, um einen Blick auf das Brautpaar zu erhaschen. Es waren bald so viele, dass die Polizei die Menge zurückhalten musste.
Die evangelischen Pfarrer in Bonn und Umgebung weigerten sich, das Paar kirchlich zu trauen. Daher segnete ein russisch-orthodoxer Priester aus Wiesbaden beide, als sie am einundzwanzigsten November im „Roten Salon“ des Palais Schaumburg kirchlich heirateten. Moretta trug den Brautschleier ihrer Mutter wie auch bei ihrer ersten Vermählung. Sie glaubte, es eröffne sich ihr ein neues glückliches Leben an Zoubkoffs Seite.
Die gesamte Familie weigerte sich bei der Hochzeit zugegen zu sein und so nahm nur ein Vertreter der Presse daran teil. Natürlich stürzte sich auch sofort die gesamte deutsche Presse auf die skandalträchtige Nachricht. Man prangerte vor allem den großen Altersunterschied des Paares an. Zoubkoff äußerte sich sofort, lobte die Jugendlichkeit seiner Braut, sprach von tiefer Liebe. Moretta bezog Stellung, in dem sie sich darüber wunderte, dass man dies so ausschlachtete, denn sie sei über zehn Jahre Witwe gewesen, hatte ein eher unauffälliges Leben geführt.
Meine Tante war und blieb weltfremd in dieser Hinsicht. Doch schon wenige Wochen nach der Hochzeit musste sie einsehen, dass Zoubkoff ihr nur etwas vorgespielt hatte. Schnell verbrachte er seine Abende lieber in Berliner Nachtlokalen als an ihrer Seite, kehrte dann reumütig zu ihr zurück und sie schob es zuerst auf seine Jugend, finanzierte seine kostspieligen Hobbys und Leidenschaften. Ich erfuhr von Mossy, dass Moretta Zoubkoff bei einem Treffen mit Studenten der Universität in Bonn kennenlernte, als sie ein befreundeter Antiquitätenhändler auf ihn aufmerksam machte. Sie hatte die Studenten ins Palais eingeladen.

Tante Moretta rechts stehend im Brautkleid bei ihrer Vermählung mit Zoubkoff, links, nach russisch-orthodoxem Ritus im November 1927

Zoubkoff erzählte ihr, er studiere Jura, sei aus altem russischem Adel, habe auf der Seite der Weißen, also zarentreuen Truppen, gegen die Revolutionäre in Russland gekämpft, bis ihn die Tscheka, die Geheimpolizei, verhaftete und folterte. Er konnte angeblich fliehen, landete auf Umwegen dann in Bonn, wo er als Kellner, Glücksspieler und Matrose auf einem Schiff auf dem Rhein seinen Unterhalt verdiente. Beim Glücksspiel habe man ihn um sein gesamtes karges Vermögen betrogen.

Er teilte mit Moretta die Leidenschaft für ausgiebige Tennismatches, umgarnte sie mit den Ausflügen durch Bonn, das Rheinland, doch fuhr zeitweise auch ohne Führerschein.

In zwielichtigen Etablissements gab er sich in Berlin seiner Kokainsucht und anderen Frauen hin.

Er verschwendete Morettas Vermögen, verließ sie bald endgültig. Eine Affäre mit einer Bardame kam schnell ans Licht.

Meine Tante hatte sich in Zoubkoff mehr als getäuscht und erlebte in den nächsten Monaten einen völligen sozialen Absturz.
Schon bald zog er aus dem Palais aus, suchte sich eine Bleibe in Euskirchen, etwa zwanzig Kilometer von Köln.
Anfang des Jahres 1928 wurde er wegen einer Schlägerei inhaftiert, sagte später, er sei das Opfer von Polizei - und Behördenjustiz geworden und im März setzte er sich aus Deutschland ab, floh nach Luxemburg. Es hieß aber, man habe ihn von Seiten des Staates her ausgewiesen.
In Luxemburg arbeitete er als Kellner und das Restaurant warb mit einem Schild, auf dem zu lesen war: "Hier bedient sie der Schwager des Kaisers!"
Meine Tante erntete natürlich nur noch Spott und Hohn von Seiten der Verwandtschaft. Die Familie von Schaumburg-Lippe entzog ihr dann im September des Jahres 1929 das Wohnrecht für das Palais und meine mittlerweile hochverschuldete Tante musste in ein Hotel in Bonn ziehen.

Ich hatte meiner Tante nicht zur Hochzeit gratuliert, da ich auch skeptisch gewesen war was diesen Mann betraf. Mein Vater regte sich über seine Schwägerin auf, hielt sie für sehr dumm und naiv, was man nicht verneinen konnte.
Sie hatte im Palais ein schönes Leben geführt, konnte sich eine Hofdame, einen Kammerdiener, zwei Dienstmädchen, eine Köchin und eine Jungfer leisten. Nun lebte sie in einem kleinen Wohnraum im Hotel „Villa Friede" in Bad Godesberg-Mehlem bei Bonn.
Sie musste dann von dort aus im März 1929 Konkurs anmelden, reichte im November die Scheidung von Zoubkoff ein.

Als Mossy Moretta besuchte, schrieb sie mir später, dass meine Tante um Jahre gealtert schien, nervlich völlig am Ende sei und begonnen hatte, ihre Memoiren zu schreiben. Sie verkaufte diese dann an den „Bonner General-Anzeiger", wo sie im Jahre 1929 erschienen, aber ihre Aufzeichnungen endeten im Jahre 1927 mit der zweiten Heirat und zudem berichtete sie nur von allem Guten, ließ negative Begebenheiten völlig aus. Wie ich bereits erwähnte, schrieb sie auch, dass ich ein sehr gutes Verhältnis zu meinen Eltern gehabt habe, was auch nicht

der Wahrheit entsprach.
Mit dem Geld, welches sie dann durch die Veröffentlichung erhielt, wollte sie zumindest einen Teil ihrer Schulden begleichen.

Den Heiligen Abend verbrachten wir in diesem Jahr bei meinem Vater, der sich in Meiningen aufhielt, fuhren am nächsten Tag aber nach Altenburg. Haz hatte uns Karten für die Uraufführung der Operette „Die blonde Lieselott" von Eduard Künneke besorgt. Er schenkte mir diese zu Weihnachten und ich freute mich sehr darüber.
Künneke war ein namhafter Komponist von Operetten. Seine bekannteste hieß „Der Vetter aus Dingsda" und stammte aus dem Jahre 1921. Viele seiner komponierten Lieder avancierten zu bekannten Schlagern der Zeit.
Die Operette „Die blonde Lieselott" basierte auf dem gleichnamigen Lustspiel von Heinrich Stobitzer aus dem Jahre 1901. Die Handlung spielt in zum Ende des 17.Jahrhunderts in Heidelberg, Saint Germain, Paris und Versailles. Es geht um Lieselotte von der Pfalz, die, nachdem sie fünf Heiratskandidaten ausgeschlagen hat, den Bruder des französischen Königs ehelichen soll. Philip, der Bräutigam, erscheint jedoch nicht zur Hochzeit in Heidelberg, sondern lässt sich durch seinen Hofmarschall vertreten.
Als Lieselott dann endlich nach Paris reist, ist ihr Bräutigam mehr seiner Mätresse zugetan als ihr. Nach einigen Verwicklungen und Enttäuschungen bei Hofe kann sich Lieselott schließlich doch noch behaupten, ihren Gemahl für sich gewinnen.
Mir gefiel die Aufführung sehr gut, ebenso wie Haz. Er war auch mehr für das Theater, Opern und Operetten zu begeistern, als für Filme. Aber er machte zumeist mir eine Freude damit, wenn wir in ein Lichtspielhaus gingen.
Nach einiger Zeit in Altenburg kehrten wir wieder nach Meiningen zurück, verbrachten auch Silvester und Neujahr mit Papa, dem es leider gesundheitlich immer schlechter ging. Kurz nach den Feiertagen konnte er kaum noch das Bett verlassen, war zu schwach auf den Beinen und bekam Herzkrämpfe. Er hatte Wasseransammlungen in den Beinen, bekam nur noch schwer Luft.
In diesem Zustand konnte ich ihn nicht alleinlassen und die Ärzte machten mir auch kaum noch Hoffnung. Ich versuchte, ihm Briefe

vorzulesen, die er aufgrund der Feiertage erhalten hatte, aber meist schlief er ein, während ich las, denn es strengte ihn zu sehr an, zuzuhören.
Er kam auch nicht mehr ohne Sauerstoff aus.
Mir erschien es nicht wichtig, die Korrespondenz schnell zu erledigen, so legte ich die Briefe geordnet nach ihrem Eintreffen auf seinen Schreibtisch.
Wenn er klar bei Verstand war, las ich ihm aus der Zeitung vor, doch irgendwann winkte er ab, flüsterte, ich solle ihm das alles nicht mehr mitteilen. Es rege ihn zu sehr auf, was da alles so vor sich ging in der Welt.
Als mein Paps jegliche Nahrungsaufnahme verweigerte, musste ich einsehen, dass er mit dem Leben abgeschlossen hatte.
In dieser Zeit begann ich wieder an Nervenschmerzen im Gesicht zu leiden, da ich kaum selbst zu Schlaf kam, denn ich verbrachte nun die Nächte in einem Stuhl an seinem Bett, sprach mit ihm, versuchte ihm zu helfen, wenn er etwas trinken wollte, mit dem Sauerstoff, richtete seine Kissen. Mein Rücken schmerzte auch bald wieder und so versuchte ich im Zimmer herumzugehen, wenn er schlief, oder bat die Schwestern bei ihm zu bleiben, wenn ich einmal draußen etwas Spazierengehen wollte. Sie sollten mich aber sofort rufen, wenn er nach mir verlangte oder es ihm schlechter ging.
Am sechzehnten Januar des Jahres 1928 starb mein Paps im Alter von sechsundsiebzig Jahren in der Nacht. Ich war kurz eingenickt, als eine der Schwestern mich weckte, sodass ich seine Hand halten konnte und mit ihm sprach, obwohl ich nicht wusste, ob er mich noch hörte. Zwei Tage vor seinem Tod hatte er nach einem kurzen und heftigen Anfall von Atemnot das Bewusstsein verloren.
Ich weinte hemmungslos, als er gegangen war. Die Schwestern und der herbeigerufene Arzt, versuchten mich zu trösten, aber nun hatte ich beide Eltern verloren. Und Paps Verlust schmerzte mich mehr als der von Mama.
Ich informierte Haz per Telegramm und er kam umgehend angereist, um mich zu unterstützen. Ebenso informierten wir Papas Halbbruder Ernst, der auch kam, um mit uns gemeinsam alles zu regeln.
Paps Leichnam wurde im Großen Palais, dem ehemaligen Erbprinzenpalais, wo er sich zuletzt aufgehalten hatte, aufgebahrt.

Am zwanzigsten Januar wurde der Sarg unter großer Anteilnahme der Bevölkerung mit einem Trauerzug zum Bahnhof gebracht.

Der Trauerzug vor dem Palais. An ihm nahmen auch Onkel Willies Sohn Adalbert und Onkel Heinrich teil. Onkel Willies Sohn Eitel Friedrich konnte erst zur Beisetzung in Altenstein zugegen sein.

Der Sarg wurde dann nach Bad Liebenstein überführt, wo wir ihn am einundzwanzigsten Januar neben Mama im Park von Schloss Altenstein beisetzten.

Mit dem Tod meines Vaters wurde nun sein Halbbruder Ernst das neue Oberhaupt des Hauses Sachsen-Meiningen. Da Ernst aber morganatisch geheiratet hatte, blieb seinen Kindern eine Erbfolge verwehrt. Im Falle seines Ablebens, würde also Georg, sein Neffe, als neuer Repräsentant des Hauses eingesetzt werden.

Zur Beerdigung meines Vaters reisten auch Feodora, Paps Nichte, Tante Irene und weitere Verwandte an.

Ich wünschte, mein Paps hätte noch mitbekommen, wie die Meininger ihm die letzte Ehre erwiesen, als der Trauerzug das Palais passierte. Er schien nicht in Vergessenheit geraten zu sein und es zeigte, dass man ihm gegenüber doch noch eine gewisse Verbindung pflegte.

Die Spitze des Trauerzugs; ich bin rechts mit der Feder am Hut zu sehen, hinter dem Kreuzträger geht auch die vom Reichswehrbataillon gegründete Fahnengruppe, gebildet, unter anderem aus einigen Vereinen sowie der Geheime Kabinettsrat Freiherr von Brandenstein. Georg, der Sohn von Paps gefallenem Halbbruder Friedrich, trägt die Ordensinsignien auf einem Kissen (links), rechts neben ihm geht General Credner, ebenfalls mit Paps militärischen Auszeichnungen auf einem Kissen.

Der Tod meines Vaters belastete mich sehr, denn ich fühlte mich danach erschöpft. Es war sehr anstrengend gewesen, stets bemüht zu sein, Zeit bei ihm zu verbringen. Meine Nervenschmerzen im Gesicht wurden schlimmer, ich litt wieder an Magenschmerzen, verbunden mit sehr schmerzhaften Krämpfen und Rückenschmerzen, die mich dann auch niederwarfen. Eine Zeit lang war ich nicht fähig, viel zu gehen, verbrachte wieder Tage im Bett, ließ auch meinem Kummer freien Lauf. Haz glaubte, meine Beschwerden resultierten aus der Erschöpfung, seien mehr psychisch bedingt durch den Tod meines Vaters. Er versuchte mir eine Stütze zu sein, kümmerte sich wirklich rührend um mich in dieser Zeit.

Beisetzung des kürzlich verstorbenen letzten Herzogs von Sachsen-Meiningen, Bernhard, im Park von Schloß Altenstein

Die Beisetzung meines Vaters im Park von Schloss Altenstein

Als die Beschwerden sich nicht legen wollten, ich weiterhin unter all diesen Schmerzen litt, meinte er, es sei nun auch einmal gut mit dem Gejammere. Da waren drei Monate seit dem Ableben Papas vergangen. Mein Gemahl fand, ich würde mich da in etwas zu sehr ergehen, denn mein Vater sei sehr krank gewesen und habe keine wirkliche Freude mehr am Leben gehabt, kaum noch daran teilgenommen. Ich solle akzeptieren, dass er nun seinen Frieden habe.
Haz konnte nicht verstehen, wie sehr es mich belastete, denn um meine Mutter hatte ich aus seiner Sicht weit weniger getrauert, nicht so ein „Brimborium" gemacht wie nun.
Nun hatte ich nur noch Haz und es war schlimm für mich, was er mir unterstellte. Ich befürchtete, er würde wieder behaupten, ich bilde mir das alles nur ein, wolle mich mit meinen Leiden wichtigmachen.
Er wollte mit mir im Frühjahr nach Berlin fahren, sagte, etwas Abstand täte mir sicher gut, aber ich lehnte dankend ab. Meine Gesundheit ließ eine Reise nicht zu, gab ich zurück, ich könne kaum laufen. So fuhr er kurzerhand alleine und ich war enttäuscht darüber, dass er dies einfach so tat, nicht an meiner Seite blieb.

Ich ließ nach Ärzten schicken, die mich ausgiebig untersuchten, mir

auch ein Schlafmittel für meine Nerven verschrieben, andere Medikamente, auch eine Schonkost. Aber es half mir kaum. Auch der von mir so hoch geschätzte Dr. Haedke riet mir nur, mich wieder für eine Zeit in ein Sanatorium zu begeben, um wieder zu Kräften zu kommen. Er schob meine Beschwerden auch auf den Verlust meines Vaters, die Trauer. Natürlich trauerte ich noch, aber ich hatte mehr Angst davor, dass meine alten Leiden wieder zurückkehrten. Gerade auch, weil Haz sich mir gegenüber dann wieder so verhalten könnte als wäre ich eine Simulantin. Dem war gewiss nicht so, denn meine Leiden waren allesamt real.
Warum hätte ich auch allen etwas vorspielen sollen? Es verlangte mich nicht danach krank zu sein, um mich stets und ständig mit meinen Leiden hervortun zu können. Irgendwie verstand mich dahingehend aber niemand.
Als ich Tante Irene davon schrieb, wirkte sie ebenso abweisend wie auch Mossy. Beide teilten mir mehr oder weniger brieflich mit, ich müsse mit der Trauer umzugehen lernen, dann würde ich schon wieder auf die Beine kommen. Sie hatten selbst Verluste hinnehmen müssen in ihren Leben und man konnte sich nicht ewig in der Trauer ergehen, denn das Leben ginge weiter. Das fand ich überaus ungerecht. Niemand nahm mich ernst.
Ich versuchte mich zusammenzureißen, meine Schmerzen im Stillen zu ertragen.

Onkel Heinrich litt schon seit längerer Zeit an einer hartnäckigen Heiserkeit. Es war mir auch bei der Beerdigung meines Vaters aufgefallen und er schob es darauf, dass er sich im Winter verkühlt habe, es wahrscheinlich ein Katarrh sei, denn er habe auch eine leichte Bronchitis gehabt. Mein Onkel war ein Kettenraucher und so meinte meine Tante, er solle dies lieber endlich einschränken, denn er sei sechsundsechzig Jahre alt und da könne man langsam einsehen, wie sehr das Rauchen einem schade.
Doch ihn ereilten immer wieder Fieberschübe, weswegen mein Onkel bald einen Spezialisten aufsuchte, der meinte, es handele sich wohl um eine verschleppte Malariaerkrankung.
Da sich sein Zustand nicht besserte, suchte er weitere Ärzte auf und schließlich stellte man im Juni des Jahres bei ihm Kehlkopfkrebs fest.

Er litt an derselben Erkrankung wie der Großpapa, sein Vater. Ein chirurgischer Eingriff war aufgrund des fortgeschrittenen Stadiums nicht mehr möglich, daher bekam er mehrmalige Bestrahlungen mit Radium. Diese Therapie war sehr schmerzhaft und setzte ihm zu.
Da ich meinen Onkel und die Tante trotz mancher Differenzen sehr gern hatte, überredete ich Haz zu einem Besuch in Hemmelmark im Juli.
Irene war natürlich voller Sorge um ihren Gemahl, versuchte sich aber nach außen hin tapfer zu zeigen, ihn in der Hoffnung zu bestärken, dass ihm die Therapie noch helfen könnte, weswegen er sie aushalten müsse.

Was die politischen Gegebenheiten in dieser Zeit anbelangte, so hatte ich daran keinerlei Interesse. Mich beschäftigten andere Dinge, die wichtiger waren.
Bemerkenswert fand ich allerdings, dass Gustav Hartmann am zweiten April des Jahres mit seiner Droschke gezogen von dem Wallach Grasmus nach Paris aufbrach. Ihn begleitete auf seiner Reise der Zeitungsreporter Hans Hermann Theobald. Genau an seinem siebzigsten Geburtstag erreichte Hartmann Paris. Die Fahrt sollte eine Aktion gegen den Niedergang des Droschkengewerbes und die steigende Zahl von Automobilen darstellen. Die gesamte Fahrtstrecke betrug über eintausend Kilometer.
Hartmann wurde natürlich mit Jubel in Paris empfangen, ebenso, als er wieder nach Berlin zurückkehrte.
Eigentlich stand er immer mit seiner Kutsche am Bahnhof Wannsee und dort erhielt er den Spitznamen „Eiserner Gustav“, weil er immer so eisern auf den letzten Zug wartete. Als ihn dort einmal eine Französin ansprach und sagte, sie sei auf einem Pferd aus Paris gekommen, erwiderte Hartmann sofort, dass er das auch könne und so kam ihm die Idee zu der Reise.
Hartmann war gleichzeitig auch der älteste Droschkenkutscher am Bahnhof Wannsee und Gründer der sogenannten Wannseedroschken.
Nach seiner Rückkehr nach Berlin nutzte er seine Berühmtheit, um eine Stiftung für die Hinterbliebenen von bei der Ausübung ihres Berufes zu Tode gekommenen Taxifahrern, die Gustav-Hartmann-Stiftung, zu gründen.

Seine Leben wurde später sogar zu Papier gebracht. Im Jahre 1938 sollte der bekannte Autor Hans Fallada ein Buch über ihn veröffentlichen.
Man muss einfügen, dass Hartmann Automobile nicht grundsätzlich ablehnte, denn er besaß auch ein Taxi, aber dennoch fand er die Droschken als ein Kulturgut erhaltenswert.

Ende September ließ ich mich von Haz dann zu einer kleinen Reise nach Berlin überreden, wo wir am achtundzwanzigsten das Debüt der Comedian Harmonists im Großen Schauspielhaus besuchten. Es war ein sehr netter Abend.
Wir machten die Reise auch, um unsere Perlenhochzeit in diesem September etwas feierlich zu begehen.
Berlin bot in den zwanziger Jahren auch viele Revuen, aber Haz gefiel die Tatsache nicht, dass Tänzer und Tänzerinnen oftmals nur leichtbekleidet oder halbnackt auftraten.
Im Januar des Jahres 1926 war die frivole Josephine Baker im Nelson Theater am Kurfürstendamm aufgetreten, erstmals in Deutschland und ohne den bekannten Schurz aus Bananen. Aber für meinen Gemahl war dies nur ein Aufreger gewesen, denn er fand es zu frivol. Sich so etwas anzusehen, kam für ihn so gar nicht in Frage.
Ich hätte mir schon gerne einmal eine Revue angesehen, aber nur, um so etwas einmal hautnah zu erleben. Haz, und das verstand ich, befand sich aber in einem Alter, in dem derlei Freizügigkeiten eben als unsittlich betrachtet wurden.
Für ihn waren auch die Schlager, die ich auf dem Grammophon hörte, nicht wirklich schön. Er bevorzugte dahingehend Märsche, Operetten oder Opern.
Da mein verstorbener Vater zeitweise mit finanziellen Problemen zu kämpfen gehabt hatte und auch noch Rechnungen ausstanden, gaben wir einige Dinge aus dem Nachlass meiner Eltern in eine größere Versteigerung. Im Oktober des Jahres 1928 wurden Kunstobjekte, Wertgegenstände wie Gemälde, Teppiche, Kunstgewerbe und Ostasiatika, die Papas und Mamas Privaträume im Palais in Meinigen und auf Schloss Altenstein geschmückt hatten, bei dem Berliner Auktionshaus Jakob Hecht versteigert. Mit dem Erlös konnten dann noch ausstehende Rechnungen beglichen werden.

Ich legte auf diese Dinge keinen besonders großen Wert, behielt mir nur einige kleine Erinnerungsstücke, wie Fotografien und persönliches, die mir eben wichtig waren.

Am zehnten November veröffentlichte die „Vossische Zeitung", ein überregionales Blatt aus Berlin, den Vorabdruck des Romans „Im Westen nichts Neues" des bekannten Autoren Erich Maria Remarque. Dies steigerte die Auflage so maßgeblich, dass die Zeitung aus den roten Zahlen kam.
Der Roman berichtet von den Schrecken des letzten Krieges aus der Sicht eines jungen Soldaten.
Ungeschönt beschreibt der Autor den Einsatz von Giftgas, moderner Artillerie und von Maschinengewehren, den Stellungskrieg. Remarque erzählt vom grausamen Kampf an der Front, den leichenbedeckten Schlachtfeldern, dem elenden Leben in den Schützengräben und dem blutigen Alltag im Lazarett sowie auch von den psychischen Auswirkungen auf die Soldaten.
Schnell avancierte das Werk zu einem Antikriegsroman und wurde im Januar des folgenden Jahres dann in Buchform veröffentlicht, in nur elf Wochen verkauften sich über vierhunderttausend Exemplare. Man übersetzte das Buch auch in mehrere Sprachen.
Da mir Haz aus dem Krieg nie viel berichtet hatte, begann ich den Vorabdruck in der Zeitung zu lesen, doch als mein Gemahl dies gewahr wurde, meinte er, so etwas eigne sich nicht für eine Frau. Wir seien viel zu zartbesaitet, um so etwas zu lesen und zudem sei es sicher meiner angeschlagenen Psyche nicht gerade zuträglich, mich mit derlei Dingen auseinanderzusetzen.
Ich empfand es als impertinent von ihm, erregte mich über seine Worte, dass vor allem Frauen so etwas sprichwörtlich nicht verdauen könnten. Also warf ich ihm vor, mir nie viel erzählt zu haben und sagte, es interessiere mich sehr. Denn, nur dann, könne man wirklich verstehen, wie grausam so ein Krieg sei. Damit beließ er es, meinte aber, er würde es niemals lesen, denn er sei dabei gewesen und der Autor neige auch sicherlich zu der ein oder anderen Übertreibung. Da mein Gemahl nie ein gemeiner Soldat gewesen war, konnte er es auch nicht wirklich verstehen. Jedenfalls sah ich das so.
Ich brach das Lesen des Romans dann aber doch ab, weil es doch sehr

grausam war, was die Soldaten erlebten und es berührte mich zu sehr, aber nicht, weil ich eine Frau war, sondern, weil ich mich noch in Trauer befand. Mich belastete auch die Sorge um meinen Onkel Heinrich und da wurde mir das alles zu viel.
Dennoch fand ich es gut, dass Remarque das Buch geschrieben hatte. Es musste erzählt werden. Man konnte nur so aus alldem eine Lehre für die Zukunft ziehen. Jedenfalls hoffte ich das.

Im Dezember ging es Onkel Heinrich sehr schlecht. Die Therapie setzte ihm sehr zu und im Januar des Jahres 1929 konnte er nicht zu Onkel Willies siebzigstem Geburtstag nach Doorn reisen, wie er sonst jedes Jahr getan hatte.
Seine Gesundheitszustand verschlechterte sich bald darauf rapide, sodass er auch im März nicht in die Niederlande reisen konnte, ebenso nicht im April.
Haz und ich wollten eigentlich nach Hemmelmark reisen, ihn und Tante Irene besuchen, aber sie schrieb mir, es gehe ihm so schlecht, dass er kaum fähig sei, Besuch zu empfangen, daher solle ich ihm schreiben, denn über einen Brief würde er sich ihrer Meinung nach auch sehr freuen und das tat ich dann. Allerdings konnte er mir selbst nicht antworten, weil er auch dafür zu schwach war, so diktierte er den Brief Tante Irene und sie schickte mir dann die Zeilen zu.
Er bedauere sehr, dass er einen Besuch von Haz und mir zurzeit absagen müsse, aber er hoffe, man könne dies nachholen. Mein Onkel sei außerstande und nicht genug bei Kräften, da ihn die Therapie auszehre, sehr schmerzhaft sei. Allerdings ließ er es sich nicht nehmen, nachzufragen, wie es mir ginge und wünschte, dass ich gesundheitlich wohlauf sei.
Ich sollte meinen Onkel nicht lebend wiedersehen. Bald darauf erreichte mich aus Hemmelmark die Nachricht, dass er an einer schweren Lungenentzündung leide. Am zwanzigsten April verstarb er in seinem Herrenhaus in Hemmelmark. Mein Onkel wurde sechsundsechzig Jahre alt.
Natürlich reisten wir zur Beerdigung nach Hemmelmark. Im Jahre 1904 hatte Onkel Heinrich auf einem Hünengrab auf dem Gut ein Familien-Mausoleum errichten lassen. Dort wurde er nun beigesetzt.
Da mein Onkel Willie nicht an der Beerdigung teilnehmen konnte, ließ

er seinem Bruder im Park von Doorn einen Gedenkstein setzen.
Für meine Tante Irene und seine Söhne mit Familien war Onkel Heinrichs Verlust sehr schwer. Vor allem, da er noch so viele Pläne für das Gut gehabt hatte.
Sein Sohn Waldemar verwaltete seit dem Jahre 1926 bereits das Gut Hemmelmark. Er und seine Gemahlin Calixta hatten bis dato keine Kinder. Vielleicht hoffte meine Tante insgeheim, es würde sich noch Nachwuchs einstellen, da ihr Sohn Sigismund mit seiner Familie im letzten Jahr nach Costa Rica umgesiedelt war, wo er eine Großimkerei leitete. Sigismund hatte die beiden Kinder Barbara und Alfred, aber kämpfte ständig mit finanziellen Sorgen, verschärft durch die Weltwirtschaftskrise, die mit dem „Schwarzen Donnerstag" in den USA, in Europa dem „Schwarzen Freitag", am vierundzwanzigsten Oktober des Jahres ihren Verlauf nehmen sollte.
Tante Irene hätte es sicher sehr gerne gesehen, wenn die ganze Familie nach Deutschland zurückgekehrt wäre. Doch kurz vor seiner Auswanderung nach Costa Rica hatte sie ihren Sohn wenigstens überreden können, die nun achtjährige Barbara bei ihr zu lassen, damit sie ihr eine gute Ausbildung bieten konnte. Das kleine Mädchen forderte die ganze Aufmerksamkeit meiner Tante, die mit ihrer Erziehung und Fürsorge wenigstens wieder einer Aufgabe entgegensah. Nun, als Witwe, so sagte sie, würde sie nicht nur auf Hemmelmark leben, sondern auch in Potsdam und Berlin. Dann würde Barbara auch mehr von der Welt sehen.

Natürlich würde ich meine Tante weiterhin besuchen, auch wollte ich die kleine Barbara gerne näher kennenlernen, aber auch ich betrauerte sehr den Tod meines Onkels. Stets war man bei ihnen willkommen gewesen und wir hatten immer eine schöne Zeit auf dem Gut verbracht.

Am zwölften Mai wurde ich fünfzig Jahre alt, aber ich bat Haz nur um eine kleine Feier, aufgrund des Todes meines Onkels. Mir war nicht nach einem ausschweifenden Fest zumute.

Tante Irene (mittig) bei der Beerdigung Onkel Heinrichs auf Hemmelmark

Meine Tante Moretta sah sich inzwischen der Demütigung ausgesetzt, dass Zoubkoff sie mit Briefen zu erpressen versuchte, für die er zehntausend Mark von ihr forderte.

Moretta, und das muss man einwenden, war bei der Bonner Bevölkerung noch sehr beliebt gewesen, man nahm durchaus Anteil an ihrem Schicksal, auch wenn die bösen Zungen überwogen, die nur noch Häme für sie übrig hatten. Sie hatte auf ein erneutes Glück gehofft, musste aber einsehen, dass Zoubkoff sie tiefer fallenließ, als sie es sich jemals hätte vorstellen können.

Um ihre Schulden zu bezahlen, wurde das gesamte Inventar des Palais vom fünfzehnten bis zum neunzehnten Oktober des Jahres 1929 von dem Kölner Kunsthaus Lempertz in der Reithalle des Palais

Schaumburg versteigert. Es waren fast alle ihre Besitztümer. Man verwies im Auktionskatalog ausdrücklich darauf, dass es sich bei den zum Aufruf kommenden Objekten im Wesentlichen um Erbstücke aus den Häusern meiner Tante Moretta, also des Hauses Hohenzollern, und ihres ersten Gemahls Adolf, also des Hauses Schaumburg-Lippe, handelte. Dennoch zeigte die Auktion nicht den gewünschten Erfolg. Vielleicht spielte hierbei auch die Weltwirtschaftskrise mit hinein, man kann es nicht genau sagen.
Der Erlös bewegte sich dann bei etwa neunhunderttausend Mark, einer Summe, die, nach ihrer eigenen Aussage, gerade etwa ein Drittel der Schulden decken konnte.
Sie konnte sich nur noch das Zimmer in der bereits erwähnten Pension leisten, und dies auch nur mit Mühe.
Onkel Willie, der sich immer noch als Oberhaupt des Hauses Hohenzollern sah, hatte seinerzeit der zweiten Vermählung seiner Schwester nicht zugestimmt und daher besaß er natürlich auch kein offenes Ohr für ihre finanziellen Probleme.
Die genaue Höhe ihrer Schulden war nicht bekannt, sie schämte sich wohl auch zu sehr, diese unter den Verwandten preiszugeben. Man munkelte, es seien weit mehr als einhundertfünfzigtausend Mark, sogar von dreihunderttausend Mark wurde gesprochen. Ich denke, Moretta war einfach psychisch nicht in der Lage, die korrekte Summe zu nennen. Mit jeder Mark wuchs quasi ihre Schmach.
So reichte sie am zweiten November offiziell die Scheidung von Zoubkoff ein, forderte eine Annullierung der Ehe, da es nach ihrer Aussage während der nicht mal zwei Jahre seit der Vermählung nie zu einer ehelichen Verbindung zwischen ihr und Zoubkoff gekommen sei. Zudem sei sein Verhalten für sie niemals zu ertragen gewesen. Nach ihrer Aussage hatte die Ehe nur auf dem Papier bestanden, sie war es leid, ihren Gemahl ewig in Schutz zu nehmen, da er sie mehrfach mit anderen Frauen und nicht nur um ihr Geld betrogen hatte.

Am sechsundzwanzigsten Oktober publizierte der „Bonner General-Anzeiger“ die Memoiren meiner Tante in fünfundzwanzig Folgen.
Zoubkoff hatte schon im Jahre 1928 damit geprahlt, seine zu veröffentlichen, die er von April bis Juni im selben Jahr verfasst hatte. Der Bonner Verlag Joachim Heinemann wollte diese veröffentlichen, aber

man musste das eher als Schelmenroman abtun - nicht wahr, aber alles gut erfunden.
Meine Tante Moretta sollte weder ihre Scheidung, noch die Annullierung der schmachvollen Ehe erleben. Sie bekam Anfang November Fieber, dann eine beidseitige Lungen - und eine Rippenfellentzündung. Im Bonner Franziskushospital versuchte man ihr zu helfen, dort befand sie sich seit dem neunten November. Doch ihr Zustand verschlechterte sie zusehends und am dreizehnten starb sie im Hospital an einer Herzlähmung.
Kurz bevor sie starb, wollten Onkel Willie und Tante Mossy sie noch kontaktieren, aber es wurde ihnen von Seiten des Hospitals nicht gestattet.
Meine Tante Moretta wurde nur dreiundsechzig Jahre alt. Am Ende war sie verarmt, allein, ohne Liebe und ohne Vergebung ihrer Familie gestorben.
Da sie aber stets besonders zu Mossy ein sehr gutes Verhältnis gehabt hatte, organisierte diese die Trauerfeier in der Kronberger Burgkapelle, so wie es sich ihre Schwester einmal gewünscht hatte, und man bestattete sie dann im Park von Schloss Friedrichshof.
Onkel Willie ließ aus dem Exil einen Strauß weißer Rosen zur Beerdigung schicken.
Haz und ich waren bei der Beerdigung in Kronberg zugegen.
Vielleicht wäre es eine kleine Genugtuung für Moretta gewesen, dass Zoubkoff im Januar des Jahres 1936 an den Folgen seines Alkohol - und Drogenmissbrauchs verstarb. Er wurde nur sechsunddreißig Jahre alt.

Ich empfand nicht wirklich Mitleid mit meiner Tante Moretta. Sie hatte sich in ihrer steten Naivität einem Betrüger in die Arme geworfen und dabei wäre ein wenig mehr Skepsis angebracht gewesen. Ich mochte sie zwar sehr, bewunderte sie auch aufgrund ihrer reiterischen Fähigkeiten, aber mich betrübte, dass sie aus meiner Sicht an einem gebrochenen Herzen starb. Tief verletzt durch die Demütigung durch Zoubkoff und ihren sozialen Absturz, war sie nicht mehr fähig, dem Leben an sich noch etwas entgegenzusetzen.

Mich belastete aber immer noch der Tod meines Vaters, der Onkel

Heinrichs und mein Nervenleiden sowie die konstanten Magenschmerzen kehrten zurück. Ich fühlte mich matt, sehnte mich auch oftmals nach meinem Vater. Schließlich bekam ich auch noch eine sehr schmerzhafte Entzündung im Kiefer, musste mich mehreren Zahnarztbesuchen unterziehen, konnte kaum noch etwas essen. Da ich sowieso schon sehr schlank war, setzte mir der Gewichtsverlust noch mehr zu. Ich litt ständig wieder an Kopfschmerzen, Migräneattacken, verbrachte Tage im abgedunkelten Zimmer, im Bett liegend mit warmen Kompressen auf dem Bauch, kühlenden Tüchern auf der Stirn und Medikamenten.
Dr. Haedke riet mir zu einer Kur und so nahm ich dieses Mal dann seinen Vorschlag an, dem auch Haz zustimmte und reiste von Schloss Neuhof ins nahegelegene Sanatorium Buchwald-Hohenwiese im Riesengebirge. Mein Gemahl konnte mich so schneller besuchen und ich erhoffte mir Erholung.
So blieb ich zuerst einen Monat dort, erkältete mich dann aber bei einem Spaziergang aufgrund meiner angeschlagenen Gesundheit und dieser Infekt entwickelte sich zu einer schweren Grippe, die mich zwang, noch länger im Sanatorium zu bleiben, um diese auszukurieren. Leider entwickelte sich auch noch eine Stirnhöhlenvereiterung und ich konnte so auch nicht Weihnachten und Silvester gemeinsam mit meinem Gemahl verbringen, der mich aber besuchte, aber natürlich nicht ganze Tage an meiner Seite blieb.

Im Januar weilte ich noch im Sanatorium und ich bekam mit, dass am vierzehnten Januar eine kommunistische Gruppe den Nationalsozialisten Horst Wessel überfiel. Er hatte den Text für das Kampflied der SA „Die Fahne hoch“ verfasst. Wessel sollte am dreiundzwanzigsten Februar an den Folgen der erlittenen Schussverletzung sterben und die NSDAP bediente sich dann an seinem Tod als propagandistisches Mittel, um ihn zu einem Märtyrer ihrer Bewegung zu stilisieren.
Ich fand es schrecklich, wie diese Partei zusehends an Zuspruch gewann. Die Menschen, nun auch noch sprichwörtlich gebeutelt durch die Weltwirtschaftskrise und die wachsende Unzufriedenheit mit der Weimarer Republik, waren auf der Suche nach einem stabilen Halt in diesen krisengeschüttelten Zeiten.
Meine Tante Mossy sah zusehends immer mehr einen Lichtblick in

den Rechten. Ihre Söhne waren bereits Verfechter der NSDAP, traten nach und nach in die Partei ein. Als Vertreter der alten Elite hatte das Haus Hessen-Kassel noch eine gewisse Vorbildfunktion und somit halfen sie auch, die NSDAP durchaus „wählbar“ zu machen. Mossy zeigte sich zusehends mehr und mehr begeistert von den Reden Hitlers, ebenso wie ihr Mann. Diese Veränderung, diese Begeisterung für die Rechten, erschreckte mich sehr an meiner Tante.

Sie schien völlig zu übersehen, was die Partei für Ziele hatte, wie sehr man den Antisemitismus förmlich predigte.

Haz sagte, er sehe in Hitler keinen Heilsbringer und man solle diesen Herrn mit Vorsicht betrachten. Ich pflichtete ihm dahingehend bei. Auf mich wirkte Hitler eher wie ein Choleriker, der groß tönte, aber, ob er wirklich besser für Deutschland sei, schien aus meiner Sicht eher fraglich.

Sicher hatte die Weimarer Republik mit politischen Schwierigkeiten zu kämpfen. Da waren nicht nur die Altlasten aus dem Krieg, hinzu kam die Inflation von 1923, die dauernd wechselnden Reichskanzler und Kabinette, politische Morde. Es waren unruhige Zeiten.

Im März, als das Kabinett Müller II, eine große Koalition, zerbrach, befand ich mich immer noch im Sanatorium. Die SPD und die DVP waren über Finanzierungsbeiträge zur Arbeitslosenversicherung zerstritten und am neunundzwanzigsten März wurde Heinrich Brüning, ein Politiker der Zentrumspartei, von Hindenburg zum neuen Reichskanzler bestimmt. Brüning stand dann an der Spitze eines sogenannten Präsidialkabinetts, welches nicht aus einer Koalition der im Reichstag vertretenen Parteien hervorging.

Er sollte der letzte Kanzler der Weimarer Republik sein, der auf einer verfassungsgemäßen Grundlage regierte.

Während seiner Regierung stützte er sich auf sogenannte Notverordnungen des Reichspräsidenten, die dann die normale Gesetzgebung des Reichstags zunehmend ersetzten. Doch er sollte auch schnell unbeliebt im Volk werden, wegen seiner Sparmaßnahmen zur Bekämpfung der Weltwirtschaftskrise. Seine Haltung gegenüber den Nationalsozialisten sollte zwischen Bekämpfung und Einbindung der NSDAP in eine Rechtskoalition schwanken.

Zu meinem Geburtstag am zwölften Mai des Jahres kehrte ich wieder

nach Hause zurück. Ich hatte diese vielen Wochen im Sanatorium gebraucht, um wieder eine seelische Stabilität zu erlangen, glaubte ich. Meine Beschwerden kamen und gingen allerdings. Ich hatte wieder starke Rückenschmerzen, bekam Medikamente, aber an manchen Tagen konnte ich kaum laufen, dann wieder fühlten sich meine Beine wie Blei an, die Gelenke begannen zu schmerzen.
Es schienen nur wenige Perioden zu geben, in denen ich mich wohlfühlte und seelisch ausgeglichen.
Haz tolerierte dies alles eine Zeitlang, dann verlor er wieder jegliches Verständnis dafür.
Dennoch reisten wir zu Tante Mossy nach Kronberg, zu Tante Irene nach Hemmelmark.
Doch auch die Sommermonate brachten mir nicht wirklich Erleichterung. Nichts und niemand schien mir wirklich helfen zu können.
Ich konnte auch kaum die Sonne genießen, das helle Licht brannte in meinen Augen, die eigentlich wohltuende Wärme auf meiner Haut erwies sich als ein Fluch: es bildeten sich Ausschläge, kleine Blasen, hielt ich mich zu lange draußen auf.
Haz und ich ritten, wenn es mir möglich war, früh morgens zusammen aus. Doch diese Ausritte wurden aufgrund meiner ständigen Rückenschmerzen seltener.
Ich liebte meinen Gemahl immer noch sehr, fühlte mich aber von ihm oftmals unverstanden, wenn es mir gesundheitlich schlecht ging. Mittlerweile ignorierte er mich dann auch zumeist, ging seinen Aktivitäten nach, bezog mich in Planungen nicht mehr ein. Er verhielt sich dann derart kühl und abweisend mir gegenüber, dass ich nicht wusste, wie ich mit dieser Zurückweisung seinerseits umgehen sollte. So zog ich mich dann zurück, litt im Stillen und bekam wieder Depressionen, weil ich genau wusste, er meinte, ich würde ihm alles nur vorspielen.
Ich hatte niemanden mehr, an den ich mich wirklich wenden konnte. Mir war doch nur mein Gemahl geblieben und ich sehnte mich so sehr nach seiner Aufmerksamkeit, etwas Zuwendung und Unterstützung.
Manchmal glaubte ich, er sei froh, wenn ich mich wieder in ein Sanatorium begeben würde. Dann hätte er seine Ruhe vor mir, müsste nicht mehr glauben, ich steigere mich in etwas hinein, in dem Sinne, dass er es tagtäglich mitansehen müsse.
Natürlich hatte ich Kontakt zu Tante Irene, Tante Mossy und schrieb

auch ab und an Baby in England, aber sie waren nicht an meiner Seite, so wie mein Gemahl, zudem ich wusste, ich konnte, sie auch nicht stets mit meinen Leiden konfrontieren. Zudem Beatrice selbst an schwerem Rheuma litt.
Tante Mossy trauerte noch sehr um ihre Schwester Moretta, sie vermisste sie schmerzlich und bedauerte immer noch zutiefst, dass sie sie vor ihrem Tod nicht mehr kontaktieren durfte.
Sie traf sich noch mit Tante Sossy oft in Kronberg im Taunus. Sossy lebte mit ihren beiden jüngsten Töchtern, Irene und Katharina in Florenz, da sich dort viele ehemalige griechische Royalisten niedergelassen hatten. Zudem waren ihr Gemahl Tino und auch ihre Schwiegermutter, die Königinwitwe Olga, dort in einer Seitenkapelle der griechisch-orthodoxen Kirche bestattet worden, da man beide aufgrund der politischen Gegebenheiten nicht in Griechenland beisetzen durfte. Meine Tante Sossy setzte sich mehr und mehr mit Fragen des Glaubens auseinander, fand darin ihre Zuflucht, betete viel und dies gab ihr Halt.
Sie hatte Onkel Willie noch zu seinem siebzigsten Geburtstag im vorigen Jahr in Doorn besucht. Allerdings soll sich mein Onkel nicht besonders für die Belange oder Schicksale seiner Geschwister interessiert haben. Man ging höflich, aber distanziert, miteinander um. Für ihn zählten allein seine eigenen Probleme.
Ich hatte meine Tante Sossy lange nicht gesehen, aber Mossy berichtete mir, sie sehe um Jahre gealtert aus, sehne sich sehr nach Griechenland und vermisse ihren Gemahl. Sossy sehnte sich wohl auch sehr nach England, da sie sich an viele glückliche Tage dort erinnerte.
Ihr Hauptaugenmerk galt ihrer kleinen Enkelin Alexandra, die sie wohl sehr verwöhnte und abgöttisch liebte, aber auch zu deren Mutter Aspasia einen ausgesprochen guten Kontakt pflegte.
Sossys Sohn Paul lebte seit dem Jahre 1923 mit seinem Bruder Georg, dem abgesetzten König von Griechenland, in England. Ihre Tochter Helen, die den Kronprinzen Carol von Rumänien geheiratet hatte, war von diesem im Jahre 1925 verstoßen worden, damit er mit seiner Geliebten öffentlich zusammenleben konnte und Helen willigte im Jahre 1928 in die Scheidung ein. Ihr erst sechsjähriger Sohn Michael regierte Rumänien als König Michael I. seit dem Jahre 1927 unter der Vormundschaft seines Onkels Nicolae, aber seine Regentschaft endete

im Juni 1930, als sein Vater den Thron wieder für sich beanspruchte. Helen musste das Land verlassen und ging mit ihrem Sohn ins Exil nach Italien, wo sie in der „Villa Sparta“ in Fiesole in der Toskana ein neues Zuhause fand. Sie hielt engen Kontakt zu ihren Geschwistern und ihrer Mutter, aber ich denke, ihr Schicksal, vor allem die gescheiterte Ehe, belastete Tante Sossy auch sehr.

Am dreißigsten Juni endete die Rheinlandbesetzung der Alliierten fünf Jahre früher als ursprünglich vertraglich geregelt. Dies beruhte auf dem Young-Plan. Der Namensgeber für diesen Plan war der amerikanische Diplomat Owen D. Young.
Der mit seiner Hilfe ausgearbeitete Reparationsplan sollte die Zahlungsverpflichtungen des Deutschen Reichs auf Grundlage des Versailler Vertrags regeln. Er sah eine deutsche Reparationsschuld in Höhe von umgerechnet sechsunddreißig Milliarden Reichsmark vor, die mit einer Verzinsung bis zum Jahre 1988 zurückgezahlt werden sollte. Hierdurch ergab sich eine noch zu zahlende Gesamtsumme von einhundertzwölf Milliarden Reichsmark.
Man schaffte zeitgleich den sogenannten Transferschutz des Dawes-Plans ab. Dies bedeutete, dass das Deutsche Reich in Zukunft selbst dafür verantwortlich war, dass die aus dem Steueraufkommen aufgebrachte Summe in Devisen oder Sachleistungen an die „Bank für den Internationalen Zahlungsausgleich“ überwiesen wurde. Diese Bank übernahm damit die Funktionen der im Versailler Vertrag vorgesehenen Reparationskommission, die man ebenso wie das „Amt des Generalagenten für Reparationszahlungen“ damit einhergehend abschaffte. Gleichzeitig verschwanden auch die Kontrollmöglichkeiten, die sich die Gläubigermächte noch im Dawes-Plan über die Deutsche Reichsbahn und die Reichsbank gesichert hatten, ebenso wie der Wohlstandsindex. Deutschland konnte sich mit dem neuen Plan nun sicher sein, auch bei günstiger Konjunkturlage nicht mehr als vertraglich festgelegt zahlen zu müssen.
Der Young-Plan war am siebzehnten Mai 1930 rückwirkend zum ersten September 1929 in Kraft getreten.

Am achtzehnten Juli löste der Reichpräsident Paul von Hindenburg den Reichstag auf.

Der Reichstag konnte bis dato einzelne Minister, ebenso aber auch die gesamte Regierung mit einem Misstrauensvotum zu einem Rücktritt zwingen. Ferner konnte er Notverordnungen des Reichspräsidenten nach Artikel 48 der Weimarer Reichsverfassung jederzeit wieder aufheben lassen.

Aber gleichzeitig stand dem Reichspräsidenten nach Artikel 25 der Verfassung das Recht zu, den Reichstag aufzulösen. Er durfte dies aber nur einmal aus demselben Grund tun.

Als nun der Reichstag die von Hindenburg erlassenen Notverordnungen aufhob, löste dieser ihn kurzerhand auf und schaltete damit auch das Parlament aus.

Es sollte sich zu spät zeigen, dass dies eine folgenschwere Entscheidung Hindenburgs war, denn eben dieser Reichstag sollte der letzte sein, in dem die demokratischen Parteien noch die Mehrheit innehatten. Die Weltwirtschaftskrise hatte große Teile der Wähler zu einer Radikalisierung veranlasst und damit verbunden, stieg der Stimmenanteil der beiden extremen Parteien, der KPD und der NSDAP dann rasch an. Man konnte sagen, dass eine politische Notlage, die eigentlich nach der Verfassung durch die Anwendung der Artikel 48 und 25 behoben werden sollte, durch die Politik Hindenburgs erst herbeigeführt wurde.

Die SPD sah sich nun gezwungen, weitere Parlamentsauflösungen zu verhindern, so tolerierte man die Regierung Brüning, was bedeutete, gegen weitere Anträge der extremistischen Parteien auf Aufhebung der Notverordnungen zu stimmen. Hindenburgs Politik scheiterte in diesem Zusammenhang, denn die Regierung blieb weiter abhängig vom Parlament und von den Sozialdemokraten, die Hindenburg nicht schätzte, um es milde auszudrücken.

Es zeigte sich schnell, wie sich ein politischer Stimmungswandel in Deutschland bemerkbar machte, denn aus der Reichstagswahl am vierzehnten September ging die NSDAP bereits als zweitstärkste Partei hervor.

Und nach den Landtagswahlen im Freistaat Braunschweig entstand dort am ersten Oktober die erste reichsweite Koalition mit Beteiligung der NSDAP und so bildete sie mit der DNVP eine Regierung. Hier stellte die NSDAP dann auch den Minister für Inneres und Volksbildung.

Haz meinte abschätzig, Hindenburg habe den Rechten mit seiner unbedachten Politik Tür und Tor geöffnet. Ich ließ mir von ihm die Gegebenheiten erläutern, da ich mich freute, wenn wir wieder einmal ein längeres Gespräch führten. So zeigte ich Interesse für die Dinge, die ihn beschäftigten, wenngleich ich mir davon auch nicht erhoffen konnte, dass er für meine danach ebenso viel erübrigte.
Ich hätte mir Anfang Dezember gerne die Premiere der Verfilmung des Romans von Remarque „Im Westen nichts Neues" in einem Lichtspielhaus angesehen. Der Film, produziert in den USA, wurde gleichzeitig als Stummfilm und vertont in den deutschen Kinos gezeigt, da viele Lichtspielhäuser noch nicht auf Tonfilme umgestellt hatten.
Mein Gemahl hatte jedoch dafür so gar nichts übrig, wie er mir bereits bei Erscheinen des Romans klargemacht hatte, und, um einen Streit zu vermeiden, sah ich von einem Besuch einer Vorführung ab.
Stattdessen lud mich mein Gemahl am dritten Dezember zur Uraufführung der Operette „Schön ist die Welt" von Franz Lehár am Metropol-Theater in Berlin ein, wobei wir uns dort gleichzeitig mit Tante Irene und der kleinen Barbara trafen, einige Tage gemeinsam in der Stadt verbrachten.
Es handelt sich bei der Operette um eine Liebesgeschichte mit Verwicklungen, bei der ein Prinz eine Prinzessin heiraten soll, sich beide in einem Hotel treffen, aber dann doch keiner von beiden weiß, wer der beziehungsweise die andere ist und natürlich verliebt man sich ineinander, nichts ahnend, dass dies bereits von den Eltern der beiden so geplant war.
Die Operette enthielt auch einen Tango und ein Slow Fox-Stück, was zu jener Zeit neuartig war. Ich fand die Handlung sehr absehbar, aber die Musik recht unterhaltsam, meinem Gemahl sagte es mehr zu, ebenso Tante Irene. Für die kleine Barbara war es ein sehr aufregender Abend, da es sich um ihren ersten Besuch einer Operette handelte.
Ich freute mich sehr, mit dem kleinen, wissbegierigen Mädchen Zeit zu verbringen und bot mich an, mit ihr den Zoologischen Garten zu besuchen, während Tante Irene mit Haz den Nachmittag genoss.
Es strengte mich zwar sehr an, dem kleinen Wirbelwind zu folgen, alle seine Fragen zu beantworten, aber dennoch lenkte es mich etwas ab. Ich spürte aber auch, wie sehr es mich wieder schmerzte, keine eigenen Kinder mein Eigen nennen zu können. Vielleicht umgarnte ich

Barbara zu sehr, indem ich versuchte, ihr jeden Wunsch an diesem Nachmittag zu erfüllen, wie den nach einer heißen Schokolade, einem Stofftier, Futter für die Tiere im Streichelgehege…sie sollte es ebenso genießen wie ich.
Als sie Tante Irene dann sagte, es sei ein wunderschöner Nachmittag mit mir gewesen, erhellte dies meine Seele und meine Tante sah darüber hinweg, dass ich der Kleinen so viele Wünsche erfüllt hatte.
In diesem Winter blieb ich von einer Grippe verschont, aber stete Nervenschmerzen im Gesicht verleideten mir das Weihnachtsfest und Silvester. Ich begann Morphium gegen die Schmerzen zu nehmen, was Haz nicht guthieß, aber es war unvermeidlich, denn nur so ließen sich die Schmerzen aushalten. Es machte mich aber sehr schläfrig und ich hatte auch kaum noch Appetit, da ich wieder Magenschmerzen von dem Medikament bekam. Hinzu kamen dann Migräneattacken, die auch kaum auszuhalten waren.
Ich wollte mich aber nicht schon wieder in ein Sanatorium begeben. So ertrug ich die Schmerzen, versuchte mir meinem Gemahl gegenüber davon nichts anmerken zu lassen.

Am ersten Januar des neuen Jahres 1931 zog die NSDAP-Reichsleitung in das sogenannte „Braune Haus“ in München ein. Das Gebäude war ursprünglich als Adelspalais erbaut worden, befand sich seit dem Jahre 1876 im Besitz des Großkaufmanns Richard Barlow, der es dann seinem Sohn Willy einem Industriellen, vererbte. Seine Witwe verkaufte das auch als „Palais Barlow“ bezeichnete Gebäude dann für über achthunderttausend Reichsmark an die NSDAP. Es befand sich in der Brienner Straße 34 in der Stadt und sollte ab jenem Jahr dann als Parteizentrale fungieren. Vorher hatte man Räume eines Gebäudes in der Schellingstraße 50 genutzt, aber diese waren mittlerweile zu klein geworden.
Die Bezeichnung „Braunes Haus“ für das ehemalige Palais war dann auch parteioffiziell der Name des Gebäudes. Der Industrielle Fritz Thyssen hatte der Partei finanziell für den Kauf unter die Arme gegriffen und so ließ Hitler dann auch hinter seinem Schreibtisch ein großes Portrait des Gönners aufhängen. Das Gebäude wurde auch bald streng bewacht. Später hieß es, man brächte dorthin auch verhaftete Personen zum Verhör.

Meinem Onkel Willie kam es wohl nicht zu pass, dass nicht nur sein Sohn für sich selbst Hoffnungen auf eine gewisse Macht in Deutschland hegte, sondern auch der Sohn Auwi. Auch dieser strebte mittlerweile entsprechende Kontakte an. Jedenfalls hörte man davon.
Ob beide meinen Onkel direkt in diese Bestrebungen einweihten, ist fraglich. Ich gehe davon aus, sie ließen den greisen Mann in seinem Glauben, er könne für sich eines Tages wieder die Macht beanspruchen. Nicht nur aus seiner Sicht, sondern auch aus der seiner Gemahlin Hermos glaubte man, die NSDAP und Hitler wären dafür geeignet, sich eben diesen Anspruch sichern zu können.
Mein Onkel setzte vor allem auf seinen Bekannten aus dem Krieg, den damaligen Marineoffizier Magnus von Levetzow. Dieser hatte auf Bitten Onkel Willies versucht, die wie er es nannte: „Koordinierung der national-konservativen Strömungen und Gruppierungen zu übernehmen, damit man die Kräfte für einen Sturz der Weimarer Republik und die damit verbundene Wiedereinrichtung der Monarchie bündeln zu könne."
Allerdings erschwerten gegenseitige Rivalitäten dieser Gruppierungen seine Mission. So konzentrierte sich von Levetzow dann auf die NSDAP, da diese bei den Wahlen im Jahre 1930 einen Sprung von zwölf auf einhundertsieben Sitze im Parlament gemacht hatte. Es erschien ihm so erfolgversprechend, dass er selbst im Jahre 1931 in die Partei eintrat.
Durch die Vermittlungen von Levetzows und des Hausministers Leopold von Kleist sowie Hermines geschickte Knüpfungen von Kontakten, kam es dann auch bald zu Gesprächen mit einigen Nazigrößen bei Treffen in Doorn. So besuchte Hermann Göring am achtzehnten und neunzehnten Januar 1931 meinen Onkel und Hermo in den Niederlanden und abermals für zwei Tage im Mai.
Nach dem ersten Gespräch mit Göring war mein Onkel wohl durchaus positiv gestimmt, glaubte, die Nazis wollten ihn unterstützen und der zweite Besuch Görings im Mai verstärkte seine Hoffnungen noch. Sogar von Kleist bestärkte meinen Onkel in dem Glauben, Göring könne eine Säule für Doorn sein, auf die man sich durchaus stützen könnte. Und mein Onkel klammerte sich an diesen Halt, der ihm die Hoffnung auf die Macht sprichwörtlich untermauerte.

Inzwischen verschlimmerten sich die Auswirkungen der Weltwirtschaftskrise und in Deutschland häuften sich die Konkurse. Man sprach von fast siebzigtausend Insolvenzen und sechs Millionen Arbeitslosen. Die Lage wurde in ganz Europa immer dramatischer.
So erklärte die Österreichische Credit-Anstalt am ersten Mai ihre Zahlungsunfähigkeit, was zu einer schwerwiegenden Finanzkrise führte. Nur durch Sanierungsmaßnahmen und staatliche Hilfe konnte das Kreditinstitut vor dem Ruin bewahrt werden.

Ein Arzt, den ich im Frühjahr konsultierte, riet mir zu einer Kur in Fasano in Italien. Die Stadt liegt im Süden des Landes in der Provinz Brindisi, etwa fünfzig Kilometer entfernt von der gleichnamigen Stadt. In greifbarer Nähe liegt auch die Adria und mir erschien es durchaus sinnvoll im Mai oder Juni dorthin zu reisen, wenn es noch nicht zu heiß ist.
In Fasano gibt es Thermalquellen, die meine zahlreichen Leiden lindern sollten.
Mein Gemahl zeigte sich mit meinem Plan durchaus einverstanden und wollte gerne einige Zeit dort mit mir verbringen, da ihn auch mittlerweile, bedingt durch sein Alter, Schmerzen in den Knochen plagten. Ein wärmeres Klima würde ihm da sicher auch guttun.
So reisten wir Ende Mai nach Italien. Auf der Reise mit der Bahn kam mir der Gedanke, zwischendurch einmal Tante Sossy in Florenz zu besuchen und so telegraphierte ich ihr von unterwegs.
Ihre Antwort erreichte mich kurz nach unserer Ankunft in Fasano. Wir hatten uns in einer kleinen Pension eingemietet, wie sie auch meine Großmama stets bevorzugte.
Meine Tante zeigte sich erfreut darüber, dass ich sie besuchen wollte und so vereinbarte ich mit ihr telegraphisch ein Datum im Juni. Vorerst wollten Haz und ich Zeit in Fasano und der Umgebung verbringen.
Ich erhoffte mir vor allem für meine rheumatischen Beschwerden eine Linderung.
Da ich zum ersten Mal in Italien weilte, sog ich alles begeistert auf, wie die herrliche Landschaft, die Gastfreundlichkeit der Menschen, das Meer...vor allem aber genoss ich die Zeit mit meinem Gemahl, der sehr ausgeglichen wirkte. Ich bemühte mich aber auch, neben der

Badekur, vieles mit ihm zu unternehmen und mir meine zeitweise körperliche Erschöpfung nicht anmerken zu lassen.
So spazierten wir durch die hübsche Altstadt Fasanos mit den weiß gekalkten Gebäuden und den romantischen Bogengängen.
Im Zentrum Fasanos liegt die Piazza Ciaia, die von historischen Gebäuden umsäumt wird, wie dem wirklich beeindruckenden Palazzo del Balì, welches wir besuchten. Nur unweit entfernt steht die Kirche Chiesa di Sant'Antonio Abate, neben der Kirche Maria Santissima del Rosario. Es sind sehr sehenswerte Gotteshäuser der Stadt.
Fasano wurde als Ortschaft um eintausend n. Chr. besiedelt, fußte aber auf der antiken Hafenstadt Gnathia im Italienischen Egnazia, die nach ihrer Zerstörung durch den Ostgotenkönig Totila im Jahre 545 neu besiedelt wurde. Die antike Stadt konnte noch als Ausgrabungsstätte besucht werden, was wir natürlich wahrnahmen. Damit wandelte ich ein bisschen auf den Spuren meines Papas, dem dies sicher sehr gefallen hätte.
Haz und ich gingen bei schönem Wetter an den weitläufigen Sandstränden von Savelletri und auch im nahen Küstenort Torre Canne spazieren.
Haz war ein guter Schwimmer, das Meer war ihm jedoch zu kalt und ich, nun ja, ich hatte nie wirklich schwimmen gelernt. Es war in meiner Jugendzeit auch eher unpassend für Frauen meines Standes, schwimmen zu gehen. Man ging bekleidet, aber mit nackten Füßen ins Wasser, watete durch es hindurch, ließ sich die Wellen an die Füße schwappen oder ging auch mal an der Nordsee im Watt barfuß spazieren. Ein Badevergnügen im Meer war mir nie vergönnt gewesen, obwohl man es für Kinder des Adels durchaus gestattete. Allerdings zu meiner Zeit in diesen Badeanzügen, die fast den gesamten Körper bedeckten und mit Badehauben, damit die Haare nicht nass wurden. In Berlin gab es aber kein Meer.
Ich schämte mich nie dafür, dass ich nicht schwimmen konnte, denn was man nicht kennt, vermisst man nicht. Wenn ich mir nun das Meer betrachtete, scheute ich mich auch eher, mich in die Wellen zu begeben. Es wäre auch sicherlich körperlich zu anstrengend für mich gewesen, gegen eine Strömung anzuschwimmen und all dieses Getier im Wasser…mein Gemahl hatte als Junge das Schwimmen in einem See erlernt, was für einen Mann auch nichts Ungewöhnliches war.

Von Tante Irene wusste ich, dass ihr Schwager Nicky gerne auch einmal nackend schwamm. Das erschien mir nun ganz und gar abscheulich!

Haz und ich mieteten uns sogar Fahrräder, fuhren kleine Strecken durch die Natur. So radelten wir ins nahegelegene Alberobello. Dort gibt es die für diese Region Apuliens bekannten Rundhäuser, die man Trulli nennt. Das Wort kommt aus dem Griechischen und bedeutet „Kuppeln", ließ ich mir sagen. Die Häuschen muteten wie die Heimstatt eines Zwergenvolkes an, aber es handelt sich dabei tatsächlich um menschliche Siedlungen. Diese ungewöhnlichen Behausungen bestehen aus Kalksteinplatten und werden ohne Mörtel errichtet. Auf einem oft runden Grundriss werden die Steine konzentrisch und sich nach oben verjüngend dergestalt angeordnet, dass ein gewölbeartiges Kuppeldach entsteht. Den Abschluss eines solchen Trullo bildet ein dekorativer Schlussstein auf der Spitze, der unterschiedliche Formen haben kann. Die Rundhäuschen sind zumeist weiß gestrichen, wobei das in Schuppenform angelegte Dach ausgespart wird. So eine Wohnstatt hat nur einen einzigen Raum. Es gibt aber auch Bauweisen, bei denen mehrere dieser Trulli miteinander verbunden werden.
Wir besichtigen ein leerstehendes Trullo von innen und mir wäre es eindeutig zu klein gewesen. Haz ebenso, denn er konnte sich auch nicht vorstellen, dort mit mehreren Familienmitgliedern zu leben. Lachend meinte er, es sei eher etwas für Eremiten.
Wir besichtigten in Alberobello auch die beiden Kirchen, die Trullo Chiesa di Sant'Antonio und die Trulli von Monti. Beide haben wunderschöne Doppelfassaden.
Die Kur tat mir gut. Ich fühlte mich ausgeglichen und war eigentlich guter Dinge.
Mich störte es nur, als ein Badearzt mir sagte, ich solle mit dem Rauchen aufhören, da er Studien kenne, die durchaus darauf schließen ließen, es wirke sich bei Frauen ungünstig auf die Knochen aus. Dies konnte sein, aber ich rauchte gern und wollte mir das nicht nehmen lassen. Haz erzählte ich nichts davon, da er mich ab und an schon darauf hinwies, dass ich seiner Meinung nach zu viele Zigaretten rauchte. Ich verleidete ihm seine Pfeife oder Zigarre aber auch nicht. Daher war das Thema für mich dahingehend beendet. Zudem wollte

ich jegliche Auseinandersetzung zwischen uns vermeiden, da wir beide uns gerade so nahe waren.
Wir teilten in Italien auch wieder ein Bett miteinander, schliefen im Arm des anderen, er flüsterte mir Liebeleien ins Ohr, aber wir waren nicht intim. Wenn ich dahingehend eine Versuch unternahm, sagte er, er sei müde. Ich nahm es hin, auch aus dem bereits erwähnten Grund.
Wir blieben drei Wochen in Fasano. Dann reisten wir gemeinsam mit der Bahn für einige Tage zu Tante Sossy und ihren Töchtern nach Florenz. Wir verbrachten dort schöne Tage, mieteten uns auch hier in einer kleinen Pension ein, besuchten mit meiner Tante und ihren Töchtern die Sehenswürdigkeiten der Stadt, wie Uffizien, ein Kunstmuseum, die Ponte Vecchio, eine von den Etruskern gebaute Brücke, die die Uffizien mit dem imposanten Palast der Medici verbindet, einige bekannte Kirchen, wie die Basilica die San Lorenzo, die Campanile die Giotto, einen bemerkenswerten Turm mit Kirchenglocken, der zur Kathedrale Santa Maria del Fiore gehört, das Dommuseum, die schönen Boboli-Gärten und die älteste Apotheke Europas, die Farmacia di Santa Maria Novella aus dem Jahre 1221.
Dazwischen tranken wir Tee mit Sossy, den Töchtern, die ich nun auch erst besser kennenlernte und meine Tante wirkte auf mich zwar schon gealtert, aber dennoch durchaus lebensfreudig. Auch die kleine Alexandra, ihre Enkelin und Augapfel, lernten wir an einem Tag kennen. Es war eine sehr schöne Zeit und Sossy dankte mir mehrmals für unseren Besuch. Ich bot ihr an, uns auch einmal auf Schloss Neuhof zu besuchen, was sie sehr freudig stimmte.
Ich wäre gerne noch in Italien geblieben, aber wir mussten zurückreisen, da sich Haz wieder um unser Gut und andere Verpflichtungen kümmern wollte.

Als wir in Italien weilten, war das Land seit fast neun Jahren eine Diktatur unter dem sogenannten „Duce“ Mussolini. Sossy erzählte mir, sie habe erfahren, dass der Kronprinz im Frühjahr des Jahres 1928 eine ausgiebige Reise nach Italien unternommen habe, aber nicht nur zu seinem persönlichen Vergnügen, sondern vor allem, um das faschistische Regime ausgiebig zu studieren. Anfang März desselben Jahres waren wohl Berichte in die deutsche Presse gelangt, dass er in seiner Villa in Neapel die Presse empfangen habe und dort dann auch

Mussolini als das größte Genie Europas bezeichnete. Nach seiner eigenen Aussage, sah er in Italien unter dem „Duce" das alleinige Symbol von Ordnung und nationaler Disziplin. Als die Pressevertreter die Villa verließen, soll er sie sogar mit faschistischem Gruß verabschiedet haben.
Der Kronprinz teilte seine Meinung unbestritten mit vielen Prominenten jener Jahre, aber dennoch pries er ein Regime an, in dem die Demokratie und die Menschenrechte wenig zählten. Man schaltete Systemgegner systematisch aus, es herrschten Terror, Willkür und Gewalt, die Pressefreiheit war eingeschränkt und zudem existierte eine gut funktionierende Bürgermiliz, die oftmals sehr brutal vorging.
Friedrich Wilhelm ignorierte auch völlig, dass der ehemalige König Viktor Emanuel III. zu einer politischen Marionette geworden war, obwohl man ihn in keinster Weise behelligte, also in einer negativen Art und Weise. Das Regime akzeptierte seine Angesehenheit im Land, aber dennoch hatte er keine Macht mehr.
Sossy fragte sich, ob der Kronprinz wirklich nachdachte, bevor er etwas sagte oder unterstützte. Man konnte sich eigentlich nur für ihn schämen.
Man hätte natürlich nun auch argumentieren können, warum man, wie Haz und ich, überhaupt noch nach Italien reiste, oder Sossy dort lebte, und ich fragte mich, ob man damit auch seine Zustimmung zu diesem Regime gab. Wir dachten nicht an das Regime, an all das Unrecht, was dort Menschen wiederfuhr…
Ferner erfuhr ich von Sossy, dass der Kronprinz sich mit dem Gedanken trug, Reichspräsident zu werden, wobei ihn der freikonservative Historiker Hans Delbrück unterstützte, der sich auch 1922/23 für die Rückkehr des Kronprinzen aus dem Exil einsetzte. Delbrück agierte auch als politischer Publizist und Regierungsberater. Er legte dem Kronprinzen nahe, auf seine Rechte der Erbmonarchie zu verzichten, um sich eben dann zur Wahl als Reichspräsident aufstellen zu lassen. Und Wilhelm ließ sich zwar nicht von dem ersten abbringen, aber das zweite begeisterte ihn doch sehr. Da die siebenjährige Amtsperiode Hindenburgs aber erst im Jahre 1932 enden würde, hielt man erstmal an der Option fest.
Sogar Cecilie redete ihrem Gemahl gut zu, meinte aber, er solle sich erst einmal zu einem Führer eines Truppenteils machen lassen,

hernach zum Regenten.
Es war bald klar ersichtlich, dass der Kronprinz sich durchaus ernsthafte Hoffnungen auf eine Restauration der Monarchie machte - mit ihm als Regenten an der Spitze.
Hermann Göring war ein ausgezeichneter Fliegeroffizier im Krieg gewesen und der Kronprinz sein Vorgesetzter als Armeeführer. Die beiden standen auch danach noch in einem schriftlichen Kontakt. Ich denke, dies beeinflusste auch die Besuche Görings in Doorn.
In Deutschland sah man das Engagement des Kronprinzen eher abschätzig, und riet ihm auch in der Presse, sich doch lieber dem Golf spielen am Wannsee zu widmen, statt sich politisch im „Stahlhelmbund", gemeinsam mit seinen beiden Brüdern, Eitel Friedrich und Auwi, zu engagieren.
Wir konnten über all dies nur den Kopf schütteln.

Am zwanzigsten Juni schlug der amerikanische Präsident Herbert Hoover eine einjährige vertraglich geregelte Aussetzung von Reparationen und interalliierten Kriegsschulden vor, um im Zuge der Weltwirtschaftskrise das verlorene Vertrauen in die Kapitalmärkte wieder zu stärken.
Es waren viele kurzfristige Privatkredite aus Deutschland abgezogen worden. Der Reichskanzler Brüning versuchte mittels einer Notverordnung harte Sparmaßnahmen durchzudrücken, wobei man auch eine baldige Einstellung der Zahlung von Deutschlands Reparationsverpflichtungen andeutete.
Wenn nun Deutschland mit den Zahlungen aussetzen wollte, wozu man im Rahmen des Young-Plans durchaus berechtigt war, würde dies eine internationale Debatte auch über die interalliierten Kriegsschulden auslösen. Die USA wollten dies unbedingt verhindern.
Man sprach sich von Seiten der Regierung Hoover also dafür aus, die Zahlungen vertraglich auszusetzen. Die Banken an der Wall Street unterstützten den Vorschlag des Präsidenten, denn so eine Regelung seitens Deutschlands könnte in Bezug auf die politischen Schulden einen Schaltersturm auf die Privatbanken auslösen. Dieser hätte dann in einer allgemeinen Zahlungsunfähigkeit Deutschlands enden können.
Es gab amerikanische Banken, die Kredite im Wert von über drei Milliarden Reichsmark an deutsche Firmen verliehen hatten und diese

hofften nun, dass ein zeitweiliger Verzicht auf die Rückzahlung der politischen Schulden Deutschlands ihre Kredite sichern könne.
Die britische Regierung unter Premierminister Ramsay MacDonald ging konform mit dem Vorschlag der USA.
Präsident Hoover zögerte zuerst, denn ein einjähriger Verzicht auf die Kriegsschuldenrückzahlung würde die Staatseinnahmen der USA um etwa zweihundertfünzig Millionen Dollar mindern. Ferner befürchtete man einen Widerstand des isolationistischen Vorsitzenden des „United States Senate Committee on Foreign Relations" namens William Borah.
Am achtzehnten Juni stand Deutschlands Zahlungsunfähigkeitserklärung kurz bevor und so musste der Präsident der USA schnell handeln. Man schlug aber keine zweijährige, sondern nur eine einjährige Aussetzung der Zahlungen von Seiten Deutschlands vor.
Hoover informierte die britische Regierung und wies dann den Botschafter Sackett an, in Berlin um ein Telegramm des Reichspräsidenten Paul von Hindenburg zu bitten, in dem dieser wiederum um amerikanische Hilfe bat. Doch aufgrund von Indiskretionen von Seiten der Presse konnte Hoover diesen Hilferuf nicht abwarten und veröffentlichte seinen Vorschlag dann schon am zwanzigsten Juni.
In Deutschland nahm man die Erklärung sehr positiv auf, was verständlich war. Die Nationalsozialisten machten keinen Hehl daraus, dass sie empört über das Ganze waren, denn sie wollten die Reparationszahlungen vollständig beendet sehen.
In Frankreich zeigten sich die Öffentlichkeit und die Regierung verärgert, denn das Land war in Bezug auf die Reparationszahlungen der größte Gläubiger. Die französische Regierung war nicht in die amerikanischen Pläne eingeweiht worden. Da aber weltweit eine Zustimmung zu Hoovers Plan vorherrschte, sah man sich genötigt, diesen zu akzeptieren.
Allerdings stimmte Frankreich nur unter der Bedingung zu, dass das nun so genannte „Hoover-Moratorium" mit den rechtlichen Bestimmungen des Young-Plans kompatibel gemacht wurde. In zahlreichen und komplizierten Verhandlungen konnte dies erreicht werden. Diese sollten sich bis zum achten Juli des Jahres hinziehen.
Allerdings verursachte dieser Zeitverlust, dass Hoovers Vorschlag viel von seiner angestrebten psychologischen Wirkung verlor, denn

die Kreditabzüge aus Deutschland wuchsen sich bald zu einer verheerenden Bankenkrise aus und am dreizehnten Juli musste Deutschland seine Zahlungsunfähigkeit bezüglich sämtlicher Auslandsschulden erklären. Somit trat genau das ein, was Hoover mit seinen Vorschlag eigentlich hatte vermeiden wollen.

Noch am selben Tag erklärten die Darmstädter und die Nationalbank ihre Zahlungsunfähigkeit und es kam zu einer Bankenkrise, in deren Verlauf viele kleine Banken in die Insolvenz gerieten.

Ebenfalls öffneten die Darmstädter und die Nationalbank dann nicht mehr ihre Schalter. Die verängstigten Sparer stürmten daraufhin die Schalter der übrigen deutschen Banken und Sparkassen, um noch ihre Einlagen zu retten. Dies zog weitere Schließungen von Banken nach sich, da diese dann auch nicht mehr liquide waren.

Nur einen Tag später ordnete die Regierung Brünings mittels mehrerer Notverordnungen Bankfeiertage in Deutschland an, damit nicht noch mehr Kunden aus Verunsicherung ihre Einlagen einfordern konnten.

Erst am fünften August konnte man den Bankverkehr wieder vollständig freigeben.

Am sechsten November stattete der Reichspräsident Hindenburg durch ein erneute Notverordnung die Sparkassen mit der Rechtsform einer „Anstalt des öffentlichen Rechts“ aus. So war ihr Vermögen vom zumeist kommunalen Gewährträger zu trennen und das Institut durfte nur noch begrenzt einen Kommunalkredit gewähren.

Es liegt auf der Hand, dass die Menschen zusehends das Vertrauen in diese Regierung verloren.

Mein Onkel Willie hatte nur ein halbes Jahr nach dem zweiten Treffen mit Göring einen Brief an seinen Sohn den Kronprinzen, geschrieben, in dem er heftige Kritik an den Nationalsozialisten übte. Unglücklicherweise gelangte der Brief in die Hände von Göring. Dieser sagte von Levetzow und von Kleist, er habe angeblich kurz davor gestanden, sich bei Hitler für meinen Onkel Willie einzusetzen, habe sich dies natürlich aber nun anders überlegt.

Zwei Mitarbeiter meines Onkels machten sich nun daran, einen neuen Brief zu entwerfen, in dem Hitler und die Nationalsozialisten mit Komplimenten nahezu überschüttet wurden. Aber mein Onkel, stur wie ein alter Esel, weigerte sich, den Brief zu unterschreiben. Er blieb

bei seinen Worten aus dem ersten, gab er bekannt.
Und dann realisierte er, dass Hitler niemals vorgehabt haben könnte, die Monarchie zu restaurieren, er habe buchstäblich bei den Nazis auf das falsche Pferd gesetzt, ebenso mit von Levetzow und von Kleist sehr schlechte Berater gewählt. So entließ mein Onkel kurze Zeit später von Kleist und machte Wilhelm von Dommes, einen ehemaligen deutschen Generalleutnant, zu seinem neuen Hausminister.
Am siebzehnten und achtzehnten Oktober des Jahres demonstrierte Hitler mit einem Massenaufmarsch von hunderttausend Mann in Braunschweig. Man zeigte Präsenz. Es lag auf der Hand, dass die Nationalsozialisten mehr und mehr Zuspruch in der Bevölkerung fanden.

Sossy reiste Ende des Jahres nach Deutschland, besuchte kurz Mossy in Kronberg und begab sich dann für eine Operation in ein Krankenhaus in Frankfurt am Main. Ich denke, sie weihte nur ihre Schwester ein, um was für einen Eingriff es sich handelte, aber bei diesem entdeckte man, dass sie an Krebs litt und es keine Möglichkeit mehr auf eine Rettung gab. Sossy erfuhr allerdings nicht die volle Wahrheit über ihre Erkrankung, was vielleicht auch positiv war.
Mossy meinte, es sei besser so, als sie mir schrieb, denn Sossy hatte in ihrem Leben schon genug erlitten und würde so nicht in ständiger Todesangst leben. Dennoch traf es sie tief mitanzusehen, wie die von ihr so geliebte Schwester von Tag zu Tag schwächer wurde. Mossy fühlte sich ebenso hilflos wie die Kinder Sossys.
Ich war froh, dass wir noch in Florenz gewesen waren, dort mit meiner Tante und ihren Kindern sowie dem Enkelkind schöne Tage verbracht hatten.
Sossy blieb in Frankfurt am Main, umsorgt von ihren Kindern und Mossy. Ich wollte sie auch gerne noch besuchen, erkrankte aber im Winter wieder an einer schweren Grippe, die mich wieder lange darnieder warf. Es gipfelte in einer schlimmen Bronchitis, einer Vereiterung der Stirnhöhle, was sehr schmerzhaft war.
Natürlich schrieb ich meiner Tante, aber ich erwähnte nur, dass ich mich an die schönen Tage in Florenz erinnerte, wusste, dass sie krank war, machte aber keine Anmerkung auf eine tödliche Krebserkrankung.

Die Weihnachtsfeiertage verbrachte ich im Bett, während Haz Freunde besuchte, was ich ihm zugestand. Es hätte auch keinen Sinn gemacht, ihn zu bitten, bei mir zu bleiben.
„Wenn etwas ist…“, sagte er nur, und ich winkte matt ab.
„Amüsiere dich!“, forderte ich ihn auf, rang mir ein Lächeln ab, „Ich habe das Personal, falls etwas sein sollte.“
Er verstand mich aber falsch, obwohl ich weder barsch noch sonst etwas gewesen war.
„Ich kann nicht immer deinetwegen jede Einladung ausschlagen, Babes!“, fauchte er mich an, „Es ist schon unschön, dass ich nicht hierher einladen kann!“
„Du könntest, wenn du wolltest. Es würde mich nicht stören, wenn unten im Schloss gefeiert wird“, meinte ich ehrlich und in einem versöhnlichen Tonfall, aber er schüttelte den Kopf.
„Nein! Dann habe ich hinterher tagelang dein sauertöpfisches Gesicht vor mir, weil es dich doch gestört hat!“
„Aber ich habe nie…!“, warf ich ein, er unterbrach mich umgehend, hob abwehrend die Hand, „Genug! Wende dich an Liesel oder Pavel, wenn etwas sein sollte. Ich werde erst nach Neujahr zurücksein.“
Pavel war unser Diener, Liesel das Stubenmädchen und die gute Seele für alles.
Mein Kopf schmerzte, ich wollte mich nicht aufregen und winkte ab, drehte mich im Bett auf die Seite, sodass ich meinem Gemahl meinen Rücken präsentierte.
„Denke an Sossy! Was sie hat, ist wirklich schlimm!“, warf er noch in den Raum, dann hörte ich die Tür zufallen.
Ich kämpfte gegen die aufwallenden Tränen an, aber riss mich zusammen, verbarg mein Gesicht im Kopfkissen.
Mein Fieber, die Bronchitis…alles war real und von einem Arzt festgestellt worden, aber das zählte anscheinend nicht mehr für Haz. Vielleicht glaube er mittlerweile auch, ich würde eben den Ärzten sagen, was sie ihm erzählen sollten, diese eventuell mit Geld bestechen. Ich musste es ertragen, ständig als jemand dazustehen, der sich in seine Leiden hineinsteigerte.
An Heiligabend überbrachte mir Liesel ein Päckchen meines Gemahls, sein Weihnachtsgeschenk für mich. Es war ein nicht nennenswerter Frauenroman und Pralinés, schon liebevoll verpackt, aber keine

Karte anbei. Keine liebevollen Zeilen von ihm. Es erreichten mich auch keine Telegramme oder Briefe seinerseits während seiner Abwesenheit.
Haz kehrte erst am sechsten Januar nach Hause zurück, fand mich immer noch krank vor, hielt daher Abstand, erzählte mir auch nichts von seinen Freunden, den Feierlichkeiten.
Ich hatte ihm schon länger ein Geschenk gekauft, eine schicke Krawatte, eine Krawattennadel und einen neuen Hut, welches hübsch verpackt auf meinem Sekretär stand. Er nahm die Sachen an sich, sagte danke, artig wie ein kleines Kind und öffnete die Geschenke nicht einmal.
„Ich sehe es mir später an“, meinte er nur lapidar.
„Danke für das Buch und…“, begann ich, doch er sagte, es sei in Ordnung.
Kühl merkte er an, er habe mit dem Arzt gesprochen, dieser empfehle mir einen erneuten Aufenthalt in einem sehr renommierten Sanatorium in Dresden. Dort habe man gute Erfahrungen mit meinen Leiden gemacht und biete entsprechende Therapien an.
Ich nickte nur, nahm mir ein Journal von meinem Nachttisch und begann zu lesen.

Meine Tante Sossy starb am dreizehnten Januar des Jahres 1932. Man bahrte sie auf Wunsch Mossys im Schloss Friedrichshof auf. Danach verbrachte man ihren Leichnam nach Florenz, wo sie an der Seite ihres Gemahls beigesetzt wurde.
Ich konnte ihrer Familie nur schriftlich kondolieren, da ich immer noch nicht vollständig genesen war.
Für Mossy war der Verlust sehr schmerzlich. Sie konnte es nicht wirklich verwinden, nun auch noch ihre jüngste Schwester verloren zu haben.
Missy, die ehemalige Königin von Rumänien und Cousine meiner Tanten, sollte etwas später abfällig über Sossy äußern, dass diese sich immer geschlagen gefühlt habe und Niederlagen geradezu anzog. Doch für die politischen Geschehnisse in Griechenland, den frühen Tod ihres Sohnes und andere Schicksalsschläge konnte meine Tante nichts. Missy, mit der ich schon lange keinen Kontakt mehr hatte, seit Mama sich ihr gegenüber so abwertend verhalten hatte, war sehr

extrovertiert und mittlerweile munkelte man, dass nicht alle ihre Kinder von ihrem Gemahl stammten, zudem nicht alle diesem ähnlich sahen. Vielleicht hatte meine Mama seinerzeit doch richtig gelegen in ihren Vermutungen, dass Missy Affären pflegte.
Sossy war noch keine zweiundsechzig Jahre alt gewesen und leider sollte sie nicht mehr miterleben, wie man im November des Jahres 1936 per Volksabstimmung die Monarchie in Griechenland restaurierte. Ihr ältester Sohn kehrte als König Georg II. auf den Thron zurück. Noch im selben Jahr ließ er die Särge seiner Eltern und seiner Großmutter mittels einer Anordnung nach Griechenland überführen, sie alle unter Pomp im Park von Tatoi beisetzen.
Mein Onkel Willie bedauerte den Tod seiner Schwester Sossy, aber er hatte nie Interesse an ihrem schweren Schicksal gezeigt, ihn interessierte nicht, was sie alles erlitten hatte in den vergangenen Jahren und Sossy mochte Hermo nicht. Sie machte nie einen Hehl daraus, dass sie die zweite Gemahlin meines Onkels für völlig unpassend für die Familie hielt. Ihre Ablehnung Hermos gegenüber, ließ sie diese auch offen spüren, zeigte sich ihr meist etwas affektiert, verhielt sich wohl auch unnatürlich abweisend.

Im Januar gab man bekannt, dass die offizielle Zahl der Arbeitslosen in Deutschland nun bei sechs Millionen lag. Es waren schwere Zeiten und ich konnte froh sein, dass es mir und meinem Gemahl finanziell recht gut ging.

Ich musste einsehen, dass mein Gemahl mich nicht in Ruhe ließe, bis ich mich endlich wieder in ein Sanatorium begab, versuchte, mir helfen zu lassen. Aus meiner Sicht war es aber nur allzu verständlich, wenn es einen belastete, ständig krank und mit diversen Leiden konfrontiert zu sein. Er konnte einfach nicht einsehen oder gar begreifen, dass ich dies nicht mit Absicht tat oder vorgab, um mich vor gesellschaftlichen Verpflichtungen zu drücken, aber ich konnte mich auch nicht stets und ständig für ihn zusammenreißen.
So begab ich mich Mitte Februar in das empfohlene Sanatorium nach Dresden. Man nahm dort mein Migräneleiden durchaus ernst, so dachte ich, das geschwächte Immunsystem, tippte aber auch auf eine hypernervöse Veranlagung meinerseits. So sollte ich auch mit einem

Psychiater sprechen, was mir aber nicht behagte. Daher sah ich davon ab.
Ich bekam Kohlensäure - und Elektrobäder, eine reichhaltige Kost, Vitaminpräparate, andere Medikamente, die auch meine Stimmung heben sollten. Zeitweise fühlte ich mich besser und verstanden. Doch, als ich von Herzschmerzen berichtete, meinte ein Arzt, er könne dies untersuchen, halte es aber eher für Einbildung. Es sei eben durch die allgemeine schlechte körperliche und seelische Verfassung meinerseits psychosomatisch - sprich - ich bildete es mir ein.
Haz besuchte mich zweimal während meines sechswöchigen Aufenthalts im Sanatorium, aber er wollte nichts davon hören, wie es mir ging, sagte, er spreche mit den Ärzten und erfahre dann sowieso alles. Mit anderen Worten - es interessierte ihn nicht, wie es mir wirklich ging. Für ihn zählte nur, was die Ärzte ihm berichteten.
Ich hatte mittlerweile auch von Heilpraktikern gelesen und wollte dies einmal ausprobieren. Allerdings würde ich meinen Gemahl darin nicht einweihen, er würde mir sicher davon abraten, das als Unsinn abtun.
Seit dem Jahre 1928 war der Beruf des Heilpraktikers immer populärer geworden und auch allgemein eingeführt. Es bedarf für diesen aber keine staatliche Erlaubnis, es reicht aus, wenn ein Heilpraktiker nachweist, dass er keinen Schaden verursacht, eine Bestätigung über eine tatsächliche Heilung muss man nicht vorlegen. Daher wäre dies sicher nicht für meinen Gemahl akzeptabel gewesen, wenn ich mich in die Hände einer solchen Person begab.

Im März/April des Jahres 1932 stand die Reichspräsidentenwahl an. Um gegen Hindenburg bei dieser antreten zu können, musste Hitler, der seit dem dreißigsten April des Jahres 1925 staatenlos war, deutscher Staatsbürger werden. Ursprünglich kam er aus Österreich.
Nach dem Paragraphen 1 des Reichs - und Staatenangehörigkeitsgesetzes musste er Staatsangehöriger eines deutschen Bundesstaates sein. Da er aber wegen Hochverrats vorbestraft war, strebte er eine nach dem Paragraphen 14 des Reichs - und Staatsangehörigkeitsgesetzes mögliche Anstellung im unmittelbaren oder mittelbaren Staatsdienst an, da diese für einen Ausländer als Einbürgerung gelten konnte. Somit wollte er die eventuell zu erwartenden Bedenken eines Bundesstaats gegen seine Einbürgerung umgehen.

Mehrmals misslang sein Vorhaben, dann berief ihn der Innenminister im Freistaat Braunschweig, Dietrich Klagges, seines Zeichens auch Mitglied der NSDAP, drei Tage nach Bekanntgabe seiner Kandidatur zum Braunschweiger Regierungsrat.
Den für ihn vorgesehenen Dienst sollte Hitler niemals antreten, denn er erhielt sofort Urlaub für den anstehenden Wahlkampf, beantragte später unbefristeten Urlaub für seine künftigen politischen Belange.
So erhielt er am fünfundzwanzigsten Februar die deutsche Staatsbürgerschaft. Genau betrachtet muss man ihm zugestehen, dass dies alles doch ein recht genialer Schachzug war.
Nachdem ich das Sanatorium verlassen hatte, begab ich mich heimlich in die Hände eines Heilpraktikers. Ich vereinbarte einen Termin, berichtete von meinen zahlreichen Leiden, dem Unverständnis meiner Umwelt, vor allem dem meines Gemahls und fühlte mich zum ersten Mal verstanden, weil man mir zuhörte, meinen Leiden Aufmerksamkeit schenkte. Der Heilpraktiker vermutete bei mir vor allem eine beginnende Osteoporose aufgrund meines Alters und ein nervöses Magenleiden verursacht durch meine ständige psychische Angespanntheit, meine Leiden vor meinem Gemahl zu verbergen. Er verordnete mir Calcium, einige Tees und Essenzen aus Blüten, welche ich natürlich auch heimlich zu mir nahm.
Eine Zeitlang fühlte ich mich wirklich besser und Haz schob es auf den Aufenthalt im Sanatorium. Ich klärte ihn natürlich nicht auf.

Anfang März siegte Paul von Hindenburg als Amtsinhaber im ersten Wahlgang zur Reichspräsidentenwahl klar vor Adolf Hitler. Hindenburg verfehlte aber knapp die absolute Mehrheit der Stimmen.
Am zehnten April wählte man ihn im zweiten Wahlgang mit dreiundfünfzig Prozent der Stimmen erneut zum Reichspräsidenten. Nur drei Tage später verfügte der Reichswehr - und Innenminister Wilhelm Groener in der Regierung Brüning ein Verbot der SA und der SS, was den Kanzler dann aber Sympathien beim Reichspräsidenten kostete. Und nur einen Monat später trat Groener von seinem Amt zurück.
Es war eine schwankende politische Situation, denn am dreißigsten Mai gab auch der Reichskanzler Brüning sein Amt auf.

Hindenburg setzte nun Franz von Papen als neuen Reichskanzler ein, unter seiner Regierung wurde im Juni das Verbot der SA und SS wieder aufgehoben.

Wir reisten im Juni des Jahres 1932 endlich einmal wieder nach England und nahmen unter anderem an einem Hochzeitsempfang in der Park Street am Grosvenor Square in London teil. Er galt der Hochzeitsfeierlichkeiten des Captains Henry Rogers Broughton, zweiter Baron von Fairhaven, einem Mitglied der Royal Horse Guards. Unsere Anwesenheit wurde gemeinsam mit anderen hochrangigen Gästen sogar in der englischen Tageszeitung „The Times“ erwähnt.
Ich freute mich auch, meine englischen Verwandten, wie Baby, einmal wieder zu besuchen,
denn wir hatten uns viele Jahre nicht gesehen und so viel zu erzählen. Wir blieben noch einige Zeit in England, reisten etwas, aber bei Haz machte sich auch zusehends das Alter bemerkbar. Mein Gemahl war fast achtundsechzig Jahre alt, er litt zeitweise auch an Gelenk - und Rückenschmerzen, aber immer, wenn ich ihn fragte, wie es ihm ginge, winkte er ab. Aus seiner Sicht, so sagte er einmal, überließe man das Leiden und das zur Schau tragen desselben den Frauen. Ich fand das lächerlich, denn natürlich nahm ich Anteil daran, wenn es ihm nicht gut ging, auch wenn er mir diese Anteilnahme verweigerte.

Am neunten Juli erreichte die Regierung unter Franz von Papen auf der Konferenz von Lausanne eine Beendigung der im Versailler Vertrag Deutschland auferlegten Reparationszahlungen.
In dem dort vereinbarten Vertrag wurde die Weimarer Republik zu einer Restzahlung von drei Milliarden Goldmark verpflichtet. Diese sollten in fünfprozentigen Obligationen an die Bank für Internationalen Zahlungsausgleich in Basel gezahlt werden. Diese Obligationen waren frühestens nach Ablauf von drei Jahren einlösbar, ein daraus resultierender Zinsertrag fiel den Gläubigermächten zu. Diese Rückzahlungsverpflichtung für die aus Krediten zur Bedienung der Reparationsverpflichtungen gemäß dem Dawes-Plan und dem Young-Plan resultierenden deutschen Schulden blieb davon jedoch unberührt.
So übergab das Deutsche Reich der Bank für Internationalen Zahlungsausgleich in Basel dann Schuldverschreibungen, die innerhalb

eines Zeitraums von fünfzehn Jahren als Anleihe auf den Markt gebracht werden oder, falls das nicht gelinge, gänzlich vernichtet werden sollten.
Aber die rechtsextreme Opposition in Deutschland, also die Deutschnationalen und die Nationalsozialisten im Reichstag, lehnten den neuen Vertrag als unzureichend ab, da er eine erwartete Streichung des Kriegsschuldartikels und der Abrüstungsbestimmungen aus dem Versailler Vertrag nicht enthielt.
Der Lausanner Vertrag sollte erst in Kraft treten, sobald eine entsprechende Übereinkunft mit den USA über die interalliierten Kriegsschulden zustande gekommen war. Im Folgenden wurde er aufgrund des Ausbleibens einer solchen Regelung von keinem der beteiligten Staaten ratifiziert und daher auch niemals rechtswirksam. Rein faktisch gesehen bedeutete er aber das Ende der Reparationsfrage.

Am zwanzigsten Juli erfolgte der so bezeichnete „Preußenschlag“ oder „Staatsstreich in Preußen“ durch den Reichskanzler Franz von Papen. Auf seine Initiative hin, wurde durch eine erste Notverordnung von Hindenburgs in seiner Funktion als Reichspräsident die geschäftsführende und legale Regierung des Freistaates Preußen durch den Reichskanzler Franz von Papen als Reichskommissar ersetzt. Am selben Tag folgte noch eine zweite Verordnung, die dem Reichswehrminister die vollziehende Gewalt in Preußen übertrug und die Grundrechte einschränkte.
Somit ging dann die Staatsgewalt im von der Preußenkoalition unter dem Sozialdemokraten Otto Braun geführten größten Land des Deutschen Reiches auf die Reichsregierung Franz von Papen über. Damit verbunden waren auch alle zivilgesellschaftlichen wie auch staatlichen Möglichkeiten des Protests oder Widerstands durch den Reichspräsidenten Paul von Hindenburg für illegal erklärt worden.
Man wollte so den letzten möglichen Widerstand des größten deutschen Staates gegen Papens Politik der Errichtung eines „Neuen Staates“ ausschalten.
Doch es erleichterte dann den Nationalsozialisten den Aufstieg, denn am einunddreißigsten Juli stellte die NSDAP nach der Reichstagswahl erstmals die stärkste Fraktion im Parlament.
Der Reichskanzler von Papen wurde im September durch einen

Misstrauensantrag gestürzt, Hindenburg ließ abermals den Reichstag auflösen. Es kam im November zu Neuwahlen, die den Nationalsozialisten Stimmenverluste einbrachten. Franz von Papen trat dann Mitte November als Reichskanzler zurück.
Am neunzehnten November kam es zur sogenannten „Industrielleneingabe", bei der von neunzehn oder zwanzig Vertretern der Industrie, der Finanzwirtschaft und der Landwirtschaft ein unterzeichneter Brief an den Reichspräsidenten Paul von Hindenburg geschrieben wurde. Man forderte ihn auf, Adolf Hitler zum Reichskanzler zu ernennen. Doch Hindenburg kam dieser Aufforderung nicht unverzüglich nach, sondern berief stattdessen am zweiten Dezember des Jahres 1932 zunächst Kurt von Schleicher zum neuen Reichskanzler.
Die Eingabe der Industriellen sollte erst später veröffentlicht werden, aber es lag bereits viele Jahre auf der Hand, wie diese die NSDAP und Hitler unterstützten.
Kurt von Schleicher sollte nun ein neues Präsidialkabinett bilden, da sein Vorgänger von Papen an den Absagen der SPD und des Zentrums für eine Koalition gescheitert war. Von Von Papen hatte dem Zentrum angehört, blieb dann parteilos, und trat schließlich im Jahre 1938 in die NSDAP ein.
Kurt von Schleicher war parteiloser Reichswehrminister gewesen und man setzte nun große Hoffnungen in ihn, auch wenngleich man dieses politische Hin und Her langsam leid wurde.
Mein Gemahl sagte, es lohne sich schon nicht mehr, die Tageszeitung aufzuschlagen, denn die Reichskanzler wechselten ihm zu oft und er witzelte, man könne sich bald die ganzen Namen nicht mehr so schnell merken.

Am dreiundzwanzigsten Dezember weilten mein Gemahl und ich wieder in Berlin. Wir besuchten die Uraufführung der Operette „Ball im Savoy" im Großen Schauspielhaus. Der Hauptdarsteller war Oskar Dénes, ein bekannter ungarischer Sänger und Schauspieler.
Es war eine Operette, die natürlich Irrungen und Wirrungen der Liebe zum Thema hatte, in Venedig und eben in Nizza im bekannten „Savoy"-Hotel spielte. Mir gefiel es sehr gut, Haz hatte mich eingeladen. Es war sein Weihnachtsgeschenk an mich.
Wir blieben danach noch einige Tage in Berlin, trafen uns dort auch

mit Tante Irene und der kleinen Barbara.
Es ging mir in dieser Zeit recht gut. Ich schob es auf die Behandlung durch den Heilpraktiker, verheimlichte es Haz aber weiterhin, um eine Auseinandersetzung zu vermeiden, denn er würde mir niemals glauben, dass es mir helfe. Es war sicher auch für meine Seele gut, dass der Heilpraktiker mich stets nach meinen psychischen Belangen befragte und darauf einging. Zum ersten Mal fühlte ich mich einfach verstanden, auch wenn so mancher Arzt einen Heilpraktiker als Scharlatan abgetan hätte und einen Behandlungserfolg eher nicht erwartete, sondern vielleicht meinte, mein Glaube daran würde diese Verbesserung meines Zustandes bewirken. Es war mir aber gleich. Ich hatte im Laufe meines Lebens so viele Ärzte kontaktiert, die sich Fachleute schimpften, und kaum einer konnte meine Leiden wenigstens für eine Zeitlang lindern.

Am dreißigsten Januar des Jahres 1933 ernannte Hindenburg Adolf Hitler zum neuen Reichskanzler. Er hatte sich lange geweigert, diesen Schritt zu tun, aber man beruhigte ihn damit, dass ein von einer konservativen Kabinettsmehrheit umgebener NSDAP-Führer nur eine geringe Gefahr bedeuten würde.
Doch Hitler bildete eine so genannte Nationale Regierung aus Konservativen, Deutschnationalen und Nationalsozialisten. Von Papen wurde zu seinem Vizekanzler, der Regierung gehörten außer Hitler nur zwei weitere Nationalsozialisten an, nämlich Wilhelm Frick als Innenminister und Hermann Göring als Minister ohne Geschäftsbereich und kommissarischer preußischer Innenminister.
Bereits am ersten Februar wurde der Reichstag auf Wunsch Hitlers von Hindenburg aufgelöst. Am fünften März sollte dann die letzte freie Wahl zu einem überwältigenden Erfolg für die NSDAP werden, die über vierzig Prozent der Stimmen erhielt. Am einundzwanzigsten März zelebrierte man die neue Einberufung des Reichstags mit dem „Tag von Potsdam“ öffentlichkeitswirksam.
Von Beginn ihrer Machtergreifung an begannen die Nationalsozialisten mit der Ausschaltung der Demokratie und der Gleichschaltung des Reiches. Schon durch die Verordnung des Reichspräsidenten zum „Schutze des Deutschen Volkes“ vom vierten Februar wurden die Grundrechte der Weimarer Verfassung, insbesondere die

Versammlungs- und Pressefreiheit, eingeschränkt. Ferner wurde im März das Reichsministerium für Volksaufklärung und Propaganda unter dem Propagandaminister Joseph Goebbels gegründet.
Und kurz darauf, am dreiundzwanzigsten März, beschloss der Reichstag das Gesetz „Zur Behebung der Not von Volk und Reich", später auch als „Ermächtigungsgesetz" bezeichnet, das der Regierung Hitler somit quasi diktatorische Vollmachten übertrug. Und nur die Abgeordneten der SPD unter Otto Wels stimmten gegen dieses Gesetz. Mit den Gesetzen vom einunddreißigsten März und vom siebten April entzog man den Ländern ihre relativen Souveränitätsrechte, es wurden umgehend Reichsstatthalter eingesetzt.
Hitler, der eigentlich pro forma im braunschweigischen Staatdienst tätig gewesen war, um die deutsche Staatsbürgerschaft zu erhalten, wurde am sechzehnten Februar aus diesem entlassen.
Was aus dieser Regierung folgen sollte, darauf möchte ich nicht in Details eingehen, denn es sollte jedem hinlänglich bekannt sein, was sich in den folgenden Jahren zutrug.
Haz kommentierte schon Hitlers Ernennung zum Reichskanzler mit den vorausschauenden Worten: „Dieser alte Depp Hindenburg! Es wird kein gutes Ende nehmen und war sein größter Fehler!"
Als ich hörte, dass Mossys Gemahl Karl Friedrich im Februar desselben Jahres während des Reichstagswahlkampfes die Hakenkreuzfahne auf Schloss Friedrichshof hisste, war dies für mich ungeheuerlich, doch damit setzte die Familie ein Signal, mit dem man sich öffentlich zum Nationalsozialismus bekannte. Alle vier Söhne Mossys waren mittlerweile Mitglieder der Partei und auch Mossy und ihr Gemahl folgten im Jahre 1938 dem Beispiel ihrer Söhne.
Für Onkel Willie und den Kronprinzen waren die Nazis die neuen „Heilsbringer". Getrieben von der steten Illusion auf eine Restauration der Monarchie in Deutschland oder zumindest eine Beteiligung an der Regierung, beglückwünschten sie Hitler und seine Mannen zum Sieg. Vor allem der Kronprinz ließ sich nur allzu gerne öffentlich mit Goebbels oder auch Hitler ablichten. Sie waren wie dumme Schafe, die ihrem neuen Hirten hinterhertrotteten.
Es wurde ihrerseits komplett ignoriert, dass es für Hitler außer Frage stand, auch nur an eine Restauration der Monarchie zu denken, geschweige denn, den Kronprinzen zum Reichstagspräsidenten zu

machen. Die Pläne der Nationalsozialisten waren längst geschmiedet, in denen weder Onkel Willie noch der Kronprinz vorkamen.
Vor allem lehnte Hitler das „judenfreundliche“ Verhalten meines Onkels strikt ab, der sich weiterhin gerne mit jüdischen Persönlichkeiten umgab.
Nur ein Jahr später, im Januar 1934, machte Göring dann den Vorschlag, dass man alle monarchistischen Organisationen verbieten sollte und die SA trieb kurz darauf eine royalistische Versammlung in Berlin gewaltsam auseinander. Dies fasste mein Onkel dann als eine Kriegserklärung an das Haus Hohenzollern auf und natürlich damit verbunden auch an das deutsche Kaisertum an sich.
Da auch Mitglieder des kaiserlichen Hauses Parteimitglieder waren, erwog mein Onkel diese nun zu einer Aufkündigung der Mitgliedschaft zu drängen.
Man muss einwenden, dass weder Hermo noch mein Onkel sich jemals wirklich mit dem Programm der NSDAP eingehend befasst hatten und sich auch in keinster Weise mit diesem identifizierten. Man teilte lediglich gewisse Feindbilder, wie die Demokratie, die Republik oder auch liberale und linke politische Bewegungen, aber vor allem verurteilten mein Onkel und seine Frau den vehementen Antisemitismus, den die NSDAP predigte. Auch gefielen meinem Onkel Willie der Sozialismus nicht und der Appell an die Instinkte der Massen, den Hitler propagierte. Sicher, mein Onkel hatte während seiner Regentschaft auch oft Konflikte mit jüdischen Personen gehabt, sich über diese aufgeregt, aber besonders 1938, zur sogenannten „Reichskristallnacht“ sprach er sich dann doch aufs Äußerste auch öffentlich gegen das Regime aus, verurteilte den geschürten Hass gegen jüdische Mitbürger als eine Schande.
Dennoch sollten Onkel Willie und Hermo in den folgenden Jahren Hitler stets zu vielen politischen Schachzügen gratulieren, natürlich per Telegramm.
Im Zweiten Weltkrieg dann, nachdem Deutschland die Niederlande am zehnten Mai 1940 überfallen hatte, machten sich sowohl die niederländische als auch, verwunderlicher Weise, die britische Regierung Sorgen um die Sicherheit meines Onkels in Doorn. Er weigerte sich aber standhaft, sich in ein angebotenes Exil nach England zu begeben. Als dann am vierzehnten Mai deutsche Truppen den Park von Huis

Doorn betraten, überbrachte man meinem Onkel eine Nachricht Hitlers, dass man ihn unter den Schutz der Wehrmacht stelle, Haus und Park unangetastet blieben. Bis dato hatte die niederländische Gendarmerie das Haus bewacht. Man bot von Seiten Hitlers meinem Onkel sogar an, den Wohnort oder auch Wohnsitz zu wechseln, was er ablehnte. So übernahmen dann deutsche Soldaten und Offiziere die Bewachung des Areals, durften aber das Grundstück nicht betreten.
Onkel Willie zeigte sich mit allem einverstanden, sprach sogar gerne mit den Soldaten und Offizieren, was eigentlich nicht erwünscht war, aber anscheinend erweckte er in Hitler so etwas wie monarchistische Gefühle. Dieser revanchierte sich im Weiteren mit dem Erlass eines „Fürstendekrets", welches den Einsatz von Mitgliedern ehemaliger regierender deutscher Fürstenhäuser an der Front verbot. Dies beruhte darauf, dass Prinz Oskar, der fünfte Sohn des gleichnamigen Sohnes meines Onkels Willie im Jahre 1939 in Polen gefallen war sowie auch Prinz Wilhelm, der älteste Sohn des Kronprinzen im Mai des Jahres 1940 in Frankreich den „Heldentod" starb. Die Nationalsozialisten bildeten bei der Beisetzung des letzteren in Potsdam dann sogar auf Geheiß Hitlers ein Ehrenspalier für den gefallenen Prinzen und mein Onkel fasste das als Treuebekundung für das Kaiserhaus auf. Es nahmen auch etwa fünfzigtausend Menschen aus der Bevölkerung am Trauerzug teil. Seit Hitlers Machtübernahme waren bei nicht-nationalsozialistischen Veranstaltungen nicht mehr so viele Menschen auf den Straßen gewesen.
Und nur drei Jahre später entband Hitler alle Mitglieder der Fürstenhäuser gänzlich von einem Dienst in der Wehrmacht.

Vorerst jedoch, zu Beginn von Hitlers Regierung, bejubelte man ihn und die Partei allzu frenetisch. Es missfiel mir und Haz, ich sah darin auch nichts Gutes, diesem Mann so nachzulaufen.
Es kamen schlimme Jahre auf uns zu, in denen wir um jüdische Freunde bangen mussten, denen wir aber nicht helfen konnten, ohne uns selbst in Gefahr zu begeben.
Da Mossy sich nur noch in Lobhudeleien auf Hitler erging, was in den folgenden Monaten zunahm, brach ich den Kontakt zu ihr ab.
Es ging mir alsbald gesundheitlich wieder schlechter, ich begab mich erneut in das Sanatorium nach Dresden, doch auch nach

mehrwöchigem Aufenthalt dort, verspürte ich keine wirkliche Besserung.
Im Mai reiste ich alleine nach England. Ich besuchte Baby, andere Verwandte, blieb einige Tage in London und besuchte dort auch ein Konzert des Finnischen Nationalorchesters in der Queens Hall, danach einen kleinen Empfang im Bryanston Square, einem wunderschönen großen Gartenplatz in Marylebone in London, zu dem man mich eingeladen hatte. Mein Besuch in England wurde wieder in der „Times“ erwähnt.

Im Sommer traf der Kronprinz in Heiligendamm zusammen mit Dr. Joseph Goebbels.

Eine der Aufnahmen an diesem Tag wurde kurz darauf in der „Frankfurter Allgemeinen-Zeitung“ veröffentlicht, nebst dem Titel „Feine Leute unter sich“. Die Zeitung war das einzige Blatt in Deutschland, welches noch relativ frei etwas veröffentlichen konnte und im Nachhinein fand Goebbels das Ganze nur peinlich, was er wohl auch privat und in seinem Tagebuch äußerte. Er hielt den Kronprinzen für einen Emporkömmling aufgrund seiner Blutlinie, nicht für seine Bemühungen.

Der Kronprinz durfte sich auch nicht politisch engagieren, dies war, wie erwähnt, eine Voraussetzung für seine Rückkehr aus dem Exil in Wieringen gewesen. Dennoch machte er öffentlich, dass er die NSDAP und Hitler gewählt habe, beglückwünschte Hitler auch zu seinem politischen Sieg.
Friedrich Wilhelm ließ auch keine Gelegenheit aus, sich mit Größen der Partei ablichten zu lassen, wie auch beim „Tag in Potsdam", wo er recht vertraulich mit Hitler plauderte. Er klammerte sich immer noch an die Hoffnung, man möge ihn doch noch machttechnisch berücksichtigen, wobei er sich aber einer blanken Illusion hingeben sollte, denn die Pläne der NSDAP und Hitlers waren, wie angemerkt, niemals darauf ausgerichtet, ihn in irgendeiner Art und Weise politisch einzubinden.
Der Kronprinz galt in der Öffentlichkeit als unsteter Lebemann und Dandy, seine Reputation war eher schlecht, als dafür geeignet eine hohe Machtposition einzunehmen.

Auch die Tochter Onkel Willies, die Herzogin Viktoria Luise zu Braunschweig und Lüneburg, war schon geradezu fanatisch, was Hitler und den Nationalsozialismus betraf. Schnell machte sie von sich reden, weil sie auf öffentlichen Empfängen auf Hitler förmlich zu rannte, seine Nähe suchte. Auf den Parteitagen der NSDAP betreute sie wichtige britische Personen, natürlich auch bei der Olympiade in Berlin 1936.
Auch eine finanzielle Unterstützung erhielt die NSDAP von ihr und ihrem Gemahl. Nur allzu gerne ließ sie sich von dem Außenminister Ribbentrop für sogenannte „Werbe-Dinners" der „Anglo-British Fellowship" einsetzen und ab dem Jahre 1938 stellte sie den Familiensitz in Gmunden, Österreich, für geheime Treffen von Nationalsozialisten zur Verfügung.
Im Jahre 1935 war Sissy dann auch mit ihrer Tochter Friederike unter den Gästen eines Empfangs in Hitlers Wohnung in München.
Der Zweitwohnsitz Sissys und ihrer Familie war in Braunschweig, wo man auch Postkarten mit Portraits der Familienmitglieder vertrieb, darunter auch welche, die die Tochter Friederike Luise in einer Uniform des „Bundes Deutscher Mädel" zeigten, ihre Söhne in der der „Hitler-Jugend". In diesen nationalsozialistischen Organisationen für die

deutsche Jugend engagierte sich Friederike dann so sehr, dass man sie in der entsprechenden Presse sehr lobte, da sie sich wie eine ganz gewöhnliche Deutsche im Arbeitsdienst einbringe.
Ihr Gemahl Ernst August sollte sich in den folgenden Jahren einige jüdische Firmen im Zuge der sogenannten „Arisierung“ aneignen, in denen dann auch Zwangsarbeiter und Häftlinge aus Konzentrationslagern arbeiten mussten.
Sissys erstgeborener Sohn Ernst August wurde im Frühjahr des Jahres 1943 bei Charkow in der Ukraine schwer verwundet, dann durch den bereits genannten „Prinzenerlass“ von seinem Dienst in der Wehrmacht befreit. Der zweitgeborene Sohn Georg Wilhelm besuchte ab 1930 die elitäre Internatsschule Salem am Bodensee, in der auch viele Nazigrößen ihre Kinder unterbrachten. Man pflegte dort auch den entsprechenden Erziehungsstil nach Hitlers Machtergreifung.
Als sich Sissys Tochter Friederike Luise mit dem Prinzen Paul von Griechenland verlobte, berichtete sie ihren Freunden, dass sie im Ausland viel Gutes für das Deutsche Reich tun könne. Hitler hatte wohl den Plan gehabt, ihr eine Ehe mit dem Prince of Wales, Edward, dem Sohn von König George V. von England vorzuschlagen.
Allerdings sollte sich Friederike Luise nach ihrer Eheschließung im Januar 1938 dann in Griechenland doch recht schnell gegen das Deutsche Reich stellen und ihre einstige Einstellung überdenken.
Wie bereits angemerkt, ertrug ich es nicht, wie auch mir nahestehende Familienmitglieder sich für Hitler und die Partei engagierten. Ich fand es immer noch mehr als befremdlich, als mir Mossy brieflich mitteilte, wie sehr sie mit ihren über sechzig Jahren von Hitler ergriffen war. Besonders die Art und Weise, wie er bei seinen Reden sprach, faszinierte sie und sie hing förmlich an seinen Lippen. Sie sah in ihm einen großen Mann, der nur Gutes für Deutschland tat, verschloss die Augen vor allem Unrecht, welches durch das Regime verursacht wurde und selbst als ein erneuter Krieg drohte, wollte sie nicht daran glauben. Ich besuchte sie nicht mehr und ging auf ihre Zeilen nicht ein, schrieb ihr stattdessen von meinen Leiden, von Haz` Gesundheit.
Vielleicht meinte sie, sie müsse sich noch bei mir melden, daher teilte ich ihr dann auch mit, ich befände mich nicht in dem psychischen Zustand ihre Zeilen zu beantworten.
Eigentlich hielt ich nur noch Kontakt zu Baby in England, die meine

Leiden und die meines Mannes durchaus ernster nahm, Mitgefühl zeigte.

Die jüngeren Kinder Viktoria Luises in den Uniformen des BDM und der HJ, in den dreißiger Jahren

Zu Papas Halbbruder, Onkel Ernst, hatte ich kaum Kontakt, auch nicht zu Feodora, meiner Cousine. Ich reiste auch nicht mehr nach Altenstein oder Meiningen, nur sehr selten zu den Geburtstagen meiner Eltern, um Blumen niederzulegen an ihren Gräbern, ebenso verfuhren wir bei den Gräbern von Haz` Eltern.
Meine Leiden ließen mich vielleicht auch egoistisch werden. Ich nahm die sich ändernde Welt um uns herum wahr, verschloss die Augen nicht, konnte das aber alles nicht begreifen. Dieses Land war nicht mehr das Heimatland meiner Kindheit und Jugend. Und wie sie alle Hitler vergötterten, schreckte mich ab. Haz teilte meine Meinung dahingehend.
Ich schämte mich für die Menschen.

Im Herbst des Jahres 1933 begab ich mich dann wieder in das Sanatorium Hohenwiese im Riesengebirge, welches in der Nähe unseres Schlosses lag. Haz besuchte mich dort auch zeitweise. Man behandelte dort meine Blutarmut, die hypernöse Veranlagung, die man attestierte, womit ich nicht wirklich konform ging. Meine stets widerkehrenden Rückenschmerzen erlaubten es mir nur zeitweise, Spaziergänge zu unternehmen, meist hielt ich mich im Park des Sanatoriums auf oder auf meinem Zimmer, vertrieb mir die Zeit mit dem Zeichnen, las Illustrierte, die mir Haz zukommen ließ und hoffte auf einen Erfolg der Therapien und Anwendungen. Eine Gespräch mit einem Psychologen lehnte ich rundweg ab, da ich befürchtete, er könne Rücksprache mit Haz halten.

Am fünfundzwanzigsten November begingen wir den siebzigsten Geburtstag meines Gemahls in unserem Schloss, wofür ich einige Gäste einlud. Es war eine schöne Feier und Haz dankte mir für die Ausrichtung derselben.
Einige Tage danach begab ich mich wieder in das Sanatorium.

Mein Gemahl begann in dieser Zeit an Herzbeschwerden zu leiden, begab sich in die Hände von Fachärzten und erhielt eine Medikamentation, die ihm helfen sollte. Er fühlte sich dann auch wieder etwas besser, aber man merkte ihm an, dass ihm das Alter sehr zu schaffen machte. Es fiel ihm auch schwer, sich um unsere Liegenschaften, die Unterhaltung des Schlosses und des Gutes zu kümmern.
Zudem er sich während meiner Abwesenheit um unsere Hunde, meine Vögel und die Pferde kümmern musste. Auch wenn ich mich im Schloss befand, reiten war mir nur manchmal möglich, wenn meine Rückenschmerzen erträglich waren oder ganz nachließen.
Von Seiten der Ärzte tippte man auch auf eine dauerhafte Entzündung der Bandscheiben, eventuell sogar der Wirbelkanäle, was Moorbäder und Massagen lindern sollten, aber all dies half mir immer nur für eine kurze Zeit.
Ein hinzugezogener Facharzt sagte, ich leide an fortschreitender Osteoporose, man stellte meine Ernährung auf calciumreiche Kost um, ich nahm wieder zahlreiche Medikamente, aber am Ende waren die Schmerzen meist so unerträglich, dass ich wieder um Morphium bat,

wovon ich aber Magenkoliken bekam.

Am zweiten August des Jahres 1934 verstarb Hindenburg morgens um neun Uhr auf Gut Neudeck in Ostpreußen. Bereits im Juli hatte sich sein Gesundheitszustand verschlechtert, es hieß, er habe ein Blasenleiden. Hitler besuchte ihn am ersten August noch vor seinem Ableben auf dem Gut, wobei Hindenburg ihn noch erkannte, obwohl er an Eintrübungen des Bewusstseins litt.
Bereits an diesem Tag erließ das Kabinett Hitler ein Gesetz über die Zusammenlegung der Ämter des Reichskanzlers und des Reichspräsidenten in der Person Hitlers. Das Gesetz trat mit dem Ableben Hindenburgs in Kraft.
Hindenburgs Sohn Oskar hielt die Dokumente des politischen Testaments seines Vaters eine Woche lang zurück.
Erst am neunten August übergab er sie an von Papen, welcher sie fünf Tage später an Hitler weiterreichte. Hitler war von Papen bereits vorab über den Inhalt informiert worden. Einen an ihn persönlich gerichteten Brief hielt Hitler zurück. Die anderen Dokumente wurden dann am fünfzehnten August als „das politische Testament Hindenburgs" veröffentlicht. Hindenburg bestimmte Hitler in diesen Dokumenten nicht zu seinem Nachfolger
Eigentlich sollte Hindenburg auch auf Gut Neudeck beigesetzt werden, doch Hitler organisierte eine Beisetzung im Denkmal der Schlacht bei Tannenberg in Ostpreußen, wobei er ihm alle Ehren zuteilwerden ließ.
Hitler hielt nach dem Tod Hindenburgs nun alle Macht in seinen Händen. Und der Kronprinz musste einsehen, dass es für ihn nun endgültig keine Hoffnung auf eine erneute Machtstellung in Deutschland mehr gab.

Aber auch dies schien aus meiner Verwandtschaft niemanden zu beunruhigen. Ich empfand alsbald eine gewisse Abscheu für sie alle.

Ich widmete mich nun auch bald überwiegend der Pflege meines Gemahls, der an einer Herzschwäche litt. An Reisen war nicht mehr zu denken und ich versuchte meine gesundheitlichen Probleme zurückzustellen, um bei ihm zu sein. Er wollte aber nicht allzu sehr von mir

„bemuttert“ werden, bat mich auch überraschenderweise an mich zu denken. Es belastete mich seinen körperlichen Verfall mitansehen zu müssen.
Ich bekam wieder Depressionen, die mich zwangen, erneut das Sanatorium Hohenwiese aufzusuchen, aber zwischen den Aufenthalten dort, kehrte ich immer nach Hause zurück, in unser Schloss, um mich um meinen Gemahl zu kümmern.
Mit Hilfe des Hauspersonals kam er noch auch alleine gut zurecht, aber ich sorgte mich sehr um ihn.

Meine Gemahl verließ mich am dreiundzwanzigsten März des Jahres 1939. Ich war glücklicherweise im Schloss. Er wollte sich nachmittags nach dem Tee in seinem Zimmer etwas ausruhen. Zum Abendessen sollte ich ihn wieder rufen lassen, doch als das Stubenmädchen mehrmals anklopfte, nach ihm rief, antwortete er nicht, sodass sie den Raum betrat. Sie glaubte ihn tief schlafend, doch Haz reagierte nicht mehr. Sogleich kam sie zu mir hinunter in den Salon gelaufen, ich folgte ihr schnell nach oben, versuchte meinen Gemahl zu wecken, rüttelte an seinen Schultern, aber er war fort…ich setzte mich zu ihm auf das Bett, griff seine Hände, streichelte sein Gesicht und begann hemmungslos zu schluchzen. Die Tränen rannen meine Wangen hinab, da ich es nicht begreifen konnte, dass mein letzter Halt mich nun auch verlassen hatte. Haz war vierundsiebzig Jahre alt geworden. Ich erlitt einen Nervenzusammenbruch und ein herbeigerufener Arzt musste mir eine Beruhigungsspritze geben, aber ich fühlte meine Welt zerbrechen.

Die folgenden Tage nahm ich alles wie durch einen Nebel wahr. Ich schaffte es nur, Tante Irene ein Telegramm zu senden, dann eines an Onkel Ernst, der auch umgehend anreiste, mir half, die Beisetzung zu organisieren. Wir ließen meinen Gemahl in der Gruft von Schloss Neuhof beerdigen.
Nur Tante Irene war bei der Beerdigung anwesend, einige Freunde meines Gemahls sowie Onkel Ernst. Es war ein kleines stilles Begräbnis.
Meine Tante und mein Onkel blieben noch einige Tage bei mir. Natürlich verstanden sie meine Trauer, nahmen Anteil. Meine Tante bot

mir auch an, einige Tage zu ihr nach Hemmelmark zu reisen. Aber ich fühlte mich nicht dazu in der Lage.
Nachdem sie alle wieder abgereist waren, blieb ich alleine zurück. Doch schnell musste ich erkennen, dass ich der Situation nicht gewachsen war, meine Depressionen, die Furcht vor der Einsamkeit verschlimmerten sich, ich litt an Schlafstörungen und begab mich wieder in das Sanatorium.

Ich legte alle meine farbigen Kleider ab, trug nur noch schwarz. Nun hatte ich niemanden mehr…

Verlassen

Vorerst blieb ich im Sanatorium, verbrachte dort auch meinen sechzigsten Geburtstag am zwölften Mai.
Kurzzeitig kehrte ich dann ins Schloss zurück, um mich mit unserem dortigen Verwalter zu besprechen, ließ auch den Verwalter von unserem Gut Jänkendorf anreisen, da ich selbst nicht in der Lage war dorthin zu reisen. Ich wies sie an, alles so weiterzuführen wie bisher unter der Leitung meines verstorbenen Gemahls.
Schweren Herzens verkaufte ich auch unsere Pferde am Schloss, übergab unsere Hunde in die Obhut des Verwalters, ebenso meine Vögel in den Volieren. Ich hatte an alldem keine Freude mehr und auch nicht mehr die Kraft, mich darum zu kümmern.

Am ersten September brach der Zweite Weltkrieg aus, doch ich befand mich auch zu jener Zeit im Sanatorium. Es war alles absehbar gewesen, doch mir graute eher vor dem vierzigsten Hochzeitstag am vierundzwanzigsten September den Haz und ich eigentlich feierlich hatten begehen wollen.
Jeglichen brieflichen Kontakt mit den Verwandten hielt ich nicht mehr aufrecht, es fiel mir einfach zu schwer zu schreiben, da meine Leiden stets niemanden wirklich interessiert hatten und ich mich nun in Trauer befand. Was sollte ich mir also familiäre Belanglosigkeiten von ihnen anhören, wenn sie mir auch kein Gehör schenkten?

Es erreichte mich dann Anfang Dezember von Baby die Nachricht, dass ihre Schwester Louise am dritten des Monats im Kensington Palast in London verstorben war. Louise wurde einundneunzig Jahre alt. Zuletzt hatte sie in der Nähe von Baby gelebt, mit ihr einen guten Kontakt gehalten. Louise wurde entgegen aller Konventionen des Hauses Windsor nach ihrer Feuerbestattung im Golders Green Crematorium auf dem Royal Burial Ground in Frogmore beigesetzt.
Ich hatte nicht so einen guten Kontakt zu Louise gehabt, obzwar sie eine sehr begabte Bildhauerin gewesen war, erschien sie mir oftmals sehr extravagant, lebte über ihre Verhältnisse. Sie hatte viele Jahre ihren senilen Ehemann gepflegt, aber man munkelte, sie habe aufgrund

seiner Homosexualität schon früh außereheliche Affären gehabt, wie mit dem königlichen Privatsekretär und auch mit Babys Gemahl. Bei letzterem glaubte ich eher an ein Gerücht, denn ich konnte mir nicht vorstellen, dass Beatrice den Kontakt zu ihrer Schwester all die Jahre aufrechterhalten hätte, wäre diese die Geliebte ihres Gemahls gewesen.

Ich kondolierte natürlich Baby zu dem Verlust der Schwester. Doch selbst wenn ich gewollt hätte, dazu körperlich in der Lage gewesen wäre, der Krieg verhinderte eine Reise nach England.

Eigentlich lebte ich nur noch in den Tag hinein, bekam auch wieder Stimmungsschwankungen, konnte mich zeitweise gar nicht aufraffen, verbrachte Tage im Bett, ebenso im Sanatorium.

Mittlerweile attestierte man mir mehr psychosomatische Beschwerden aufgrund des Verlusts meines Gemahls als echte Leiden, sprach auch von Hypochondrie. Ein Arzt sagte, es läge wohl alles eher begründet in einer emotionalen Störung meinerseits.

Ich ertrug das alles, gab mich auch meiner Trauer hin, der Antriebslosigkeit, denn es war mir nichts geblieben. Wenn ich nur ein Kind mein Eigen hätte nennen können, so hätte ich nun wenigstens noch eine Person gehabt, die mir beigestanden hätte, aber so war ich allein, fühlte mich von allen und der Welt verlassen.

Die Tage waren gleich, eintönig, nichts bereitete mir mehr eine wirkliche Freude. Auch die Nachrichten vom Krieg nahm ich nur peripher wahr.

Mein Onkel Willie starb am vierten Juni des Jahres 1941 in Doorn. Hatte er eigentlich eine recht robuste Gesundheit besessen, so erlitt er am ersten März des Jahres einen Schwächeanfall beim Holzhacken, zog sich im Mai eine akute Darmerkrankung zu. Er sollte sich davon nicht mehr erholen. Eine Lungenembolie setzte seinem Leben dann ein Ende. Mein Onkel wurde zweiundachtzig Jahre alt.

In seinem Testament hatte er verfügt, dass man ihn im Park von Doorn in einem zu errichtenden Mausoleum beisetzen solle, aber man setzte ihn am neunten Juni dann vorübergehend in der Kapelle neben dem Torgebäude bei, wobei drei Hände Potsdamer Erde aus der Gegend des Antikentempels, dem Bestattungsort seiner ersten Gemahlin Dona, auf seinen Sarg gestreut wurden.

Mein Onkel hatte ausdrücklich keine Beisetzung mit einem allzu nationalsozialistischen Gepräge verfügt, alles sollte eher altpreußisch gehalten sein. Hitler ließ ein Ehrenbataillon der Wehrmacht aufmarschieren, die die von meinem Onkel gewünschten Choräle sangen, die kaiserlich schwarz-weiß-rote Fahne verhüllte den Sarg und sechsunddreißig Familienmitglieder nahmen an der feierlichen Beisetzung teil. Manche trugen Hakenkreuzbinden. Hitler schickte Kränze, ließ sich durch Arthur Seyss-Inquart, den Reichskommissar für die besetzten Niederlande, vertreten.
Man verbot allerdings jegliche Trauerfeiern zu Ehren meines Onkels im Deutschen Reich.
Hermo, die bereits seit dem Jahre 1935 keine wirklichen Hoffnungen mehr auf eine Restauration der Monarchie in Deutschland mehr gehabt hatte, kehrte nach dem Tod meines Onkels nach Schloss Saabor in Niederschlesien zurück.

Beatrice starb siebenundachtzigjährig am sechsundzwanzigsten Oktober des Jahrs 1944 in Balcombe, Sussex. Sie hatte mittlerweile dort in Brantridge Park gelebt. Ihr letzter noch lebender Bruder Arthur war bereits 1942 verstorben und mit Baby verstarb auch zugleich das letzte lebende Kind meiner Urgroßmutter, der Queen Victoria.

Ich lernte im Sanatorium Meta Schwenk kennen, welche ich bereits erwähnte. Uns verband alsbald so etwas wie ein Freundschaft.

Schon lange vor Kriegsbeginn hätten meine fanatischen Verwandten Hitler und seine Schergen eigentlich durchschauen müssen und als absehbar war, dass Deutschland auch diesen Krieg verlieren würde, war es für ein Umdenken längst zu spät - das Deutsche Reich lag in Trümmern. Mit dem Beginn von Hitlers Herrschaft war so viel Leid, soviel Hass in den Menschen gesät worden.... Ich empfand es als eine Art Erlösung, als das „Oberkommando der Wehrmacht“ abends am ersten Mai 1945 über den noch verbliebenen Reichssender Hamburg den Tod des „Führers“ öffentlich verkündete.
Wir waren im Riesengebirge von Bombardierungen wie in Berlin oder anderen Städten verschont geblieben, hörten davon im Radio oder lasen es in den Zeitungen - allerdings waren diese zuletzt voller

sinnloser Durchhalteparolen für den mehr als lächerlichen illusorischen „Endsieg“.
Als Breslau am sechsten April fiel, kamen viele Flüchtlingen durch das Riesengebirge. Die Menschen flohen allerorten, wie auch aus Ostpreußen, in den Westen, um der vorrückenden Front der Russen zu entgehen, denn man berichtete von den Gräueltaten der russischen Soldaten, die sich vor allem an den Frauen rächen wollten.

Kurz darauf bemerkte ich im Aufenthaltsraum des Sanatoriums eine junge Frau. Sie hatte blonde Haare, die zu einem Zopf gebunden waren und hielt ein Bündel in ihren Armen.
Ich setzte mich auf einen Stuhl neben sie, sie begann das Bündel leicht in den Armen zu wiegen, wobei sie sich auch selbst leicht vor - und zurückbewegte. Zuerst glaubte ich, sie hielte ein Baby in ihren Armen, dann sah ich, dass es sich nur um ein dickes und zusammengebundenes Stoffbündel handelte, welches sie aber liebevoll betrachtete. Da, wo sich der Kopf eines Kindes befunden hätte, rückte sie es vorsichtig mit den Fingern etwas zurecht. Mich hatte zuerst gewundert, dass man ein Baby hier aufnahm.
Sie wirkte noch sehr jung, vertieft in das Wiegen des Bündels, sodass ich sie mit sanfter Stimme ansprach.
„Hallo!“, sagte ich leise.
Sie sah auf zu mir, hörte aber nicht auf, das Bündel in ihren Armen hin - und herzuwiegen.
„Hallo.“
„Ich bin Feo“, stellte ich mich vor, „Ich habe Sie hier noch nie gesehen…“
„Sybille“, nannte sie mir ihren Namen, „ich komme aus Breslau.“
„Oh, ich kenne die Stadt gut. Ich habe dort vor vielen Jahren geheiratet und mein Vater war dort stationiert“, erklärte ich.
„Ich habe dort mit meinem Mann, meinen Eltern und einer Schwester gelebt“, sagte sie, senkte dann die Stimme, „Wir müssen leise sein. Ich will ihn nicht aufwecken.“
Ich nickte, verstand. Sie glaubte, ein Kind in dem Bündel vor sich zu haben.
„Wie heißt er denn?“, wollte ich wissen, sprach mit ihr im Flüsterton weiter.

Sie blickte mich an, lächelte, sah dann wieder auf das Bündel, ihr Blick war der einer liebenden Mutter.
„Richard, wie sein Vater“, sie öffnete das Bündel etwas an der oberen Stelle, „Er hat jetzt schon die gleichen blonden Löckchen wie sein Vater und die blauen Augen. So große blaue Augen.“
„Er ist…er ist wunderschön. Ein hübscher kleiner Bub“, sagte ich, rang mit den Tränen.
Sybille begann zu singen, mit gesenkter Stimme, um das Kindlein nicht aufzuwecken, sondern sanft in den Schlaf zu wiegen.

„Es saß ein klein wild Vögelein
auf einem grünen Ästchen.
Es sang die ganze Winternacht,
die Stimm' tät laut erklingen.

O sing mir doch, o sing mir doch,
du kleines wildes Vöglein!
Ich will um deine Federchen
dir Gold und Seide winden.

Behalt dein Gold und dein' Seid,
ich will dir nimmer singen.
Ich bin ein klein wild Vögelein,
und niemand kann mich zwingen.“

Ich hatte das Lied vor vielen Jahren zuletzt gehört. Es war ein altes Volkslied aus Siebenbürgen. Aber wie Sybille es mit ihrer zarten zerbrechlichen Stimme dem Bündel in ihren Armen vorsang, sich leicht vor und zurück wiegte, traf mich tief in meiner Seele. Es schmerzte, denn ich hatte mir einstmals selbst so sehr ein Kind gewünscht…
Sie hielt inne, reichte mir das Bündel.
„Möchten Sie ihn einmal halten?“, fragte sie mit dem Stolz einer Mutter, fügte hinzu, „Aber Vorsicht, er ist schon ganz schön schwer. Er hat immer einen so großen Appetit.“
Ich nahm das Bündel vorsichtig entgegen, hielt es wie ein Baby, wiegte es leicht in meinen Armen.
Sybille summte die Melodie und ich weiß nicht, wie lange wir so da

saßen, ich mit dem Bündel im Arm, Tränen in den Augen, sie summend neben mir, den oberen Teil des Bündels streichelnd, dort wo Köpfchen des Kindes gewesen wäre, ab und an zu mir aufsehend…auch ihre Augen schimmerten.
Irgendwann sagte sie, er habe jetzt sicher Hunger, sie müsse ihn wecken, um ihn zu füttern und ich übergab ihr vorsichtig das Bündel, mit dem sie dann in eine Ecke des Raumes ging, den Stuhl zur Wand drehte und sich mit dem Rücken zu uns setzte. Ich verstand, sie tat so, als würde sie das Kind stillen.
Mir wurde schwindelig, ich erhob mich, trat ans Fenster, öffnete es ein Stück, schnappte nach Luft. Ich bekam in letzter Zeit oft Beklemmungen, die mir die Luft nahmen.
Eine Schwester kam zu mir, fragte mich, ob sie mir helfen könne, aber ich sagte, es ginge gleich wieder und fragte sie stattdessen nach Sybilles Schicksal.
Sie erzählte mir, dass Sybilles ältere Schwester sie hierhergebracht habe. Sybille sei dreiundzwanzig Jahre alt, ihr Ehemann an der Front gefallen, das Kind kam kurz nach seinem Tod zur Welt. Die Eltern, mit denen sie und ihre Schwester zusammenlebten sowie der kleine Bruder kamen in Breslau bei einem Fliegerangriff ums Leben. Die Schwester konnte sich, Sybille und den kleinen Richard retten, aber auf der Flucht sei der Kleine verstorben. Sybille sei über all dies so verwirrt gewesen, weigerte sich, den toten Sohn aus dem Arm zu geben, sodass die Schwester ihr ein Stoffbündel schnürte, es abends gegen den Leichnam austauschte, diesen heimlich begrub.
Sie wollten zu Verwandten nach Berlin, aber Sybille wurde so lethargisch, depressiv, aggressiv, dass die Schwester sie erstmal in dem Sanatorium ließ.
Es traf mich tief…die junge Frau tat mir so leid. Ich nahm mir vor, auch noch die nächsten Tage mit ihr zu sprechen, wenn ich nicht mit Meta Zeit verbrachte, die oftmals nur am Fenster saß, hinausstarrte, dann nicht wirklich ansprechbar war.
In den nächsten Tagen traf ich Sybille wieder im Aufenthaltsraum an, einmal, bei schönem Wetter, gingen wir auch hinaus, sie trug das Bündel in ihren Armen, sang ihm immer wieder das Lied vor.
Wir wechselten nicht sehr viele Worte miteinander, da sie zumeist mit dem Bündel beschäftigt war, auch vorgab, das Kindlein zu wickeln.

Ich offenbarte ihr, dass ich mir auch immer ein Kind gewünscht habe und sie ließ mich das Bündel auch halten, sprach davon, dass wenn ihr Gemahl wieder nach Hause käme, sie sich mehr Kinder wünschte und dann würden sie sich endlich eine eigene Wohnung suchen, sich ein gemeinsames Leben aufbauen.
„Wenn der Krieg vorbei ist…", begann sie, „Dann wird Richard nach Hause kommen. Er wird den Kleinen zum ersten Mal sehen und so stolz sein. Ich habe ihm an die Front geschrieben, aber es ist dort wohl zu viel los, sodass er mir nicht antworten kann."
„Der Krieg ist vorbei", merkte ich leise an, fügte schnell hinzu, „Dein Mann wird sicher bald nach Hause kommen."
„Oh. Ich war so beschäftigt mit dem Kleinen, ich habe das gar nicht mitbekommen, aber dann muss ich bald zurück nach Breslau zu den Eltern, meiner Familie. Wir müssen dort auf ihn warten", sagte sie voller Überzeugung.
„Ja, aber deine Schwester wird dich abholen", log ich.
Sie nickte.
„Das habe ich ganz vergessen. Ich muss ja noch hierbleiben, bis der Kleine wieder ganz gesund ist. Er hat sich erkältet. Aber es geht ihm schon viel besser."
Dann fragte sie mich, warum ich hier in der Klinik sei.
Man hatte ihr offensichtlich erzählt, sie befände sich aufgrund des Gesundheitszustandes des Kleinen in einem Krankenhaus. So ging ich darauf ein, sagte ihr, man werde dem Kind hier sicher wunderbar helfen können und ich sei hier, weil mich Rückenschmerzen und andere Leiden plagten. Dahingehend war ich ihr gegenüber größtenteils ehrlich, verschwieg aber meinen seelischen Zustand. Ich wollte sie auch nicht damit belasten, dass mein Gemahl verstorben war, ich mich allein fühlte, an depressiven Verstimmungen litt. Ich ging davon aus, dass sie es sowieso nicht wirklich aufnehmen konnte oder mir genau zuhörte.

Einige Tage später wollte eine Schwester ihr das Bündel wegnehmen, weil sie behauptete, die Kleidung und die Decke des Kindes müssten gewaschen werden. Sybille weigerte sich, das Bündel aus der Hand zu geben. Die recht ungehaltene Schwester entriss es einfach ihren Armen und schimpfte, sie solle doch endlich das dumme Stoffbündel

loslassen. Dabei faltete es sich auf, entblößte seine Leere. Sybille sah, das sich nichts in dem Bündel befand, rannte davon, schreiend und weinend, zu einem der Fenster, riss es auf und stürzte sich in den Hof des Sanatoriums.
Meta erzählte es mir später, da sie auch mit einer Schwester gesprochen hatte. Sybille war an ihr vorbeigelaufen, hatte ein Fenster neben Meta gewählt, doch diese konnte nicht reagieren, wenn sie sich in ihrer Welt befand.
„Was bleibt einem denn anderes übrig, wenn man alles verloren hat?“, fragte mich Meta aus voller Überzeugung, „Da ist es doch besser, man zieht selbst einen Schlussstrich!“
Ich nickte, betrauerte jedoch Sybilles Tod, denn die junge Frau hatte mir sehr leidgetan.

Kurz darauf kehrte ich in unser Schloss zurück, gab dem Verwalter dort den Auftrag, wenn Flüchtlinge vorbeikämen, diesen etwas zu essen aus unserem Vorrat zu übergeben, telegraphierte an unser Gut, dass man dort ebenso verfahren sollte.

Aber Sybille, Meta - sie hatten recht - es gab auch für mich nichts mehr, für das es sich noch zu leben lohnte. Ich konnte mit meinen Leiden, die man für Hypochondrie hielt, nicht mehr weiterleben, ertrug es nicht mehr, ständig für eine Simulantin gehalten zu werden, hatte dies all die Jahre hingenommen, war in die Hände von Scharlatanen und Ärzten geraten, die mich nie wirklich ernst nahmen und am Ende war mir von allen Menschen nur Haz geblieben, der es hinnahm, aber ich musste einsehen, dass es uns auch über die Jahre voneinander entfremdet hatte. Mein ganzes Leben lang hatte ich mir nur gewünscht, einmal verstanden, wirklich aufrichtig geliebt zu werden…
Und so reifte in mir ein Plan, schlossen Meta und ich einen Pakt - wir würden gemeinsam aus dem Leben scheiden…

Denn wir leben um geliebt zu werden, wie wir auch lieben, um geliebt zu werden….

Prinzessin Feodora zu Reuss-Köstritz wurde nach ihrem Selbstmord am sechsundzwanzigsten August des Jahres 1945 in der Gruft bei Schloss Neuhof neben ihrem Gemahl beigesetzt. Sie starb im Alter von sechsundsechzig Jahren.

Am Ende ihres Leben war sie eine von ihren Leiden gebrochene Frau, die an Schlaflosigkeit, Depressionen und schweren Stimmungsschwankungen litt. Ob sie noch einen brieflichen oder persönlichen Kontakt zu ihren letzten verbliebenen Verwandten wie ihrer Tante Irene pflegen konnte, ist nicht belegt. Daher ist es auch unwahrscheinlich, dass sie noch vom Tod Waldemars, dem Sohn Irenes, erfuhr, der im Mai 1945 nach den Strapazen der Flucht aus Niederschlesien verstarb. Man verweigerte ihm in einem Krankenhaus in Tutzing am Starnberg die Gabe von Blutkonserven, die ihm als Hämophilen das Leben hätten retten können. Diese wurden aber auf eine Anordnung der Alliierten hin zuerst den Häftlingen zugeteilt, die in Tutzing nach der Befreiung des Konzentrationslagers Dachau eintrafen.

Den Tod von Mossys Gemahl im Mai 1940 hat Feodora sicher zur Kenntnis genommen, aber eventuell nur kondoliert, denn das Verhältnis zwischen ihr und ihrer Tante Mossy, der Landgräfin von Hessen-Kassel, war durch deren fanatische Begeisterung für Hitler und die NSDAP stark beeinträchtigt. Zudem Mossys Söhne dank ihrer Parteizugehörigkeit im Dritten Reich durchaus Vorteile genießen konnten. Niemand aus der Familie distanzierte sich jedoch auch im Späteren vom Nationalsozialismus.

Ihr Ableben wurde, wie auch das ihres Gemahls seinerzeit, mit keiner Nachricht in einer Zeitung erwähnt. Es ist verwunderlich, dass der Tod der Prinzessin, wie auch schon der ihrer Mutter, nicht in der englischen „Times“ erwähnt wurden, da man verwandtschaftliche Beziehungen nach England besaß.

Man nimmt an, dass die Prinzessin eventuell auch nicht verkraften konnte, dass ihre geliebte Heimat Schlesien nach dem Ende des Zweiten Weltkriegs an Polen fiel und sie dies noch zusätzlich psychisch belastete. Hierbei handelt es sich allerdings um eine Vermutung, um eine Ursache für ihren Selbstmord zu finden. Ihre jahrelangen körperlichen und seelischen Leiden, wie auch der Verlust ihre Gemahls, trugen sicher das Hauptgewicht für ihren Entschluss aus dem Leben zu scheiden.

Tragischerweise gingen Feodora und ihr Schicksal im Strudel der Geschichte unter…

Die Gruft bei Schloss Neuhof, heute Pałac Radociny, bei Hohenwiese, Wojków, einem Ortsteil von Kowary/Schmiedeberg im heutigen Polen.

Im Jahre 1945 wurden die Familie zu Reuss-Köstritz im Zuge der Bodenreform in der Sowjetischen Besatzungszone enteignet. Zuerst wurden Heimatvertriebene in dem Schloss und auf dem Gut Jänkendorf untergebracht, ab den fünfziger Jahren diente das Schloss dann als Grundschule.
Das Schlossgebäude brannte im Jahre 1958 vollständig ab. Man baute es wieder auf und ab dem Jahre 1961 fand dort wieder Unterricht statt. Im Jahre 2009 wurde die Jänkendorfer Grundschule dann geschlossen und das Schloss stand einige Zeit leer. Zwischen den Jahren 2015 und 2017 erfolgte eine vollständige Sanierung des Gebäudes und der Umbau zu einem Kindergarten, der am zehnten Juli des Jahres 2018 eröffnet wurde.

Was mit dem Besitz der Familie zu Reuss-Köstritz in dem Gebäude nach Feodoras Tod geschah, ist unbekannt. Man kann eventuell davon ausgehen, dass es in der Nachkriegszeit zu Plünderungen kam oder sich auch die dort untergebrachten Heimatvertrieben des Inventars unter anderem bedienten, was nur allzu verständlich angesichts ihrer Situation erscheint.
Ob Feodora die Enteignung dieses Besitzes noch wahrnahm angesichts ihrer psychischen Instabilität kurz vor ihrem Selbstmord, ist fraglich. Sie war sicher nicht mehr in der Lage, sich um dergleichen zu kümmern.
Schloss Neuhof oder auch Neuhoff geschrieben, diente nach dem Ableben Feodoras als ein Ferienheim und wurde später als ein Institut für Kernenergie genutzt. Im Jahre 1973 wurde es umfassend renoviert. Es befindet sich seit einigen Jahren in Privatbesitz.

Anhang

Zum Wert des Geldes im 19. Jahrhundert

40000 englische Pfund im Jahre 1858 würden heute einem Gegenwert von über zwei Millionen englischen Pfund entsprechen, also etwa über zwei Millionen und 700000 Euro.
Ein Arbeiter verdiente zu jener Zeit etwa zehn bis zwanzig Pfund im Jahr, wovon fünf Pfund als jährliche Steuer abgingen. So verdiente ein höherer Beamter um die 150 Pfund.
Da die Engländer meist ihre Häuser in der Stadt mieteten, anstatt Eigentum besitzen zu wollen, zahlte man in einer guten Wohngegend in London etwa fünf bis acht Pfund pro Woche an Miete, in einem Arbeiterviertel für ein Zimmer um die sechs Schillinge.
Ein Brot kostete um 1860 etwa drei Schillinge, Gemüse und Fleisch um die zwei. Es handelt sich hierbei um die Preise für eine wöchentliche Versorgung.
In Arbeiterfamilien mussten deshalb nicht nur die Männer arbeiten gehen, sondern auch die Frauen und zumeist auch die Kinder, um den Lebensunterhalt finanzieren zu können. Man muss aber auch bedenken, dass zu jener Zeit Lebensmittel wie Zucker und Tee bei weitem teurer waren als heute. Die beruht auf den hohen Importkosten jener Zeit für diese Lebensmittel.
Eine kuriose Randnotiz: man hätte um 1860 mit 40000 englischen Pfund unter anderem 2666 Pferde kaufen können oder ein Kaufmann hätte, um diese Summe zu verdienen, etwa 200000 Tage arbeiten müssen.
In Bremen erhielten Lehrer an den höheren staatlichen Schulen um 1857 Gehälter zwischen 600 und 1400 Talern, ein Rektor zwischen 1200 und 1700 Talern im Jahr.
Ein Ministerialrat erhielt in Preußen um 1872 ein Jahresgehalt zwischen 2500 und 3000 Talern, ein Ministerialdirektor um die 5000 Taler.
Ein Dorfschullehrer erhielt um die 120 Taler jährlich, wovon man

nicht leben konnte, wenn einen die Dorfbewohner nicht zusätzlich mit Naturalien unterstützten.
Der Jahresbedarf einer Arbeiterfamilie sah in Preußen um 1860 so aus:
Achtzig Taler für Nahrungsmittel
Zehn Taler für die Wohnungsmiete
Zwölf Taler für Brennmaterial
Vierundzwanzig Taler für Kleidung und Wäsche
Vier Taler für Hausrat
Das macht eine Gesamtsumme von 130 Talern.
Wenn der Kronprinz Friedrich Wilhelm also 9000 Taler als jährliches Einkommen bewilligt bekam, so entspräche dieses heute einem Gegenwert von etwa 41000 Euro.

Zu dem Spiel Patchesi

Patchesi wurde von der 1795 in England gegründeten Firma *John Jaques & Son* seit 1863 bis in den 1920ern vertrieben. Es beruht auf dem indischen *Pachisi* und wurde auch *Homeward Bound* genannt. Es ist der Vorläufer der deutschen *Mensch, ärgere dich nicht!* - Version, die erst 1910 erfunden und ab 1914 auf dem deutschen Markt verkauft wurde. Vergleichbar ist das Spiel auch mit *Ludo*. Spielabläufe und Intention sind immer gleich, nur die Spielbretter unterscheiden sich etwas voneinander.

Bibliographie

John van der Kiste, Charlotte and Feodora, A troubled mother-daughter relationship in Imperial Germany, A& F Publications, United Kingdom, 2015

John C. G. Röhl, Wilhelm II., Into the abyss of war and exile 1900-1914, Cambridge University Press, United Kingdom, 2014

Roger Fulford (Hrsg.), Dearest Child, Private Correspondence of Queen Victoria and the Crown Princess of Prussia 1858-1861, Evans Brothers Limited, London, 1981

Roger Fulford (Hrsg.), Darling Child, Private Correspondence of Queen Victoria and the German Crown Princess 1871-1878, Evans Brothers Limited, London, 1981

Roger Fulford (Hrsg.), Beloved Mama, Private Correspondence of Queen Victoria and the German Crown Princess 1878-1885, Evans Brothers Limited, London, 1981

Roger Fulford (Hrsg.), Dearest Mama, Private Correspondence of Queen Victoria and the Crown Princess of Prussia 1861-1864, Evans Brothers Limited, London, 1981

Inge Grohmann, Skandal und Liebe, Herzog Georg II. von Sachsen Meiningen und die Freifrau von Heldburg, Zitate aus Dokumenten, Briefen und Erinnerungen, Books on Demand, Norderstedt, 2012

Martina Winkelhofer, Eine feine Gesellschaft, Skandale und Intrigen an Europas Königs - und Kaiserhäusern, Piper Verlag, München, 2019

Wolfgang Wippermann, Skandal im Jagdschloss Grunewald, Männlichkeit und Ehre im deutschen Kaiserreich, Wissenschaftliche Buchgesellschaft, Darmstadt, 2010

Dr. Fritz Friedmann, Der deutsche Kaiser und die Hofkamarilla, I. Der Fall Kotze, Verlag von Cäsar Schmidt, Zürich, 1896

John van der Kiste, The Prussian Princesses, The Sisters of Kaiser Wilhelm II., Fonbthill Media, England, USA, 2015

Hannah Pakula, An uncommon woman, The Empress Frederick, Daughter of Queen Victoria, wife of the Crown Prince of Prussia, Mother of Kaiser Wilhelm, Weidenfeld & Nicolson, London, 1996

Julia Gelardi, Born to rule, Granddaughters of Victoria, Queen of Europe, Headline Review, England, 2006

Viktoria Zoubkoff, geb. Prinzessin von Preußen, Was mir das Leben gab - und nahm, General-Anzeiger/Bouvier-Verlag, Bonn, 2005

Christine Schreiber, Natürlich künstliche Befruchtung?: Eine Geschichte der In-vitro-Fertilisation von 1878 bis 1950, Kritische Studien zur Geschichtswissenschaft, Band 178,
Vandenhoeck & Ruprecht, Göttingen, 2007

John C. G. Röhl, Martin Warren, David Hunt, Purple Secret, Genes, Madness and the Royal Houses of Europe, Corgi Books, England, 1999

Jürgen Gottschlich, Dilek Zaptcioglu-Gottschlich, Die Schatzjäger des Kaisers, Deutsche Archäologen auf Beutezug im Orient, Ch. Links Verlag, Berlin, 2021

Karin Feuerstein-Praßer, Augusta, Kaiserin und Preußin, fünfte Auflage, Piper Verlag, München, 2017
Anonym, Liebchen, Ein Roman unter Männern, zweite Auflage, Janssen Verlag, Berlin, 1995
(Reprint der Originalausgabe von 1908)

Dr. Max Borst und Dr. Hans Königsdorfer jr., Untersuchungen über Porphyrie mit besonderer Berücksichtigung der Prophyria Congenita, Verlag von S. Hirzel, Leipzig, 1929

Studien über Prophyrie, Jan Waldenström in: Acta Medica Scandinavica, Supplementum LXXXII, P. A. Norstedt & Söner, Stockholm, 1937

Harry F. Young, Maximilian Harden, The Critic in opposition from Bismarck to the rise of
Nazism, Censor Germaniae, Martinus Nijhoff, The Hague, Netherlands, 1959

Hanna Caspian, Schloss Liebenberg, Band 1, Hinter dem hellen Schein, Knaur, München,
2022

Peter Jungblut, Famose Kerle, Eulenburg - Eine wilhelminische Affäre, MännerschwarmSkript Verlag, Hamburg, 2003

Karlheinz Wagner, 1888, Das Drei-Kaiser-Jahr, Preußens Legende, Universitas Verlag, München, 1988

Rainer Hering, Christina Schmidt (Hrsg.), Prinz Heinrich von Preußen, Großadmiral, Kaiserbruder, Technikpionier, Wachholtz Verlag, Neumünster, 2013

Graf/Count Axel von Schwering (Pseudonym), The Berlin Court under William II., Cassel & Company, London, 1915

Frank-Lothar Kroll, Fürsten ohne Thron, Schicksale deutscher Herrscherhäuser im
20. Jahrhundert, be.bra Verlag, Medien und Verwaltungs GmbH, Berlin-Brandenburg, 2022

Jörg Kirschstein, Auguste Victoria, Porträt einer Kaiserin, Edition q im be.bra Verlag GmbH,
Berlin-Brandenburg, 2021

Else von Hase-Koehler (Hrsg.), Freifrau von Heldburg (Ellen Franz), Gemahlin des Herzogs Georg II. von Sachsen-Meiningen, Fünfzig Jahre Glück und Leid, Ein Leben in Briefen aus den Jahren 1873-1923, fünfte Auflage, Koehler & Amelang, Leipzig, 1926

Christopher Clark, Die Schlafwandler, Wie Europa in den Ersten Weltkrieg zog, Deutsche Verlags-Anstalt, München, 2013

Graf Robert von Zedlitz-Trützschler, Zwölf Jahre am deutschen Kaiserhof, Aufzeichnungen des ehemaligen Hofmarschalls Wilhelms II., Deutsche Verlags-Anstalt, Stuttgart, Berlin und Leipzig, 1923

Stefan Gerber, Maren Goltz (Hrsg.), Herzog Bernhard III. von Sachsen-Meiningen (1851-1928), Zwischen Erwartung und Realität, Veröffentlichungen der Historischen Kommission für Thüringen, Kleine Reihe, Band 56, Böhlau Verlag GmbH & Cie. KG, Köln, 2021

Harald Jähner, Höhenrausch, Das kurze Leben zwischen den Kriegen, Rowohlt Verlag, Berlin, zweite Auflage, 2022

Volker Ullrich, Deutschland 1923, Das Jahr am Abgrund, Verlag C.H. Beck oHG, München,
2022

Christopher Clark, Die Schlafwandler, Wie Europa in den Ersten Weltkrieg zog, Deutsche Verlags-Anstalt, München, 2013

Axel Weipert, „Den Fürsten keinen Pfennig!“, Der Volksentscheid zur Fürstenenteignung 1926, Ernst-Reuter-Hefte, Heft 12, be.bra Wissenschaft Verlag GmbH, Berlin-Brandenburg, 2021

Ulrich Schüren, Der Volksentscheid zur Fürstenenteignung 1926, Die Vermögensauseinandersetzung mit den depossedierten Landesherren als Problem der deutschen Innenpolitik unter besonderer Berücksichtigung der Verhältnisse in Preußen, herausgegeben von der Kommission für Geschichte des Parlamentarismus und der politischen Parteien, Beiträge zur Geschichte des Parlamentarismus und der politischen Parteien, Band 64, Droste Verlag, Düsseldorf, 1978

Jacco Pekelder, Joep Schenk, Cornelis van der Bos, Der Kaiser und das „Dritte Reich“, Die Hohenzollern zwischen Restauration und Nationalsozialismus, zweite Auflage, Wallstein Verlag, Göttingen, 2021

Barbara Beck, Wilhelm II. und seine Geschwister, Verlag Friedrich Pustet, Regensburg, 2016

Lothar Machtan, Der Kronprinz und die Nazis, Hohenzollerns blinder Fleck, Duncker & Humblot GmbH, Berlin, 2021

Stephan Malinowski, Vom König zum Führer, Sozialer Niedergang und politische Radikalisierung im deutschen Adel zwischen Kaiserreich und NS-Staat, dritte, durchgesehene Auflage, Akademie Verlag GmbH, Berlin, 2003

Elke Fröhlich (Hrsg.), Die Tagebücher von Joseph Goebbels, Im Auftrag des Instituts für Zeitgeschichte und mit Unterstützung des Staatlichen Archivdienstes Rußlands, Teil I, Aufzeichnungen 1923-1941, Band 2/III, Oktober 1923 - März 1934, bearbeitet von Angela Hermann, K.G. Saur Verlag GmbH, München, 2006

Peter Longerich, Die Sportpalastrede 1943, Goebbels und der „totale Krieg", Siedler Verlag, München, 2023

Frank-Lothar Kroll, Christian Hillgruber, Michael Wolffsohn (Hrsg.), Die Hohenzollern Debatte, Beiträge zu einem geschichtspolitischen Streit, Duncker & Humblot GmbH, Berlin, 2021

Oliver Hilmes, Schattenzeit, Deutschland 1943: Alltag und Abgründe, Siedler Verlag, München, 2023

Wolfgang Niess, Der Hitlerputsch 1923, Geschichte eines Hochverrats, Verlag C. H. Beck, Berlin, 2023

Rochus von Reinfelden, Der Herzensroman der Prinzessin Viktoria von Schaumburg-Lippe und Alexander Zoubkoffs, Eine Liebeslegende aus zwei Welten, Karl Voegels Verlag, Berlin, 1927

Weblinks

Zur Affäre um die Briefe der Emilie Kopp, *Miss Love*, an Kaiser Wilhelm II.:
https://www.bz-berlin.de/archiv-artikel/von-historikern-enthuellt

https://www.spiegel.de/panorama/sexskandal-damals-kaiser-wilhelms-love-affair-a-135451.html

Zur Kotze-Affäre:
https://www.spektrum.de/podcast/die-kotze-affaere/1690482

Dokumentation

Des Kaisers schmutzige Wäsche, Wilhelm II. - Frieden oder Krieg, Arte, 2012

Abbildungsverzeichnis

Folgende Fotografien und Dokumente wurden mir mit freundlicher Genehmigung des Hessischen Staatsarchivs zur Verfügung gestellt:

Großherzogliches Familienarchiv im Staatsarchiv Darmstadt, D 27 A, Nr. 37/21
Großherzogliches Familienarchiv im Staatsarchiv Darmstadt, D 27 A, Nr. 38/32
Großherzogliches Familienarchiv im Staatsarchiv Darmstadt, D 27 A, Nr. 108, 18_0001
Großherzogliches Familienarchiv im Staatsarchiv Darmstadt, D 27 A, Nr. 49/34
Großherzogliches Familienarchiv im Staatsarchiv Darmstadt, D 27 A, Nr. 49/33
Großherzogliches Familienarchiv im Staatsarchiv Darmstadt, D 27 B, Nr. 1643
Großherzogliches Familienarchiv im Staatsarchiv Darmstadt, D 27 A, Nr. 1/11884
Großherzogliches Familienarchiv im Staatsarchiv Darmstadt, D 27 B, Nr. 2178
Großherzogliches Familienarchiv im Staatsarchiv Darmstadt, D 27 A, Nr. 48/343
Großherzogliches Familienarchiv im Staatsarchiv Darmstadt, D 27 A, Nr. 29/32
Großherzogliches Familienarchiv im Staatsarchiv Darmstadt, D 27 B,

Nr. 104/1, 104/2
Großherzogliches Familienarchiv im Staatsarchiv Darmstadt, R 4, Nr. 14085
Großherzogliches Familienarchiv im Staatsarchiv Darmstadt, D 27 A, Nr. 40/167
Großherzogliches Familienarchiv im Staatsarchiv Darmstadt, D 27 B, Nr. 2091/1-3
Großherzogliches Familienarchiv im Staatsarchiv Darmstadt, D 27 B, Nr. 2783
Großherzogliches Familienarchiv im Staatsarchiv Darmstadt, D 27 A, Nr 108 60_0001
Großherzogliches Familienarchiv im Staatsarchiv Darmstadt, D 27 A, Nr. 6/229
Großherzogliches Familienarchiv im Staatsarchiv Darmstadt, D 27 A, Nr. 6/230

Geheimes Staatsarchiv, Preußischer Kulturbesitz, GStA PK, Berlin, IX_HA_SPAE_VII_Nr_2532 (Fotografie von Feodora und Charlotte, Breslau, 1897)

Weitere Bilder, Fotografien und Ansichtskarten stammen entweder aus meiner eigenen Sammlung, antiken Magazinen und Journalen der Zeit sowie aus Sammlungen von drei privaten Sammlern, die mir diese freundlicherweise für diese Biographie zur Verfügung stellten, aber nicht namentlich genannt werden möchten. Ein Grund liegt unter anderem in der Tatsache, dass man keine Begehrlichkeiten bestimmter Sammlerstücke wecken möchte, da diese nicht veräußert werden sollen.

Zu einer der Kompositionen der Prinzessin Marie Elisabeth von Sachsen-Meiningen

Romanze in F-Dur für Klarinette:
https://www.youtube.com/watch? v=M-NliWBV2CM

Das genaue Datum der Uraufführung ist leider nicht in einem Programmblatt nachgewiesen. Daher könnte es sein, dass die tatsächliche komplette Uraufführung erst durch Mühlfeld und Steinbach in Meiningen am elften März des Jahres 1892 im Rahmen eines Abonnement-Konzerts stattfand.

Zu der Operette Frau Luna

Schlösser, die im Monde liegen:
https://www.youtube.com/watch? v=eJalUrCLCdk

Zur Namensschreibung/den Spitznamen

In einigen Quellen wird der Kronprinz Wilhelm, späterer Kaiser Wilhelm II., *Willie* geschrieben, in Briefen der Queen Victoria und ihrer Tochter, der Kronprinzessin Viktoria, aber *Willie*. Ebenso verhält es sich mit dem Spitznamen des Sohnes, Prinz Waldemar, *Waldie* oder *Waldi*. Ich habe mich hierbei für die Schreibweisen der Queen und ihrer Tochter entschieden. Mir ist aber durchaus bekannt, dass Wilhelm II. Fotografien und Briefe auch mit *Willy* unterzeichnet hat.
Zur besseren Orientierung möchte ich an dieser Stelle die Rufnamen der genannten Personen
auflisten:
Viktoria, Prinzessin Royal, Kronprinzessin von Preußen, spätere Kaiserin Friedrich: Vicky
Friedrich, Kronprinz von Preußen, später Kaiser Friedrich III. von Preußen: Fritz
Prinzessin Beatrice von England, Tochter Queen Victorias: Baby
Prinz Heinrich Moritz von Battenberg: Liko
Prinz Alexander von Battenberg, Fürst von Bulgarien: Sandro
Prinzessin Alix von Hessen und bei Rhein: Alicky
Zarewitsch Nikolaus Alexandrowitsch Romanow, später Zar Nikolaus II. von Russland: Nicky

Prinzessin Viktoria von Preußen, später Prinzessin zu Schaumburg-Lippe: Vicky, Moretta
Prinzessin Charlotte von Preußen, später Herzogin von Sachsen-Meiningen: Ditta, Charly, auch Charley
Kronprinzessin Alexandra von England, Prinzessin von Dänemark: Alix
Kronprinz Edward von England: Bertie
Freifrau Helene von Heldburg, Helene Franz: Ellen
Prinz Alfred von England, später Herzog von Sachsen-Coburg und Gotha: Affie
Prinz Waldemar von Preußen: Waldie, auch Waldy
Prinz Sigismund von Preußen: Siggi, auch Siggie
Prinzessin Viktoria von Hessen und bei Rhein: Vicky
Prinzessin Elisabeth von Hessen und bei Rhein: Ella
Prinzessin Feodora von Sachsen-Meiningen, später Prinzessin zu Reuss-Köstritz: Feo
Prinzessin Sophie von Preußen, später Königin von Griechenland: Sossy
Prinzessin Margarethe von Preußen, später Landgräfin von Hessen-Kassel: Mossy
Prinz Alfred von Sachsen-Coburg und Gotha: young Affie
Prinzessin Viktoria Melita von Sachsen-Coburg und Gotha: Ducky
Prinzessin Beatrice von Sachsen-Coburg und Gotha: Baby Bee
Erbgroßherzog Ernst Ludwig von Hessen und bei Rhein, später Großherzog Ernst
Ludwig V. von Hessen und bei Rhein: Ernie
Prinzessin Marie von Sachsen-Coburg und Gotha: Missy
Prinzessin Auguste Victoria von Schleswig-Holstein Sonderburg-Augustenburg, später
Kaiserin von Preußen: Dona
Prinzessin Alexandra von Sachsen-Coburg und Gotha, später Fürstin zu Hohenlohe-Langenburg: Sandra
Kronprinz Konstantin von Griechenland, später König Konstantin I.: Tino
Prinz Heinrich XXX. Reuss zu Köstritz: Haz
Prinz Alexander von Battenberg: Drino
Prinzessin Victoria Eugénie von Battenberg: Ena

Prinz Waldemar von Preußen: Toddy
Prinzessin Helena von England, später Prinzessin von Schleswig-Holstein-Sonderburg-Augustenburg: Lenchen
Fürst Philipp zu Eulenburg und Hertefeld, Graf von Sandels: Phili
Prinz Heinrich zu Preußen: Henry, Harry
Landgraf Friedrich Karl von Hessen-Kassel: Fiffy
Großherzogin Eleonore von Hessen und bei Rhein, geb. Prinzessin von Solms-Hohensolms-Lich: Onor, Lorche
Prinzessin Victoria von Großbritannien und Irland: Toria
Prinz August Wilhelm von Preußen: Auwi
Prinzessin Viktoria Luise von Preußen: Sissy
Gräfin Ina Marie von Ruppin: Mietze
Großfürstin Marie Pavlovna, die jüngere: Miechen
Prinzessin Marie Auguste von Anhalt: Margussy
Großherzog Wilhelm Ernst von Sachsen-Weimar und Eisenach: Welmi
Freifrau Katharina von Saalfeld: Käthe
Freiherr Heinrich von Saalfeld, Sohn des Prinzen Ernst von Sachsen-Meiningen: Enzio
Prinzessin Hermine von Schönaich-Carolath: Hermo
Prinzessin Helena Victoria von Schleswig-Holstein-Sonderburg-Augustenburg: Thora
Prinzessin Alexandrine von Preußen: Adini
Alexander Anatolewitsch Zoubkoff: Sascha
Baronin Sophie Karlowna von Buxhoeveden, letzte Hofdame der Zarin: Isa

Der sogenannte Fackeltanz bei Hochzeiten am preußischen Hof

Hochzeitszeremonien an den Adelshöfen dauerten früher recht lange. Der sogenannte *Fackeltanz* war zumeist ein fester Bestandteil der Feierlichkeiten, besonders am preußischen Hof.
Die Hochzeitsgesellschaft versammelte sich in einem großen Saal, so zum Beispiel im *Weißen Saal* in Schloss Charlottenburg. Die Damen trugen alle helle Hof - oder Galakleider, wobei ihre langen Schleppen vor den Sitzen ausgebreitet waren. Um Mitternacht begann dann die

Musik zu spielen. Man bevorzugte dann ein Stück, welches eigens für diesen Anlass komponiert worden war. Der Oberhofmeister betrat den Saal. Er hatte seinen Zeremonienstab in der Hand. Ihm folgten in zwei Reihen die Minister mit brennenden Fackeln in den Händen. So schritten sie im Rhythmus der Musik zweimal um den Saal, blieben dann vor dem Brautpaar stehen, welches auf einer erhöhten Plattform saß. Dort verneigten sie sich. Das Brautpaar stieg dann die Stufen hinab, schloss sich dem Oberhofmeister und den Ministern an, wobei Hofdamen die Schleppe der Braut trugen. Man ging so einmal rund um den Saal.

Nach dieser Umrundung ergriff die Braut dann die Hand des Kaisers, und mit ihrer anderen die des nächsten männlichen Verwandten und der Bräutigam führte so die Kaiserin und die Mutter der Braut. Man schritt dann weiter langsam durch den Saal. Hiernach löste sich die Braut von den anderen, wählte sich selbst einen Prinzen zum Partner, während der Bräutigam dies mit einer Prinzessin gleichtat. Hierbei wurden alle anwesenden Prinzen und Prinzessinnen so bedient. Passierten die Paare nun das Kaiserpaar, mussten die Herren sich verbeugen, die Damen einen Hofknicks machen. Der *Fackeltanz* wirkte auf die meisten Anwesenden, besonders junge Prinzessinnen, sehr erhebend, aber gleichzeitig war er natürlich auch sehr ermüdend und anstrengend für das Brautpaar, da er sehr lange dauerte.

Zur medizinischen Behandlung Feodoras

Thorium-X

Unter der Bezeichnung Thorium-X wurden vor allem in der 1. Hälfte des 20. Jahrhunderts verschiedene Lösungen gehandelt, die Thorium - und andere radioaktive Nuklide enthielten. In den USA kam beispielsweise eine Tinktur dieses Namens bis etwa 1960 in der Radiotherapie von Hautkrankheiten zur Anwendung. In Deutschland gab es um 1930 Badezusätze und Ekzemsalben der Marke Thorium-X, die wegen der offenkundigen Gesundheitsgefahren allerdings kurz darauf aus dem Handel genommen wurden. Des Weiteren gab es eine Thorium-X-haltige Zahnpasta mit dem Namen Doramad.

Diese wurde dann auch vom Markt genommen, als man um die

Gesundheitsgefahren wusste.
Als Feodora im Jahre 1903 Thorium in Tablettenform verschrieben bekommt, ist die krebserregende Eigenschaft noch unerforscht.

Arsen

Ferner behandelte man die Prinzessin mit Arsenik. Man glaubte zu Beginn des 20. Jahrhunderts, dass Thorium und Arsen gegen die Schlafkrankheit wirkungsvoll waren. Das erste Medikament auf dem Markt nannte sich Atoxyl, dann Suramin, der Nachfolger des ersteren und in den zwanziger Jahren dann Germanin.
Suramin ist hochgradig toxisch für Zellen. Daher geht die Anwendung mit einem Risiko erheblicher Nebenwirkungen einher. Es tötet jedoch bei genauer Dosierung die Parasiten ab. Anfang der zwanziger Jahre konnte die Medizin damit erstmalig auf ein wirksames Mittel gegen die Schlafkrankheit, die bis dahin in weiten Teilen Afrikas mit verheerenden Epidemien grassierte, zurückgreifen.
Der Robert-Koch-Schüler Friedrich Karl Kleine führte die ersten Versuche mit Suramin in Ostafrika durch. Man konnte damit auch die Onchozerkose behandeln, eine weit verbreitete tropische Wurmerkrankung, die zur Flussblindheit führt, eine durch Fadenwürmer ausgelöste, nicht heilbare Blindheit.
Arsen sollte also die malariaähnlichen Symptome Feodoras beheben, damit sie schwanger werden konnte, allerdings führte diese Behandlung auch zu erheblichen Nebenwirkungen, wenn man das Medikament dauerhaft verwendete, wie unter anderem zur Hämolyse, einer Zerstörung der roten Blutkörperchen, Nierenversagen, Wasseransammlungen im Gewebe, Übelkeit, Erbrechen und Schleimhautentzündung.
Arsen reichert sich, ebenso wie Thorium, im Körper an und kann auch erst nach vielen Jahren zu schwerwiegenden Auswirkungen führen, obwohl man die Behandlung bereits beendet hat.
Somit wurden also die Leiden der Prinzessin durch diese Medikamentation noch verstärkt.

Zu der Herkomer-Konkurrenz

Der Pokal, den Hubert von Herkomer selbst gestaltete, gilt heute als wertvollster privater Automobilpreis der Welt. Der Gesamtsieger aller drei Konkurrenzen war der Münchner Edgar Ladenburg, Sohn eines Bankiers. Sein Siegerportrait hängt heute im *Herkomer-Museum* in Landsberg.

Zu Anna Anderson

Anna Anderson, die vorgab, die Großfürstin Anastasia Nikolajewna Romanowa zu sein, war zweifelsfrei weder die jüngste Tochter des Zaren Nikolaus II. von Russland und seiner Gemahlin, Zarin Alexandra, noch war sie die Fabrikarbeiterin Franziska Schanzkowsky. Hierzu Verweis auf das Buch von Petra Cichos, Ermittlungsakte Zarentochter Anastasia: Anna Anderson, Cichos Press, 2019.
Es ist korrekt, dass Franziska Schanzkowsky von ihren Geschwistern in Berlin als vermisst gemeldet wurde, aber als diese Anna Anderson, damals noch als „Fräulein Unbekannt" bezeichnet, in der Nervenheilanstalt in Dalldorf bei Berlin begegneten, konnten sie keinerlei Ähnlichkeit mit ihrer Schwester feststellen. Petra Cichos hat die originalen Ermittlungsakten veröffentlicht, aus denen dies einwandfrei hervorgeht.
Wer die Unbekannte also wirklich war, wird sich wohl niemals klären lassen und es ist auch heute noch fraglich, ob sie aufgrund eines attestierten Nervenleidens wirklich der Überzeugung war, die Zarentochter zu sein.
Hinzu kommt die Tatsache, dass sie kein Russisch sprach, wobei die Zarenkinder dies fließend beherrschten und mit dem Vater sprachen. Auch im englischen wies die Unbekannte kein großes Wissen auf, welches innerhalb der Zarenfamilie, sowohl zwischen Zar und Zarin, als auch von den Kindern mit der Mutter gesprochen wurde. Ebenso hätte die Unbekannte Französisch beherrschen müssen, denn es war Hofsprache am russischen Zarenhof.
Deutsch sprachen die Zarenkinder auch, aber nur sehr wenig und sehr

gebrochen. Aufgrund der anglophilen verwandtschaftlichen Beziehungen sprach man auch mit hessischen Verwandten beispielweise nur Englisch.
Und noch eine kleine Randnotiz: Als sich die Unbekannte in Dalldorf nach ihrem Selbstmordversuch auf dem Wege der Besserung befand, sie von noch lebenden Verwandten der Zarenfamilie besucht wurde, gaben andere Mitpatientinnen nachher zu Protokoll, dass ihre Bettnachbarin ihr vor dem angekündigten Besuch ein Journal mit einem Foto der Zarenfamilie auf der Titelseite reichte und ihr zuflüsterte, sie solle sagen, auf dem Bild sei ihre "liebe Mama" zu sehen. Diese soll es auch gewesen sein, die die Unbekannte zuerst darauf ansprach, sie weise eine Ähnlichkeit mit der Großfürstin Tatjana auf. So hat die Unbekannte auch erst gesagt, sie sei Tatjana.
Die Hofdame und enge Vertraute der Zarin und ihrer vier Töchter, Baronin Sophie von Buxhoeveden, besuchte „Fräulein Unbekannt" ebenfalls in Dalldorf und sagte ihr sofort auf den Kopf zu, dass sie nicht Tatjana sei. Sie zog ihr die Bettdecke weg und befand sie als für zu klein, um die großgewachsene Großfürstin zu sein. Ebenso sah sie bei der jungen Frau keinerlei Ähnlichkeit mit den anderen Zarentöchtern. Die Unbekannte sagte später, es habe nur daran gelegen, dass Buxhoeveden ein schlechtes Gewissen habe, weil sie die Familie im Stich gelassen habe. Man muss aber anmerken, dass sie weder den Namen Buxhoevedens wusste, sie also nicht erkannte und auch ihren Spitznamen nicht wusste, als man sie später zu dem Treffen befragte. Da „Isa" aber besonders für die Mädchen eine Freundin und Vertraute war, kann man dies als eine weitere Lüge der Unbekannten werten.
Fazit ist also, dass die Unbekannte oder Anna Anderson, wie sie sich später nannte, von ihrer Lüge sehr gut gelebt hat, denn sie fand stets finanzielle Unterstützer, die sich nur allzu gerne mit der angeblichen Zarentochter zeigten und auch die Verfilmung ihres angeblichen Schicksals sicherte ihr ein gutes Einkommen.
Im Laufe der Jahre nach der Ermordung der Zarenfamilie gab es aber auch Menschen, die behaupteten, Alexei zu sein, die Zarin, die Großfürstin Olga und so weiter…

Die Autoren des Buches „Purple Secret, Genes, „Madness“ and the Royal Houses of Europe, der Historiker John C.G. Röhl, der Professor für Biochemie Martin Warren und David Hunt, Professor für Molekulargenetik, begaben sich Ende des Jahres 1995 nach Kowary in Polen, wo sich das Grab der Prinzessin Feodora zu Reuss-Köstritz befindet. Man erhielt die Genehmigung, die Gebeine zu exhumieren und Ende Juli 1996 konnte man die ersten Knochenproben nehmen.

Im Jahre 1997 reiste man nach Sachsen und entnahm ebenfalls Knochenproben von Feodoras Mutter, der Herzogin Charlotte von Sachsen-Meiningen, die neben ihrem Gemahl im Park von Schloss Altenstein beigesetzt wurde.

Während Feodoras Grab, ebenso wie das ihre Ehemannes, im Laufe der Jahre Grabräubern zum Opfer gefallen war, verhielt sich dies anders bei dem Grab ihrer Mutter. Charlottes Skelett war intakt, ebenfalls konnte man noch das Kleid erkennen, in dem sie beigesetzt wurde und einen kleinen vertrockneten Blumenstrauß in ihren Händen.

Es wurde nach DNA-Tests und Vergleichen der Knochenproben zweifelsfrei nachgewiesen, dass die Herzogin Charlotte von Sachsen-Meiningen an Porphyrie litt, genaugenommen der „Porphyria variegata“. Sie vererbte diese chronische Stoffwechselerkrankung an ihre Tochter Feodora. Somit ist auch zweifelsfrei erklärt, warum Feodora nicht schwanger wurde, denn oftmals kommt es bei der Erkrankung zu einer Schwangerschaft, aber nicht mehr zu einer zweiten oder es besteht die Möglichkeit der unbehandelbaren Sterilität bei Frauen.

Der Leibarzt Charlottes, Professor Dr. Schweninger, hatte durchaus zu Charlottes Lebenszeit den Verdacht, sie könne an der Porphyrie leiden, aber die Erkrankung war seinerzeit noch relativ unerforscht. Erste größere Feldstudien zu ihrer Erforschung fanden erst in den Zwanziger und dreißiger Jahren des vorigen Jahrhunderts unter anderem in Skandinavien statt. Dort kam es vor allem in abgeschiedenen Dörfern zu der Erkrankung. Eine Ursache zur Verbreitung könnte sein, dass man dort oftmals untereinander heiratete.

Für Charlotte und Feodora könnte die Kaiserin Friedrich eine Überträgerin der Erkrankung gewesen sein, denn man vermutet, dass ihr Vorfahr, König Charles I. von England aufgrund von historischen

Quellen bezüglich seiner Leiden, eben an der Porphyrie litt und die Kaiserin Friedrich könnte ebenso an einer milden Variante gelitten haben, die sich dann bei Charlotte, ihrer Tochter, ausprägte.
Queen Victoria so vermutet man, habe ebenfalls an einer leichten Variante der Krankheit gelitten. Die genetische Mutation, die die Krankheit bedingt, scheint sich fortgesetzt zu haben, vergleichbar mit der Hämophilie.
Die Porphyrie wurde erstmals im Jahre 1911 von dem deutschen Arzt und Forscher Hans Günther erforscht. Morbus Günther, oder auch Günthersche Krankheit, ist eine angeborene Störung der Aktivität eines Enzyms der Porphyrin-Synthese, der Uroporphyrinogen-III-Synthase, kurz UROIIIS. Porphyrine werden als Grundkörper vieler enzymatischer Cofaktoren im gesamten menschlichen Stoffwechsel benötigt. Das wichtigste Porphyrin für den Menschen ist das Häm, welches unter anderem als roter Farbstoff des Blutes im Hämoglobin für den Sauerstofftransport verantwortlich ist.
Günther beschrieb die Symptome der erythropoetischen Porphyrie, kurz CEP, die aufgrund der enzymatischen Fehlfunktion eine verminderte Produktion von Häm sowie die Entstehung und Anreicherung von nicht-metabolischen Intermediaten, also nicht stoffwechselbedingten Zwischenprodukten, der Häm-Synthese im Körper.
Die Erkrankung CEP umfasst mehr als fünfundzwanzig Mutationen, die an verschiedenen Gensequenzen der UROIIIS lokalisiert sein können und daher kommt es auch zu diversen Symptomen. Die Ausprägung derselben kann ebenso unterschiedlich sein. Die eigentlichen Krankheitssymptome resultieren aus einer Abnahme der Aktivität der UROIIIS. Die Symptome können daher schwerwiegender sein oder geringer.
Eines dieser Symptome ist die Lichtempfindlichkeit, die bei Kontakt mit Sonnenlicht vor allem an Gesicht und Händen zu starken Schmerzen und auch verbrennungsähnlichen Wunden führen kann - bei starker Sonneneinwirkung, sprich, auch zu langem Aufenthalt in der Sommersonne.
Nun konnte Günther seinerzeit nicht auf DNA - Untersuchungen zurückgreifen, aber seine Beschreibung der Erkrankung nährte unter anderem den Vampirmythos. Denn Vampire meiden das Sonnenlicht und sie verkohlen, wenn man ihren Sarg öffnet, Sonnenlicht

hineinfällt. Ein Sonnenstrahl löst laut Mythos bei ihnen auch Quaddelbildung auf der Haut aus. Patienten mit Porphyrie ziehen oft ein nächtliches Leben vor, um die Sonne zu meiden, wie ein Vampir.
Unter der Porphyrie kommt es auch zu einer rotbraunen bis violetten Verfärbung der Zähne, was auch durch gute und regelmäßige Zahnpflege nicht zu beheben ist. Diese Verfärbung kann so wirken, als habe die betreffende Person gerade Blut getrunken. Daher ist auch dies Nahrung für den Vampir-Mythos gewesen, da sich ebenfalls der Urin der Erkrankten verfärbt.
Durch die verminderte Bildung von roten Blutkörperchen leiden die Porphyrie-Erkrankten an einer hämolytischen Anämie, also einer Blutarmut. Heutzutage kann man dieses Leiden durch Bluttransfusionen lindern, aber dies legte früher eben den Verdacht nahe, man könne auch durch das Konsumieren von bluthaltiger Nahrung die Blutarmut beheben. Auch das Trinken von Blut ist einem Vampir eigen.
Zudem haben Patienten, die an Porphyrie leiden, meist eine sehr helle, schneeweiße und kalte Haut aufgrund mangelnder Durchblutung. Im Blut findet sich bei CEP eine zu geringe Konzentration an rotem Blutfarbstoff Häm, wodurch eine chronische Unterversorgung mit Sauerstoff des Gewebes entsteht. Auch dies ist einem Vampir eigen, denn er hat eine helle, fast blasse Haut.
Hinzu kommt auch die Abneigung des Vampirs gegenüber Knoblauch. Bei Patienten mit CEP können Knoblauchgewächse, bei erhöhtem Konsum, eine schon bestehende Anämie verstärken, ebenso wie die damit einhergehenden Symptome. Die in Lauchgewächsen enthaltenen Derivate der nicht-proteinogenen Aminosäure Alliin können die Eigenschaft haben, das Cytochrom P450 im Körper zu beeinflussen und dies ist an hämolytischen Prozessen beteiligt
Bei CEP wird durch die hämolytische Anämie oftmals Atemnot ausgelöst, dazu Kopfschmerzen, Sehstörungen und Herzrasen. Dies könnte, neben der Abneigung gegen Knoblauch, für jemanden beispielsweise aus dem Mittelalter, wie Vampirismus gewirkt haben. Es ist bekannt, dass der Vampir-Mythos besonders stark in Osteuropa beheimatet ist, aber auch in China, Indonesien und Afrika gibt es derartige Legenden. Dies könnte daher kommen, dass eine Mutation der Porphyrie auch in diesen Ländern aufgetreten ist.
In ländlichen Gebieten ist zumeist kein Arzt vorhanden gewesen,

sodass man nicht auf fachkundiges medizinisches Wissen zurückgreifen konnte und man darf auch nicht außer Acht lassen, dass in früheren Zeiten Menschen beerdigt wurden, die scheintot waren. Diese Untoten, die manchmal zurückkamen, befeuerten dann den Vampir-Mythos, wobei es aber auch dort weiterführende Mythen gibt, wie den „Aufhocker", auch „Huckup" oder „Bubak", einen Untoten, der den Lebenden auflauert, auf ihren Rücken springt und sie zwingt, zum Friedhof zu gehen, wo er sie ebenfalls lebendig begräbt. Es kann sich dabei aber auch um einen koboldartigen Geist handeln, der einen anspringt, nachts und mit jedem Schritt schwerer wird, bis man unter seiner Last zusammenbricht. Er raubt die Lebenskraft seines Opfers. Aufgrund der Ähnlichkeiten mit einem Vampir wurde die Erkrankung auch als „Vampir-Krankheit" bezeichnet.

Auch der „Werwolf-Mythos" wurde durch die Porphyrie untermauert, da es durch diese ebenfalls zu einer vermehrten Gesichtsbehaarung kommen kann, der sogenannten Hypertrichose. Einhergehend damit sind die „Blutzähne" und Nasen - und/oder Fingerlosigkeit, bedingt durch die Verstümmelung infolge einer Knorpel-Knochen-Gewebezerstörung durch die Porphyrie.

CEP gilt auch heutzutage als nicht heilbar, aber durchaus als therapierbar. So können Patienten ihre Haut bei starkem Sonnenlicht durch eine entsprechende Kleidung schützen, die also stets Arme und Beine bedeckt sowie eine Mütze oder einen Hut, aber auch durch Sonnencreme mit einem hohen Lichtschutzfaktor. Die Patienten mit CEP sind auf monatliche Bluttransfusionen angewiesen, man transplantiert heutzutage auch Knochenmark, was bei einigen Patienten durchaus zur Linderung der Beschwerden führt. Ferner müssen solche Patienten aber ihr Leben lang Immunsuppressiva einnehmen und die Abstoßungsreaktion auf das fremde Gewebe birgt ein großes Risiko.

Auch heute befinden sich Gentherapien bezüglich der Porphyrie noch in der Entwicklungsphase.

Herzogin Charlotte von Sachsen-Meiningen und ihre Tochter Feodora litten nachweislich an der Porphyrie Mutation „Porphyria variegata", sie ist der „Akuten intermittierenden Porphyrie" ähnlich.

Heute weiß man um acht Variationen dieses Leidens.

Ein Nachweis spezifischer Porphyrin-Vorläuferstoffe kann heutzutage

im Blut, Urin und/oder dem Stuhl nachgewiesen werden. Porphyrinvorläufer werden vom Körper generell nicht weiterverwertet und ausgeschieden, ein Anstieg derselben weist also zumeist auf ein mögliches Leiden hin. Die spezifische Zusammensetzung dieser in erhöhter Konzentration vorliegenden Vorläuferstoffe gibt dann Aufschluss über die Form der Porphyrie. Akute Erkrankungen äußern sich so durch einen schnellen Anstieg bei Attacken. Auch die Färbung des Blutes kann bei der Diagnose helfen.
Heute können sich Menschen, die an Porphyrie leiden, genetisch mit ihrem Partner testen lassen, wenn ein Kinderwunsch besteht, sodass man in dieser Hinsicht ein Risiko für eine Erkrankung der Kinder einschränken kann.

Der Lebenswandel der Herzogin Charlotte förderte die Porphyrie-Schübe, denn Alkohol und Rauchen können diese auslösen, ebenso wie bestimmte Medikamente wie Chinin. Zudem sollten Diäten vermieden werden, die Kohlenhydratzufuhr stets gleichbleibend sein. Charlotte machte aber stets Diäten, um nur ein Beispiel zu nennen.
Die „Porphyria variegata“ ist eine akute Form der Porphyrie, es treten hauptsächlich neuroviszerale Symptome auf, also das Nervensystem und die Eingeweide betreffend. Es kommt auch zu gelegentlichen Unverträglichkeitsreaktionen, wie beispielsweise gegenüber Sonnenlicht.
Eine Attacke kann hauptsächlich durch Medikamente ausgelöst werden, ebenso durch Stress, Alkoholkonsum, weibliche Hormone und Hungerzustände.
Bei dieser Form der Porphyrie sprechen die Patienten vornehmlich nicht auf Chinin oder gar den Aderlass an.
Die Krankheit wird autosomal-dominant vererbt, dies bedeutet, dass sie in der Regel von Generation zur Generation weitergegeben wird. Bei Betroffenen besteht die fünfzigprozentige Chance, dass die Kinder die Krankheit erben.
Im Verlauf der Erkrankung kommt es häufig zu kolikartigen Bauchschmerzen, neurologischen Störungen, die durchaus schwer sein können und auch zu psychischen Störungen, wie Depressionen. Die Krankheit verläuft latent, kann aber dann durch einen bestimmten Faktor ausgelöst werden, wie Stress. Es kommt dann zu einem Schub.

So können auch Wasserentzug, Psychopharmaka, eine Blutvergiftung und Thujon, der Inhaltsstoff von Absinth beispielsweise zu einem Schub führen.
Die kolikartigen Bauchschmerzen, die stets wiederkehren, sind meist ein erstes und einziges Anzeichen für diese Form der Porphyrie. Daher werden Patienten oftmals auch einer unnötigen Blinddarmoperation unterzogen.
Es kommt bei den Schüben auch zu körperlicher Schwäche, die auch die Muskeln betrifft, die dann kaum oder keine Reflexe mehr aufweisen, zu Störungen in der Hirnnervenfunktion oder des autonomen Nervensystems. Dies kann zu einem Delirium, schweren Psychosen, aber auch zum Koma und Krämpfen führen.
Hierbei ist erwähnenswert, dass Anästhesisten vorher informiert werden müssen, dass ein Patient an dieser Form der Porphyrie erkrankt ist, denn das Narkosemittel muss dahingehend abgestimmt werden, damit es nicht zu einem Schub kommt. Wenn möglich, versucht man bei diesen Patienten nur lokal zu betäuben.
Bei einem akuten Schub ist diese Form der Porphyrie auch im Urin nachweisbar.
Heutzutage kann mithilfe eines Medikaments, welches die Reduzierung eines Enzyms in der Häm-Biosynthese verhindert, ein Schub erleichtert oder gar gemildert werden. Der Wirkstoff heißt Givosiran und ist für Kinder ab zwölf Jahren und Erwachsene geeignet. Weiter vermeidet man in der Therapie auslösende Faktoren, bei einem Schub werden Glukose-Infusionen und Hämin verabreicht. Meist ist auch eine Psychotherapie angeraten.

Abschließend ist festzustellen, dass die Herzogin Charlotte und ihre Tochter, die Prinzessin Feodora, heute mit der Krankheit recht gut hätten leben können. Zu Lebzeiten beider stand die Erforschung der Erkrankung aber noch am Anfang und war nicht ausgereift. Daher konnten die behandelnden Ärzte auch nur ausprobieren und spekulieren, da sie das Krankheitsbild nicht einordnen konnten.
Es kam daher auch zu Fehlern in der Behandlung, als beispielsweise Feodora Chinin verordnet wird und dieses einen Schub auslöst. So mussten beide Frauen mit ihrem Leiden leben und dieses ertragen.

Unter der Porphyrie kam es in der Geschichte oftmals zu Selbsttötungen, da die Betroffenen entweder eigenmächtig Medikamente überdosierten, um ihre Leiden zu lindern, oder sie konnten diese einfach nicht mehr ertragen, die damit einhergehenden schweren Depressionen und nahmen sich, wie Feodora, das Leben, um ihre Qualen zu beenden.

Zur Hohenzollern-Debatte

https://www.deutschlandfunk.de/historiker-ueber-hohenzollern-kronprinz-wilhelm-leistete-100.html- ein Artikel nebst Audiobeitrag

Zu dem Lied „Es saß ein klein wild Vögelein"

Im Jahre 1865 veröffentlichte der siebenbürgische Lehrer Friedrich Wilhelm Schuster das Lied „Et sâs e klî wält fijeltchen“ aus mündlicher Überlieferung in Mühlbach (heute: Sebeş, Rumänien). Es handelt sich um eine verkürzte Variante der seit dem frühen 16. Jahrhundert nachweisbaren Ballade "Nachtigall als Warnerin".
Im Jahre 1893 übertrug Franz Magnus Böhme den mundartlichen Text ins Hochdeutsche. So erschien das Lied dann in dem gemeinsam mit Ludwig Erk herausgegebenen „Deutschen Liederhort“. Zu Beginn des 20. Jahrhunderts wurde es durch die Jugendbewegung popularisiert und in zahlreichen Gebrauchsliederbüchern abgedruckt, so 1913 in Hans Breuers „Zupfgeigenhansl“. Seit den fünfziger Jahren stand es in Schulliederbüchern beider deutscher Staaten, ehe es vom Folkrevival der siebziger Jahre aufgegriffen wurde.

Hinweis der Autorin

Ich versuche bei meinen Romanbiographien stets, mich in die entsprechende historische Hauptperson und die Nebenpersonen hineinzuversetzen. Man möge mir also verzeihen, dass ich Dialoge fiktiv gestalte, die aber auf Basis der Charakterzüge der betreffenden Personen oder anhand von Tagebüchern, Briefen und Erinnerungen anderer an diese, sich durchaus so oder in ähnlicher Art und Weise zugetragen haben könnten.
Dialoge einzubauen dient gerade bei einer Biographie dem Zweck, die Handlung zu verstärken und intimer zu gestalten, sodass LeserInnen besser in die Materie eintauchen können. Zudem bringt es die entsprechende historische Persönlichkeit und ihr Umfeld näher.
Mein Ziel ist es stets, den Personen ein schriftstellerisches Denkmal zu setzen.
Man möge mir auch verzeihen, dass ich nicht auf sämtliche Familienereignisse eingehen kann. Dies liegt zum einen an den doch sehr großen verwandtschaftlichen Beziehungen der Hohenzollern zu anderen europäischen und deutschen Adelshäusern und zum anderen an der Tatsache, dass ich bereits in vorherigen Büchern auf diese sehr intensiv eingegangen bin. Daher empfehle ich dem geneigten Leser und der geneigten Leserin bei größerem Interesse an verschiedenen Adelsfamilien, wie etwa den Battenbergs oder dem Haus Hessen, auf meine Biographie über die Prinzessin Alice von Griechenland, geborene Prinzessin von Battenberg oder die über die Großfürstin Maria Romanowa, dritte Tochter des letzten Zaren Nikolaus II. von Russlands, zurückzugreifen.
Für die Lebenszeit der Prinzessin Feodora von Reuss-Köstritz ab dem Jahre 1929 gibt es nur noch wenige Berichte und es ist nicht näher belegt, wie sie diese verbrachte. Es werden nur zwei Reisen nach England in den dreißiger Jahren erwähnt und dann ihre letzten Lebensmonate, daher habe ich für diese Zeit auf ein wenig Fiktion zurückgreifen müssen, die aber unter anderem auf Quellen für ihre chronische Erkrankung beruht.

Danksagungen

Mein persönlicher Dank geht zuerst an meinen Ehemann Ulrich, meine Freundin und Autorin Dorothe Reimann, die beide unermüdlich Seite um Seite des Manuskripts lektoriert haben, an meine Mutter, Angela Jessel, die immer die Erstleserin jedes Manuskripts ist sowie meine beste Kritikerin und an meinen Sohn Hans, der mir einige Bücher zur Recherche besorgt hat, unter anderem die Porphyrie betreffend. Ferner danke ich ihm für den wie immer sehr durchdachten Klappentext.

Des Weiteren danke ich Herrn Dr. Rainer Maaß vom Hessischen Staatsarchiv, der mir für diese Biographie wieder einige Fotografien aus dem Archiv zur Verfügung stellte, die diese sehr bereichern.

Des Weiteren danke ich dem Landesarchiv Thüringen, welches mir die Briefe der Herzogin Charlotte von Sachsen-Meiningen an Margot Geyer, verfasst vom Januar 1917 bis zum Januar 1919 zur Recherche zur Verfügung stellte, dem Geheimen Staatsarchiv, Preußischer Kulturbesitz, für die Erlaubnis, die Fotografie von Feodora und Charlotte, Breslau, 1897, für diese Biographie verwenden zu dürfen.

Und beim Staatsarchiv Marburg bedanke ich mich recht herzlich, dass man mir den Brief Feodoras an einen Herrn von Schütz vom achtzehnten April des Jahres 1926 zur Recherche zu nutzen gestattete (HstAM, 340 von Schütz,8).

Schlusswort

Warum wählte ich die Prinzessin Feodora zu Reuss-Köstritz? Vielleicht, weil ich mich ihr auf eine gewisse Art und Weise verbunden fühle. Einmal erschreckte mich bei meinen Recherchen, dass sie unter der Lieblosigkeit ihrer Eltern zu leiden hatte und dann wie sehr sie sich nach Liebe sehnte, den Freitod wählte, als einen letzten Ausweg, um ihre seelischen und körperlichen Leiden zu beenden.

Ich selbst litt jahrelang an quälenden Unterleibsschmerzen, Migräneattacken, Entzündungen des Nervus Trigeminus, Gesichtsneuralgien und auch heute noch an Urtikaria, einer chronischen Nesselsucht. Daher verstehe ich die Prinzessin. Schmerzen können einen Menschen sehr belasten und gerade Migräne kann zu Stimmungsschwankungen führen, ebenso wie zu Depressionen. Heute gibt es wirksame Medikamente gegen fast jedes Leiden, doch zu Feodoras Lebzeiten leider nicht und genau wie sie, fühlte auch ich mich jahrelang unverstanden von den Ärzten. Man hat Migräne und gerade als junger Mensch, sprich als Teenager, denken Ärzte gerne, man wolle sich einfach vor dem Schulbesuch oder anderen Verpflichtungen drücken. Noch heute bin ich jenen dankbar, denen gerade die Migräne als ein ernstzunehmendes Leiden anerkannten.

Es ist bedauerlich, dass die Ärzte bei der Prinzessin Feodora schlussendlich alles als eine emotionale Störung abtaten, weil sie die wahre Ursache, die Porphyrie, noch nicht medizinisch zuordnen konnten.

Daher war es mir wichtig, Feo eine Stimme zu geben und ich hoffe, dass mir dies mit der vorliegenden Biographie gelungen ist.

Widmung

Dieses Buch widme ich meinem Stiefvater Hans Schlingmann (1950-2022),
meinem Onkel Hartmut Gnädig (1951-2020),
meinem Schwager Helmuth Ellenbeck (1959-2020)

„Niemals geht man so ganz
irgendwas von mir bleibt hier.
Es hat seinen Platz
immer bei dir…“
(Trude Herr)

Mehr von Silke Ellenbeck bei DeBehr

Verborgen vor den Bürgern einer niedersächsischen Kleinstadt, wickelt Aidan in der ländlichen Unterwelt seine krummen Geschäfte ab. Anstatt Trachten, Spießbürgertum und Tischgebet prägen Drogen, Sex und Gewalt seinen Alltag. Die Stadt ist deutsch, die Geschäfte im Schatten jedoch sind russisch. Zusammen mit seinem Partner Pjotr kümmert Aidan sich im Namen seines Bosses um die üblichen Aufgaben: Erpressung, Hehlerei, Drogenhandel - und manchmal auch Härteres. Aidan ist zufrieden, so könnte es immer weitergehen. Eines Tages jedoch erhält er einen Auftrag, der alles ändert - und dabei soll er eigentlich nur auf ein kleines Mädchen aufpassen ...

Preis: 14.95, ISBN: 9783957535757

Silke Ellenbeck

In der Stille die Freiheit

Das bewegte Leben der Prinzessin Alice von Griechenland, Prinzessin von Battenberg, Mutter von Prinz Philip, Duke of Edinburgh, 1885-1969

486 Seiten Taschenbuch,14.95€, ISBN: 9783957537140

Silke Ellenbeck

In der Stille die Freiheit

Das bewegte Leben der Prinzessin Alice von Griechenland,
Prinzessin von Battenberg, Mutter von Prinz Philip,
Duke of Edinburgh, 1885-1969

Band 2

Historische Romanbiografie

DeBehr

Als Alice von Battenberg am 25. Februar 1885 in eine Familie des englischen Hochadels geboren wird, ahnt noch niemand, was für Höhen und Tiefen die junge Prinzessin einst durchleben wird. Eine Jugend im Luxus europäischer Dynastien kann nicht über ihre sich früh abzeichnende Taubheit, die einem gesellschaftlichen Makel gleichkommt, hinwegtäuschen. Dank Intelligenz und unermüdlichem Willen lernt Alice, trotz ihrer Behinderung mehrere Sprachen fließend von den Lippen abzulesen und auch zu sprechen. Doch auch sie kann nicht verhindern, dass nach ihrer Hochzeit mit Andreas von Griechenland das kleine Familienglück durch die europäische Politik überschattet wird, sie immer mehr zu einer Schachfigur in den politischen Ränken des sich abzeichnenden Ersten Weltkrieges wird. Entmachtet und des Landes verwiesen, fällt sie ihrer Mittellosigkeit wegen zusehends in Lethargie. Bestimmte früher Prunk den Alltag, sind es jetzt Depressionen und kleinbürgerliches Familienleben, mit dem Alice und ihre Kinder Vorlieb nehmen müssen. Den Tribut dieser Jahre zollte gleichwohl ihre Psyche. Als bei ihr Schizophrenie diagnostiziert wird, verlässt sie ihr Ehemann. Am absoluten Tiefpunkt angekommen, weist man sie in eine psychiatrische Anstalt ein. Diese Zeit bekräftigt ihren Entschluss, fortan ihr Leben der Gemeinschaft zu weihen, und so beginnt die Hochadelige ein Leben unter den Ärmsten. Alice setzt sich im Zweiten Weltkrieg für die notleidende Bevölkerung Griechenlands ein, verhindert die Deportation einer jüdischen Familie in die Vernichtungslager und gründet schließlich im Herbst ihres Lebens ein Kloster in der Gegend Athens. Nach ihrem Tod im Jahre 1969 hinterlässt sie ein sichtbares Erbe: Ihr Sohn Philip soll noch zu ihren Lebzeiten an der Seite Königin Elizabeths II. den englischen Thron besteigen. Alice jedoch wird sich zu Unrecht nicht im kollektiven Gedächtnis festsetzen können. Die Erinnerung an sie verblasst mit den Jahren. Diese historische Biografie, begleitet von einem ausgewählten Archiv an zeitgenössischen Bildern, gibt Einblicke in eine Welt, die bisher vom Dunkel der Geschichte umfangen blieb. Durch wechselvolle Jahre, zwei Weltkriege und jahrelanges Exil begleitet der Roman die Frau, die als Mutter des Prinzgemahls an der Seite von Elizabeths II. in die Geschichte eingehen wird und dennoch so viel mehr ist, als nur eine Prinzessin. Ein bewegtes Leben, genauestens nachgezeichnet anhand historischer Zeugnisse und Überlieferungen. Band 2 - die Jahre 1923 bis 1969. Paperback, 532 Seiten.

Preis: 14.95, ISBN: 9783957537157

Australien zur Mitte des 19. Jahrhunderts. Die beiden Sträflinge Henry und Hagen fliehen auf dem roten Kontinent aus der Gefangenschaft. Bald verbindet sie ihr tragisches Schicksal in der australischen Wildnis. Es entwickelt sich eine tiefe Freundschaft. Getrieben von der Hoffnung auf einen Neuanfang, ziehen die beiden Männer durch das weite, noch nahezu unberührte Land. Auf ihrem Weg begegnen sie anderen Verlorenen, deren Schicksale oft nicht minder tragisch sind. Doch bald soll der Zusammenhalt der beiden Männer auf eine harte Probe gestellt werden, denn ein junges Mädchen tritt in ihr Leben ... Weites Land und rote Erde - in der britischen Kolonie am Ende der Welt kämpfen zwei entflohene Sträflinge um ihr Glück. Ein großartiges Werk von Sehnsucht, Liebe und Hoffnung unter dem endlosen Himmel Australiens.

474 Seiten Taschenbuch, ISBN: 9783944028705

„Als ich noch ein kleines Mädchen war, saß ich oft bei meinem Vater, Zar Nikolaus II., auf dem Schoss und erzählte ihm von meinem Traum. Wenn ich erwachsen geworden bin, werde ich heiraten - ein Soldat müsste es sein - und ich will viele Kinder haben, am besten zwanzig an der Zahl." Doch dazu würde es nie kommen... Im Jahr 1899 wird dem russischen Herrscher Nikolaus II. eine dritte Tochter geboren. Maria, wie sie genannt wird, wächst auf in einem anachronistischen Hofstaat, zerrissen zwischen der autokratischen Politik ihres Vaters und dem nach Reformen dürstenden Volk. Ihre Kindheit und Jugend geraten zu einem Wechselspiel von verwandschaftlichen Treffen, ausgedehnten Reisen, Kummer und Freude, Krankheiten und dem bald bürgerlichen Familienleben - doch es zeichnet sich ab, dass unter dem Druck der Bevölkerung, den politischen Unruhen, dieser Spagat nicht ewig gelingen kann. Die Bedrohung des so behüteten Lebens hinter den Palastmauern, die gewohnte Sicherheit, werden bald von den drohenden Umbrüchen im Land überschattet... Ein bewegender historisch fundierter biografischer Roman mit zahlreichen Familien-Bildern jener Zeit, geschrieben aus der Sicht der Zarentochter Maria.

678 Seiten Taschenbuch, 14.95€, ISBN: 9783957532206

Als Prinzessin Caroline Reuß zu Greiz am 30. April 1903 in Bückeburg zum Traualtar schreitet, ist sie todunglücklich. Die Ehe war mehr ein kaiserlicher Befehl als eine liebende Verbindung. Ihr Verlobter Großherzog Wilhelm Ernst bat wie sie selbst noch im Vorfeld der Trauung häufiger, doch von dem Eheversprechen entbunden zu werden. Dementsprechend fragil ist die junge Ehe des cholerischen Militaristen Wilhelm Ernst mit der kunstsinnigen Freidenkerin Caroline. Dieses Buch öffnet tiefe und ehrliche Einblicke in ein Leben, welches nur Caritas, Stand und Pflichten kennen darf, in ein Getriebe, das diejenigen unnachgiebig aussiebt, die mehr sein wollen als nur die Frau eines Mannes. Ihr allzu kurzes Leben gerät in dem einengenden Hofstaat immer mehr zur Farce und treibt sie in die Melancholie… Eine bewegende Biografie, basierend auf historischen Fakten. Ellenbecks bewegende Romanbiografie basiert auf historischen Fakten und bietet einen vielseitigen und komplexen Eindruck der Prinzessin Caroline Reuß zu Greiz in ihrer Epoche. Unterlegt mit zahlreichen Familien-Bildern jener Zeit.

354 Seiten Taschenbuch, 12.95€, ISBN: 9783957534378